노인복지론

강용규 · 이종복 · 임옥빈 · 조재숙

창지사

머리말

21세기 최대의 화두는 노인인구의 급증으로 인한 문제와 경제문제일 것이다. 평균수명이 연장되면서 노쇠하고 의존성이 높은 노인인구가 사회문제의 주요 대상자로 부각되었기 때문이다. 노인은 4고(四苦)로 표현할 수 있는 빈곤, 실업, 소외, 역할상실 등의 문제를 가지면서 사회의 중심적인 위치에서 주변으로 그 지위와 역할이 바뀌는 사회적 배제를 경험하고 있다.

현재 우리나라의 고령화속도는 어느 나라보다 빠르게 진행되면서 저출산과 더불어 노동력 감소와 연결되어 심각한 사회경제적 문제로 자리 잡을 것으로 예상되어 이에 대한 준비를 근심스러운 시선으로 바라보고 있는 실정이다. 따라서 보다 효과적인 노인복지서비스의 제공이 절실하다고 하겠다.

이 교재는 사회복지학을 전공하고 있는 학부생 또는 대학원생들이 다양한 노인문제의 심각성을 인식하고, 각각의 문제에 대하여 보다 철저하게 접근하여 대안을 강구하도록 구성하였다.

이 교재를 통하여 노인의 삶의 질이 높아지고, 보다 행복한 삶을 영위할 수 있었으면 하는 바람이다. 노인복지서비스의 제일선에서 활동하고 있는 사회복지사의 마음가짐이 사무적이거나 형식적이지 않고, 노인을 전인격적인 존재로 인식하고 그를 위해 최선을 다하는 모습을 보일 때 우리 사회의 노인문제는 어느 정도 해결될 것이라 생각한다.

끝으로 어려운 경제적 여건 속에서 출간을 맡아 주신 창지사 김기섭 사장님과 편집과정에서 수고해 주신 편집진에게 감사의 마음을 전한다.

2009년 2월

저자 일동

차례

10장 노인과 인권

11장 죽음과 호스피스

1

현대사회와 노인복지

1. 인구학적 배경

1) 고령사회의 도래

우리나라는 지속적인 경제성장과 의료기술의 발달로 지난 2000년에는 65세 이상 인구가 총 인구의 7.2%에 이르러 이미 고령화사회(aging society)로 진입하였으며, 2007년 고령자 통계에 의하면 우리나라의 65세 이상 인구는 4, 810천 명으로 총 인구의 9.9%로 우리나라 인구 10명 중 1명이 노인인구인 것으로 나타났다(2007년 통계청, 고령자 통계).

〈표 1-1〉 65세 이상 고령인구 추이

	1995	2000 (고령화)	2007	2010	2018 (고령)	2026 (초고령)
총인구(천 명)	45,093	47,008	49,269	49,220	49,934	49,771
65세 이상(천 명)	2,657	3,395	4,861	5,354	7,162	10,357
구성비(%)	5.9	7.2	9.9	10.9	14.3	20.8

• 자료: 통계청, 「장래인구특별추계」, 2007.

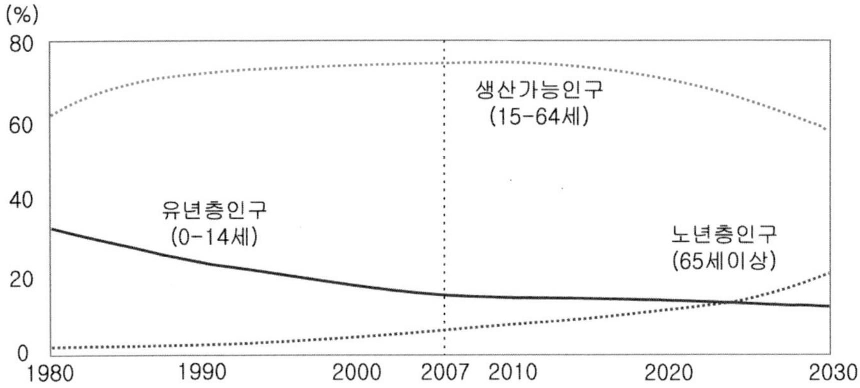

[그림 1-1] 연령계층별 인구구성비 추이

또한 2006년에는 총 인구 중 65세 이상 고령인구의 비율이 9.5%, 2018년에는 노인인구 비율이 14.3%로 고령사회(aged society), 2026년에는 노인인구가 20.8%가 되어 초고령사회(super-aging society)가 될 것으로 예상되고 있다.

〈표 1-2〉 연령계층별 인구 및 구성비 추이(단위: 천 명, %)

	1980	1990	1997	2000	2007	2010	2020	2030
총인구	38,124	42,869	45,954	47,008	48,456	48,875	49,326	48,635
0~14세	12,951	10,974	10,233	9,911	8,734	7,907	6,118	5,525
15~64세	23717	29,701	32,791	33,702	34,912	35,611	35,506	31,299
65세 이상	1,456	2,195	2,929	3,395	4,810	5,357	7,701	11,811
구성비	100.0	100.0	100.0	100.0	100.0	100.0	100.0	100.0
0~14세	34.0	25.6	22.3	21.1	18.0	16.2	12.4	11.4
15~64세	62.2	69.3	71.4	71.7	72.0	72.9	72.0	64.4
65세 이상	3.8	5.1	6.4	7.2	9.9	11.0	15.6	24.3

• 자료: 통계청, 「장래인구추계」, 2006통계자료, p. 35.

고령화사회의 분류(UN정의)

- 고령화사회(aging society): 전체 인구 중 65세 이상 고령인구 비율이 7% 이상~14% 미만인 사회
- 고령사회(aged society): 전체 인구 중 65세 이상의 고령인구 비율이 14% 이상~20% 미만인 사회
- 초고령사회(super-aging society): 전체 인구 중 35세 이상의 고령인구 비율이 20% 이상인 사회

위와 같이 인구고령화가 급속히 촉진되고 있는 원인은 평균수명의 증가와 출산율의 급격한 저하 때문이라 할 것이다.

2003년 현재 평균수명은 전체 77.4세였는데, 성별로 보면 평균수명 남자 73.9세, 여자 80.8세로 여자가 남자보다 6.9년 더 오래 사는 것으로 나타났다. 또한 2005년 통계청 자료에 의하면 우리나라 평균수명은 2010년 79.1세, 2020년에는 81.0세로 전망하고 있다.

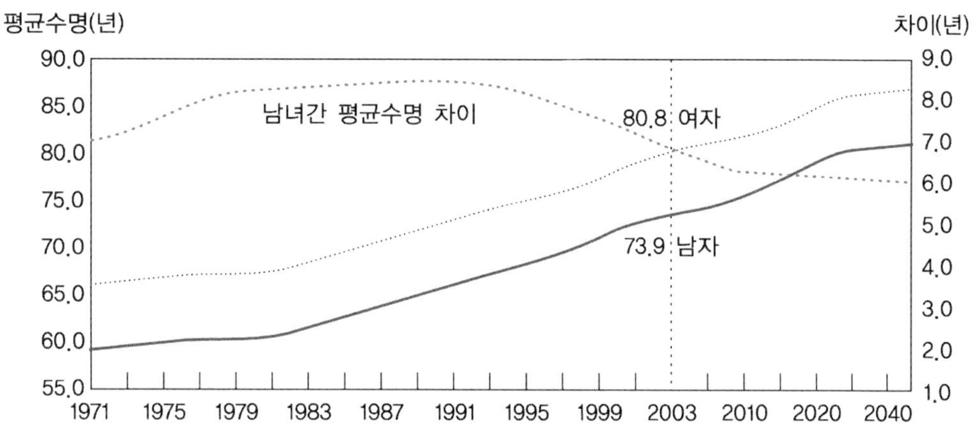

[그림 1-2] 평균수명 추이

〈표 1-3〉 **평균수명 추이**(단위: 년)

	1981	1993	2002	2003	2010	2020	2030	2050
계	66.2	72.8	77.0	77.5	79.1	81.0	81.9	83.3
남자	62.3	68.8	73.4	73.9	76.2	78.2	79.2	80.7
여자	70.5	76.8	80.4	80.8	82.6	84.4	85.2	86.6
차(여-남)	8.3	8.0	7.1	7.0	6.4	6.2	6.0	5.9

• 자료: 통계청, 2005.

출산율 저하 통계 자료를 살펴보면 합계출산율(여성이 일생 동안 낳는 아동 수)이 크게 저하하고 있다. 1972년 4.14명이던 출산율이 1995년에는 1.65명에 도달하였고, 그 후 지속적으로 저하되어 2000년에는 1.47명, 2002년에는 1.17명으로 저하되었다. 2002년 OECD국가의 평균출산율은 1.6명, 일본은 1.32명, 미국 2.01명, 뉴질랜드 1.90명으로, 우리나라는 세계에서 유래 없는 속도로 낮은 출산율을 보이고 있다.

〈표 1-4〉 **출생아수 및 합계출산율 변화추이**(단위: 천 명, %)

구분	'72	'82	'92	'93	'94	'95	'96	'97	'98	'99	'00	'01	'02	'04	'06
출생아수	955	859	739	724	729	721	696	678	643	616	637	557	495	479	451
합계출산율	4.14	2.42	1.78	1.67	1.67	1.65	1.58	1.54	1.47	1.42	1.47	1.30	1.17	1.16	1.34

• 자료: 통계청, 2005.

2) 인구고령화의 특징

우리나라의 인구고령화의 특징으로는 고령화 속도, 농촌지역의 고령화, 고령 여성노인의 증가 등을 들 수 있다. 각각의 내용에 대하여 살펴보면 다음과 같다(이해영, 2006, p. 18-20).

(1) 고령화 속도

우리나라의 인구고령화의 특징 중 하나는 세계 어느 나라에서도 볼 수 없을 정도로 빠르게 진행되고 있다는 점이다.

<표 1-5> 인구고령화 속도 국제 비교에서 보는 바와 같이 프랑스는 노인인구가 7%에서 14%에 이르는 데 115년 걸렸고, 미국은 73년, 영국은 47년, 독일은 40년이 걸린 데 비해 우리나라는 고령화사회에서 고령사회로 진입하는 데 18년 정도로 예상하고 있다.

〈표 1-5〉 국제 인구고령화 속도 비교

고령인구 비율 / 국가	도달 연도			증가소요 연수	
	7%	14%	20%	7→14%	14→20%
프랑스	1864	1979	2019	115	40
스웨덴	1887	1972	2011	85	39
호 주	1939	2012	2030	73	18
미 국	1942	2014	2030	73	16
캐나다	1945	2010	2024	65	14
이탈리아	1927	1988	2008	61	20
영 국	1929	1976	2020	47	44
독 일	1932	1972	2010	40	38
일 본	1970	1994	2006	24	12
한 국	2000	2018	2026	18	8

• 자료: 이해영, 노인복지론, 2006: p. 16 <표 1-5> 재인용.

(2) 농촌 지역의 고령화

우리나라의 인구고령화는 지역별 격차가 크다. 지역별 노인인구 구성을 살펴보면, 다음의 <표 1-6>과 같이 고령화 속도는 농촌지역이 훨씬 빠르게 진행되고 있다.

〈표 1-6〉 도시 · 농촌의 65세 이상의 인구비율

구분	1980	1985	1990	1995	2000
전국(%)	3.9	4.3	5.0	5.9	7.3
농촌(%)	5.6	6.8	9.0	11.8	14.7
도시(%)	2.6	3.0	3.6	4.3	5.5

• 자료: 통계청 「인구주택총조사보고서」, 각 연도, 권중돈, 2005, p. 27. 재구성.

농촌지역의 인구고령화 비율은 1990년 9.0%에서 2000년에 14.7%로 증가하여 농촌은 이미 고령화사회가 되었으며, 이에 반하여 도시는 1990년은 3.6%, 2000년은 5.5%로 농촌보다 상대적으로 고령인구의 비율 및 증가폭이 낮은 것으로 나타났다. 따라서 농촌지역에서의 노인복지의 중요성을 인식할 필요가 있다.

(3) 성별 고령인구

노인인구의 성별 구성 비율을 보면 다음과 같다. 2007년 65세 이상 남자인구가 전체 남자인구에서 차지하는 비율은 8.0%, 65세 이상 여자인구가 전체 여자인구에서 차지하는 비율은 11.9%로 나타났으며, 65세 이상 인구의 성비(여자 100명당 남자인구)는 2007년 67.5명으로, 2006년(66.7)보다 0.8명 상승하여 10년 전(1997년)보다 7.8명 많아졌다. 이는 남자 고령자의 사망률이 낮아져 성비가 개선되고 있기 때문이다(2007년 고령자통계, 통계청).

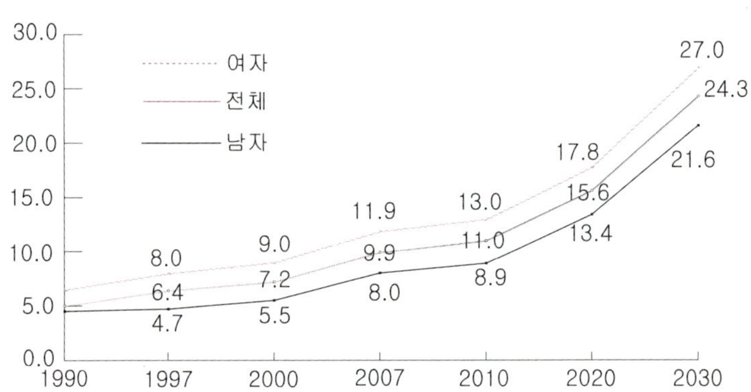

[그림 1-3] 성별 고령인구 구성비 추이

〈표 1-7〉 성별 고령인구 추이(단위: 천 명, %, 여자 100명당)

	1990	1997	2000	2006	2007	2010	2020	2030
65세 이상	2,195	2,929	3,395	4,586	4,810	5,357	7,701	11,811
구성비	5.1	6.4	7.2	9.5	9.9	11.0	15.6	24.3
성비	59.8	59.7	62.0	66.7	67.5	69.2	75.1	79.1
〈남자〉	822	1,095	1,300	1,835	1,939	2,190	3,303	5,218
구성비	3.8	4.7	5.5	7.6	8.0	8.9	13.4	21.6
〈여자〉	1,373	1,835	2,095	2,751	2,872	3,167	4,398	6,593
구성비	6.4	8.0	9.0	11.4	11.9	13.0	17.8	27.0

• 자료: 통계청, 「장래인구추계」, 2006.

3) 고령화가 미치는 영향

노인인구의 고령화는 노인부양비 및 사회보장비의 증가로 이어져 사회적 부담의 문제로 자리하게 되었다.

(1) 노인부양비 증가

노인부양비[(65세 이상 인구 / 15~64세 인구)×100]는 2007년 현재 13.8%로 2006년 13.2% 대비 0.6%p 증가하였으며, 1997년 8.9%p에 비해 4.9%p 증가하였다. 이는 2007년의 경우 생산가능인구 7.3명이 노인 1명을 부양하는 것과 같다.

2007년 노령화지수[(65세 이상 인구 / 0~14세 인구)×100)]는 55.1로 유년인구(0~14세) 100명당 노인인구가 55명에 이르고 있으며, 2017년에는 노령화지수가 104.7로 노인인구가 유년인구를 초과할 것으로 보이며, 노인부양비도 19%로 생산가능인구 5.3명이 노인 1명을 부양할 것으로 나타났다.

〈표 1-8〉 노년부양비 및 노령화지수

	1970	1980	1990	1996	2005	2006	2010	2017	2020	2030	2050
노년부양비(%)	5.7	6.1	7.4	8.6	12.6	13.2	15.0	19.0	21.8	37.3	72.0
노령화지수(%)	7.2	11.2	20.0	26.9	47.4	50.9	67.7	104.7	124.2	214.8	429.3
노인 1명당 생산가능인구(명)	17.7	16.3	13.5	11.6	7.9	7.6	6.7	5.3	4.6	2.7	1.4

• 자료: 통계청, 「장래인구특별추계」, 2006.
  ○ 노년부양비 = (65세 이상 인구 / 15~64세 인구) × 100
  ○ 노령화지수 = (65세 이상 인구 / 0~14세 인구) × 100
  ○ 노인 1명당 생산가능인구 = (15~64세 인구 / 65세 이상 인구)

(2) 노인복지 예산의 증가

사회・경제적 환경변화와 평균수명의 연장에 따라 비교적 건강한 생활을 할 수 있는 노인인구가 증가하고 있으며, 75세 이상 고령노인인구도 지속적으로 증가하여 건강상의 장애로 독립생활이 불가능한 노인도 상당히 많은 것으로 드러났다.

2007년 노인복지 관련 예산은 5,692억 원으로 정부 예산의 0.36%, 보건복지부 일반회계 예산의 4.94%를 차지하고 있다. 이는 2006년에 비교하였을 때, 독거노인 생활지도사 파견사업, 노인장기요양보험 시범사업, 노인일자리, 장사시설 확충 등 노인복지사업의 신규 시행 또는 확대로 인해 1,763억 원 증가한 것이다. 노인복지 관련 국가예산은 2005년 이후 지방자치단체로 대폭 이양되었다.

따라서 인구고령화에 동반하는 연금과 의료비용의 증가로 사회보장의 재정적 지출증가는 피할 수 없게 되는 것이다. 그 외에도 사회복지 서비스와 고용・주택・교육 등의 비용도 대폭 증가할 것으로 추산되어 사회보장과 사회복지 그리고 관련제도로 지출되는 국민의 재정적 부담이 한층 더 무거워지게 될 것이다(박차상 외, 2005: 21).

〈표 1-9〉 노인복지 관련 예산 추이(단위: 억 원, %)

	'97	'98	'99	'00	'01	'02	'03	'04	'05	'06	'07
노인복지 관련 예산	1,300	1,691	1,917	2,809	3,089	3,786	4,011	5,005	3,301	3,929	5,692
정부 예산 대비	0.19	0.22	0.23	0.32	0.31	0.35	0.34	0.42	0.25	0.27	0.36
보건복지부 예산 대비	4.56	5.43	4.61	5.29	4.14	4.89	4.72	5.42	3.82	4.05	4.94

• 자료: 보건복지부, 「보건복지백서」, 각 연도.
주: 2005년 이후 지방 이양된 예산 제외.

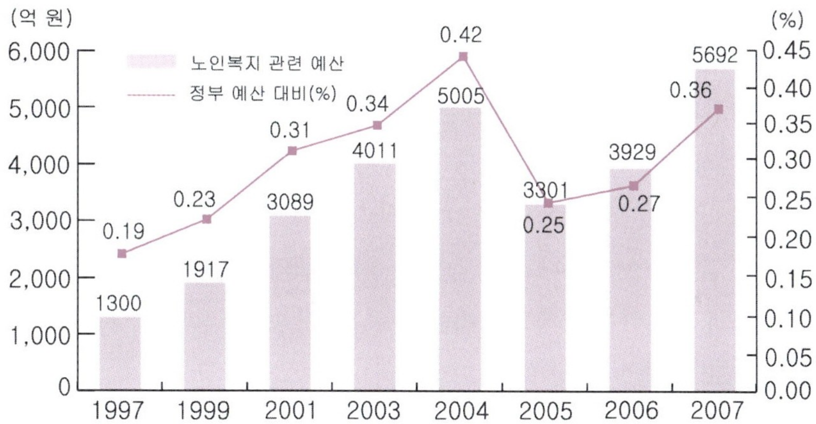

[그림 1-4] 노인복지 관련 예산 추이

2. 노인문제

노인문제는 노령에 수반되는 생활상의 곤란이라고 할 수 있다. 노년기에 접어들면서부터 경제적으로 자립하지 못하고 건강이 악화되며, 의지할 곳이 없어 어려운 생활을하게 되는 사람이 많아진다. 이러한 곤란은 인간으로서의 사회생활의 기본적인 욕구가 충족되지 않은 상태이다(박석돈 외 공저, 2006: 27).

노인문제란 대다수의 노인에게 공통적으로 나타나는 어려운 문제로, 노인 자신이나 가족의 힘으로 해결할 수 없는 문제를 말한다. 다시 말해 노인문제는 노인 개인이나 그 가족의 결함 또는 문제에서 비롯된 것이 아니라, 사회의 전반적인 변화에 적절하게 대처하지 못한 사회제도와 사회구조상의 문제에서 비롯되는 사회문제라고 볼 수 있다(박차상 외, 2005: 41).

일반적으로 노인문제는 노인이 겪고 있는 여러 가지 고통인 사고(四苦)인 빈고, 병고, 고독고, 무위고로 표현되고 때로는 빈곤, 질병 고독의 3악(三惡)으로 일컬어지기도 한다. 퇴직 후 소득감소에서 오는 생계비 문제, 노후에 자주 경험하는 만성질환과 심신 쇠약으로 인한 건강문제, 은퇴 후 가정과 사회에서의 역할 상실 및 지위저하, 그리고 결과적으로 나타나는 고독감, 소외감 등은 현대 노인들이 당면하고 있는 공통적인 문제이라 할 것이다(박석돈, 2006:75-76).

2008년 경기도노인복지지침에 의하며 2005년 65세 이상 연령계층의 어려운 점은 경제적 어려움이 44.6%로 가장 높았고, 건강문제가 30.1%, 외로움, 소외감이 6.4% 순으로 나타났다. 성별로 보면 남자 46.4%가 경제적 어려움이 가장 큰 것으로 나타났으며, 남자가 여자보다 3.1% 높았다. 아래 표와 같이 65세 이상 연령계층의 경우 2002년과 비교하여 경제적 어려움은 10.7% 상승하였으나 건강문제는 11.4% 하락한 것으로 나타났다.

〈표 1-10〉 노인들이 겪는 가장 어려운 문제(단위: %)

			경제적 어려움	직업 없음	소일거리 없음	건강 문제	외로움, 소외감	가족 푸대접	경로의식 약화	노인복지 시설부족	기타[1]
2002	65세 이상	계	33.9	2.9	5.8	41.5	8.5	2.2	1.0	2.3	1.8
		남	37.4	4.1	6.4	38.7	6.8	1.8	1.2	2.7	0.9
		여	31.7	2.2	5.5	43.3	9.5	2.5	0.8	2.1	2.4
2005	65세 이상	계	44.6	4.9	6.3	30.1	6.4	1.6	1.8	4.2	0.2
		남	46.4	7.0	7.1	25.9	4.6	1.4	2.6	4.9	0.1
		여	43.3	3.4	5.8	33.0	7.5	1.7	1.3	3.7	0.2

• 자료: 통계청, 「사회통계조사」, 각 연도.

이 장에서는 노인문제에 대하여 낮은 소득 수준으로 인한 소득감소, 노령으로 인한 의료비 부담 및 보호 문제, 사회참여 저조 및 역할 상실의 문제로 구별하여 살펴보고자 한다.

1) 낮은 소득 수준으로 인한 소득감소

인구고령화는 노인인구의 수적인 증가뿐만 아니라 퇴직으로 인한 소득의 감소의 문제로 가족경제와 사회에 어려움을 초래하게 되었다.

연도별 노인부부 가구의 이전소득 수지 추이를 살펴보면 아래 표와 같다.

〈표 1-11〉 **연도별 노인부부 가구의 이전소득 수지 추이**(단위: 천 원, %)

	2003		2004		2005		2006	
	금액	구성비	금액	구성비	금액	구성비	금액	구성비
총소득	959.0	100.0	1,117.4	100.0	1,159.8	100.0	1,208.9	100.0
이전소득	489.8	51.1	607.5	54.4	633.4	54.6	687.3	56.9
연금 및 사회보장	231.6	24.2	272.5	24.4	293.7	25.3	313.5	25.9
기타	258.2	26.9	335.1	30.0	339.7	29.3	373.8	30.9

• 자료: 통계청, 「가계조사」, 각 연도, 2007년 고령자 통계, 통계청, p. 10.

노인부부 가구의 이전소득은 2003년 전국 가계조사 이후 연금 및 사회보장 수혜에서 지속적인 증가 추세를 보이고 있다.

2007년 통계청 고령자 통계자료에 의하면 2006년 노인부부 가구의 월평균소득은 약 121만 원으로, 비 노인가구 소득 316만 원의 38.2%인 것으로 나타났으며, 노인부부 가구의 소득 구성비를 보면 '이전소득'이 56.9%로 가장 높았고, '근로소득' 9.9%, '사업소득'이 7.1%로 나타났다.

〈표 1-12〉 노인부부 가구의 가계수지(2006, 단위: 천 원, %)

	금액			구성비		
	전가구	노인부부	비노인	전가구	노인부부	비노인
가구 분포	100.0	4.8	95.2	–	–	–
소득	3,071.8	1,208.9	3,162.2	100.0	100.0	100.0
근로소득	1906.1	119.4	2,007.7	62.1	9.9	63.5
사업소득	668.5	85.4	694.8	21.8	7.1	22.0
이전소득	252.0	687.3	217.7	8.2	56.9	6.9

• 자료: 통계청, 「가계조사」, 2006.
주: 노인부부 가구는 가구주와 그 배우자가 모두 65세 이상으로 18~64세인 가구원이 없는 가구임.

2006년 65세 이상 인구 중 기초생활보장 수급자는 37만 4천 명으로, 수급률은 8.1%로 나타났으며, 성별 수급률을 보면 남자가 5.3%(9만 7천 명), 여자가 10.1%(27만 7천 명)로 나타나 여자의 수급률이 4.8%p 높았다.

2006년과 비교하면, 65세 이상 전체 수급자 수는 5,937명 증가하였고, 수급률은 남자는 동일하였고, 여자는 0.3%p 감소하였다.

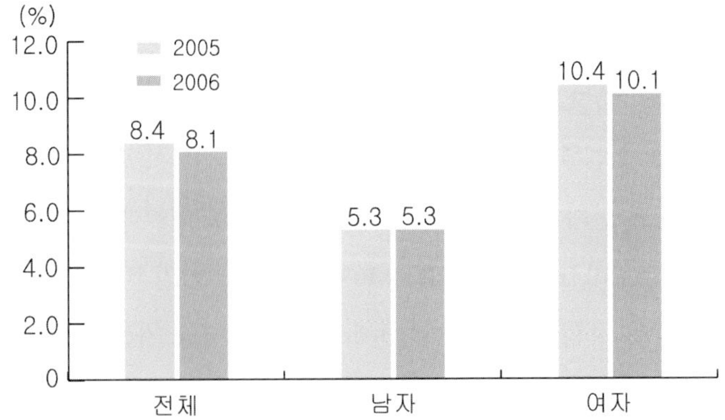

[그림 1-5] 65세 이상의 기초생활보장수급률

〈표 1-13〉 65세 이상 인구의 기초생활보장수급자 현황(단위: 명, %)

	총수급자 (일반수급자)	65세 이상	구성비[1]	수급률[2]	남	수급률	여	수급률
2005	1,425,684	367,658	25.8	8.4	93,995	5.3	273,663	10.4
2006	1,449,832	373,595	25.8	8.1	96,529	5.3	277,066	10.1

• 자료: 보건복지부, 「보건복지통계연보」, 각 연도.
주: 1) 65세 이상 수급자/총수급자.
2) 65세 이상 수급자/65세 이상 추계 인구.

2) 의료비부담 및 보호 문제

의학기술의 발달 등으로 평균수명은 연장되었으나, 신체적 노화와 사회의 급속한 변화의 부적응으로 인한 심리사회적인 문제 등으로 노인의 건강과 그에 따른 부양의 문제가 날로 심각해지고 있다(박차상 외, 2005: 50).

2006년 건강보험의 65세 이상 노인의료비는 7조 3,931억 원으로 2005년에 비해 22.1% 증가하여, 전체의료비 증가율 15.2%를 크게 상회한 것으로 나타났다.

건강보험 65세 이상 노인의료비가 전체 의료비에서 차지하는 비중은 25.9%로 2005년도 24.4%에 비해 1.5% 증가하였으며, 65세 이상 노인의료비는 매년 계속적으로 증가 추세를 보이고 있다.

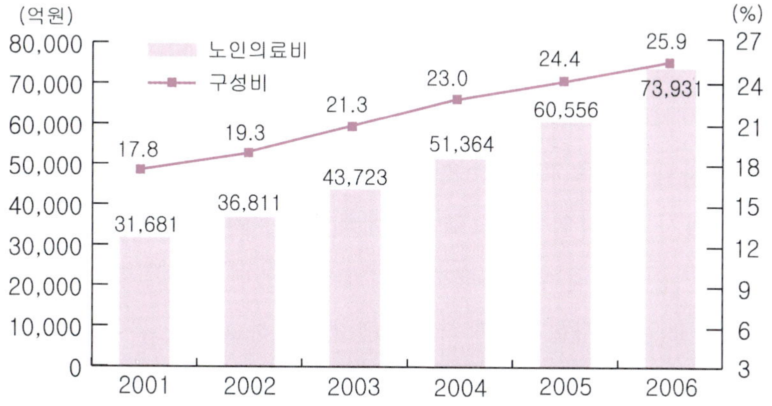

[그림 1-6] 65세 이상 건강보험 노인의료비 추이

〈표 1-14〉 65세 이상 건강보험 노인의료비 추이(단위: 억 원, %, %p)

	2001	2002	2003	2004	2005	2006	전년대비 증감(률)
전체의료비(A)	178,195	190,606	205,336	223,559	247,968	285,580	15.2
노인의료비(B)	31,681	36,811	43,723	51,364	60,556	73,931	22.1
비율(B/A×100)	17.8	19.3	21.3	23.0	24.4	25.9	1.5

• 자료: 건강보험심사평가원, 「건강보험심사평가통계연보」, 2001년~2003년, 2004년 건강보험심사통계지표, 2005년~2006년 「건강보험통계지표」.

또한 신체적 질병의 문제와 더불어 노인에 대한 부양의 문제 또한 심각한 사회문제로 대두되고 있다.

가족은 사회를 이루는 가장 기본적인 제도로서 결혼과 혈연 및 입양을 토대로 이루어진 관계자들의 집단이며, 이들은 의식주의 해결을 공동으로 하고 정서적 · 정신적 유대와 공동체적 생활방식을 갖는 집단이라고 말할 수 있다(이원숙, p. 20 재인용). 이러한 전통적인 가족제도가 최근에는 급변하는 사회현상과 함께 가구의 축소와 1인가구의 증가 및 이혼 · 재혼가족의 증가 등 가족형태가 다양하게 변화되고 있으며, 이러한 변화는 가족이 수행하는 기본적인 기능도 변화시켰다. 이러한 가족구조의 변화는 심각한 사회문제를 초래하였고, 이와 더불어 핵가족화 · 소가족화 · 노인 단독 가구의 증가 등의 원인으로 작용하고 있다. 이는 단순한 가족구조변화를 넘어 경노효친과 가족부양이라는 전통적인 사회규범마저 붕괴시켰다.

전통사회에서는 노인은 공경의 대상으로 가족의 틀 안에서 보호되어 왔으나, 현대사회의 경우 경제적 부문에서의 능력 저하는 사회적 지위에 있어서의 하락을 가져 왔고, '그동안의 사회의 공헌에 대한 적절한 보상을 해야 하는가'와 관련하여 사회적인 논란의 대상으로 부각되어지고 있다.

또한 여성의 사회참여 확대 등으로 노인에 대한 보호와 부양은 전통사회에서는 가족의 고유한 기능에서 공백을 초래하게 되었다. 2005년 여성의 경제활동참가율은 48.4%에 이르고 있고, 사회발전과 더불어 점차 증가하고 있는 추세이다. 즉 여성의 사회참여의 확대와 가족의 핵가족화 등으로 가족의 역할이 한계에 도달하게 되었다.

〈표 1-15〉 여성경제활동참가율(단위: 천 명, %)

연도	경제활동인구		경제활동참가율	
	여성	남성	여성	남성
1985	5,975	9,617	41.9	72.3
1990	7,509	11,030	47.0	74.0
1995	8,410	12,435	48.4	76.4
2000	9,101	13,034	48.8	74.4
2001	9,299	13,172	49.3	74.3
2002	9,486	13,435	49.8	75.0
2003	9,418	13,539	49.0	74.7
2004	9,690	13,727	49.9	75.0
2005	9,860	13,883	48.4	74.6
2006.6.	10,205	14,115	51.3	74.8

• 주: 1) 경제활동참가율=경제활동인구/15세 이상 인구×100.
2) 2005년 6월부터 통계청에서 발표하는 실업률 기준이 '구직기간 1주'에서 '구직기간 4주'로 변경됨에 따라 2000년을 기준으로 변경된 내용을 기재.

• 자료: 통계청, 각 연도, 통계청 KOSIS DB.

3) 역할 상실

2005년 65세 이상 인구의 경제활동참가율은 30.0%로 2004년 29.8%에 비해 0.2% 증가하였으며, 남자는 41.2%로 전년도에 비해 0.2% 감소, 여자는 22.4%로 전년도에 비해 0.2% 증가하였다.

2007년 통계청 고령자통계에 의하면 2006년 65세 이상 취업자 중 비 임금근로자 비율은 69.1%, 임금근로자 비율은 30.9%로 나타났으며, 비 임금근로자의 구성비를 보면 자영업주는 55.1%, 무급 가족종사자는 14.0%였고, 임금근로자의 경우 대부분이 임시근로자(42.3%)와 일용근로자(41.0%)로 나타났다.

65세 이상 취업자의 종사자 지위를 성별로 살펴보면, 무급 가족종사자의 경우 여자가 남자보다 많은 비중을 차지하고 있는 것으로 나타났다.

〈표 1-16〉 경제활동참가율(단위: %)

	2001	남	여	2002	남	여	2003	남	여	2004	남	여	2005	남	여
15세 이상	61.4	74.3	49.3	62.0	75.0	49.8	61.5	74.7	49.0	62.1	75.0	49.9	62.0	74.6	50.1
65세 이상	30.0	41.3	22.9	30.7	42.8	23.0	28.7	39.8	21.5	29.8	41.4	22.2	30.0	41.2	22.4

• 자료: 통계청, 「경제활동인구조사」, 각 연도.
• 주: 구직 기간 4주 기준 적용.

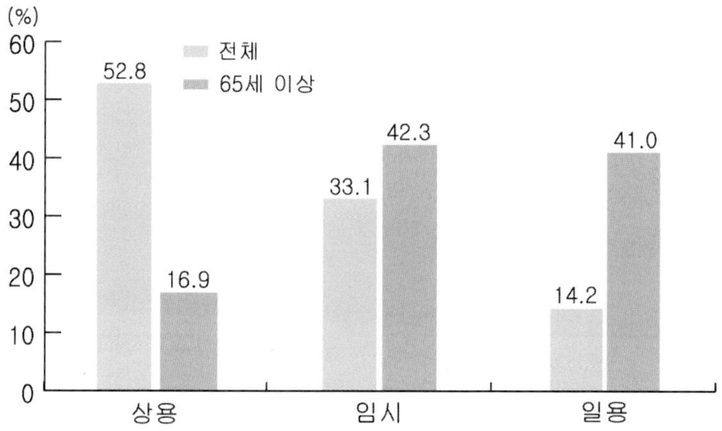

[그림 1-7] 65세 이상 임금근로자의 종사상지위별 구성비(2006)

〈표 1-17〉 65세 이상 취업자의 종사상지위별 구성비(단위: %)

		자영업주[1]	무급 가족종사자	임금근로자	상용[2]	임시[2]	일용[2]
2005	15세 이상	27.0	6.6	66.4	52.1	33.3	14.6
	65세 이상	57.6	14.1	28.3	13.9	43.7	42.4
	남자	69.3	2.5	28.0	23.0	53.1	24.4
	여자	43.0	28.5	28.6	2.9	32.4	64.2
2006	15세 이상	26.5	6.3	67.2	52.8	33.1	14.2
	65세 이상	55.1	14.0	30.9	16.9	42.3	41.0
	남자	66.3	2.6	30.9	26.7	49.0	24.7
	여자	41.0	28.1	30.9	4.6	34.0	61.4

• 자료: 통계청, 「경제활동인구연보」, 각 연도.
주: 1) 고용주 포함.
2) 임금근로자 대비 구성비임.

또한 2006년 65세 이상 취업자의 산업별 분포를 보면 '농립어업'이 50.2%로 가장 많았고 다음은 '사업· 개인 ·공공서비스업(21.2%)', '도소매· 음식숙박업(17.5%)', '광공업(5.4%)' 순으로 나타났다.

성별로 보면, 남녀 모두 농림어업 종사 비율이 각각 46.6%, 54.8%로 가장 높았으며, 다음으로 남자는 사업·개인·공공서비스업(23.8%)에, 여자는 도소매·음식숙박업(21.2%)에 많이 종사하고 있는 것으로 나타났다.

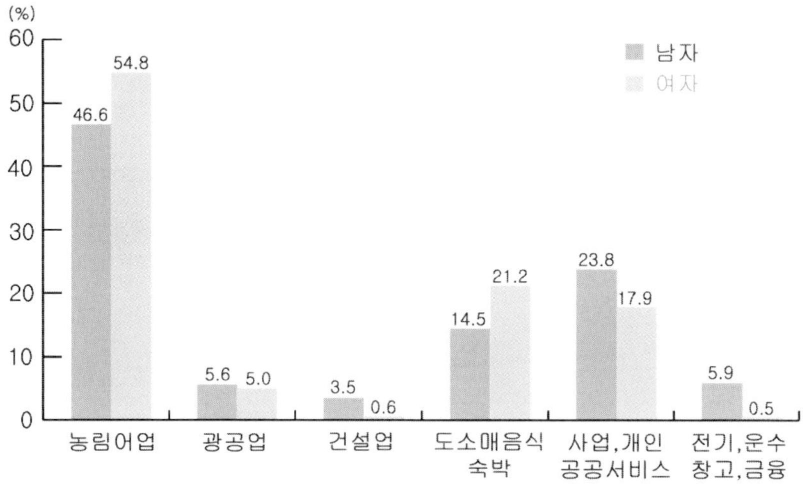

[그림 1-8] 65세 이상 취업자의 산업별 구성비(2006)

〈표 1-18〉 65세 이상 취업자의 산업별 구성비(단위: %)

		농림어업	광공업	건설업	도소매음식 숙박	사업·개인·공공서비스	전기·운수·창고·금융
2005	15세 이상	7.9	18.6	7.9	25.4	30.3	9.8
	65세 이상	52.7	5.3	2.4	17.7	18.5	3.5
	남자	49.5	5.4	3.7	13.8	21.6	6.0
	여자	56.6	5.1	0.7	22.5	14.7	0.3
2006	15세 이상	7.7	18.1	7.9	24.9	31.3	10.1
	65세 이상	50.2	5.4	2.2	17.5	21.2	3.6
	남자	46.6	5.6	3.5	14.5	23.8	5.9
	여자	54.8	5.0	0.6	21.2	17.9	0.5

• 자료: 통계청, 「경제활동인구연보」, 각 연도.

2007년 고령층(55~79세) 인구 중 향후 취업 희망자의 비율은 57.5%였으며, 이들의 주된 희망 이유는 '생활비에 보탬이 되어서(32.4%)', '일하는 즐거움 때문에(19.6%)'로 나타났다.

성별로 살펴보면, 장래 취업희망 비율은 남자(71.6%)가 여자(45.5%)보다 훨씬 높게 나타났으며, 주된 취업희망 이유는 남녀 모두 '생활비에 보탬이 되어서'가 가장 많았다.

연령계층별로는 55~64세(71.2%)의 장래 취업희망 비율이 65~79세(42.7%)보다 높게 나타났으며, 주된 취업희망 이유는 모두 '생활비에 보탬이 되어서'였다.

〈표 1-19〉 고령자의 취업의사 및 취업을 원하는 이유(단위: %)

	계	장래 근로 원함	일하는 즐거움	생활비 보탬	사회가 필요로함	건강 유지	무료 해서	기타	장래근로 원하지 않음
전체(55~79세)	100.0	57.5	19.6	32.4	1.0	1.6	2.8	0.1	42.5
남자	100.0	71.6	27.6	37.6	1.7	2.0	2.6	0.1	28.4
여자	100.0	45.5	12.8	27.9	0.3	1.2	3.0	0.1	54.5
55~64세	100.0	71.2	24.0	41.3	1.3	1.8	2.5	0.2	28.8
65~69세	100.0	42.7	14.9	22.7	0.5	1.4	3.2	0.1	57.3
현재취업자	100.0	87.1	30.5	49.9	1.7	2.1	2.8	0.2	12.9
취업유경험, 현재미취업자	100.0	29.3	9.1	15.7	0.2	1.1	3.1	0.1	70.7
생애취업 무경험자	100.0	6.6	2.0	2.9	–	0.7	0.9	0.1	93.4

• 자료: 통계청, 「경제활동인구 부가조사(고령층)」, 2007. 7.

직업을 통한 사회활동은 우리에게 사회 심리적 만족감을 갖게 한다. 따라서 노인이 되면서 겪게 되는 퇴직은 표면적인 소득상실의 문제와 더불어 노인의 사회적 역할상실에 따른 사회 심리적 소외와 고립의 문제를 경험하게 한다.

최근 들어 급속히 증가하고 있는 노령인구의 조기퇴직이라는 사회적 변화로 많은 노인들의 '역할상실' 현상이 나타나게 되었는데 이에 대한 준비 부족으로 퇴직 후의 노령기에 있어서의 적절한 역할과 규범을 확립하지 못하고 있다.

또한 우리나라 노인의 여가활동은 그 영역이 매우 한정되어 있는데, 이러한 현상은 우리나라 노인의 경우 젊을 때 특별한 여가활동을 하지 못하였기 때문이라 볼 수 있다. 특히 여가활동에 대한 기술과 지식은 적어도 중년까지 사회화를 통하여 습득되어야만 노년기에 이르러 잘 이용할 수 있는데, 현재 노년기에 접어든 노인들은 경제성장의 주역으로 경제활동에만 치우친 생활로 여가활동에 대한 준비를 하지 못하였다. 실제적으로 퇴직한 노인이 가장 쉽게 접근할 수 있는 시설로는 경로당을 들 수 있는데, 대체로 시설이 영세한 규모로 운영되고 있기 때문에 여가활용 프로그램이 제대로 이루어지는 것은 현실적으로 매우 어려운 일이다(박차상, 2005:52-52).

따라서 노인의 역할상실과 여가문제를 해결하기 위해서는 여가시설이나 프로그램의 확충과 함께, 여가활동에 대한 노인들의 준비교육이 함께 제공되어야 할 것이다.

■ 참고문헌

권중돈(2005). **노인복지론**. 학지사.

박차상 외(2005). **한국노인복지론**. 학지사.

박석돈(2006). **노인복지론**. 삼우사.

이해영(2006). **노인복지론**. 창지사.

최성재 · 장인협(2007). **노인복지학**. 서울대학교출판부.

이인수(2006). **21세기 노인복지론**. 대왕사.

통계청(2007). 2007년 고령자통계.

______(2005). 2005년 장래인구 특별추계.

______(2005). 2005년 고령자 통계.

______(2006). 2006～2010 제1차 저출산 고령사회기본계획.

2

노화에 대한 이해

1. 노화현상의 기초 이론

1) 노화의 의미

노화(aging)는 한순간의 현상이라기보다는 진행되고 있는 과정이다. 일반적으로 시간이 흐름에 따라 유기체의 세포, 조직, 기관조직 등 생체 전반에서 쇠퇴나 무기력 등의 현상이 일어나는 것을 말하며, 이와 같이 늙어 가는 현상을 일반적으로 '노화' 또는 '노화현상'이라고 말한다. 그러나 노화에 대해서 보다 포괄적이며 전반적으로 이해하기 위해서는 신체기능의 저하나 감각기능의 저하뿐만 아니라 개인의 경험으로부터 나타나는 노령기의 심리적 특성 및 행동 특성, 퇴직과 배우자 사별 등으로 인한 사회적 역할이나 지위의 변화과정까지도 포함하여 이해해야 한다.

2) 노화이론

(1) 노화의 생물학적 측면

'왜 나이가 들면 몸이 늙고 결국 죽는가?', '무엇이 노화의 원인인가?', '어떻게 하면 노화를 방지할 수 있는가?' 수많은 의학자, 심리학자, 노년학자들은 이에 대해 많은 연구를 기울여 왔으며 많은 이론들이 제시되고 있다. 그러나 이론으로 제안된 대답은 우리가 경험하는 정상적 노화 중 몇 개를 설명하는 정도에 지나지 않으며, 어떠한 이론도 노화에 대한 모든 것을 설명하지는 못하고 있다. 먼저 노화의 원인에 대한 대표적인 이론들을 살펴보자.

① 노화예정설

모든 생물체는 유전자(DNA)에 노화가 프로그램화되어 있으며, 미리 예정되어 있다가 시간이 경과함에 따라 노화의 특성이 발생된다고 본다. 즉, 성장과 노화의 과정을 정상적인 유전신호의 흐름의 연장선에서 보고 있다. 수정란에서 성숙의 절정에 이르는 성장과정이 유전인자에 의해 조절되듯이 그 후의 노화과정 역시 유전적으로 미리 계획된 생물학적 시계에 따라 진행될 것이라고 가정한다. 인간의 수명은 120세 정도이며, 아무리 장수에 좋은 모든 것을 동원해도 불로장생할 수 없다는 것이다.

② DNA 작용 과오 이론

모든 세포들은 그 안에 DNA라는 유전인자를 가지고 있다. 이 DNA가 단백질을 결합하는 과정에서 DNA 유전정보에 맞지 않은 것이 생산되고 이것이 축적되어 노화를 초래한다.

비정상적으로 노화해 가는 조로증(早老症) 환자들은 선천적으로 노화의 속도가 정상인보다 훨씬 더 빠른데, 이것은 비정상적인 유전인자에 의한 것으로 보고 있다.

③ 사용 마모 이론

기계를 오래 사용하면 마모되듯이 신체기관도 오래 사용하면 마모되어 점차 노화된다는 이론이다. 신체는 심장의 펌프에 의해 생명을 유지하고, 관절은 레버나 도르래와 유사하게 작업하고 이러한 기계들이 결국 닳게 된다고 본다. 관절염이 그 예가 될 수 있는데, 그러나 이러한 효과는 노화의 이유를 설명하지는 못한다.

④ 노폐물 축적 이론

해로운 물질이나 방사선, 약제 등에 의해 세포 내 노폐물이 형성・축적되어 세포의 정상적인 기능을 방해하여 노화를 초래한다고 보는 이론이다.

⑤ 교차 연결 이론

인간 세포 내에 어떤 단백질들은 무작위로 상호작용하며 신체를 점점 뻣뻣하게 만드는 방식으로 연결된 분자를 생성한다. 문제가 되는 단백질이 콜라겐인데, 이는 유연한 신체조직에서 딱딱하게 하는 막대와 같은 역할을 한다. 이것의 교차연결이 많으면 많을수록 조직은 더욱 뻣뻣해지며, 세포의 정상적인 기능을 방해하여 노화를 초래한다고 본다. 그러나 교차 연결이 실제로 신진대사과정을 방해하거나 노화의 원인이 된다는 증거는 없다(Hayflick, 1994).

⑥ 활성산소론

노화는 활성산소의 부작용에 의해 초래된다는 설로 최근 주목을 받고 있다. 인간은 호흡으로 얻은 산소로 음식을 태우고 에너지를 얻는데 이 중 10% 가량의 산소는 물로 환원되지 않고 유해한 활성산소로 된다. 이 활성산소가 생체에 해를 끼쳐 각종 성인병이나 암을 일으키고 노화를 일으킨다는 설명이다.

⑦ 면역체계설

면역체계는 우리 몸에 들어온 이물질을 공격하여 질병으로부터 보호해 주는 기능을 하는데, 이러한 면역기능을 조절하고 지배하는 분비선은 흉선이다. 나이가 들면서 흉선이 작아지며 신체의 면역기능을 약화시켜 노화를 촉진한다. 경우에 따라서는 면역체계가 이물질과 자기조직을 구별하지 못하여 스스로 자기조직을 파괴하는 현상도 일어난다. 이를 자가 면역이라고 하는데 이러한 질환의 대표적인 예가 루머치스관절염, 루푸스 등이다(이영진, 2000).

(2) 노화의 심리적 측면

인간은 하나의 생물학적 유기체로서 생존하고 변화하고 사멸하는 존재에 그치지 않고 환경 속에서 어떤 사물이나 현상을 감지하고 생각하고 반응을 보이고 목적이 있는 행동을 하는 실체이다. 그러므로 노화가 생물학적인 면에서뿐만 아니라 심리적인 면에서 어떠한 변화를 초래하는지를 검토하는 것은 매우 중요하다.

① 감각기능

감각과 지각과정은 눈, 코, 귀, 피부를 통해 들어온 환경자극들이 뇌로 전달되어 의미가 부과되고 해석되는 과정이다. 나이가 들면 누구나 이 과정에도 감퇴를 경험하게 되는데 이러한 변화는 세상정보를 받아들이는 데 한계를 초래하여 우리의 인지능력을 감퇴시킬 뿐만 아니라 일상생활에 불편을 초래하고 삶의 질을 떨어뜨린다. 즉 맛을 보고 냄새를 맡는 감각이 감퇴하면 맛을 몰라 식욕이 떨어지고, 시력이 감퇴하면 책을 보고 TV를 보기가 어려워지고, 청력이 저하되면 대인관계에 문제가 생기기도 한다.

㉠ 시력

감각계 중 대표적으로 노화가 일어나는 곳은 시력과 청력이다. 시각의 변화는 두 수준에서 일어난다. 각막, 동공, 수정체의 구조적 변화로 망막에 빛을 전달하고 조절하는 능력이 떨어지는데 이는 대략 35~45세 사이에 시작된다. 또한 망막과 뇌의 시신경 체계의 노화로 시야가 좁아지고 빛이나 색에 대한 민감도가 떨어지는데 이것은 50대 이후에 비교적 늦게 나타난다.

보통 40대 이후 가까운 곳에 초점을 맞추기 어렵고 70대에는 섬세한 것을 구별하기 어려워진다. 50대부터 밝은 빛에 적응을 금방 하지 못하고 어두운 조명 아래에서 보기가 어려워진다. 뿐만 아니라 눈물 분비의 감소로 결막건조증이 생기기 쉽고, 눈 주위 피하지방의 손실로 눈이 뒤로 들어가고 눈꺼풀이 늘어져 밑으로 처지는 현상을 볼 수 있다. 그리고 수정체의 변성에 의해 백내장과 녹내장의 발생빈도가 높아진다.

▶ 눈의 선명도

각막, 동공, 수정체의 변화에 의해 눈의 선명도가 떨어지고 물체가 흐릿하게 보이고 갑자기 밝은 곳으로 나가게 되면 눈부심 현상이 일어난다.

60세 때에 망막에 도달하는 빛의 양은 20세 때의 30% 정도로 추정된다. 20~80대를 대상으로 한 연구(Woodruff-Pak, 1977)에 의하면, 10년 간격으로 시력이 감퇴하였는데 남성의 경우 60~70대에 가장 많이 감소하였다. 대체로 80세 노인은 20세의 젊은이보다 200배 이상의 조명이 필요하다고 본다(김애순, 2004).

▸ 시각거리 조절

나이가 들면 먼 곳을 보다가 가까이 있는 책의 글자를 보려면 한참 시간이 걸린다. 수정체의 조절작용 능력이 감퇴되어 물체의 상이 망막에 적절히 맺도록 초점거리를 맞추기 힘들어지기 때문이다. 이것은 수정체의 가장자리에 붙어 있는 모양근의 콜라겐이 축적되면서 수정체의 두께를 조절하여 자동으로 초점거리를 맞추는 신축성이 감소한 데서 기인한다. 성인초기에 급격히 감소하기 시작하여 60세까지 지속되다가 그 이후는 더 이상 감퇴가 일어나지 않는다.

▸ 황화현상

수정체의 황화현상으로 긴 파장의 빨강계열의 색상은 잘 구별하지만 짧은 파장의 보라, 남색, 파란색 계열은 구별하기 어렵게 된다. 이것은 노화로 인해 빛에 대한 분광현상(spectral distribution)이 변화하기 때문이며, 황화현상이 심해지면 마치 노란색 안경을 끼고 세상을 보는 것처럼 모든 것이 노르스름하게 된다. 아주 심한 경우 70~90세 사이에 나타나며 색상의 반만을 볼 수 있게 된다.

▸ 야맹증과 암순응

망막의 변화로 광량이 적은 밤에는 빛에 대한 민감성이나 반응속도가 떨어진다. 따라서 밤에는 시력이 저하되어 야맹증이 생기게 되며 암순응 능력이 떨어진다. 암순응은 대낮에 어두운 극장 내부에 들어갔을 때 처음에는 안 보이다가 서서히 보이는 현상이다. 이러한 암순응 능력은 연령이 증가할수록 떨어지는데 60세 이후 현저히 나타나게 된다. 따라서 노인들이 밤에 운전을 하거나 대낮에 어두운 터널 속으로 질주하는 것은 상당히 위험하다.

▸ 백내장과 녹내장

백내장은 투명하고 깨끗해야 할 수정체가 뿌옇게 혼탁이 발생하는 것으로 이로 인해 보고자 하는 물체의 상이 수정체를 통과하지 못하고 망막에 정확하게 초점을 맺지 못함으로써 시력에 장애를 초래하게 되는 질환이다.

후천적으로 나이가 들면서 발생하는 노인성 백내장은 성인에게 발생하는 전체 실명 원인 중 과반수 이상을 차지하는 대단히 중요한 질환으로서 나이가 들면서 발병률이 높아져 60대에는 60%, 70대에는 70%, 80대에는 80%에서 발생한다.

백내장의 치료에는 약물적인 것과 수술적인 것이 있는데 최근 의학의 발달로 수술적 치료 분야는 95% 이상의 높은 성공률을 보여주고 있다.

녹내장은 안구의 압력이 비정상적으로 높아지면서 혈관을 압박하여 산소공급이 원활히 이루어지지 않아 망막의 시신경세포들과 조직이 손상을 당하는 질환이다. 동공의 안쪽이 녹색으로 보이기 때문에 녹내장이라고 하는데, 조기에 치료하지 않으면 완전히 시력을 잃게 될 수도 있다. 이외에 당뇨병으로 인한 당뇨망막증, 노인성 황반변성 등의 질환으로 시력에 장애를 가져오는 경우도 많다.

이상과 같은 시각감퇴는 노인들을 무력하게 하며 행동의 제약을 가져올 수 있다. 거리 감각이나 깊이에 대한 지각이 불분명해져 걸음걸이가 불안정해지고 사고의 위험도 커진다. 돋보기, 색안경 등 다양한 시각 보조기구를 사용할 필요가 있다.

○ 노인들의 시력상실에 대처하는 방법

- 적절한 조명을 사용한다.
- 반짝거리는 표면이나 태양을 직접적으로 보는 것을 피한다.
- 어두운 곳에서 밝은 곳으로의 갑작스런 변화를 피한다.
- 큰 글씨를 사용하고, 선명한 대조색깔을 사용한다.
- 푸른색과 초록색의 혼합을 피한다.
- 안경이나 돋보기 같은 시각보조기를 사용한다.

㉡ 청력

노인들은 청력기능의 노화로 소리의 식별능력이 떨어지고 대화를 잘 알아듣지 못하게 된다. 여자보다 남자에게서 청각손실이 심하게 나타난다. 노화로 인한 청력감퇴 특히 노인성 난청(presbycusis)이 증가한다. 특히, 고음영역, 고주파음(ㅋ, ㅅ, ㅊ, ㅂ, ㅌ, ㅍ)을 잘 들을 수 없게 되며, 여러 사람이 한꺼번에 말을 할 때에는 소리를 구별하기 어렵게 된다. 이러한 청력감퇴는 거의 대부분의 사람들에게서 나타나는데, 양쪽 귀에서 서서히 진행되며 환경의 소음에 노출되는 경우 대부분 그 감퇴가 가속된다. 대략 65세 이상 노인의 약 13%가 노인성 난청 증상을 보인다고 한다(Corso, 1977).

일반적으로 노인들에게는 소리 크기의 규모가 더욱 단축되어 실제보다 더 강렬하게 지각되는 경향이 있는데 이를 '보청현상(recruitment)'이라고 한다. 흔히 노인들이 사람들이 많은 곳에서 젊은이보다 더욱 시끄러움을 느끼고 견디기 어려워하는 것이 바로 이런 이유이며 노인들이 TV를 보거나 이야기를 나눌 때는 주위를 조용하게 할 필요가 있다.

청력감퇴는 오히려 시각감퇴보다 대인관계에 보다 많은 문제를 일으킬 수 있으며 개인의 심리 · 사회적인 면에 타격을 줄 수 있다. 의사소통이 잘 안되면 노인들은 고립감을 느끼고 사회적으로 위축되므로 적절한 보청기의 사용이 필요하다.

○ 노인과의 대화 시 유의할 점

- 낮은 음조로 말한다.
- 주위의 소음을 줄인다.
- 얼굴을 마주보고 말한다.
- 발음을 분명히 한다.
- 적당한 속도로 말한다.
- 적절한 몸짓을 사용한다.

ⓒ 후각

후각과 미각은 음식의 맛을 분별하고 유해한 냄새를 맡아 위험으로부터 자신을 보호하며, 좋은 맛과 냄새를 통해 행복감도 느끼게 해 주는 감각기관이다. 여러 연구들에 의하면 후각과 미각은 노화로 인한 변화가 비교적 적다고 한다. 후각은 단순히 냄새를 구별하는 기능을 넘어 미각에 영향을 준다. 코를 막고 음식을 먹으면 음식 맛과 향기를 느낄 수 없는데 이는 비후 통로의 공기순환이 이루어지지 않아 냄새자극이 후각점막에 도달하지 못하기 때문이다. 음식의 맛은 미각과 후각의 조합으로 이루어지며 감기가 걸려 코가 막히면 입맛이 없는 것은 이와 같은 이유 때문이다.

㉣ 미각

미각기능 역시 비교적 변화가 없는 편이라고는 하나 노후에는 맛 봉오리수가 감소함에 따라 맛을 느끼고 변별하는 능력이 감퇴한다. 연구에 의하면 노인은 젊은이보다 더 농도를 짙게 해야 맛을 변별할 수 있는데 이러한 현상들로 인해 노인들은 음식을 짜게 하거나, 단 것을 좋아하게 되는 경향이 있다. 왜 노인들이 맛있는 음식을 놓고 맛이 예전 같지 않다고 불평하는지는 이러한 이유에 의한다고 볼 수 있다.

미각은 여러 사람들과 함께 식사하면서 경험하기 때문에 '사회적 감각'이라고도 한다(Ackerman, 1990). 즉, 음식 맛은 누구와 함께 먹느냐에 따라 달라질 수 있다는 것이다. 특정 음식의 맛은 같이 먹었던 사람들과의 추억과 함께 기억될 수 있다. 따라서 나이 들어 혼자 외롭게 식탁에 앉아 있을 경우 식욕이 저하되는 것은 단순히 생물학적으로 미각이 감퇴했기 때문이라기보다는 아마도 이러한 사회・심리적인 요인이 더 크게 작용할 수도 있다.

㉤ 촉각

촉각은 가장 친밀한 의사 전달방법이며 해석하기 쉽다. 노화로 인하여 다른 감각이 감소되었을 때 촉각을 이용하여 외로움을 감소시키고 안정감을 줄 수 있다.

촉각은 어느 감각보다 가장 혈액순환장애로 인해 영향을 받는 감각과정이다. 대체로 노후에는 혈액순환이 원활하지 못하여 촉각수용기가 감소하고 이로 인해 촉각이 감퇴된다고 보고 있다. Thornbury와 Mistretta(1981)는 실제로 연령 증가에 따라 집게손가락의 감각이 차츰 둔해진다고 보고하고 있다.

㉥ 통각

통각은 노화에 따라 약화된다는 연구결과가 있으나 또 다른 연구들은 크게 감퇴되지는 않는다고 보고되고 있다. 오히려 자주 통증에 노출되다 보니까 고통을 참아내는 인내심이 더욱 증가하는 것이 아닌가라고 주장하는 학자도 있다. 통증에 대한 지각은 매우 사적인 측면이 있는데 고통을 주는 외적 자극 외에 기대, 스트레스, 불안 등 정서・인지적 요인들이 크게 좌우한다. 예를 들면 병적인 통증환자들의 35%가 가짜 약을 먹고도 진통효과를 나타내는 현상 등이다. 따라서 누군가가 크게 아픔을 호소하는 경우 그것이 신체적 아픔 이외에 불안, 우울, 혹은 정신적 고통이 개입되었을 경우도 있음을 인식해야 한다(김애순, 2004).

② 지각기능

지각기능이란 감각기관에 의해 수집된 정보를 의식적인 수준에서 처리하고 평가하는 기능인데 노화에 따라 지각과정이 감퇴된다. 특히 시간과 움직이는 물체에 대한 속도 지각이 약해진다(시간, 속도감각 저하). 이는 생물학적 노화로 외부로부터의 자극과 정보를 처리할 수 있는 신경체계의 활동속도가 느려지기 때문이다. 따라서 노인은 환경변화에 즉각적으로 대처하는 능력이 떨어지고 안전사고를 당하기 쉽다. 또한, 시간감각이 무디어져 시간을 무감각하게 흘려 보내거나 질주하는 자동차의 속도감을 느끼지 못해 사고를 당하기도 한다.

▸ 역동적 지각

TV화면에 빠르게 지나가는 뉴스의 내용을 파악하지 못하거나 운전 중 스쳐가는 표지판을 읽지 못해 어려움을 겪게 된다. 실험실 연구에서도 60세가 넘은 사람들은 아직 시력이 좋은데도 스크린에 잠깐 비추어진 화면의 내용을 파악하는 데 젊은이들보다 시간이 걸렸다. 즉, 나이가 들면 빠르게 지나가는 자극을 처리하는 역동적 지각능력(Dynamic visual perception)이 감퇴된다는 것이다(김애순, 2004).

▸ 시공간 통합능력

신문의 숨은 그림을 찾거나 여러 개의 그림조각을 모아 한 폭의 그림을 만드는 게임을 할 경우 젊은이들보다 노인들의 경우 시간이 훨씬 많이 걸린다. 이처럼 나이가 들수록 복잡한 자극 속에서 새로운 형태를 발견해서 통합하는 시공간 통합능력이 감퇴하는데 이를 '지각의 경직성'이라고도 한다. 즉, 나이가 들면 복잡한 시각적 자극들 속에서 생소한 변화를 발견하는 것이 더욱 어려워진다.

▸ 주의력

나이가 들면 어떤 자극에 장시간 주의를 집중하거나 경계태세를 오랫동안 유지하는 것이 어려워진다. 또한 주의분할능력이 떨어짐으로 두 가지 일을 한꺼번에 하는 것도 어려워진다. 예를 들면 음악을 들으면서 신문을 본다거나 강의를 들으면서 필기를 하는 것, 핸드폰을 받으면서 운전을 하는 등 두 가지 과제를 동시에 수행하는 것은 나이가 들면서 더욱 어려워진다. 그러나 이러한 능력도 훈련에 의해 향상

될 수 있다. 실제로 노인들이 춤을 배울 경우 처음에는 팔과 다리의 동작을 동시에 하기가 어려우나 훈련을 할수록 점차 능숙해짐을 볼 수 있다.

③ 반응과정

지각기능의 저하와 함께 자극에 대한 반응속도도 느려진다. 노화에 따라 반응속도가 느려지는데, 특히 자극이 복잡할수록 느려진다.

연구에 의하면 연령증가에 따른 단순반응속도(소리가 울리면 누르라는 등)는 느려지고 있으며, 20～70세 사이에 단순반응시간이 11～102%까지 증가하고 있었는데, 이러한 현상은 건강한 노인들에게서도 보편적으로 나타났다(Hicks & Birren, 1970). 특히 단순반응보다 선택적이고 복잡한 반응의 경우 더욱 반응속도가 느려졌는데 예를 들면 어떤 자극에는 왼손으로, 다른 자극에는 오른손으로 반응하라고 한다든지 처음에는 노란색으로, 다음에는 파란 단추로 누르라고 지시를 내렸을 경우 반응속도가 더욱 느리게 나타났다(김애순, 2004).

젊은이는 일반적인 운동속도가 빠르므로 빨리 진행하여 시행착오를 반복할 수 있는 여유가 있는 반면, 노인은 운동속도가 느려 시행착오과정을 되풀이할 여유가 없으며 한 번을 해도 정확성을 기하려고 한다. 따라서 더욱 조심스러워지고 반응속도도 느려진다.

외부자극 (감각기관)	→	지각기능 (판단)	→	반응행동 결정	→	근육기관 활동 (행동)

[그림 2-1] 지각과 반응 과정

④ 정신기능

㉠ 지능

지능은 새로운 것을 학습할 수 있는 능력, 새로운 환경에 적응할 수 있는 능력, 새로운 아이디어를 발견해 내는 창의력 등을 포함하는 것으로 한마디로 정의하기는 어렵다. 지능을 어떻게 정의하느냐에 따라 연령증가에 따른 지능의 변화의 정도도

달라진다. 20세기 초에는 연령이 증가하면서 지능이 쇠퇴한다는 부정적 시각이 팽배했으나 최근에는 지능의 종류가 세분화되어 논의되고 있으며 연령이 증가할수록 사고방식이나 지혜가 성숙해진다는 주장도 제기되고 있다.

1950년대까지 지속되어 왔던, 연령이 증가하면서 지능이 감퇴한다는 주장은 주로 단기횡단연구에 의한 결과로 교육수준, 동시대 출생 집단 효과, 연령에 따른 검사의 적절성 등이 고려되지 않아 연령변화의 차이인 노화의 영향을 정확히 설명하는 데에는 한계가 있다.

연령증가에 따라 일방적으로 지능이 감퇴한다는 주장이 주류였던 시절 최초로 지능의 종류에 따라 감퇴의 정도가 다르다는 사실을 밝힌 사람이 Wechsler이다. 그는 자신이 개발한 성인용 지능검사지에 의해 측정한 결과 20～60세 사이에 지능이 서서히 감퇴하나 지능의 종류에 있어 그 정도가 다르다는 것을 발견했다. 즉, 동작성 지능(부호 맞추기, 토막 쌓기, 조립하기, 이야기 순서대로 그림 맞추기)은 급속히 감퇴한 반면에 언어성 지능(어휘력, 일반상식, 판단력 등)은 비교적 안정적이었다(Wechsler, 1955).

한편, Horn과 Cattell(1966, 1967)은 지능을 유동성 지능과 결정화된 지능으로 구분하여 살펴보았다. 유동성 지능은 정신의 유동성을 상징하는 것으로 여러 가지 양식들 간에 관계를 알아내거나 관계들로부터 의미를 추론하여 통합적으로 알아내는 능력이다. 여기에는 귀납적 추리, 공간지각능력, 조형의 융통성 등이 포함되며 이러한 지능은 문화나 교육에 의해 영향을 받지 않으며 비교적 선천적인 지능이다. 그러나 결정화된 지능은 학습이나 교육, 경험이 축적된 지식으로 이는 문화적으로 가치 있는 지식, 경험의 폭, 의사소통의 이해력, 판단력, 그리고 일상생활의 분별력을 반영하는 지적 능력 등이 포함된다. 여기에는 언어력, 개념형성, 논리적 추리력 등도 포함된다. 유동성 지능이 웩슬러의 동작성 지능과 유사하다면 결정화된 지능은 언어성 지능과 유사하다.

Horn(1982)은 유동성 지능은 성인초기에 절정에 이르렀다가 그 후 서서히 감퇴하나 결정화된 지능은 연령이 증가해도 꾸준히 증가한다고 주장하고 있다. 그는 연령이 증가하면서 유동성 지능이 쇠퇴하는 것은 뇌의 신경조직의 손상이 축적되고 신경원이 감소하는 것과 밀접한 상관이 있다고 보고 있다. 즉, 대뇌의 퇴화로 인한 기민함,

주의 집중력, 정보 조직력의 상실이 그 원인이다.

그러나 결정화된 지능은 나이가 들어도 교육이나 경험을 통해 새로운 정보를 습득하는 비율이 망각하는 비율을 능가하기 때문이며 이는 성인기의 결정화된 지능이 교육이나 지적인 활동여부에 따라 영향을 받을 수 있음을 의미한다. 그러나 노년에는 망각률이 획득률을 능가하는 어느 시점에서 결정화된 지능도 감퇴한다고 보고 있다(Horn & Hofer, 1992, 김애순, 2004).

이들의 연구는 왜 지적 영역에 따라 업적의 절정기가 다른가를 설명할 수 있는데 지식체계의 형성과 통달에 의존하는 인문과학분야가 자연과학에 비해 늦게까지 창조적 업적이 이루어지고 있음을 설명할 수 있다.

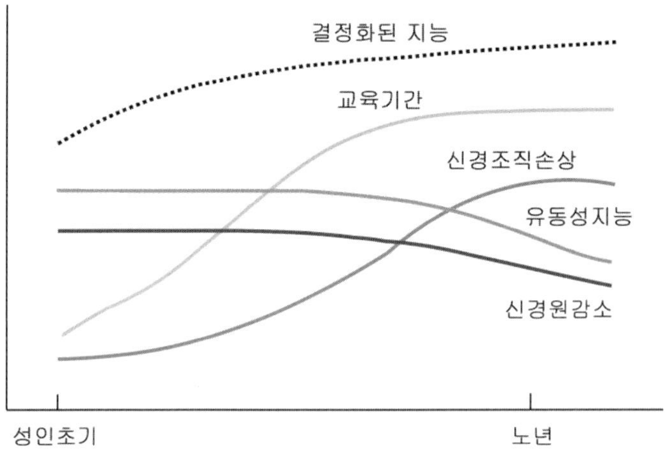

[그림 2-2] 유동성 및 결정화된 지능의 변화

㉡ 학습능력

일생동안 다양한 직업을 수행해야 할 기회가 많아지고 있는 현대사회에서는 성인들도 끊임없이 새로운 지식과 기술을 익혀야 한다. 또한 노년기가 길어지면서 새로운 환경에 대한 적응, 자기개발과 자아성장을 위해 끊임없이 배워야 하며 배움의 욕구도 증가하고 있다. 그러나 많은 사람들이 중년기 이후에 새로운 것을 배우는 것은 젊은 시절처럼 용이하지 않음을 알게 된다. 즉, 나이가 들면서 학습능력이 떨어지는 것을 느끼는데 그렇다고 해서 학습을 할 수 없는 것은 아니므로 학습능력을 향상시킬 수 있는 방법들을 고려해야 한다.

앞에서 살펴본 감각, 지각과정의 변화들은 나이가 들면서 누구나 경험하는 것이다. 문제는 이러한 변화들을 어떻게 합리적으로 극복해서 학습의 효율성을 올리느냐이다. 다음과 같은 점들이 노인들을 대상으로 한 학습에서 유의할 점들이다(김애순, 2004).

▶ 감각 상태 고려

감각양식 중 학습에 가장 영향을 미치는 것인 시각과 청각이다. 나이가 들면서 글자가 제대로 보이지 않고 말소리를 알아듣지 못해 학습에 지장을 받을 수 있다. 따라서 노인들에게 교육이나 심리검사를 실시할 경우 이러한 감각의 장애를 배려하여 밝은 조명과 또렷하고 큰 음성으로 학습 환경을 조성한다.

▶ 학습속도 조절

나이가 들수록 정보를 빠르게 처리하기가 어려워지고 반응속도가 느려지므로 빠른 속도를 요하는 과제에는 매우 취약해진다.

연구에 의하면 노인들에게 스스로 학습시간을 조절하도록 했을 때 가장 많이 학습 능률이 향상되었다. 즉, 노인에게 새로운 것을 학습시킬 때에는 시간제한을 하지 않고 천천히 하도록 하며 자기 스스로 학습시간을 조절하도록 배려할 필요가 있다. 특히 시각적 자료를 빠른 속도로 보여주거나 빠른 말로 설명하는 것은 노인들이 새로운 정보를 받아들이는 데 상당한 어려움을 줄 수 있다.

▶ 시청각 자료 이용

노인의 기억을 향상시키기 위해서는 다양한 감각경로를 이용해서 정보를 부호화할 필요가 있다. 특히 단기기억에서는 시각과 청각에 의존하기 때문에 시청각자료를 사용할 경우 학습효과가 높아진다. 고전적 짝짓기 실험에서도 노인에게 시청각자료를 사용했을 때 그 학습효과가 젊은이들보다 월등하게 향상되었고 특히 시각자료를 사용했을 때에 그 효과가 컸다.

학습재료의 경우 추상적이고 무의미한 것보다는 구체적이고 실제적인 자료를 이용하는 것이 좋고, 내용 또한 노인들의 일상생활과 친숙하고 실제생활에 이용할 수 있는 것일 때 학습의 효율성이 더욱 높아진다.

▶ 체계적인 학습자료와 방법

노인들은 정보를 체계적으로 분류하여 정리하는 능력이 떨어진다. 따라서 노인들의 학습의 경우 학습자료를 체계적으로 잘 조직하여 교육시킬 필요가 있다. 또한 동시에 두 가지 일에 집중하는 것은 어려워지기 때문에 한 번에 한 가지씩 차근차근 학습시키는 것이 효율적이다.

학습방법에 있어서도 이론적인 강의보다는 연습이나 실습을 통한 수업이 훨씬 학습효과가 크다.

▶ 정서적 안정과 동기유발

노인들은 자신의 관심과 흥미가 없는 것에는 각성 수준이 낮아 학습의 효율성이 떨어진다. 또한, 자신의 능력이나 자존심이 평가받는 상황에서는 지나치게 긴장하여 오히려 학습효과가 떨어진다. 특히, 노인들에게 시험이나 성적평가를 통해 경쟁적인 분위기를 조성하여 실패의 불안감이나 스트레스를 주는 것은 학습효과를 크게 떨어뜨리는 요인이 된다. 따라서 친밀하고 편안한 학습 환경을 조성하여 정서적으로 안정된 상태에서 지적 호기심을 유발시킬 필요가 있다.

노인들의 학습동기를 유발시키기 위해서는 학습결과에 대한 긍정적인 피드백이 특히 중요하다. 특히 어른이나 나이든 사람은 자존감이 낮고 불안수준이 높아 외부평가에 의존하기 때문에 부정적 피드백이 학습효과에 미치는 영향은 더욱 크다. 따라서 나이든 사람에게는 비판적이고 평가적인 태도보다 지지적이고 격려하는 자세가 필요한데, 이것이 학습동기를 보다 높이고 학습능률을 오르게 할 수 있기 때문이다.

ⓒ 기억력

대부분의 사람들은 나이가 들면서 건망증이 심해지고 기억력이 이전보다 못함을 느끼게 된다. 기억은 세 개의 저장장치, 즉 감각기억, 단기기억, 장기기억으로 설명된다.

감각기억은 정보가 단기기억으로 넘어가기 전의 일시적인 기억이다. 감각을 통해 들어온 많은 정보 중 감각기억에 들어오는 것은 주의를 기울인 일부이다. 감각기억에 저장된 것은 단기기억으로 이동되지 않으면 1, 2초 안에 소멸된다. 감각기억은 특히 주의력과 관계가 깊다. 단기기억은 우리가 보고 들은 후에 잠시 남아있는 기억으로 한정된 양의 정보만을 기억할 수 있으며 암송하지 않으면 곧 소멸된다. 이 기억은 들어온 정보를 일시적으로 저장할 뿐 아니라 이를 조작하고 처리하여 문제를 해결하는, 즉 현재의 의식 내에서 흐르는 사고의 내용들이어서 '작업기억'이라고도 한다. 이곳에서 처리된 정보는 장기기억으로 저장되는데 이곳은 무한한 용량을 가진 영구적인 저장장소로 개인이 일생을 통해 축적된 지식과 경험이 저장되어 있는 곳이다. 여기에 저장된 기억들은 거의 소멸되지 않으며 필요 시 작업기억으로 인출되어 사용된다.

▸ 단기기억의 저하

단기기억은 20~50세까지는 거의 변화가 적으나 60, 70대에는 저하가 나타나며, 감각기억도 저하된다. 원인은 분명하지는 않지만 정보를 처리하는 속도의 저하와 관계있다고 보고 있다. 감각기억이 단기기억으로 전환되지 못함으로 직접적으로 단기기억의 저하를 초래한다.

▸ 장기기억의 저하

노인들은 최근의 일은 기억하지 못하지만 옛날 일은 잘 기억한다고 말해지고 있으나, 연구결과는 노인들도 새로운 기억과 옛날 기억이 별로 차이가 없다고 보고되고 있다. 오히려 장기기억은 60대보다 중년기부터 저하되기 시작한다고 한다. 그러나 일반적인 지식과 같은 의미적 기억이나 절차적 기억은 연령 증가로 크게 저하되지 않는다.

㉣ 성격 특성

일반적으로 성격은 선천적으로 부여받은 소질을 바탕으로 후천적 환경과의 상호작용에 의해 형성된다고 볼 수 있다. 여러 연구에 의하면 성격은 성인기 이후에는 거의 변화가 없이 연속성과 안정성을 유지한다는 주장과 상당한 정도로 변화한다는 주장들이 있다. 노화가 성격변화에 얼마나 영향을 미치는가에 대해서는 여러 의견들이 있지만, 노년기에 올 수 있는 신체적, 정신적 기능의 저하, 역할상실, 배우자 사별, 친구 상실 등 노년기에 올 수 있는 여러 가지 환경변화들은 노인의 성격에도 영향을 미칠 수 있다.

노년기의 성격적 특성으로 일반적으로 설명되고 있는 내용들은 다음과 같다.

▶ 우울증 경향

노화에 따라 신체적 질병, 배우자의 사별, 경제적 소득의 중단, 소외 등으로 인한 우울증 성향이 나타난다. 우울증으로 인한 식욕감퇴, 체중감소, 불면증, 강박관념 등 구체적으로 우울증세가 나타나기도 한다.

▶ 내향성 및 수동성

노화에 따라 외부적 활동보다는 자신의 내면적인 측면에 관심을 갖는 경향이 강하다. 또 문제 해결에 있어 수동성이 증가하여 의존심을 갖게 된다. 새로운 일에 도전하는 경향이 감소하고 문제해결을 위해 적극적인 노력이나 시도를 하기보다는 신비나 우연에 의해 해결하려는 경향도 증가한다.

▶ 경직성

노화에 따라 문제 해결에 있어 자신의 방법을 고수하려는 경향이 있다. 노인의 완고함은 오래 전부터 노인에 대한 고정관념 중의 하나인데, 최근 단기 종단적 연구에서는 나이가 들면서 완고함이 증가한다는 주장은 거의 찾아볼 수가 없다.

▶ 조심성

노인 스스로 정확성을 중시하므로 조심성이 증가한다는 설명과 감각기능의 쇠퇴, 신체 정신기능의 저하에 따라 부득이 조심성이 증가한다는 설과 자신감의 감퇴로 조심성이 증가한다는 주장이다.

▶ 생에 대한 회상의 증가

미래보다는 과거를 회상하는 경우가 많아진다. 과거에 해결하지 못한 갈등이나 두려움 등을 잘 해결하게 되면 생에 대한 새로운 의미를 찾고 죽음에 대한 준비를 잘 할 수 있다.

▶ 친근한 사물에 대한 애착심

노인이 될수록 오랫동안 사용해 온 물건에 대해 애착심이 증가한다. 집, 가재도구, 사진, 골동품, 일용품 등 노인에게 친근한 사물들은 지나온 과거를 회상하게 하고 현재의 삶에 안정감을 가져다준다.

▸ 시간전망의 변화

남은 생애를 계산하려는 경향이 강해진다. 남은 날의 짧음을 느끼고 이에 과거로 돌아가 과거를 회상함으로써 현실을 회피하거나 과도하게 미래지향적으로 나가게도 된다.

▸ 유산을 남기려는 경향

지식, 유산, 작품, 교훈 등 무엇인가 남기고 싶어하는 경향이 강해진다. 자손을 낳고 부동산과 동산, 골동품, 기술과 지식, 예술작품 등을 후손에게 물려주고 싶어 한다.

▸ 의존성 증가

노인의 의존성은 정상적 노화의 현상이라고 할 수 있는데 신체적 의존성, 정신적 의존성, 경제적 의존성, 사회적 의존성 등이 증가한다. 특히 심리적, 정신적 의존성이 커지며, 건강이 좋지 않게 되면 더욱 의존성이 증가하게 된다.

완고함, 조심성, 자기중심성, 독선적, 보수성 등이 노인들의 성격적 특성으로 말해지고 있으나 이러한 특징들은 현재 명확한 결론에 도달하고 있지 않다. Costa와 McCrae(1992)는 노인의 성격은 매우 안정적이며, 노년의 경직성이나 조심성은 단순히 나이 때문만이 아니라 개인적인 특성일 수 있으며, 즉 젊은 시절에 개방적이고 외향적인 사람들은 나이가 들어도 그러한 특성을 유지하며 삶의 변화에 융통성을 보인다고 하였다. 노년기의 부정적인 인격특성은 주로 횡단적 연구에 의한 결과들로 동년배효과의 영향을 많이 받았다고 할 수 있다. 따라서 세대간의 가치 차이, 교육, 문화, 자라온 환경적 차이가 영향을 미치고 있음에 주의해야 한다.

(3) 노화의 사회적 측면

인간은 사회적 동물이라고 표현하듯이 인간은 사회의 일원으로서 사회구성원과 상호작용하는 과정에서 사회규범을 학습하고 다양한 사회적 역할을 수행하며 살아간다. 노화는 생물학적 노화, 심리적 노화만이 아니라 이러한 사회적 측면에서도 변화를 가져온다. 개인을 둘러싼 사회적 상황의 변화는 지금까지 갖고 있던 사회적 역할이나 지위에 변화를 가져오게 되고 이는 개인의 삶에 다양한 영향을 미치게 된다.

사회적 노화란 노화에 따른 사회적 상황변화로 인한 사회적 관계, 사회적 역할의 변화를 말하며, 퇴직, 배우자 사망 및 자녀의 독립 등이 이에 영향을 미치게 되는데, 이에 대해 구체적으로 살펴본다.

① 노년기의 사회적 상황

㉠ 지위와 역할의 변화

사회적 지위나 역할은 한 개인이 행사할 수 있는 권력, 영향력, 그리고 삶의 질을 결정하는 데 있어 매우 중요하다. 이러한 사회적 지위나 역할은 일생을 통해 변화하게 되는데 노년기는 주로 사회가 가치 있다고 보는 사회적 지위와 역할을 상실하게 되며, 이로 인하여 여러 가지 심리적, 사회적 문제를 가져오게 된다.

직장에서 정년을 맞거나 퇴직을 하게 됨으로써 직업인으로서의 역할과 지위를 상실하게 되며 가정에서는 경제력을 담당하던 가장의 역할도 축소된다. 배우자가 죽게 되면 남편이나 아내로서의 역할이 상실되며, 자식이 성장하면서 부모로서의 역할도 상실된다. 반면에 새롭게 '퇴직자'라는 새로운 역할을 얻게 되고 조부모의 역할과 지위를 얻게 되는 변화가 따른다. 이러한 역할의 변화는 그 중요성에 있어서도 변화가 일어나는데, 주로 제도적 역할(부장, 과장 등)의 중요성은 감소되거나 상실되고 희박한 역할(명예총장, 퇴직 가장)의 중요성이 커진다(Rosow, 1976).

이와 같이 노년기에는 직업적 지위와 중요한 역할을 상실함으로써 노인 스스로 자신의 가치를 평가절하하게 되며 자존감이나 삶의 만족도 등이 낮아지게 된다.

㉡ 자녀의 진수

자녀들이 성장하여 학업, 취업, 결혼 등 독립적인 역할을 수행하기 위해 부모 곁을 떠나게 되고 노부부만이 혼자 남게 된다. 소위 '텅 빈 둥우리(empty nest)'라고 하는 시기를 맞게 되는데, 이 시기를 자신을 위해 새로운 발전 기회로 삼아 적극적으로 새로운 활동에 참가하기도 하지만 그렇지 못한 경우, 특히 자녀의 양육에 애착이 컸던 경우 '텅 빈 둥우리 증후군'을 심각하게 겪기도 한다.

㉢ 은퇴

퇴직은 직업역할의 상실을 의미하며, 그것이 자발적으로 하였는가, 혹은 강제적이었는가, 혹은 조기퇴직이었는가, 일에 대한 인생관의 정도에 따라 퇴직 후의 생활에 많은 영향을 미친다.

㉣ 의존성의 증가

직업생활에서의 은퇴로 주로 연금이나 퇴직금에 생활을 의존하게 되면서 경제적으로 어려워질 수 있으며, 특히 연금이나 퇴직금, 혹은 저축 등이 충분하지 못하거나 없을 경우 자식에게 의존하게 된다.

또한, 노화에 따른 신체적 쇠약으로 가정적, 사회적으로 역할수행이 어렵게 된다. 동거하는 자녀에게 어려움을 주어 노인 본인뿐만이 아니라 가족의 역할수행에도 많은 영향을 미치게 된다.

㉤ 생활환경의 변화

여가시간이 증가하고 특히 가정에 머무는 시간이 많아 역할 수행에 갈등이 생긴다.

② 노년기의 역할상실

역할은 개인－집단－사회와 관계를 갖는 중요한 수단이다. 인간은 역할을 통해 사회에 참여하고 자아정체성을 유지한다(Atchley, 1980). 사회적 역할은 사회적 지위에 기대되는 행동으로 역할과 지위, 그리고 지위에 따른 힘, 위세가 다르며, 나이가 듦에 따라 이 세 가지가 크게 약화된다.

정년퇴직으로 노인은 직업역할의 상실과 지위의 상실, 그리고 이에 따른 위세도 약화된다. 직업역할 상실은 가정에서 생계유지자, 경제적 공급자의 역할의 상실을 가져오고 가족 내에서의 지위가 약해지고 영향력도 약해진다. 그러나 이러한 역할 상실은 노년기에 얻게 되는 새로운 역할을 통해 성공적으로 적응할 수도 있다.

▸ 역할전이

노년기는 다른 시기보다 노년기의 역할전이가 쉽지 않은 경향이 있는데 이에 대해 Rosow(1974)는 다음과 같이 설명하고 있다. 성인기에서 노년기 역할로의 전환에 있어 특별한 통과의례(졸업, 취업, 결혼 등)가 없으며, 이로 인해 새로운 지위에 적응하는 데 혼란스러운 변화를 겪게 된다. 통과의례는 보다 적응을 쉽게 해주는데 노년기는 슬그머니 잘 모르는 사이에 접어들게 된다. 따라서 언제부터 노년기의 역할을 수행하여야 하는지가 분명하지 않아 혼란스럽고 당황하는 가운데 노년기를 맞게 된다. 또한, 노년기는 사회적으로 얻는 것보다 잃는 것이 많은 시기이다. 즉, 수입이 감소하여 그에 따른 의존성이 증가하고, 소외되고 고독해짐으로 노년기의 역할을 쉽게 받아들이게 되지 않아 역할전이를 더욱 어렵게 한다고 하였다.

특히, 남성의 경우는 '역할단절'을 겪는 경우가 많다. 이는 퇴직 후의 역할에 대한 모델이 확립되지 않았고 가사일에 적응하는 것이 쉽지 않아 더욱 노년기의 역할전이를 어렵게 만든다고 한다. 그러므로 심리적으로 더욱 고통을 느끼는 경우가 많다(최성재 · 장인협, 2003).

○ 사회적 노화의 편견들

1. 노인들은 어쩔 수 없이 주류 사회에서 퇴출된다.
2. 노인들은 고독하고 소외되어 있다.
3. 노인들은 가난하다.
4. 노인들은 혼자 있기를 좋아하고 대부분의 시간을 TV를 보며 지낸다.
5. 노인복지서비스의 증대는 전통적인 가족부양의 기능을 약화시킬 것이다.
6. 노인들은 일하기를 싫어하거나 일할 수 없다.
7. 노인들은 정치에 관심이 없다.

③ 노년기의 사회화

사회화(socialization)란 기존의 사회체계에 통합되고 적응하기 위해 기술과 지식, 가치를 학습하고 지역사회와 상호작용을 가지는 개인적인 노력의 과정이다. 또한, 사회적으로는 그러한 개인에게 기술과 지식 및 역할 등을 학습시켜 사회로의 참여를 촉진하고 유지하기 위한 수단이다. 일반적으로 사람들은 아동에 대한 사회화에 관심이 많으나, 노인에 대한 사회화에는 별로 관심이 없다. 그러나 길어진 노년기에 보다 성공적인 노후생활을 영위하기 위해서는 노인도 변화하는 사회상황에 적응하고, 세대간의 이해를 도모해야 한다. 따라서 노인에게도 사회화가 필요하다.

노인의 사회화는 젊은이들에 비해 쉽지 않은 것이 현실이다. 노인의 사회화에 대한 사회적 관심이 적다 보니 노인에 대한 사회화의 기회도 충분히 제공되고 있지 않다. 또한, 성인기 이후의 사회화는 자기 주도적인 성격이 강하여 노인들이 자발적으로 노력하지 않으면 새로운 기술과 지식을 습득하여 사회에 통합되기가 어렵다. 뿐만 아니라, 노년기 사회화에 대한 정형화된 사회적 규범이 아직 없기 때문에 노년기의 사회화는 어렵고 무규범 상태에 빠지기 쉽다(Rosow, 1974).

성인기의 사회화는 두 과정으로 나눌 수 있는데 예기된 사회화와 재사회화 과정이다. 예기된 사회화는 전환기적 사건을 맞이하기 전에 미리 준비하는 과정이다. 예를 들면 자녀출가나 은퇴 이후의 여유시간에 대비해서 평생교육 프로그램에 등록한다거나 취미생활을 기르는 것이다. 재사회화는 새로운 역할이나 지위가 실제로 시작되었을 때이다. 직업전환이나 재취업을 했을 때나 새로운 기술을 익히거나 손자가 태어났을 때 할머니의 역할에 익숙해진다든지 퇴직한 남성이 가사 일을 배운다든지 하는 것이다. 재사회화의 수준은 물론 개인의 성격이나 이전의 역할과의 차이에도 영향을 받으며, 자아개념에 중요한 변화를 가져올 수도 있다.

㉠ 연령규범(age norm)과 인생주기(life cycle)

연령규범은 나이에 따라 사회적으로 기대되는 바람직한 역할 행동이다. 우리가 20대, 50대, 70대에 있는 사람에 대해 기대하는 행동은 모두 다르다. 동일한 행동이라도 나이에 따라 받아들이는 반응이 달라진다. 예를 들면 30대 남자가 집에서 빈둥거리거나 80대 노인이 취업전선에 뛰어들려고 할 때 우려와 비난을 받을 수 있다. 우리는 어떤 행동이 연령에 적합하고 적합하지 않은지를 구태여 의식하지 않아도 감지할 수 있으며 이러한 것들이 자신이나 타인의 행동을 제약한다. 그러나 이러한 연령규범이 단순히 나이에 의해 경직될 때 자신과 타인의 자유를 제약할 뿐 아니라 타인의 행동을 비난하는 수단으로 사용되기도 한다.

연령규범은 인생주기와 밀접한 관계를 가지게 되는데 인생주기란, 인간이 태어나서 죽음에 이르기까지 사회적인 역할에 따라 구분되는 일생의 과정으로, 시대와 문화를 초월해서 어떤 공통점이 있으며 동시에 사회와 개인 간의 차이가 있다. 길어지고 있는 노년기에 우리 사회의 바람직한 노년기의 역할규범에 대한 사회적 합의가 필요하다고 할 수 있다.

〈표 2-1〉 연령별 인생주기

주기 \ 연령	0 10 20 30 40 50 60 70 80				
인생주기	유년기 아동기	청소년기	청년기	중년기	노년기
직업생활주기	준비기	직업시험기	직업 선택기	퇴직기	퇴직후기
가족생활주기	자녀기	부모기	배우자 사별기	독신기	
경제생활주기	의존기	독립기			

④ 은퇴에 대한 이해

연령이 증가하면서 맞게 되는 것이 은퇴, 직업생활에서의 퇴직이다. 개인이 일생동안 종사해 왔던 일터에서 물러나는 은퇴는 제3의 인생으로 들어가는 전환점이 되는 사건이며 사회적 역할, 결혼관계, 여가생활 등 노후생활에 많은 영향을 미치게 된다.

은퇴가 미치는 영향은 긍정적인 면과 부정적인 면에서 찾아볼 수 있다. 긍정적인 면에서는 후배들에게 사회적 책임과 의무, 승진의 기회를 넘겨주고 막중한 책임과 역할에서 벗어나는 합법적인 기회가 되며, 진정으로 개인이 원하는 삶을 시작할 수 있는 도전의 기회가 된다. 은퇴로 인한 긍정적인 사회생활의 변화에 대해 미국 은퇴자협회는 다음과 같이 설명하고 있다(AARP, 1996).

- 은퇴는 풍부한 여가시간을 제공한다.
- 친구들과 사귈 기회를 준다.
- 호기심을 갖고 주위의 일들을 자세히 관찰할 기회를 준다.

반면, 은퇴는 다양한 심리적, 사회적 스트레스를 가져오는 인생의 위기가 되기도 한다. 수입 감소로 인한 경제적 어려움, 사회적 지위와 인정, 유대관계의 상실로 자존감과 사기가 저하되고 외로움과 소외감을 느낄 수 있다. 사회적 역할의 상실은 자아정체감을 모호하게 하고 비생산적이고 쓸모없다는 무용담을 갖게도 한다. 이러한 경우 은퇴는 본인뿐만 아니라 가족에게도 심각한 정신적 혼란이나 고통을 야기할 수 있다.

㉠ 은퇴생활에 영향을 미치는 요소

은퇴생활의 적응은 노년기의 생활을 성공적으로 보내는 데 출발점이 된다. 수입의 중단, 지위와 역할의 변화, 사회적 관계의 변화 등의 많은 변화를 수용하면서 잘 적응해 나가는 것이 노년기 발달과업의 하나이다. 은퇴 이후 생활에 적응하는 데 영향을 미치는 요소에는 퇴직에 대한 태도, 은퇴시기, 은퇴이유, 은퇴에 대한 준비 정도에 달려 있다.

▸ 퇴직에 대한 태도

퇴직에 대한 부정적인 태도는 퇴직 후의 적응을 어렵게 만드는데, 이는 퇴직 이후의 경제적 문제, 건강 및 심리적 문제 등에 대한 지식의 부족으로 생기는 경우가 많다. 퇴직준비 프로그램을 통해 퇴직에 대한 준비를 할 수 있는 기회를 제공한다면 퇴직에 대한 부정적 태도는 긍정적으로 변화될 수 있을 것이다.

▸ 정상적인 퇴직인가 조기퇴직인가

대체로 너무 일찍 혹은 너무 늦게 은퇴한 경우보다는 정상퇴직을 한 경우에 고통이 적고 개인의 사기나 건강에 별 지장이 없다고 한다. 그 이유는 정상퇴직을 한 경우 이미 예기된 일이므로 정체감의 혼란이나 상실감과 같은 정서적 고통이 적을 수 있다. 경제적으로도 수입이 감소하지만 이때에는 자녀양육이나 가사로 인한 지출이 줄어들기 때문에 갑자기 허리띠를 졸라매야 하는 충격은 받지 않는다. 오히려 합법적으로 사회적 책임과 역할, 가족부양과 같은 짐에서 벗어나 홀가분할 수 있다. 더욱이 경제적 준비가 되어있을 때에는 자유롭게 새로운 성취를 시도해 볼 수 있는 것이다(김애순, 2004).

김애순과 윤진(1995)의 연구에 의하면 우리나라 은퇴자들이 은퇴시기에 따라 은퇴상황에 대한 자각이 달라지고 있는데, 60세 이후의 은퇴자들은 은퇴상황을 새로운 일을 할 도전의 기회로 자각하는 경향이 높았으며, 삶의 만족도가 가장 높았다. 그러나 50대의 은퇴자들은 은퇴상황을 상실이나 위협으로 지각하고 있었으며 삶의 만족도가 60대보다 낮았다.

▸ 자발적 은퇴와 강제적 은퇴

은퇴는 자발적으로 할 수 있지만 강제적으로 어쩔 수 없이 하는 경우도 많다. 노동시장의 과잉경쟁으로 인한 정년단축, 기업의 구조조정, 중고령자에 대한 연령차별로 인해 일찍 일터에서 물러나야 하는 경우가 있다. 아직도 일할 수 있는 능력과 욕구가 있음에도 일자리를 박탈당하는 데서 오는 정체감의 상실, 자존심의 손상 등을 가져오는 은퇴는 이생에서 경험하는 심각한 위기가 될 수 있다. 김애순과 윤진(1995) 연구에 의하면 은퇴의 자발성 여부에 따라 삶의 만족도가 달라지고 있는데, 자의에 의해 은퇴한 사람들은 은퇴상황을 '도전'으로 자각하고 삶의 만족도가 높았으나, 자의반 타의반, 혹은 타의에 의해 은퇴한 경우는 은퇴를 '위협', '상실'로 자각하고 삶의 만족도가 낮았다.

▸ 은퇴 이후의 준비: 경제, 건강, 여가

경제적 사정은 은퇴에 대한 태도에 영향을 미칠 뿐만 아니라 은퇴생활의 적응에도 영향을 미친다. 경제적 준비가 되어 있으면 물질적으로 보다 안정되고 건강도 잘 유지할 수 있고 여가활동의 기회도 많이 가질 수 있다.

건강은 사회적 관계와 활동을 위한 기본적 조건으로 독립적인 생활과 긍정적인 자아상을 유지하는 데 있어 중요하며, 따라서 은퇴생활의 적응에 주요한 요인이 된다.

또한 여가에 대한 사회화의 정도가 은퇴생활의 적응에 영향을 미친다. 여가생활을 어떻게 보내는가는 노후생활의 만족도에 큰 영향을 미치며, 따라서 중년기부터 여가활동에 대한 경험과 지식이 필요하다.

㉡ 은퇴생활의 적응과정

Atchley(1980)는 은퇴생활에 적응해 가는 과정이 신혼기, 침체기, 안정기의 세 단계를 거친다고 하였다. 은퇴 직후에는 마치 신혼기와 같이 자유를 만끽하며, 낚시, 등산, 골프 등의 활동에 몰입하는 낙천적인 시절이 1년 이상 지속된다. 이때는 개인의 건강상태나 경제적 여유에 따라서 활동수준이 활발하게 유지될 수 있다.

그러나 곧 침체기가 오는데 무엇인가를 잃어버린 듯한 상실감을 느끼고 행복감과 활동수준이 뚝 떨어지는 정서적 슬럼프에 빠져들게 된다. 모든 에너지가 고갈된 느낌이 들기도 한다. 남은 생을 어떻게 보낼 것인가를 생각하게 된다. 그러고 나서 안정기가 오는데, 이때는 여러 방면에서 활동이 감소하고 서서히 은퇴생활 양식에 적응해 간다. 이제 남은 생을 현실적으로 그대로 받아들이며 안주하기 시작한다.

은퇴 이후 적응해 가는 모습은 개인에 따라 매우 다양하다. 어떤 사람들은 무거운 역할과 책임에서 벗어나 자신이 원하는 삶을 살 수 있는 도전의 기회로 생각하고 새로운 역할, 흥미, 취미활동을 하면서 기쁨과 만족감을 갖고 살아간다. 반면에 어떤 사람들은 상실감과 위기감을 느끼며 경제적 어려움 속에서 만성적 신체질환, 우울증, 불안 등을 보이기도 한다. 은퇴 이후의 적응과 삶의 만족도는 개인이 은퇴상황을 어떻게 지각하고 기대하느냐에 따라, 그리고 얼마나 준비하느냐에 따라 달라진다. 그러므로 은퇴상황을 보다 긍정적으로 받아들이고 적극적으로 대처하는 것이 필요하다.

○ 은퇴 후 성공적인 삶을 위한 조언
(아름다운 노년생활에서, www.komericanjournal.com)

인생의 후반기인 은퇴 후의 삶은 전반기에 이루어 놓은 지적, 물질적 기반 위에 이어지지만 살아가는 모습이나 의미는 전과는 다르다. 은퇴 후의 삶을 보람 있게 하기 위해서는 다음 4가지를 실천하는 것이 필요하다.

① 새로운 사회적 만남을 만들어야 한다. 부모를 잃었거나 배우자를 잃었을 경우, 새로운 동반자가 필요하듯이 지금까지의 직장동료를 대신할 수 있는 새로운 인간관계를 개척해 나가야 한다.
② 몰두할 수 있는 취미나 오락 활동을 익힌다. 단체모임이나 클럽 활동에 참여하는 것은 친구 사귀기나 재미를 함께할 수 있어 일거양득이 될 수 있다.
③ 자기만의 시간을 가지며 창조성을 발휘할 수 있는 활동을 하는 것이 중요하다. 가족을 부양하고 생계를 꾸려나가는 동안 창조성을 발휘할 수 있는 시간적 여가를 갖지 못하였다. 창조성은 놀이보다 더 강한 열정을 담고 있다. 창조성은 젊음을 가져다주며 노년을 더욱 풍요롭게 할 것이다. 은퇴 후의 생활 목표로 삼을 만한 기본적 활동일 수 있다.
④ 평생공부라는 마음가짐으로 새로운 문화나 조류에도 관심을 가져야 한다. 천진난만한 호기심은 젊음을 유지케 할 것이며 ,지식에 대한 끊임없는 관심은 성숙한 삶의 결실을 가져다 줄 것이다.

(4) 노화의 경제적 측면

노년기에 있어서의 경제적 안정과 보장은 의식주의 기본적 욕구를 충족시키는 것은 물론 건강을 유지하고 여가활동을 증진시키며 노인의 지위와 자아를 유지시켜 줌으로써 결국은 성공적인 노령기의 삶을 영위하는 데 가장 큰 영향력을 미치게 된다.

즉 경제적 보장은 노년기에 있어서의 가장 중요한 생활자원이 되고 있다. 이와 관련하여 1995년 미국의 '노화에 관한 백악관 회의'에서도 경제적인 보장은 경제적 복지를 도모하고 품위와 독립성을 보장하며 나아가서는 세대간의 상호 의존성과 다양성을 보장하는 것으로 강조하고 있다(white house conference on aging, 1996).

현대사회에서 노년기에 나타나는 가장 큰 변화 중의 하나는 경제적 사정의 어려움일 것이다. 오늘날 노인의 지위가 약화되고 이에 따른 여러 측면의 노인문제가 발생하게 된 가장 큰 직접적인 원인은 노인의 경제력이 약화되었기 때문이다. 이와 같이 약화된 노년기의 경제적 사정을 살펴보며 이러한 경제적 사정의 이면인 수입원과 지출처는 무엇인지를 밝혀보고 한국 노인의 경제적 사정의 악화 원인을 규명하는 것은, 노화에 관련된 사회적 상황을 잘 이해하고 이에 대한 개인적 및 사회적 차원에서의 대책을 세우는 데 있어서 핵심적인 지식이 될 것이다.

① 노인의 소득현황

노인의 소득을 정확하게 파악하는 것은 상당히 어렵다. 자녀들과 동거하는 경우 또한 자신에게 들어오는 수입이 얼마나 되는지 정확히 답변하는 경우가 많지 않다. 1998년 65세 이상의 전국표본에 대한 면접조사 방법으로 노인소득을 파악한 자료(정경희 외, 1998)에 의하면 노인들의 소득은 비노인가구에 비하여 대단히 낮음을 알 수 있다.

노인가구 형태별로 보면 노인단독가구가 자녀동거가구에 비하여 소득이 낮은 편임을 알 수 있다. 노인단독가구(부부 및 독신노인)의 소득이 자녀동거가구에 비하여 낮은 것은 소득이 가구단위로 측정되었기 때문이다. 즉 자녀동거가구의 소득은 동거가족 전체로 측정되었기 때문이다. 노인 개인별로 소득을 보면 가구별 소득과 다른 형태의 분포를 보이고 있다. 노인단독가구 노인의 평균수입이 자녀동거가구 노인의 평균수입보다 약 10만 원 이상 높음을 알 수 있다. 노인 개인별 소득 자료에서 급간으로 측정된 소득액의 중앙값을 취하고 소득원별 소득을 합산한 것을 개인의 전체소득으로 계산한 노인(2,535명)들의 소득분포를 보면, 1998년 당시 빈곤선 수준이 월소득 22만 원을 약간 넘는 25만 원 이하가 전체 노인의 54%정도가 되고 있다. 다시 말해서 개인별 소득이 빈곤선 이하이거나 빈곤선을 약간 상회하는 노인의 비율이 전체노인의 50%를 넘고 있다는 것은 노인들의 빈곤상태가 대단히 심각함을 잘 알 수 있다.

세계 여러 나라의 경우 실제적인 빈곤 인구에 비하여 국가로부터 공공부조를 받고 있는 인구는 훨씬 낮게 나타나고 있다. 공공부조 수급이 신청주의에 입각하고 있어 빈곤자의 낙인을 싫어하여 신청을 하지 않는 경우, 정보 부족으로 신청하지 못하는 경우, 신청 후의 자산조사 절차에 대한 수치심으로 인해 자산조사를 거부하는 경우, 자산조사의 부정확성으로 인해 수급 자격에서 탈락하는 경우, 국가예산 부족으로 불가피하게 수급자 수를 제한하는 경우 등으로 실제 수급자 수가 빈곤 인구수에 비하여 적게 나타나고 있다.

2. 노인의 특성

노화로 인한 노인의 신체적 변화, 심리적 변화 그리고 사회적 변화 등으로 나누어 노인의 특성을 살펴보고자 한다.

1) 신체적 특성

신체의 기관과 체계의 구조 및 기능이 시간의 경과에 따라 변화하는 것을 말한다.

① 신체구조의 쇠퇴: 피부 및 지방조직의 감소, 세포의 감소, 골격 및 수의근의 약화, 치아의 감소, 심장비대 및 심장박동의 약화 등의 현상.

② 신체외면상의 변화: 백발의 증가, 두발의 감소, 주름살의 증가, 얼룩반점의 증가, 신장의 감소 등의 현상.

③ 만성질환의 상병률 증가: 동맥경화, 고혈압, 당뇨병, 심장병, 신장병 등의 현상.

2) 심리적 특성

축적된 경험에 의한 행동, 감각・지각기능, 정신기능, 성격 특성의 변화 등이 시간의 변화에 따라 변화하는 것을 말한다. 이는 개인적인 경험과 사건, 경제적, 사회적, 문화적 변화의 결과이므로 다양한 개인차를 나타낼 수 있다. 따라서 노년기의 심리적 측면을 보고자 할 때 노인들의 다양성을 인정하면서 노화에 따라 필연적으로 나타나는 변화를 고려하는 태도가 바람직하다.

① 감각 및 지각 기능의 변화: 감각기능은 신체의 내적 및 외적 상황과 변화에 대한 정보를 수집하여 뇌에 전달하는 기능을 말하며, 이러한 정보수집의 수단이 바로 시각, 청각, 미각, 후각, 촉각 및 통각의 기관들이다. 위의 감각기관에 의하여 수집된 정보를 의식적인 수준에서 처리하고 평가하는 기능이 지각기능으로 연령증가에 따라 지각과정의 속도가 저하되고 있다는 것이 일반적인 연구결과이다. 특히 신체적 노화로 인하여 외부의 자극과 정보를 처리하는 신경계통의 활동속도가 감소된다.

② 정신기능의 변화: 정신기능은 인간이 인간다운 기능을 하는 특징적인 기능으로 감각 및 지각기능들을 기초로 하며, 지능, 기억력, 학습능력, 사고력, 문제해결능력, 창의력 등으로 구분된다.

㉠ 지능: 학습할 수 있는 능력, 경험에 의해 얻어질 수 있는 능력, 추상적 상징을 구체적으로 파악할 수 있는 능력을 말하며, 노화와 지적 능력에 관해 실시한 조사에 따르면 지능의 변화는 노화에 따라 일률적으로 쇠퇴한다고 말하기 힘들며, 노인의 교육수준, 세대간의 차이, 사회 경제적 지위, 건강상태 등의 요인들을 고려해야 한다고 한다.

㉡ 기억력: 선행의 경험을 파악하는 능력이며, 노화에 따라 최근 기억의 상실이 과거의 기억상실보다 많이 일어난다. 또한 논리적인 기억능력이 기계적인 기억능력보다 더 크게 감퇴되고, 들은 것의 기억력보다 본 것의 기억력이 더 감퇴된다고 보고되고 있다.

㉢ 학습능력: 연습이나 경험을 통해 정보 및 기술을 습득하는 능력을 의미하며, 학습과정을 통한 능력의 성취도 면에서는 노인이 젊은이보다 떨어진다고 보고 있다. 그러나 학습기간과 반응기간이 충분히 주어지면 노인층이 청년층보다 학습의 증진이 더 많이 일어나며 학습의 과제가 의미 있고 동기가 분명할수록 노인층과 청년층의 차이가 줄어든다고 보고되고 있다.

㉣ 사고 및 문제해결 능력: 이미 습득한 지식을 살려 여러 가지 과제를 해결하거나 과제 상황에 대처해 나가는 정신기능이라 할 수 있다. 보통 연령이 높아갈수록 문제해결 능력이나 사고능력이 저하된다고 본다. 그러나 사고능력과 문제해결 능력은 교육수준, 지능 및 직업 등에 영향을 받으며 문제해결에 대한 사전 훈련을 미리 받으면 다시 증진될 수 있으므로 노년기에 사고능력 및 문제해결 능력을 높이기 위해서는 이런 점의 고려가 필요하다.

㉤ 창의력: 개인의 독창적인 문제해결능력으로서 자기실현을 위한 독특한 반응이라 할 수 있다. 창의성은 노화에 따라 저하된다고 일반적으로 믿지만, 이러한 결론은 단순히 내리기가 어렵다. 창의적인 업적에는 연령 변인 이외에도 종사하는 분야 및 활동의 유형, 동기, 압박감, 노력, 보상, 개인차 등의 다양한 변인들의 영향을 받는다는 사실을 고려하여야 한다.

③ 성격 특성의 변화: 성격은 한 개인의 정신적 기능과 행동양식의 복합적이고 상호의존적 체계로서 개인이 다른 사람과 구별되는 고유한 특성이라고 할 수 있다. 현재까지의 연구에 의하면 성격은 성인기 이후 거의 변화 없이 연속성과 안정성을 유지한다는 주장과 상당한 정도로 변화한다는 주장이 엇갈리고 있어 확실한 결론을 내리기는 곤란하다. 그러나 대체적으로 노인의 성격 변화의 특성을 보면 내향성 및 수동성의 증가, 조심성 및 경직성의 증가, 우울증 경향의 증가, 과거에 대한 회상의 증가, 친숙한 사물에 대한 애착심, 성역할 지각의 변화, 의존성의 증가, 유산을 남기려는 경향, 시간 전망의 변화 등의 특성이 나타나게 된다고 보고되고 있다.

3) 사회적 특성

사회적 측면에서도 개념을 규정하는 것이 노인의 정체성을 파악하는 데 더욱 필요하며, 노인도 생물학적, 정신적 존재일 뿐만 아니라 다른 사람들과 상호작용하는 사회적 존재이다. 일반적으로 사회화는 자신이 속한 사회에서 요구하는 행동규범, 가치, 역할 등을 획득하여 가는 과정을 의미한다.

노년기에 있어서 기대되는 역할이나 사회적으로 바람직스러운 역할규범이 일반적으로 확립되어 있지 않으므로 노인의 사회화는 어려움이 많고 불안한 상태에 빠지기 쉽다. 그러므로 동년배 노인들과의 친교 유지, 가정 및 직장에서의 일과 책임의 위임, 가정 및 사회에서의 어른 역할 수행, 자녀 및 손자녀들과의 원만한 관계를 유지하는 것이 사회적 발달과업으로 제시되고 있다.

(1) 사회화

사회화(socialization)는 개인이 사회에 참여할 수 있는 유능한 사회적인 존재로 발전하는 결과를 가져오는 제반 절차를 의미한다. 사회화는 개인과 사회의 두 입장에서 접근할 수 있다.

개인 입장에서의 사회화는 개인이 자기가 속한 집단이나 사회에서 차지하고 있는 지위에 적절한 기술, 지식, 가치, 역할 등을 학습하는 것으로 볼 수 있다. 이러한 의미의 사회화는 기존의 사회체계에 통합되고 적응하기 위한 개인적인 노력의 과정이다. 개인이 가족, 이웃, 지역사회의 사람들과 상호작용을 가지면서 자기의 성격과 적응기술을 발전시키고, 공식적 및 비공식적인 교육기관에 참여하여 지식과 기술을 배우고 사회적인 역할을 수행할 수 있는 준비와 훈련을 하게 되는 것이 바로 개인적 입장에서의 사회화이다.

성인의 사회화 특히 노년기의 사회화는 여러 가지 면으로 문제가 있는 것 같다.

첫째, 사회적 입장에서 사회는 새로운 젊은 사람들에게 새로운 지식과 기술을 습득하게 하여 사회적 역할을 수행하도록 하는 데 관심을 두고 있고, 중년기 이후의 사람들의 사회화에는 관심을 두지 못하므로 중년기 이후에 새로운 지식과 기술을 배울 수 있는 기회나 여건이 거의 주어지지 않게 된다.

둘째, 성인기 이후의 사회화는 자발적이고 자기주도적인 면이 강하여 개인적인 특별한 노력 없이 새로운 지식과 기술을 배우기는 힘들기 때문에 노년기까지의 사회화가 어려워진다는 것이다.

셋째, 특히 노년기에 있어서 기대되는 역할이나 사회적으로 바람직한 역할이 일반적으로 확립되어 있지 않으므로 새로운 지위와 역할을 알아서 미리 준비하는 예기적 사회화(antiaipatory socialization)가 어려워지고 따라서 노령기로의 전환이 어려워진다.

(2) 역할

역할(role)은 개인이 집단이나 사회와 관계를 갖는 가장 중요한 수단으로, 역할을 통해서 개인은 사회에 참여하고 이것을 통하여 개인의 사회적 가치가 인정되고 또한 자아정체감을 유지하는 기반이 된다. 이러한 의미에서 역할은 사회적 측면에 있어서 가장 핵심적인 요소가 된다고 할 수 있다.

사회적 역할은 ① 어떤 지위에 있는 사람에게 기대되는 행동, ② 어떤 주어진 지위에 있는 대부분의 사람들이 하는 일, 또는 ③ 어떤 주어진 지위에 있는 특수한 개인이 하는 일 중 어느 하나에 해당되는 것으로 본다(Atchly, 1980). 역할은 권리와 의무의 집합체로 볼 수 있는 지위(status)의 동적인 측면으로서 지위와 표리적인 관계에 있는 것으로 본다.

노년기에 있어서의 지위와 역할의 변화를 보다 잘 이해하기 위하여 Rosow(1976)가 도전적으로 제시한 역할유형 분류를 생각해 볼 필요가 있다. 사회학에 있어서 일반적으로 지위와 역할의 개념 정의와 그 두 개념간의 관계는 Linton(1936)의 고전적인 주장을 따르고 있다. 즉 지위는 어느 특정한 상호작용 유형에 있어서의 위치이고, 역할은 동적인 면으로서 불가분의 표리적 관계에 있으며 보충적 관계에 있는 것으로 이해되고 있다.

Rosow는 Linton에 의한 지위와 역할의 정의를 그대로 받아들이면서 그 관계만을 독립적인 것으로 보고 각각이 다른 것에 관계없이 '있을(+)' 수도 있고 '없을(−)' 수도 있다고 했다. 여기서 '있다', '없다'의 의미는 절대적인 것이 아니고 상대적인 것이며, 지위와 역할이 있고(+) 없음(−)에 따른 역할분류는 <표 2-2>와 같다.

〈표 2-2〉 노인의 지위에 따른 역할 유형

역할유형	지위	역할
1. 제도적(institutional)	+	+
2. 희박한(tenuous)	+	−
3. 비공식적(informal)	−	+
4. 무역할(non-role)	−	−

• 자료: Rosow, I(1976). Status and Role Change through the Life Span, in Handbook of Aging and the Social Science, p. 462.

① 제도적 역할

지위와 역할이 분명히 있는 것으로 직업계통, 가족, 사회계급, 종교단체 등에서 공적인 지위를 맡고 그 지위에 따른 규범적인 역할 기대가 분명히 있는 경우를 말한다. 예를 들면 회사의 부장, 가정에서의 생계유지자, 교회의 남전도회 서기, 새마을경로회 재정담당 회원으로서의 역할 등이다.

② 희박한 역할

지위는 있는데 역할이 없거나 있어도 아주 희미해 있으나마나한 상태의 역할을 말한다. 이를 더 세분하면 다음과 같다.

㉠ 유명무실(titular) 역할

- 명예적(honorific) 역할: 높은 명예가 공식적으로 주어져 있으나 실제적으로는 역할이 없는 경우(예: 학술원 원로회원, 명예총장 등).
- 명목적(naminal) 역할: 체면유지를 위해 지위는 주어지지만 거의 역할이 없는 경우(예: 고문).

㉡ 무정형적(amorphous) 역할

- 사회규범적으로 지지하기에 애매한 역할.
- 일시적으로 지위는 없으나 어떤 일을 해야 할 의무가 있는 역할(예: 실직한 과장).
- 역할의 구체적 내용이 크게 줄어들고 있는 역할(예: 중년자녀에 대한 부모로서의 역할).
- 제도적 역할상실에 따른 애매한 역할(예: 퇴직가장).

㉢ 비공식적 역할

어떤 공식적 지위는 없으나 역할만 있는 형태이다. 어떤 특정의 지위나 위치에 연결되어 있지 않으나 실제적으로는 어떤 행동을 계속하여 행동 그 자체가 유형화된 상태에 있는 역할행동으로서 영웅, 사기꾼, 멍청이, 듣기만 하는 사람, 비공식적 지도자, 웃기기 잘하는 사람 등이 있다. 공식적으로 지위가 주어져 있지는 않은데 어떤 행동을 되풀이하여 그러한 행동유형이 인정되고 있는 상태의 역할행동의 모든 것을 포함한다.

㉣ 무역할

지위도 역할도 없는 상태인데 이러한 경우는 실제적으로 사회적인 의미가 별로 없다. 여기에 속하는 예는 때때로 이상한 행동, 어떤 성격적 특성에 의한 행동 등으로 유형화된 행동형태로 보기 힘든 제반 행동 등을 포함한다. 그러므로 이러한 행동은 역할행동으로 보기 힘들다.

■ 참고문헌

권중돈(2004). **노인복지론**. 학지사.

김애순(2004). **성인발달과 생애설계**. 시그마프레스.

모선희 · 김형수 외(2005). **현대노인복지론**. 학지사.

박차상 · 김옥희 외(2005). **한국노인복지론**. 학지사.

심응철 감수(2001). **성인발달과 노화**. 시그마프레스.

유성호 외(2000). **노인복지론**. 아시아미디어리서치.

윤진(1991). **성인 · 노인심리론**. 중앙적성출판사.

이인수(2003). **21세기 노인복지론**. 대왕사.

이인수 · 김미주 · 신은영(2004). **국내외 노인복지와 실버산업**. 대왕사.

이혜영(1996). "새로운 복지문제로서의 노인학대에 대한 고찰". **노인복지정책연구 3호**. 한국노인문제연구소.

______(2003). **케어복지론**. 양서원.

이혜원(1998). **노인복지론**. 유풍출판사.

임춘식(1991). **현대사회와 노인문제**. 유풍출판사.

임춘식(2001). **고령화사회의 도전**. 나남.

최성재 · 장인협(2007). **노인복지학**. 서울대학교출판부.

최순남(2000). **현대노인복지론**. 한신대학교출판부.

통계청(2005). 2005 고령자 통계.

허정무(2000). **현대사회의 노인문제와 노인복지**. 협신사.

현외성 외(2000). **한국노인복지학 강론**. 유풍출판사.

홍숙자(2001). **노년학개론**. 도서출판 하우.

3

노인복지에 대한 이해

1. 노인복지의 개념 및 원칙

1) 노인복지의 개념

노인복지(the aged welfare)란 노인(대상)과 복지(목적)의 합성어로서 노인의 복지를 뜻한다. 노인이란 히브리어로 '지혜로운 사람'을 상징하며, 우리나라에서는 '어르신', '나이 많은 사람' 또는 '늙은이'로 평범하게 사용하는 낱말이면서도 그 개념을 정확하게 정의하기 어렵다(임춘식 외, 2007:259). 복지(welfare)는 어의상 well과 fare의 복합어로서 '편안히 잘 지내는 상태'를 뜻하며, 한자의 '福祉'는 '福'과 '祉'의 합성어로 '福'은 물질적인 측면, '祉'는 정신적인 측면을 뜻하는 것으로서 물질과 정신이 조화로운 발전을 기할 때 '참 삶' 진정한 복지를 이룰 수 있다는 것이다. 따라서 노인복지는 모든 노인이 평안한 상태를 유지하도록 하는 사회적 활동으로서 노인의 복지이며, 노인을 위한 제반활동이며, 사회복지실천의 독특한 형태이며, 서비스의 일 분야로 정의할 수 있다(박태룡, 2006:31).

즉, 노인복지는 개별 노인의 욕구를 사회 또는 국가가 최종적인 책임을 지고 복지 상태를 유지하도록 이를 충족시키고자 하는 시책·제도 및 사회적 활동을 말한다.

광의로 해석하여 노인생활의 전반적인 보장을 말하는 경우도 있고, 또 지나치게 협의로 생각하여 최소한의 생계유지를 의미하는 경우도 있다. 다시 말하면

'노인이 인간다운 생활을 영위하면서 자기가 속한 가족과 사회에 적응하고 통합될 수 있도록 필요한 자원과 서비스를 제공하는 것과 관련된 공적 및 사적 차원에서의 조직적 전문적 제반활동'이라 할 수 있다.

2) 노인복지의 원칙

노인복지법 제2조에서 노인복지의 기본이념을 명시하고 있는데, "노인은 후손의 양육과 국가발전에 기여하여 온 자로서 존경받으며 건전하고 안정된 생활을 보장받아야 하며, 또한 노인은 그 능력에 따라 적당한 일에 종사하고 사회적 활동에 참여할 기회를 보장 받는다."고 되어 있다. 따라서 위와 같이 규정된 노인복지의 이념을 달성하기 위해서는 다음과 같은 원칙이 지켜져야 한다.

(1) 존엄성의 원칙(존엄성 및 개성의 원칙)

노인은 어떠한 상황에서라도 차별받지 않고 인간적인 권리로서의 존엄성이 존중되어야 하며, 개인은 다른 개인과 구별되는 특성과 욕구를 지니고 있는 개성 있는 존재로서 인정되어야 한다(장인협・최성재, 1987; 조흥식, 2008:255 재인용). 또한 착취와 육체적, 정신적 학대로부터 자유로워야 한다. 나이, 성, 인종이나 민족적인 배경, 장애나 여타 지위에 상관없이 공정하게 대우받아야 하며, 노인의 경제적인 기여와 관계없이 평가되어야 한다(이해영, 2006:99).

(2) 개별성의 원칙

노인은 타인과 구별되는 고유한 특성과 자질이 존재하므로 개성이 존중될 수 있도록 개별적으로 다루어져야 한다. 노인에 대한 일반화와 편견과 선입견을 배제하고 세심한 배려, 약속시간의 엄수, 비밀의 엄수와 융통성 등을 갖추어 노인을 이해해야 한다.

(3) 자기결정의 원칙

자기결정(Self-determination)은 스스로 결정하고 선택하고 결정을 내릴 수 있는 자유로운 권리와 욕구를 의미한다. 그러므로 노인은 인간으로서의 존엄성과 개성을 가지고 있으므로 노인 자신의 복지에 영향을 미치는 어떠한 결정도 노인 자신의 선택에 의하여 이루어지도록 해야 한다.

(4) 사회성의 원칙

노인은 사회에 통합되어야 하며, 노인복지정책 형성과 이행에 참여하고 노인의 지식과 기술을 사회에 공유할 수 있도록 하며, 봉사의 기회 제공과 사회단체를 활용할 수 있어야 한다(김해영, 2006:98). 노인의 부양과 보호는 개인과 가족만의 책임이 아니라 사회 공동체의 문제로 인식하고 국가, 지방자치단체, 지역사회, 가족, 이웃 등이 공동적인 책임을 가지고 실천되어야 한다.

(5) 전체성의 원칙

노인을 신체적 · 정신적 · 지적 · 사회적 · 심리적 및 영적 제 측면의 총체로서 인정하며 노인에 대한 전체적인 이해에 기반하여 전체적인 서비스가 이루어져야 한다.

(6) 주체성의 원칙

노인의 욕구를 해결하기 위한 개입방법과 지원과정이 노인 당사자가 스스로의 능력에 맞추어 문제와 욕구를 해결하는 실마리를 스스로 생각하고 실행하도록 돕는 것을 말한다.

(7) 현실성의 원칙

평균 이하의 능력조건이나 특수한 욕구를 갖는 노인이 현실적으로 기본적인 삶을 유지할 수 있는 조건에서 보호되어야 한다. 적절한 식량, 물, 주거, 의복 및 건강보호, 일을 할 수 있는 기회제공과 적절한 훈련과 프로그램 접근, 편의시설 이용이 이루어져야 한다.

(8) 시대적 욕구 반영의 원칙

노인들의 시대적 욕구를 잘 파악해 이를 적절히 반영하여 제반 서비스를 제공하는 것이 효과적인 노인복지의 기본원칙이다.

(9) 전문성의 원칙

노인복지는 전문적 지식과 기술을 기반으로 실시되어야 한다(조흥식, 2008:256).

2. 노인복지의 특성과 목표

1991년 12월 16일 유엔총회에서 노인을 위한 유엔원칙(United Nations Principles for Oider Persons)이 채택되었다. 양성평등의 원칙, 자립의 원칙, 참여의 원칙, 보호의 원칙, 자아실현의 원칙, 존엄성의 원칙이다(최일섭, 2007:267-268). 이러한 원칙을 근거로 다음과 같은 노인복지 특성을 나타낼 수 있다.

1) 노인복지의 특성

(1) 욕구의 다원성

노인들의 경우 경제적 빈곤, 건강의 약화, 역할상실, 고독감 등 어려운 문제에 당면하고 있으며 후손들의 장래에 대한 걱정과 어른으로서 대접을 받겠다는 욕구 등 그 욕구가 매우 다원적인 성격을 띠고 있다.

(2) 대상의 보편성

인간의 성장은 지속적이고 순차적인 과정을 통해 이루어진다(최옥채, 2005:191). 인간이라면 누구나 늙게 된다는 점에서 모든 사람이 그 대상이 될 수 있다.

(3) 대상의 격증성

인구고령화 현상을 비롯하여 오늘날 산업도시화 사회에 있어 새로운 기술개발, 구조조정, 정년제 등 인위적인 정책에 따른 제도적인 요인도 노인복지의 대상을 급증시키고 있다.

(4) 선(先)봉사 후(後)수혜성

현재노인은 경제활동이 가능했던 기간 중에 보험료나 납세 등에 의해 보험재정이나 국가재정에 기여해 왔으므로 경제능력을 상실한 노후에는 오늘의 경제활동인구층으로부터 부양받을 권리를 갖고 있다.

2) 노인복지의 목표

(1) 개인의 성장욕구 충족

노인이 개인으로서 자기의 고유하고 특수한 욕구를 충족하고 또한 고령기의 발달적 과업을 잘 성취할 수 있도록 하는 데 그 목표를 두어야 한다. 고령기는 점차 연장되고 있으며 이 기간은 노화의 부정적 영향을 잘 수용하면서 심리적 및 사회적으로 더욱 성숙하고 성장하는 시기가 되어야 할 것이다.

(2) 사회적 통합의 유지

노인이 가정과 이웃, 집단, 지역사회 및 사회에서 소외되어 있다는 감정을 줄이고 사회체계 속에 연결되어 사회체계 주류에 같이 흐르고 있다는 느낌을 가질 수 있어야 한다.

(3) 기본적인 삶의 질의 유지

모든 노인은 건강하고 문화적인 생활을 영위할 수 있는 정도에서 기준이 설정되어야 한다.

3. 노인문제와 노인복지와의 관계

우리 옛말에 노인에게는 빈곤, 질명, 고독, 무위 네 가지 괴로움(四苦)이 있다고 하였다. 때로는 빈곤, 질병, 고독의 3악(三惡)으로도 일컬어진다. 즉, 빈고(貧苦), 병고(病苦), 고독고(孤獨苦), 무위고(無爲苦)로 설명되고 있는데 고령화사회가 진전되면서 우리나라 4고(苦) 양상도 새롭게 변화하고 있다(이해영, 2007:34).

노인이 퇴직 후 소득감소에서 오는 생계비 문제, 노후에 자주 경험하는 만성질환과 심신쇠약으로 인한 건강문제, 은퇴 후 가정과 사회에서의 역할상실 및 지위의 저하, 그리고 결과적으로 나타나는 소외감, 고독감 등은 현대노인들이 당면하고 있는 공통적인 문제이다.

〈표 3-1〉 주요 OECD 노인자살률(단위: 인구 10만 명)

	미국 (2002)	호주 (2001)	독일 (2001)	한국 (2003)	일본 (2003)	오스트리아 (2002)	헝가리 (2002)
65-74세	14	12	19	58	32	38	39
75세 이상	18	14	31	103	32	45	63

• 자료: 이해영, 2000, p. 35.

〈표 3-2〉 65세 이상 노인들의 만성질병으로 인한 어려움(단위: %)

구분	일상생활 수행제한	간호와 수발	경제적 어려움	외로움과 소외감	사회활동 제한	기타	계
전체	43.3	0.9	22.4	15.8	17.0	0.5	99.9
남	34.4	1.0	25.4	15.3	22.9	1.0	90.0
여	46.9	0.9	21.2	16.0	14.7	0.3	100.0

• 자료: 한국보건사회연구원(2005), 「2004년도 전국노인생활 실태 및 복지욕구조사」 이해영, 2000, p. 37. 재인용.

노인문제의 배경에는 노인인구의 증가, 가족구조의 변화, 공업사회의 대두, 가치관의 변화 등(박용순, 2004:246-249)으로 현재 우리나라의 노인문제는 개인문제가 아닌 사회문제로 인식되고 이를 해결하기 위한 사회적 차원의 다양한 노인복지대책이 수립 · 집행되고 있다. 이러한 사회문제로서의 노인문제를 어떤 시각에서 규정하는가에 따라 문제 발생의 원인과 이에 대한 해결방안이 달라질 수 있다.

다양한 노년학이론 중에서 구조기능주의이론에서는 노인의 지위 저하는 정상적 현상으로, 노인문제를 개인적응문제로 환원하여 이해하며, 갈등이론에서는 사회의 불평등한 배분구조가 노인문제의 원인이라고 보고 있다.

상징적 상호작용 이론에서는 사회성원이 노인과 노화에 대해 부정적 의미를 부여함으로써 노인을 낙인찍고, 노인도 자신을 무력하고 무능하다고 인식하게 됨으로써 노인문제가 발생한다고 보고 있다.

교환이론에서는 낡은 지식과 기술을 소유한 노인은 젊은이에 비해 재산, 수입, 지식, 권위, 사회적 유대 등의 교환자원이 점차 약화되어 사회적 상호작용에서 제외되고 문제를 경험하게 된다고 보고 있다(모선희 외, 2006; 권중돈, 2007, p. 38 재인용).

특히, 구조기능주의이론에서는 Cowgill과 Holmes(1972)가 제시한 현대화이론은 노인문제의 원인을 현대화에서 찾고 있다.

현대화이론에서는 현대화 과정에서 나타나는 특징적 현상으로 인하여 노인의 지위가 하락하여 노인문제, 즉 4고(四苦)를 유발하게 된다고 보고 있다.

이러한 현대화 이론에 근거할 때, 현대사회의 노인문제는 개인보다는 사회적 요인에 의해 유발된다고 볼 수 있다. 따라서 국가는 사회가 노인문제의 일차적인 책임이 있음을 인식하고 다양한 노인복지대책을 통하여 노인문제를 해결하기 위하여 최선의 노력을 기울여야 한다. 그러나 현대사회의 노인문제는 사회구조나 제도의 개선 또는 개인의 병리적 문제해결 중 어느 한 가지 방법만으로는 해결이 불가능하므로, 노인 개인과 사회환경이 동시에 개입하는 접근방법을 채택하는 것이 일반적이다(권중돈, 2007, p. 39).

4. 우리나라 노인복지의 발달과정

사회복지에 있어서 실천방법은 그 시대의 정치적 · 문화적 · 사회적 현상에 따라 다양하고 복잡한 형태로 나타나는 사회적인 문제를 중심으로 여러 방법들이 제시되어 왔다.

마찬가지로 노인문제로서의 노인복지 또한 시대별로 어떠한 방식으로 문제해결을 하였는지 알아보는 것도 매우 중요하다. 따라서 현대 노인복지제도에 영향을 직접적으로 미친, 전통사회부터 현재까지의 노인복지 발달과정을 살펴보면 다음과 같다.

1) 전통사회

삼국시대부터 우리나라는 효와 경로가 강조되었는데, 보시제도(保息制度)와 불교의 대자대비(大慈大悲)사상의 영향을 받아 노인을 공경하였다. 백제의 다루왕은 노부모에게 효성을 극진하게 한 사람에게 벼슬을 주었고, 신라의 유리왕도 몸소 노인을 섬기는 본을 보였고, 고려시대에 들어와서 노인복지에 대한 다양한 사업이 시행되었다. 고려사에 의하면 성종 9년부터 노인구호대책은 상당히 구체적이면서도 광범위하게 실시된 것으로 기록되어 있고, 태조 11년에는 후기고령자에게 노인봉사자인 대정을 두어 양로하게 하였는데 이는 오늘날의 가정봉사원서비스의 원초적 형태라고 할 수 있다. 성종 10년에는 모든 국민에게 80세 이상의 노인을 극진히 모시라고 왕명을 내렸고, 현종 2년에는 '환과고독'에 속한 4종류의 궁핍한 사람들 ① 늙은 홀아비, ② 늙은 홀어미, ③ 어린 고아, ④ 자식이 없는 노인에게 의복과 식량을 주었다. 또한 노인에게는 특정관직을 주어 노후 문제에 대처하게 하였고, 현종 11년에는 70세 이상의 부모가 병이 들었을 경우 관리들에게 20일 내지 200일의 휴가를 주어 양로하게 하였고, 고구려의 진대법에 따라 굶주린 노인에게 양곡을 춘궁기에 빌려주고 가을에 거두는 제도가 있었다. 고려시대는 흑창, 의창, 상평창, 유비창 등 창제제도로 경제생활을 도모하였으며, 양로원을 베풀었고, 문종 3년에 설치된 동서대비원과 혜민국은 의료구제기관으로 병약한 노인을 보호하였으며, 환과고독의 요구호자에게 관비부양이 이루어졌고, 임시적 은사(恩賜)를 행해 군주가 경로정신을 시범으로 보이기도 했다. 충렬왕 34년에는 70세 이상의 노부모를 돌보아야 할 자손이 형벌을 받아야 할 경우 그 자손의 벌을 임시 중지하거나 면제하여 주는 제도를 마련하였다. 고려시대에 시행된 다양한 노인보호사업 가운데 노인 관리에게 베풀어진 관직부여, 병든 노부모를 위한 부양 휴가제도, 노인봉사원제도등은 현재 의미하는 노인복지제도라고 평가될 수 있고, 그러한 제도들은 대부분 당대의 일시적 시혜로서의 노인보호 차원을 벗어나지 못하였으므로 제도화되지는 못하였다. 기본적으로 유교사상에 바탕을 두고 있는 경로효친사상은 조선시대에 들어와서 더욱 강하게 나타나 노인복지에 중요한 영향을 주었고 노인복지도 상당히 구체화되어 제도화되는 단계에 이르렀다.

국왕이 국민으로 하여금 경로효친을 미풍양속으로 유지·발전하도록 직접 모범을 보였으며 태조 4년(1395)에는 경로사상의 대명률을 이두문으로 축조·번역하여 공포하였다. 「경국대전」에는 구체적인 조선시대의 노인보호사업이 집대성되어 있다. 태조 3년(1394)에는 기노소를 설치하여 70세가 넘는 정2품 이상의 문관들이 쉴 수 있는 장소를 마련하여 주고, 매년 봄과 가을에는 왕이 잔치를 베풀어 주었다. 태종 4년(1403)에는 양민원을 설치하여 부양자가 없는 노인을 보호하였고 세종 8년(1425)에는 오늘날의 양로원에 해당하는 제도를 만들어 양로법을 제정하였다. 이로 인해 노인잔치가 제도화되었고 효자 효부 등 덕행이 있는 자를 표창하고, 삼강행실도를 펴내 경로효친사상을 모든 백성에게 고취시키고자 노력하였다. 영조 32년(1755)에는 기노직을 두어 60세 이상의 선비에게만 과거를 보게 하여 등용의 기회를 우선적으로 제공하기도 하였다. 문종 2년(1451)부터 마련된 치사제도는 공직에 있는 자가 나이가 많아져 벼슬을 사양하고 물러나는 제도를 의미하는 것으로 오늘날의 정년제도와 유사하다. 이대 70세 이상의 자가 당상관으로 치사하는 경우에는 예조에서 매달 고기와 술을 급여하였다는 내용이 「경국대전」에 기록되어 있다.

조선시대에 시행된 노인보호사업은 이전의 시대보다는 제도적으로 발전된 형태로 구체화되었다고 평가될 수 있으나 그 대상이 매우 제한된 노인인구로서 환과고독을 제외하고는 양반계급 가운데에서도 특권층에 속한 관리들의 노후문제에만 선별적으로 접근되었다. 경로효친사상을 사회 가치관으로 정착시키고자 시설보호, 재가보호, 퇴직제도 등의 발전된 형태의 노인복지시책을 마련하였지만 개국초의 개혁기에서부터 영조시대까지 한해서만 실시되었고 이후에는 부패, 당쟁, 세도정치, 민란 등의 각종 폐단으로 인해 제도화되지 못하고 1910년 한일합방을 맞이하게 되었다.

2) 일제시대

1910년 한일 합방 이후 노인복지사업은 다른 사회복지사업과 더불어 조선총독부에 의하여 실시되었다. 이러한 노인복지시책은 식민지 통치에 반대하는 민족운동을 완화시키기 위한 무마책으로서, 동시에 식민지 통치를 연장하기 위한 도구로서 실시된 것으로 시혜 또는 자선적 성격의 단순 구호사업에 불과하였다.

조선총독부에 의하면 1910년에는 특수 계층인 양반, 유생의 기노 효자와 효부들 그리고 환과고독의 어려운 사람들에게 임시 은사금을 수여했고, 1916년에는 은사진휼자금빈민구조규정에 의하여 60세 이상의 노인에게 은사진휼자금을 지급하였다. 이러한 은사진휼자금은 증가하는 피구조자에 대응하기 위하여 1927년에 은사진휼 자금관리규칙을 개정하여 증액시킨 것으로 기록되어 있다. 또한 1929년에는 조선귀족보호시설로서 재단법인 창복회를 설립하여 당시 250만 엔의 기금에 대해서 얻어진 이자로써 생계가 궁핍한 조선 귀족을 구제하였으며, 특히 60세 이상의 노인 귀족에게는 지급액의 30%를 증액하여 지급하였다.

그러나 이상과 같은 노인구호사업은 일제의 식민지 지배전략의 일부로서 소수의 노인들에게 제한적으로 제공되었고, 그 규모와 내용은 보잘 것 없었던 것으로 평가된다.

한편 조선 사회사업 개요에 의하면, 1933년 당시 전국의 64개 양로시설에 58명이 수용·보호되어 있었으며, 이들 대부분의 시설의 종교단체에 의해서 운영되었다. 1944년 3월에는 조선구호령이 공포·실시되어 극빈자와 무의무탁자에 대한 국가적 차원의 생활보장의 기초가 마련되었다. 특히 조선구호령은 65세 이상의 극빈노인 또한 무의무탁노인에게 필요한 생활부조, 의료부조 등의 서비스를 규정하고 있어, 제도적으로 어느 정도 정비되기 시작하였다. 그러나 조선구호령 또한 일제치하에 있어서 명문화된 법령에 불과하였던 것으로 평가된다.

3) 해방이후~50년대(요보호 노인 구호사업 단계)

해방 및 미군정시대에는 정치적·경제적·사회적 혼란의 시기로 빈궁과 실직이 속출되었다. 이 기간의 우리나라는 해방과 함께 남북 분단이 되면서 미군정에 의해 통치받게 되었고, 약 3년간의 좌우익의 이념 논쟁으로 인한 정치적 혼란과 6·25 전쟁에 따르는 피난민의 쇄도 등 당시의 시대적 특성으로 인해 노인문제가 심각하게 부각되지 못하였다. 이 기간 동안에 노인에 대한 구호사업이 현대 복지사상적 측면에서 노인세대의 독특한 특성을 특별히 감안하였다거나, 노인문제가 두

드러지게 사회문제화된 것은 아니었다. 단순히 유아, 아동, 임산부처럼 사회의 약자이므로 보호해 주어야 한다는 의미 이상으로 노인에 대한 생각을 갖지 못하였다.

이 시기의 국가적인 차원에서 사회복지사업의 특징은 사회복지가 임시적 구호에 그치는 수준이었고, 사회보장제도 또한 마련되지 못한 형편이었다. 다만 외국원조기관에 의해 운영되어 오던 많은 사회사업서비스는 우리나라에서 전문적 사회사업서비스를 제공할 임상적 기반을 구축했다고 보는 것이 좋겠다. 그러나 이 서비스도 노인복지에 관한 한 다른 분야에 비하여 매우 낙후된 상태였다.

구체적으로 노인복지프로그램들을 보면, 해방 직후에는 일제시대의 법령이 형식상 계승되어 왔으나 노인복지 문제는 전재민, 이북으로부터의 피난민, 아동문제 등에 가려져 거의 도외시되었다. 1948년 제1공화국이 수립되면서 헌법에 질병, 노령, 기타 근로 능력이 없는 자는 법률이 정하는 바에 의하여 국가의 보호를 받는 것으로 규정하여 헌법상 생존권의 보장은 되었으나, 한국전쟁으로 요구호 대상자가 급증하면서 생명유지를 위한 응급구호사업 때문에 노인복지사업은 경시되었다. 이러한 사실은 1949년 2월 당시 아동보호시설은 98개소였지만 양로시설은 12개소에 불과한 것에서 알 수 있다.

휴전 이후에는 전쟁복구 사업에 국가의 관심이 집중되어 노인복지는 더욱 소홀해졌다. 따라서 1959년 3월 당시 양로시설은 41개소에 불과하여 노인복지 수요에 비교하면 공급은 매우 부족한 수준이었다.

4) 1960년대(생활보호법상의 노인보호단계)

이 시기의 우리나라에는 4·19혁명과 이에 뒤따른 5·16군사쿠데타로 정치적·사회적 면에서 여러 가지 사회변혁이 있었지만 노인복지 분야에는 커다란 영향을 미치지 못했다.

이 시기는 경제개발 정책이 국가정책의 핵심이 되었는데, 제3공화국의 신헌법은 모든 국민에게 인간다운 생활을 할 권리를 명시하였고, 절대 빈곤에서 민족을 해방시킨다는 정치공약하에 제1차 경제개발 5개년 계획을 수립하여 강행하였다.

따라서 1960년대 초 우리 사회는 생활안정과 보장에 대한 국민의 갈구가 새로운 가치관으로 등장하게 되었다. 1962년에는 정부가 사회보장제도의 기틀을 세웠고, 1963년에는 사회보장제도를 수립함으로써 빈곤, 질병, 실업 및 인구 과잉 등 사회불안 요인을 제거하고 사회정의를 실현하여 복지사회 건설에 매진한다는 정책방향을 수립하였다. 이러한 상황하에서 1961년 12월에는 생활보호법이 실시되었다.

생활보호법 중 노인복지와 관련된 부분을 보면, 부양의무자가 없거나 부양의무자가 있어도 부양능력이 없는 자로서 연령이 65세 이상인 노인을 보호대상자로 포함시켰다. 생계보호, 의료보호, 상장보호 등을 거택보호, 수용보호, 위탁보호 등의 방법으로 하는 것이었다. 그런데 보호 수준은 점차 향상되어갔으나 실제적인 면에서는 최저생계비에도 미치지 못하는 형편이었다.

1960년대는 빈곤 추방을 위해 몸부림치던 시기여서 사회복지의 발달은 오히려 경제성장의 저해 요인으로 간주될 정도였기 때문에, 노인을 위한 사회복지프로그램을 만든다는 것은 국민이나 정부의 의식 속에서 이루어지지 못하였다. 당시 경로효친사상도 오늘날과 같이 파괴되지 않았고, 또한 노인인구의 증가도 별로 심각한 문제로 사회에 부각되지 않았다. 이 시기의 노인은 생활보호법에 의하여 지극히 소수만 구빈적인 도움을 받았을 뿐이며, 노인복지사업은 원시적 상태로 머물러 있었다.

5) 1970년대(노인복지제도 발아단계)

1970년대는 1960년대부터 시작한 경제개발을 더욱 가속화한 시기로, 사회복지가 계속하여 외면을 당하던 시기였다. 1・2차 경제개발사업이 성공적으로 끝나자 경제 관료의 역할이 부각되었는데, 이들은 복지정책을 경제개발계획의 저해요인으로 생각하였다.

1970년대에 들어오면서 국민생활 수준이 향상되자 소산소사의 선진국형으로 인구변화가 생기면서 노령인구에 대한 사회보장제도와 소득보장의 필요성이 높아지게 되었다. 급격히 밀어닥친 산업화, 도시화, 핵가족화 현상들에 의해 악화일로에 있던 노인문제가 마침내 사회문제로 등장하게 되었다. 먼저 도시의 일부 노인들은 자기의 처지를 의식하고 빈곤을 호소하였으며, 주택난, 가사에서의 일손 부족, 의료비

부족, 여가시설 부족 등 구체적인 욕구를 노인들 스스로 호소하게 되었다.

또 정서적인 면에서도 소위 고독, 삶의 의미 등을 거론하게 되었다. 이러한 1970년대의 분위기는 '노인학교'라는 제도를 탄생시켰고, 이것은 곧 노인들 자신의 자각과 의욕의 표현이었다고 보인다.

이와 같은 사회현상의 중요한 의미는 매스컴과 일반 사회에서 노인복지법 제정을 요구하게 되었다는 사실이다. 그러나 1970년대에 노인복지만을 위해 이루어진 정책이나 사업은 없었으며, 노인들은 여전히 생활보호법에 의해 최소한의 도움을 받았을 뿐이다. 즉 공적부조제도를 통해서 노인에게 생활보호, 의료보호, 군사원호보상 등이 제공되었다. 1977년부터 생활보호사업에서 분리되어 실시된 의료보호는 65세 이상의 생활보호대상 노인에게만 제공되었다. 또한 군사원호법에서 양로보호가 실시되었으며, 65세 이상의 원호대상 노인에게 노령생계수당이 지급되기도 하였다.

한편, 1979년 보건사회부는 노인복지법을 제정하기 위하여 여러 차례의 준비와 검토과정을 거쳐 노인복지법 초안을 마련하였다.

6) 1980년대(노인복지제도 확립단계)

1980년대부터 노인 자신과 일반 국민들 사이에서 국가와 사회가 노인부양과 복지를 책임져야 한다는 인식과 태도가 나타나게 되었다.

1980년 9월 제5공화국이 출범하면서 국정지표로 민주주의의 토착화, 정의사회 구현, 복지사회의 건설 및 교육 혁신과 문화 창달을 내세웠다. 복지국가를 지향하는 제5공화국의 정치 풍토 속에서 1981년 6월에 노인복지법이 제정·공포되었고, 1982년 6월 8일에는 노인복지를 위한 올바른 인식과 정신적 바탕이 되는 경로헌장이 선포되었다. 이는 노인복지제도를 위한 기반을 마련한 것으로, 경로헌장 안에는 노인은 국민의 존경을 받으며 노후를 안락하게 지내야 할 분들이라고 노인의 사회적 위치를 명시하고 있다.

경로헌장의 중요한 내용은 ① 가정에서 자손들의 극진한 봉양, ② 의식주 충족과 안락한 생활, ③ 심신의 안정과 건강의 향유, ④ 능력에 따른 사회활동 참여, ⑤ 문화생활과 지식의 취득 기회 등이 있다.

노인복지법은 1980년 보건사회부에서 노인복지법 초안을 마련 1981년 6월 5일 법률 제3453호로 확정・공포하였다.

노인복지법은 경로헌장에 나타난 노인복지의 이념들을 구체화한 것이었다. 경로우대제도는 1980년 5월에 처음 도입되어 당시 70세 이상으로 확대・적용하게 되었다. 그 외에도 경로주간 행사, 효자 효부 포상, 노인복지시설 위문, 경로잔치 등 범국민적인 경로행사를 가졌고 또한 노인 직종 개발 등 노인문제연구소의 활동, 노인복지상담소의 노인취업, 일거리 알선 등 민간단체의 활동도 활발해져 갔다.

1983년부터 노인요양사업을 실시하였고, 의료보호법에 의한 노인의 의료보호는 꾸준히 증가하였으며, 의료보호를 받는 65세 이상 노인은 1984년도 당시 196,540명이었다. 1983년부터 실시된 노인건강진단은 연간 약 20만 명을 대상으로 실시했으며, 저소득층은 우선적으로 2년에 1회씩 건강진단을 받도록 했고, 1984년부터는 2차 정밀진료까지 실시하였다.

그러나 노인복지법의 내용은 의무적인 규정을 피하고 거의 선언적・임의적인 것으로 그치고 있어 보다 구체적인 실현성이 결여되어 있었다. 또한 제정된 노인복지법의 주요 내용이 명시적으로는 일반 노인 전체를 대상으로 하면서도 대부분 '할 수 있다', '노력해야 한다' 등의 규정을 통해 실제로는 여전히 요보호노인을 대상으로 하고 있다는 점이 확인된다.

1981년 노인복지법의 입법 이후에 많은 사회변화가 일어났고, 노인복지 욕구도 다양하게 나타나며, 노인문제가 심각한 사회문제로 대두되었다. 따라서 노인복지 증진을 도모하는 데 필요한 제도를 보완하고 개선해야 할 필요성이 요구되어 1989년 12월 30일 노인복지법을 1차로 개정하게 되었다.

따라서 이 시기는 노인복지법의 제정으로 독립된 노인복지정책이 수립되었으나, 이는 국가재정을 거의 요구하지 않는 상징적 성격이 강하여 실제로는 여전히 요보호노인을 대상으로 시행되는 것이었다.

7) 1990년대

1989년의 노인복지법 전문개정과 관련하여 1991년 2월 21일에는 동법 시행령이 대통령령 제13313호로서 전문 개정되었으며, 동법 시행규칙은 1991년 7월 11일 보건사회부령 제872호로서 전문 개정되었다.

그러나 2차로 개정된 노인복지법의 경우에도 각 조항들을 분석하여 보면 강제 규정보다는 임의 규정 또는 노력 의무규정이 많으며, 대통령령 또는 보건사회부령으로 위임된 조항이 너무 많다고 하겠다. 또한 생활보호법이나 의료보호법 등 관련된 타법과 관계가 제대로 조정되어 있지 않아 중복되는 문제점 등을 안고 있다

따라서 이와 같은 현행 규정상의 일부 미비점을 보완하고자 1993년 12월 27일 노인복지법이 법률 제4633호로서 3차로 개정되었다. 개정된 내용 가운데 특기할만한 점은 우선 유료노인복지사업에 민간기업체나 개인의 참여를 허용함으로써 노인복지사업의 공급 기반을 다양하게 확충하고자 하였다. 또한 일반가정에서 생활하는 노인들에게 생활지원 및 각종 서비스를 제공하고자 재가노인복지사업의 실시 근거를 마련하였다. 1997년 8월 22일에 법률 제5359호로서 4차로 전면 개정되었다.

1990년대에 들어와서 노인인구의 급증으로 인한 노인문제가 곧 사회문제화되었다. 사회적으로는 정년퇴직한 노인들의 수가 늘어나면서 노인들의 각종 욕구가 다양하게 사회문제로 대두되었다. 고령자들의 고용안정을 위해 1991년에는 고령자고용촉진법이 제정되었다.

그러나 신자유주의의 세계적 추세와 IMF의 경제위기로 인해 복지예산은 축소되었고, 1992년의 재가노인복지사업(가정봉사원 파견사업, 주간보호, 단기보호)의 제도화, 93년 실버산업의 도입 등은 복지예산의 축소와 더불어 시설복지의 축소, 복지주체의 민영화 등으로 나타나는 신자유주의적 정책변화라고 할 수 있다.

8) 2000년대

IMF 경제위기와 구조조정에서는 사회보장제도를 근간으로 하는 사회 안전망의 결여가 사회발전의 걸림돌로 작용하면서, 한국 복지정책의 방향을 신자유주의적인 국가개입의 축소로만 볼 수 없게 되었다. 그 결과 복지예산이 증가했으며, 노인복지에 있어서도 활동적인 고령화가 강조되면서 노인의 고용과 창업을 지원하는 경제적 고용정책이 나타났다.

따라서 이 시기에는 재가복지, 실버산업, 무갹출 경로연금, 노인고용정책 등 내용적으로 매우 다양한 노인복지정책이 행해졌다고 볼 수 있다. 하지만 이러한 변화에도 불구하고 그 수급범위가 협소하고 급여수준도 낮아 여전히 많은 노인들이 정책대상에서 배제된 것이 우리나라 노인복지정책의 일관된 특성이었다.

2000년도 이후 법 개정의 내용을 보면, 재가복지의 중요성이 증대되면서 가정봉사원 교육 및 가정봉사교육기관의 설치에 관한 조항이 신설되었다. 또 증가하는 노인학대 문제에 보다 적극적으로 대처하고자 2003년 노인복지법이 부분 개정되어 부양의무자 규정을 강화하고, 노인학대 예방 및 사후 치료에 관한 조항이 신설되었다.

그러나 이상과 같은 노인복지법 개정으로 그 내용 면에서 체계적이고 다양한 프로그램을 제시하고 있다. 2008년 1월부터 전체 노인의 60% 어르신에게 매월 일정액의 연금을 드리는 노령연금제도가 실시되었고, 고령이나 노인성 질병 때문에 일상생활을 혼자 수행하기 어려운 65세 이상의 노인들에게 신체활동 또는 가사활동 지원 등의 장기요양급여를 사회적 연대원리에 의해 제공하는 사회보험제도인 노인장기요양보험제도도 마련하였다. 2008년 4월 15일부터 장기요양신청 접수 실시하여, 2008년 7월 1일 노인장기요양보험 서비스가 실시된다. 노인장기요양보험제도는 대상 노인에 대한 현물서비스 제공과 함께 가족요양비, 휴식서비스(respite care)와 같은 부양가족 지원서비스도 포함한다. 그러나 아직 우리나라 노인복지서비스에는 여전히 강제규정이 아닌 임의규정이나 법 선언적인 성격이 여러 곳에 남아 있어서 개선해야 할 부분이 있다.

참고문헌

강용규 외(2007). **사회복지개론**. 공동체.

권중돈(2007). **노인복지론**. 학지사.

박석돈 외(2006). **노인복지론**. 삼우사.

박차상 외(2005). **한국노인복지론**. 학지사.

박태룡(2004). **노인복지론** 개정판. 대구대학교 출판부.

이해영(2006). **노인복지론**. 창지사.

장인협 · 최성재(1987) **노인복지학**. 서울대학교출판부.

전국대학사회복지교육협의회(2001). **사회복지개론**. 유풍출판사.

최성균 외(2006). **사회복지개론**. 대왕사.

최옥채 외(2005). **인간행동과 사회환경**. 양서원.

최일섭 · 정은(2007). **현대사회복지의 이해**. 공동체.

http://www.longtermcare.or.kr

http://기초노령연금.kr

4

노인복지정책

1. 소득보장정책의 개념

1) 현대사회와 노인빈곤

(1) 노인문제의 원인과 배경

노인문제의 원인은 산업화, 인구의 고령화, 그리고 핵가족화로 인한 부양의식의 변화로 요약할 수 있다. 현대화는 산업화와 밀접한 관계를 가지고 있는데 산업사회에서의 주요 특성인 과학기술의 발달로 인한 생활수준향상, 도시화, 핵가족화를 수반하게 되면서 이러한 현상들은 옛 지식을 소유한 노인들의 경험과 지식을 쓸모없게 만들어 노인층을 사회로부터 추방하는 결과를 초래한다는 것이다.

① 산업사회의 노인의 역할 상실

역할은 개인이 집단이나 사회와 관계를 갖는 가장 중요한 수단이고 역할을 통해서 개인은 사회에 참여하고 이것을 통하여 개인의 사회적 가치가 인정되고, 자아정체감을 유지하는 기반이 된다. 사회적 역할은 ㉠ 어떤 지위에 있는 사람들에게 기대되는 행동, ㉡ 어떤 주어진 지위에 있는 대부분의 사람들이 하는 일, ㉢ 어떤 주어진 지위에 있는 특수한 개인이 하는 일 중의 하나에 해당하는 것으로 본다.

급속한 산업화와 도시화의 과정 속에서 노인들은 가족의 지역사회, 공식적인 집단들로부터 배제되고 있으며 그 결과 노후생활에 수반된 여러 가지 긴장요인들에 대처하는 데 많은 어려움을 겪고 있으며 1차적으로 노인문제를 발생시키는 원인이 되고 있다. 현대 산업사회에서 노인들이 역할을 상실하게 되는 메커니즘을 살펴보면 현대 산업사회에서는 정년퇴직이 제도화되어 있다. 노인들은 가장 중요한 역할과 관련된 직업생활에서 은퇴하게 되고 이로 인한 소득의 상실은 노인의 사회적 역할을 하였던 데 반하여 현대사회가 대가족 제도에서 핵가족 제도로 바뀌면서 가정도 부부중심, 자녀중심으로 되어 가고 있고, 가사일도 가전제품의 보급으로 기계화, 편리화되어 타인의 도움이 덜 필요하게 되어 노인은 점차 자신의 역할을 상실하고 있다. 이와 같이 사회와 가족 내에서의 노인들의 역할 감소는 심리적 고립과 연결된다. 즉 직업과 소득의 상실, 건강의 악화, 가족들로부터의 고립, 그리고 죽음에 대한 불안은 노인들을 우울한 상태에 빠지게 한다.

② 핵가족화와 부양의식의 변화

전통사회에서의 노인의 노후부양은 경로효친의 미풍양속을 바탕으로 가족부양에 의해 이루어져 왔기 때문에 노인부양과 관련된 문제는 없었다. 그러나 사회가 산업화됨에 따라 나타나는 도시화, 핵가족화, 그리고 그에 따른 가치관의 변화는 노인부양의식에 심각한 변화를 가져왔다. 산업사회에서 출생하여 산업사회의 문화권에서 성격이 형성된 세대들은 경로효친사상을 더 이상 자신들의 미풍양속의 가치로 받아들이는 데는 많은 거부감을 나타내고 있다.

20세기의 급속한 사회변동에 따른 인구학적 변화는 노년층 인구의 성장 즉, 고령화 현상으로서 그 구조적 특성은 오늘날 세계적으로 표면화되고 있는 노인문제와 직・간접적으로 관련되고 있다. 직접적으로는 노인층 인구와 관련된 모든 인구 통계학적 지수가 노인문제의 대두와 그 중요성을 예고하고 있으며 간접적으로는 인구학적 사실에 바탕을 둔 그 동안의 사회구조 변화가 제도적 영역에서 구체적인 노인문제들을 발생시키고 있다. 개인적으로는 긴 노년기를 보내야 하는 만큼 소득부족과 그에 따른 외로움, 질병치료 문제가 뒤따르게 되며, 사회적으로는 노인부양을 위한 공적연금 보험료와 공공부조 의료비용 등 전반적인 부담이 증가하게 된다. 국가적으로는 생산연령인구의 비율이 감소되기 때문에 이를 대체할 만한 경제활동

참가율 증가와 노동생산성 증대가 따르지 않는다면 그 나라 경제성장은 둔화될 수밖에 없을 것이다. 세대간에는 젊은 세대는 노인인구를 부양하기 위한 부담을 지게 되므로 세대간 갈등이 발생한다.

(2) 노인빈곤의 원인

현대 산업사회에서의 빈곤원인은 생물학적 노화와 함께 노동시장에서의 경쟁력 상실, 그리고 정년퇴직이라는 인위적이고 사회적인 제도, 노년기 이전의 소득 불충분으로 인한 노년기 경제생활에 대한 준비부족 등 다양한 원인으로 연유한다고 볼 수 있기 때문에 개인적, 성격적, 또는 도덕적 결함에 의한 것이라기보다는 생물학적, 사회학적 요인에 의한 것이 더 큰 것으로 본다. 따라서 노인소득보장 대책 강구를 사회 정책적으로 마련할 필요성이 있다.

〈표 4-1〉 **노인 빈곤의 원인**

구 분	내 용
사회적 요인	조기퇴직으로 인한 수입의 감소
	교육기회의 제한
	취업 곤란 또는 불능
	사회보장제도의 미성숙
가족 또는 개인적 요인	가족해체로 인한 부양의 약화
	자녀에 대한 과다한 지원
	의타심과 무절제
	기타 질병 등

보건복지가족부가 빈곤의 원인을 분석한 자료에 의하면, ㉠ 고령폐질, 장애, ㉡ 학력 또는 기술부족, ㉢ 자활의욕 부족 등으로 나타나고 있는데 이것은 기초생활보장 수급자 중 65세 이상 노인이 차지하는 비중이 다른 연령층보다 큰 것을 볼 때 우리나라도 산업화의 진전에 따라 노령이 빈곤의 주요 원인으로 작용하고 있음을 알 수 있다.

(3) 현대 산업사회에 있어서 노인빈곤의 특징

① 노인은 일단 직장에서 퇴직하고 나면 재취업의 기회가 제한되고 퇴직은 바로 소득원의 상실로 연결되는 경우가 많으며 거기에다 수명은 연장되어 빈곤이 장기화된다.

② 노인인구의 증가와 핵가족화에 의한 노인가구의 증가로 빈곤이 대량화되고 특히 도시 인구 밀집지역에서는 집단화되어 사회문제로 되고 있다.

③ 보건·의학의 발달과 영양개선에 의한 건강의 유지로 취업이 가능함에도 불구하고 사회의 일률적 징년세에 의해 퇴직함으로써 가족부양의 부담으로 비교적 여유가 없는 시기에 수입원을 잃게 되어 빈곤이 가속화된다는 것이다.

2. 노인소득보장정책의 의의와 필요성

현대사회의 정보화·산업화 시대에 노인의 노동력은 효율성이 낮아져 직업을 구하기 어렵게 되었고, 핵가족화와 노인부양의식의 약화는 노인단독가구를 증가시키게 되었다. 이러한 현상과 더불어 노화로 인한 신체적·정신적 기능의 약화는 노년기에 나타나게 되는 여러 가지 문제를 스스로 해결할 수 없게 만들었으며, 결국 제도적으로 다양한 복지대책을 필요로 하게 되었다.

'전국 노인생활실태 및 복지욕구조사'에 의하면 노인의 28.3%만이 경제적인 노후생활 준비를 한 것으로 나타나고 있다. 그리고 이상적인 노후생활비 마련 방법으로 사회보장 등 국가가 40.9%, 스스로 마련이 40.2%, 가족 및 자녀가 마련해야 한다는 응답이 9.7%로 나타나서 노인부양에 있어 국가 책임에 대한 인식이 높아졌다는 것을 알 수 있다. '노인을 위하여 가장 관심을 두어야 하는 부분은 무엇인가?'라는 질문에 노후소득지원 49.4%, 취업지원 23.6%, 요양보호서비스 16.8% 등의 순으로 나타났다.

노인이 인간다운 생활을 영위하기 위해서는 의식주의 욕구, 건강보호의 욕구 및 문화적 욕구를 기본적으로 충족시킬 수 있게 하는 경제적 수입이 필요하며, 특히 노인들을 노화현상으로 인하여 여러 가지 비용이 추가되므로 노인복지에서 경제적 요인은 중요한 의미를 지닌다. 따라서 노인의 소득보장은 노인복지에서 가장 중요한 부분이라고 할 수 있다.

노인소득보장정책이 국가적 차원에서 중요한 이유는 첫째, 노인빈곤 문제가 심각한 사회문제임에 비해서 그 해결이 쉽지 않기 때문이다. 둘째, 노인문제를 정책대상으로 하여 취급하려는 통합된 제도적 프로그램 구상이 어렵다는 것이다. 셋째, 노인문제는 다른 문제와는 상이한 특수성을 가지고 있어서 독자적인 정책대안이 요청되고 있기 때문이다. 넷째, 노인문제는 최근에 우리나라의 급속한 사회변동에 따른 경험적, 역사적 소산으로서 중요한 정책대상이 되고 있기 때문이다.

〈표 4-2〉 노후준비방법(단위: %)

	공적연금	사적연금	퇴직금	예금, 적금	부동산 운용	주식, 채권
전국	28.4	15.9	2.3	13.6	3.8	0.2
서울	26.3	16.6	1.6	13.1	5.0	0.3
부산	24.3	18.3	3.5	10.0	3.5	-
대구	33.6	14.0	2.2	12.3	2.7	0.1
인천	26.8	18.1	2.8	12.5	2.6	0.2
광주	29.3	14.6	3.8	14.9	1.7	0.2
대전	32.8	14.7	2.7	13.2	3.2	0.2
울산	33.6	22.1	1.9	10.2	2.8	0.5
경기	27.7	16.7	2.0	14.7	4.8	0.1
창원	28.3	12.7	3.7	14.4	3.7	-
충북	28.5	16.3	3.4	14.1	2.7	0.3
충남	27.5	11.9	2.3	18.0	3.7	0.3
전북	27.3	13.5	2.9	15.0	2.7	0.4
전남	28.2	14.8	2.1	11.0	2.3	0.1
경북	34.2	11.3	2.3	14.8	4.8	-
경남	30.8	16.3	2.2	14.5	2.2	0.2
제주	33.8	14.7	1.4	13.5	3.4	-

• 자료: http://kosis.nso.go.kr, 사회통계조사 '본인의 노후준비방법(가구주) - 주된 응답', 2002.

3. 노인소득보장정책

1) 한국노인의 경제적 실태

우리나라에 있어서 노인빈곤의 특징은 선진국과는 달리 상대적이라기보다 절대적 빈곤이 압도적이며, 이러한 현상은 산업화의 진전에 따라 가정에서나 사회에서 노인 지위하락 과정이 진행됨에 따라 더욱 심화되는 경향을 나타내고 있다. 이제 노령은 빈곤의 주요 원인 중의 하나로 등장하였으며 현재 노인은 우리나라 빈곤층을 구성하는 주요 계층이 되었다.

1997년 서울시의 조사에 의하면 노인 복지욕구 우선순위에서 복지욕구가 가장 높은 것은 노후생활보장(44.9%), 노인복지시설 확대(22.5%), 의료서비스개선(21.5%) 순이었고 월평균 개인수입은 10만 원 이하가 30.8%였고, 과반수는 30만 원 이하였다.

2000년 부산시 조사에 의하면(부산시 거주 노인 1,052명) 한 달 평균수입은 30만 원 미만이 대부분을 차지하였고 그 중에는 10만 원 미만도 69.1%를 차지하였다.

노인이 빈곤하다는 것은 산업화된 사회에서 공통된 현상이다. 그러나 우리나라 노인빈곤은 노인빈곤의 성격이 절대적 빈곤이 압도적이라는 데 문제가 있다.

2) 노인소득보장체계의 구성

소득보장은 각종의 사회적 위험에 의하여 소득원이 상실되었을 때 상실된 소득의 일부 혹은 전부를 보상하여 주는 것이라 정의할 수 있다. 이와 같은 소득보장제도중 노인소득보장제도는 '노령'이라는 소득상실위험에 대비한 소득보장제도를 총칭하여 지칭하는 것이다. 소득보장제도로서 대표적인 제도가 연금제도이며, 특별히 노인을 대상으로 하는 것은 아니지만, 빈곤선 이하에 놓여 있는 노령계층에게 지급되는 공공부조, 그리고 국가에 따라 노인수당제도를 운영하기도 한다.

우리나라 공적노인소득보장제도에는 사회보험형태의 공적연금제도가 있다. 공적연금제도에는 일반국민을 대상으로 하는 국민연금제도와 특수직역종사자를 대상으로 하는 공무원연금, 사립학교교직원연금, 군인연금 등 특수직역 연금제도가 도입 · 실시되고 있다.

공공부조제도로는 2000년 10월부터 저소득층 노인을 대상으로 한 경로연금제도를 도입 실시하고 있는데, 경로연금은 노령으로 국민연금 적용에서 제외된 노령계층을 위한 무갹출 연금의 성격과 공공부조를 수급하는 노령계층의 추가생활비 소용에 대한 부가급여로서의 성격을 동시에 가지고 있다.

또한 우리나라의 사적 소득보장제도로는 각 기업의 책임 하에 근로기준법 및 기업내규에 준하여 지급하는 법정 퇴직금 제도가 있으며, 개인적으로는 1994년부터 세제혜택을 제공하는 개인연금제도가 운영되고 있으며 각종 저축, 보험 상품이 있다. 그러나 노인소득구성원에서 살펴보면 현재 우리나라 노인의 소득원은 자녀로부터의 사적 이전소득 에 의존하는 비중이 매우 높다.

3) 현행 소득보장정책

소득보장제도는 노인의 생활을 보장하는 유일한 제도나 빈곤대책의 전부가 아니고 다른 사회복지영역과 상호보완적 관계를 맺고 있으며 임금정책, 조세정책, 노동정책, 기업복지정책과 역동적인 관계가 있다.

(1) 직접적 소득보장제도

① 국민연금과 특수직역연금의 사회보험
② 국민기초생활보장제도로 시행되는 공공부조
③ 교통수당과 같은 사회수당
④ 퇴직금, 개인연금 등과 같은 사적보장체계

(2) 간접적 소득보장제도

① 경로우대제 등의 비용 할인
② 노인취업알선센터, 노인공동작업장 등의 취업증진프로그램
③ 매점 설치 및 전매품 판매인 우선 지원
④ 상속세, 소득세 공제 등의 세제감면 혜택

〈표 4-3〉 **노인소득보장제도**

직접적 소득보장제도		간접적 소득보장제도	
방법	프로그램	방법	프로그램
사회보험	공무원연금(1960)	경로우대제도	공영시설 이용요금 할인(1980)
	군인연금(1963)		버스승차권지급(1990)
	사립학교교직원연금(1975)	고용증진	노인능력은행(1981)
	국민연금(1988)		노인공동작업장(1986)
	국민기초생활보장제도(2000)		고령자취업알선센터(1992)
공공부조	경로연금(1997)	생업지원	매점설치 우선 지원(1989)
	노인결연사업(1989)		
사회수당	노부모봉양수단(1986), 교통비		전매품 판매인 우선 지원(1989)
개인보장	퇴직금(1953)	세제감면	상속세 공제(1986)
	개인연금신탁 등		소득세 공제(1986)

(3) 연금제도

공적 연금은 소득감소 또는 상실을 초래하는 여러 가지 사회적 위험들 중 노령, 장애, 사망으로 발생하는 경제적 어려움에 대응하기 위한 사회대책이다. 현재 우리나라에서 실시되고 있는 공적 연금제도는 국민연금과 공무원연금, 군인연금, 사립학교교직원연금이라는 특수직역연금제도로 구분되며, 이들과는 성격을 달리하는 공적부조식 공적 연금제도인 경로연금제도가 있다.

(4) 공공부조제도

공공부조는 국민의 건강하고 문화적인 최저생활 보장을 목적으로 하며, 생활능력을 상실한 자들과 일정한 생활수준에 미달한 자들에 대하여 국가가 그들의 최저생활과 자립촉진을 목적으로 수립한 가장 직접적이며, 최종적인 경제적 보호제도이다(우리나라: 국민기초생활보장제도).

(5) 사회수당

사회수당은 국가가 조세로서 일정한 액수의 현금 또는 서비스를 제공하는 제도이다. 특정 인구집단(예: 65세 이상 또는 18세 미만)을 대상으로 보편주의적 기본원칙에 따라 급여를 지급하며, 경제적 비용효과보다는 사회적 통합효과를 중시하는 공공부조제도의 일부이다. 현재 우리나라의 노인복지제도에서 실시하고 있는 사회수당은 만 65세 이상의 노인들에게 지급되는 노인교통수당뿐이다. 현재 교통수당 이외에 공무원에게 노부모봉양수당으로 노인 1인당 월 15,000원이 지급되고 있으나, 국가조세가 재원이라는 점에서는 사회수당의 성격을 지니고 있지만, 공무원이라는 제한된 직종에만 지급된다는 점에서 보편주의적 원칙에서 벗어나 있는 점을 고려하면 엄격한 의미에서의 사회수당제도라고 하기는 어렵다. 개별 노인에게 지급되는 교통수당은 지역별 대중교통요금의 차이를 반영하기 위하여 지방자치단체의 예산으로 지급한다. 서울특별시의 경우에는 노인 1인당 분기별로 36,000원의 교통수당을 지급하고 있으며, 경로연금 수급노인에 대해서는 42,000원을 지급하고 있다. 전라북도의 경우 월10,000원을 기준으로 시・도별로 1,100~2,800원까지 증액하여 지급할 수 있도록 하고 있다.

(6) 사적 소득보장체계

소득보장체계의 3층 구조이론에 의하면 개인연금이나 퇴직금, 개인저축 등의 사적 노후소득보장방법은 세 번째 단계에 해당한다. 현재 금융권에서는 노후생활자금을 목적으로 한 다양한 개인연금이나 개인저축상품을 판매하고 있으나, 구체적인 가입 현황은 파악되지 않고 있다. 그러나 노후생활을 위한 준비를 사전에 하는 중・장년층의 비율이 높지 않다는 점을 고려하면 가입비율은 높지 않을 것으로 전망된다.

퇴직금제도는 1953년부터 시행되었으며, 1993년 5인 이상 사업장의 의무적으로 적용하고 있다. 직종이나 기업체의 특성, 개인의 근무경력 등에 따라 매우 다양한데, 일반기업체에서 월평균 급여 200만 원을 받으면서 30년 근속한 근로자의 경우 근속년수 1년에 1월분 급여를 기준하여 6,000만 원 정도의 퇴직금을 수령하는 것으로 알려지고 있다. 이러한 퇴직금제도는 실직자의 생계안정과 퇴직자의 노후 소득원으로 기능을 담당해 왔으나, 퇴직시 일시금으로 지급되어 대부분 생활비용으로 충당, 노후 소득원으로 활용되지 못하고 있는 실정이다. 이러한 문제점을 인식한 노동부에서는 퇴직금제도를 퇴직연금제도로 전환하기 위하여 별도의 실무팀을 구성하여 퇴직연금제도의 조입방안을 마련하였다.

(7) 경로우대제도 및 각종 감면혜택

경로우대제도는 노인의 지출을 경감시켜 노인의 소득을 보전해 주는 제도로서, 노인복지법이 제정되기 이전인 1980년 5월부터 공공부문과 민간부문을 포함한 8개 업종에서 70세 이상을 대상으로 실시하였다. 그러나 시행 10년이 채 안된 1989년 6월에 민간부문의 경로우대제도는 폐지되고, 현재는 공공부문의 경로우대제도만 실시되고 있으며, 민간부문의 경로우대제도는 업종이나 업체의 자발적 참여에 따르고 있다. 이러한 공영 경로우대제도의 주요 내용을 살펴보면, 철도의 경우 통근열차는 50%, 무궁화호, 새마을호, 그리고 KIX는 요금의 30%를 할인해 주고 있다. 수도권 전철과 도시철도의 운임, 고궁, 능원, 국・국립공원 및 국・공립 미술관의 입장료는 100%로 할인되며, 국공립국악원의 입장료는 50%이상 할인된다.

민간부문의 경로우대제를 살펴보면, 국내 항공기 운임의 10%, 국내 여객선 운임의 20%를 할인해 주고 있으며, 목욕이나 이발 등 관련 업체에서는 자율적으로 경로우대제를 실시하고 있다. 노인을 부양하는 가족들의 세금부담을 경감함으로써 간접적 소득보장효과를 갖게 되는 세금감면제도를 살펴보면, 상속세 및 증여세법 제20조에 의거하여 60세 이상의 자에 대하여 1인당 3천만 원씩 상속세를 공제해 주고 있다. 소득세법에 의거하여 직계존속 노인 1인당 부양가족공제 연간 100만 원, 65세 이상의 노인과 생계를 같이 하는 자에 대해서는 노인 1인당 연간 100만 원의 경로우대공제를 해주는 등의 소득세 공제제도를 실시하고 있다. 그리고 부모와 자녀가 각각 주택을 소유하고 따로 살다가 세대를 합친 경우 양도소득세를 면제해 주고 있으며, 조세특례제한법에 의거하여 65세 이상 노인 1인당 2천만 원 이하의 생계형 저축에 대한 이자소득 또는 배당 소득에 대해 비과세하는 혜택을 부여하고 있다.

이외에 노인복지시설에 입소되어 보호받고 있는 노인과 지역사회주민, 기업체,

공공단체 및 각종 사회단체 등과 결연을 맺어 후원금 지원, 초청, 방문, 위문 등 노인에게 정서적 안정을 주고 경로사상을 고취하기 위한 목적으로 노인결연사업을 실시하고 있다. 후원금은 1계좌 1만 원을 기준으로 하고, 한국노인복지시설협회에서 사업을 담당하고 있으며, 후원금액의 70%는 결연노인이 사용하고, 30%는 시설입소자의 특별영양급식비, 체육행사비로 공동 사용할 수 있게 하고 있다.

4. 선진국 노후소득보장제도의 유형

1) 노인소득보장제도의 유형

OECD 회원국 23개국의 노후소득보장제도를 살펴보면 다음에서 나타나는 바와 같이 사회보험방식에 의한 노령연금제도를 채택하고 연금보험에 공공부조를 보충하여 소득보장기능을 강화하고 있는 것이 대부분이지만, 사회수당방식을 기본적 제도로 하고 여기에 보험방식[1])을 연계시키는 나라도 있다.

OECD 회원국의 노인소득보장제도의 비교를 통하여 나타나는 주요 특징은 다음과 같다.

첫째, 사회보험제도가 노인소득보장제도의 근간을 이루고 있다. 대부분의 국가(21개국)가 사회보험제도를 실시하고 있으며, 이중 독일 등 10개국은 사회보험제도가 노인을 위한 유일한 공공소득보장제도인 반면 , 영국 등 9개국은 사회보험을 근간으로 하면서 저소득층 노인을 위한 사회부조를 보충적으로 실시하고 있다.

둘째, 미국 등 13개국이 노인들을 위한 사회부조정책을 실시하고 있으며 대부분이 사회보험과 함께 실시되고 있어서 노인들을 위한 소득보장이 사회보험을 근간으로 하면서 저소득층 노인들을 위한 사회부조정책이 보충적으로 실시되고 있음을 볼 수 있다.

셋째, 일정 연령 이상의 노인들에게 법적인 권리로서 수당을 지급하고 있는 국가

1) 1) 사회보장운영방식에 따라 지급연령이 차이가 있는 국가, 2) 자녀수에 따라 다름, 3) 후생연금의 경우, 4) 38년간 기여한 경우에 한함, 5) 노령인구 비율은 UN Economic & Social Affairs(1998), World population prospectus: The revision 1996, 6) 한국의 사회보장비를 KDI는 5.4%로 추계함(2000. 10).

는 3개국(캐나다, 덴마크, 뉴질랜드)에 불과하다. 이는 수당이 사회적 통합효과를 우선시하는 정책이기 때문에 수당을 도입하는 데는 국가의 재정상태와 국가정책의 우선순위에 대한 판단이 중요하게 작용하기 때문이다. 캐나다와 덴마크는 수당과 더불어 사회보험, 사회부조방식을 실시하고 있는 복합형의 정책을 펴고 있다. 즉, 노인 모두에게 일정액의 수당을 지급하여 기초소득을 보장해 주고, 평생 동안의 노동에 기초하여 제공되는 연금으로 소득수준을 향상시켜 주는 방식을 택하고 있는 것이다. 더불어, 연금수준이 매우 낮거나 없어서 수당만으로 생활해야 하는 노인들을 위한 사회보조가 제공되고 있다. 반면, 뉴질랜드는 사회보험을 실시하지 않고 수당을 근간으로 하면서 저소득 노인들을 위한 사회부조를 실시하고 있다. 노인들에게 일정수준의 소득을 사회통합의 차원에서 보상함과 더불어 저소득층에게 부족액을 지급하고 있다.

넷째, 오스트레일리아, 프랑스, 스위스 3개국은 공적인 노인소득보장제도는 아니지만 강제적으로 사보험을 들도록 하여 노후의 소득을 확보할 수 있게 하는 정책을 펴고 있다. 프랑스의 경우는 사회보험, 사회부조와 더불어 강제 사보험을 실시하고 있다. 반면 오스트레일리아는 공적인 노인소득보장은 시장에 맡기고 저소득층 노인을 위한 소득보장정책에만 정부가 관여를 하고 있다. 한편 스위스는 사회보험과 강제 사보험만이 실시되고 있어서 상대적으로 저소득층 노인을 위한 특별한 고려가 없는 국가이다.

2) 미국의 노인소득보장제도

미국의 공적연금제도인 OASDI(Old Age, Survivors and Disability Insurance)는 가장 규모가 큰 연방단위의 사회보장 프로그램으로서 미국 사회보장제도의 근간을 이루고 있다. 대부분의 사회복지서비스와 실업보험, 산재보험 등이 기업단위 혹은 지방정부 단위로 제공되고 있으며, 공적 의료보험체계가 발달되어 있지 못한 상태에서 OASDI는 공적 사회보장제도의 유일한 보루라고 할 수 있다. 미국의 OASDI는 여러 차례 개혁을 통해 상당한 기간 동안 건실한 재정 상태를 유지하였으나, 전후 베이비붐 세대의 노령화에 의한 연금 수급자의 급증과 출산율 저하에 의한 보험수입 감소가 예상됨에 따라서 제도개혁에 대한 논의가 이루어지고 있다.

(1) 대상자 및 보험료

OASDI는 소득요건에 관계없이 전 국민을 대상으로 하는 것이 아니라, 일정한 소득이 있는 피용자와 자영자만을 대상으로 하고 있다. 이러한 소득요건을 충족하지 못한 사람은 소득부조로 별도로 구제를 받는다. 미국의 OASDI는 사업장 가입자가 소득의 6.2%, 사용자가 6.2%를 각각 납부하고 자영자는 12.4%를 납부하며, 사회보장세로서 국세청에서 징수한다.

OASDI는 기본적으로 부과방식을 채택하고 있기 때문에 당해 년에 수급권자에게 지급되는 연금을 당해연도의 사회보장 수입금으로 충당하지만, 1983년 사회보장법 개정에서 고소득자의 경우 사회보장 연금액의 절반에 소득세를 부과하여 OASDI 신탁기금으로 활용하는 점에서 완전한 부과방식이 아닌 수정부과방식이라고 할 수 있다. 노령연금은 일정액 이상의 근로소득이 있고, 10년 이상 가입한 사람이 퇴직하여 지급개시 연령인 65세(2004년 이후 2027년 까지 67세로 연장)에 달했을 때에 지급된다. 이 때 급여액은 가입기간 중 평균소득에 기초하여 산정되는데, 이 때 소득이 가장 낮았던 5년간의 소득은 제외된다.

(2) 급여수준

노령연금의 급여 산정은 먼저 수급자의 평균소득을 재평가하는 일에서부터 시작된다. 평균 월소득 재평가는 가입자의 소득평가 대상인 매년도의 평균 월소득에 62세가 되기 2년 전 전국 평균임금과 평가대상 매년도의 전국 평균임금의 비율을 곱하여 산정한다. 그 다음에 평균 월소득 재평가에 소득수준별로 일정한 비율을 적용하여 기본급여액을 산정한다.

(3) 전달체계

미국 보건복지부에서 OASDI를 관장하고 있으며, 사회보장세의 징수는 국세청에서 담당하고, 급여의 지급과 송달은 재무부에서 그리고 기금의 관리와 투자는 재무부장관이 위원장인 기금운영위원에서 담당한다. 미국 보건복지부 산하에 사회보장청이 OASDI 프로그램의 관리를 맡고 있다. 그리고 사회보장자문위원회는 OASDI를 전반적으로 검토하여 가입자격, 급여의 적절성, 기타 사회보험이나 공적부조에의 영향 등을 자문한다. 사회보장청 중앙본부는 연금가입자의 임금이나 소득에 대한 기록을 비치하고 급여를 계산하고 결정하는 일을 한다. 지역 지부는 사회보장사무소의 일을 관장하며, 사회보장사무소는 연금가입자가 평생 동안 가지고 다니는 사회보장번호를 발급하고, 임금이나 소득에 대한 기록을 검사하며, 급여신청서를 접수하고 수혜자격을 심사하기 위한 증빙자료를 수집하며, 퇴직이나 유족연금 신청에 대한 심사를 하며, 급여수준을 결정하는 데 도움을 주며, 사회보장제도에 대한 정보를 제공하고, 장애에 대한 심사를 하여 장애 여부를 결정하는 등의 업무를 하고 있다. 사회보장청은 또한 프로그램 서비스센터를 운영하는데 이는 연금 수급권자에 대한 기록을 비치하고, 자격요건을 심사하며, 수급권과 급여액을 바르게 결정한다. 그리고 급여액이 맞게 책정되었는지를 검사하고, 수급권과 급여액이 바르게 결정되었다고 인정되는 수급권자에 대해 재무부에 급여를 지급하도록 요청하고, 수급권자에게는 그에 대한 결정사항을 알려주는 일을 하고 있다.

(4) 제도 개혁방향

인구구조상의 노령인구의 증가와 제2차 세계대전 이후 출생한 베이비붐 세대로 인하여 연금수급자의 급증을 초래하게 될 것이라고 예상되어 사회보장기금의 축소가 문제가 되고 있다. 미국의 연금제도를 둘러싼 쟁점 역시 다른 국가와 마찬가지로 연금 재정위기에 대한 위기의식이 그 중심이다. 그래서 연금 재정위기를 해결하기 위한 사회보장개혁안이 1996년 사회보장자문위원회에 의해서 제시되었다.

3) 일본의 노인소득보장제도

제2차 세계대전 중인 1941년에 일반국민을 대상으로 하는 후생연금법이 제정되었고, 그 후 1961년에 자영업자를 위한 연금제도로서 국민연금법이 제정되었다. 1986년에는 기초연금인 국민연금을 피용자, 전업주부 등 전 국민에게 적용하는 연금제도로 전환하고, 후생연금은 피용자에게 부가적인 급여를 지급하는 제도로 하는 2층 연금체계가 확립된다. 1989년에 연금제도에 있어서 완전 슬라이드제가 도입되었고, 국민연금기금제도가 창설되었다. 이것은 자영업자 등 국민연금 제1호 피보험자를 대상으로 이들의 노후소득보장을 위한 임의보험이었다. 1994년에 부분연금제도를 도입하여 연금개시 연령을 60세에서 65세로 단계적으로 인상하여 60~64세까지는 정액부분을 지급하지 않고 보수 비례 부분만 지급하였다. 다른 선진국보다 늦게 일반연금제도를 도입하였지만 현재 일본의 연금제도는 국민생활에 있어서는 필수적인 제도로 정착되고 있다. 고령자 세대의 총수입 중 58%가 연금수입이며, 이들의 절반 이상이 생계를 전적으로 연금 수입에 의존하고 있다는 것이다. 일본의 공적연금체계는 크게 3층으로 구성되어 있다. 전 국민을 대상으로 하는 1층 부분은 국민연금으로 피용자의 배우자, 자영업자 등이 가입되어 있다. 2층 부분은 후생연금, 공제조합, 국민연금기금 등으로서 수입이 있는 집단을 대상으로 하며, 그 위에 후생연금기금과 적격퇴직연금을 덧붙인 복잡한 형태를 나타내고 있다.

국민연금 가입대상은 국내에 거주하는 20세 이상 60세 미만인 자로서 국민연금제도의 가입자는 1호 피보험자(자영자, 농민), 2호 피보험자(민간부문 피용자, 공무원 등), 3호 피보험자(2호 피보험자의 피부양 배우자)로 구분된다. 이들의 보험료는 소득에 비례하는데 노사가 절반씩 부담하도록 되어 있다. 정부는 과거의 국민연금제도에서와 마찬가지로 기초연금 급여지출의 1/3과 관리운영비를 부담하도록 되어 있다. 결국 기초연금에 소요되는 비용은 첫째, 국민연금 보험료, 둘째, 후생연금 보험자 및 공제조합에서의 갹출금, 셋째, 정부의 국고부담 등의 3가지 경로로 조달되고 있다. 한편 국민연금제도는 실업자 등과 같이 소득이 없이 일시적으로 보험료를 납부하기가 곤란한 경우에 대해서는 보험료 면제조치를 계속 유지하고 있다. 노령기초연금을 받기 위해서는 보험료 납부 기간이 25년 이상이 되어야 하며, 최소한 60세에 도달하여야 한다. 이때 60세에서 64세 사이에 급여를 받는 경우에는 감액연금급여를 받도록 되어 있다. 최근 서구 선진국 노인의 소득보장 관련한 추세는 공적부양과 사적부양의 역할분담이다. 이것은 생산력의 발전이 정체된 상태에서 사회적 부담을 급격하게 증대시키는 '인구고령화' 현상에 직면하여 지속 가능한 발전을 위해 불가피한 선택이라 할 수 있다. 그러나 산업사회에서 노령계층의 소득보장에 있어서 주축은 어디까지나 공적소득보장이 되어야 한다. 앞으로 우리가 고령화사회를 맞이하여 지속가능한 연금제도의 마련을 위해서는 공·사 연금제도의 역할 분담이 중요하다.

5. 노인소득보장정책의 문제점과 개선방안

1) 노인소득보장정책의 문제점

현재의 제도로는 안정된 노후 경제생활을 보장하는 데 한계를 가지고 있다. 현행 노후소득보장제도의 문제점과 그 개선을 위한 과제를 제시해 보면 다음과 같다.

첫째, 공적 노후소득보장의 역할이 미흡하다. 국민연금제도의 미성숙으로 인하여 사회보험이나 공공부조제도를 통하여 노후 소득 지원을 받는 노인은 41% 정도에 불과하며, 국민연금이 본격적으로 시행되는 2010년에도 절반정도의 노인들이 공적 소득보장제도의 급여를 받지 못할 것으로 추계되고 있다. 이러한 문제를 해결하기 위해서는 조세방식의 기초연금제도를 도입하여 다층체계의 노후소득보장체계를 구축하여야 하며, 노인층을 위한 별도의 공공부조제도를 마련하거나 경로연금제도를 확충하는 방안이 모색되어야 한다.

둘째, 국민연금제도의 지속가능성과 안정적인 노후소득보장 가능성과 관련된 문제점이다. 현재 국민연금 재정이 불안하다 할 수 있다. 현행의 저부담-고급여체계의 국민연금제도가 지속될 경우, 2036년부터 국민연금 기금은 단기적자를 기록하기 시작하여 2047년에는 기금이 고갈될 것으로 예측되고 있어, 국민연금의 지속가능성에 의문이 제기되고 있다. 이를 고려하여 고부담-저급여로의 연금제도 개편을 추진하고 있으나, 계속 실패하고 있어 문제는 더욱 심화되고 있다. 그리고 국민연금에 지속적으로 가입하더라도 노령연금 급여액의 수준이 노후의 생계비 보장에는 한계가 있는 상황이다. 이러한 문제를 해결하기 위해서는 연금의 지속가능성과 안정적 노후소득보장 가능성이라고 하는 두 가지 과제를 동시에 풀어야 하지만 현실적으로 그 방법이 없는 실정이다. 따라서 현행 국민연금제도의 연금 급여율을 점진적으로 낮추어 가면서 보험료는 점진적으로 인상하는 제도적 개혁이 이루어져야 가장 기본적인 노후소득보장제도인 국민연금제도의 유지가 가능해질 것이다.

셋째, 국민기초생활보장제도의 급여를 받지 못하는 차상위계층의 보호문제와 생계급여가 최저생계를 보장하는 데 있다. 현재 국민기초생활보장제도와 국민연금제도 모두에서 급여자격을 갖지 못하는 차상위계층의 경우 공적 소득보장제도의 사각지대에 머물러 있다. 실질적인 최저생계비 보장에는 한계가 있다. 이러한 문제점을 해결하기 위해서는 국민기초생활보장제도의 수급기준을 완화하고 기초연금제도를 도입·실시하여야 하며, 생계급여수준을 지속적으로 상향 조정해야 한다.

넷째, 간접적 소득보장제도의 보조수준이 취약하다. 현재 실시되고 있는 경로우대제도는 고급 문화활동에 대한 할인제도가 없고 할인을 받을 수 있는 업종이 매우 제한되어 있다. 그리고 상속세, 양도세, 소득세 감면혜택은 실질적인 노후소득보장제도로서의 기능이 매우 미약하다. 따라서 앞으로 경로우대제도의 할인업종과 할인율을 더욱 확대하고 각종 세제감면 혜택의 폭을 확대해야 하며, 노부모 봉양수당을 민간기업에서도 도입할 수 있도록 적극 유도해야 한다.

다섯째, 사적 노후소득보장을 위한 노력이 미흡하다. 공적 노후소득보장제도가 제 역할을 못함에도 불구하고 개인적인 차원에서 노후 경제생활을 사전에 준비하지 않고 있는 중·장년층이 절반 정도에 이르고 있어, 노후 경제생활의 어려움은 더욱 가중될 것으로 전망된다. 이러한 문제점을 해결하기 위해서는 기업복지 차원에서의 퇴직연금제도의 도입, 개인연금이나 개인저축을 활성화할 수 있는 방안을 적극적으로 모색해야 한다.

2) 노인소득보장정책 개선방안

(1) 적용대상의 확대

우리나라의 인구고령화 현상과 가족구조의 변화로 인한 노인부양의식의 약화 등으로 고령세대의 노후소득보장이 사회복지적 차원에서 문제로 대두되고 있는 시점에서 국민연금은 고령사회를 대비한 노후 소득보장정책으로서 중추적 역할을 담당하고 있다. 미래 고령사회에서 노인세대가 안정적인 노후생활을 영위하기 위해서는 국민연금의 혜택이 실질적으로 노인세대에게 도움이 되어야 된다고 본다.

1999년 4월에 전국민연금시대가 도래하였으나, 1988년제도 시행 당시에 노년층에 이미 도달한 계층을 적용대상에 포함하지 못했기 때문에 이들에 대한 소득보장이 이루어지지 못하고 있는 등 국민연금의 적용을 받지 못하는 대상이 존재하고 있는 것이다. 현행의 국민연금제도는 18세 이상 60세 미만의 사람을 대상으로 하고 있기 때문에 18세 이하 그리고 60세 이상의 노동시장 참여자들을 국민연금 적용대상으로 포함하고 있지 않다. 이는 외국의 경우와 비교하여 볼 때에 상대적으로 국민연금의 적용대상의 연령 폭이 좁은 것으로 나타나고 있다. 외국의 경우 대부분의 국가에서 65세 이하의 연령층을 국민연금의 대상으로 포함하고 있거나 16~65세의 연령층을 가입대상으로 하고 있다. 현행 국민연금제도가 18세 이상 60세 미만의 사람을 가입대상으로 하고 있는 이유는 노령연금의 지급개시 연령을 60세로 낮게 책정하고 있다. 또한 국민연금 가입자의 68% 이상을 차지하는 사업장 가입자들의 경우에 60세 이상 고용되는 경우가 적기 때문인 것으로 판단할 수 있다. 따라서 다른 선진국가의 경우에서처럼 적용대상의 연령 상한선을 65세로 상향조정하여 고령근로를 장려하고 적용대상의 확대를 통하여 실질적인 노후소득보장이 될 수 있도록 하는 것이 필요하다고 본다. 전업주부나 일부 배우자와 같이 함께 협업에 종사하는 여성들은 국민연금의 의무 적용대상에서 제외되어 있어 이들에 대한 소득보장 등의 대책이 다소 미흡하다는 문제점이 있다. 특히 이러한 여성들이 이혼을 하거나 사별 후 재혼을 할 경우 연금수급권을 가질 수 없기 때문에 안정된 생활을 영위하기 어렵게 될 수 있다. 이러한 경우에 다른 선진국에서는 이혼 시 배우자의 가입기간 또는 연금액을 상대방에게 분할하여 주거나 배우자 사망 시에는 이혼한 처에게도 유족연금을 지급하는 제도를 운영하고 있다.

연금분할제도가 이혼을 한 전업주부의 노후소득보장 장치의 역할을 하고 있다. 그런데 그 분할연금 지급 기준시점을 60세로 정하고 있다. 그러나 이를 이혼의 결정 등 사유 발생 이후 즉시 분할연금이 지급되도록 하는 법 개정 절차가 필요하다고 본다. 그렇게 되어야 이혼 등으로 인한 여성들의 경제적 어려움을 완화해 줄 수 있고 안정된 생활을 영위해 나갈 수 있도록 하여 줄 것이라고 생각한다.

이혼한 배우자의 분할연금에 대해서 재산권적 성격을 인정하여 자신의 노령연금과 함께 받을 수 있도록 하는 것이 필요하다고 본다. 여성의 평균수명 연장 및 독거여성노인의 증가 등 고령사회의 현실을 반영하여 여성의 연금수급권을 강화함으로써 국민연금의 노후소득보장 기능이 강화되는 것이 중요하다고 본다. 국민연금 적용대상에서 대학생은 국민연금 의무 가입대상에서 제외되고 있는데, 20대의 활기찬 대학생들이 자신들이 재학 중인 학교를 기준으로 지역 가입되도록 함으로써 자신들의 미래를 스스로 만들어 나가는 교육적 차원의 공적연금제도가 되도록 하는 것이 필요하다고 본다.

(2) 급여의 적절성

국민연금은 낮은 보험료율로 급여를 제공하는 '저부담, 고급여' 구조로 인하여 재정이 장기적으로 불안정해 질뿐만 아니라 소득이 낮을수록 수익비가 높도록 설계가 된 재정구조로 인한 소득하향신고를 구조적으로 초래할 수밖에 없다고 하는 지적을 받고 있다. 게다가 재정 불안정으로 미래 세대의 부담이 급증해짐에 따라 세대 간 부담 전가가 발생하고, 지역가입자의 경우 개인이 전액 부담해야 하는 높은 보험료율로 인하여 가입 및 소득신고 회피 등으로 제도가 유지되기 어려우므로 현행 급여수준을 대폭 축소하여 보험료율을 부담 가능한 수준에서 유지될 수 있도록 구조 개선을 하여야 한다는 의견이 제시되고 있다.

국민연금제도가 최소한의 노인빈곤 예방기능을 실효성 있게 실행하도록 하기 위해서는 30년 가입기준 소득 대체율이 40~45% 수준은 되어야 한다. 통상적으로 개인이 연금에 가입할 수 있는 기간이 30년이라고 볼 때에 공적연금이 40%, 퇴직금 또는 기업연금이 20% 내외, 개인연금 등 개별저축이 10% 내외로 퇴직 전 소득의 70% 수준을 보장해야 노후빈곤 예방 및 기본적인 생활수준의 유지가 가능한 것으로 보기 때문이다. 게다가 우리나라에서는 기업연금, 개인연금 등 사적보장체제가 보편화되어 있지 않고, 가족구조의 변화 등으로 노인부양의식이 약화되고 있는 상황 등을 고려하여 볼 때에 이를 보완하기 위해서라도 현재 국민연금의 급여수준을 유지하는 것이 필요하다고 생각된다. 현재의 급여수준은 공적연금제도로서의 기능 보장 등을 파악하여 국민연금의 수급부담구조의 조정은 장기적으로 연구되어야 할 사안이라고 본다.

우리나라의 인구구조의 고령화 및 '저부담, 고급여'구조에 따른 재정 불안정의 문제를 해결하기 위해서는 '적정부담, 적정급여' 구조로의 이행이 필요하다고 본다. 그러나 국민연금제도를 잘 이해하지 못하고 있는 일반 국민들을 대상으로 한 제도의 잦은 개선이 국민연금제도 자체에 대한 신뢰 상실을 초래할 수 있다는 점을 인지하는 것이 필요하다고 본다. 그래서 이러한 문제의식을 바탕으로 재정계산제도를 실질적이고 효과적으로 이용하여 가능한 빠르게 재정 안정성, 급여 및 부담의 적절성을 충족하는 '적정부담, 적정급여' 구조로 이행하는 것이 필요하다고 본다.

보험료율을 현행 9%에서 2010년부터 매년 5년마다 1.38%씩 조정하여 2030년에 15.90%까지 인상되는 것이 필요하다고 보고, 소득 대체율을 현행 60%에서 2008년에 50%로 인하되고 2005년~2007년까지는 55%를 적용하는 것이 필요하다고 본다. 수급자 및 가입자의 기존 가입기간에 대해서는 기득권을 보장해 주어야 한다. 그리고 소득에 따른 적정부담이 가능하도록 보험료 부과기준의 상・하한선을 조정하는 것도 필요하다고 본다. 2070년(노령부양비 안정화단계)까지 국민연금 재정을 안정화하여 연금수급에 대한 국민 불안감을 덜어주는 것이 필요하고, 본격적인 노령연금수급 시기인 2008년 이후에는 보험료를 인상하기가 더욱 어려울 것으로 보이기 때문에 보험료율 인상에 대하여 국민들이 예측하고 이해할 수 있도록 하는 방안이 마련되는 것이 필요하다고 본다. 그리고 이를 위해서는 일반 국민들에 대해서 국민연금제도에 대한 홍보 및 교육을 지속하는 것이 필요하다. 이와 더불어 다양한 이해 집단, 즉 노동단체, 사용자단체, 학계, 언론인, 정치인 ,정부 관련부처 공무원들이 국민연금제도를 명확하게 이해할 수 있도록 교육 및 상호 의견 교환의 가치를 가지는 것이 필요하다고 보며, 이러한 노력은 실질적인 노후소득보장체계의 확립을 위하여 필요한 이해관계자들의 광범위하고도 적극적인 이해와 지지를 확보하는 데 있어서 매우 중요하다고 생각된다.

(3) 적립기금의 효과적 운용과 연금부담의 형평성

기금운용의 기본은 경제성장에 기여하며 장기적이고 안정적인 투자 수익을 확보하는 것이다. 국민연금은 기업연금이나 개인연금 등 다른 기금과는 달리 자산/부채 종합관리방식에 의한 목표수익률 산정에 어려움이 있으나, 급여 지급률, 보험료율 등의 제도적 측면을 고려할 때에 기금운용의 목표는 마땅히 현 기금자산의 미래 가치 유지 및 증식을 통한 연금기금의 장기적인 재정안정에 있다고 하겠다. 인구고령화로 인한 부양비의 증가 등으로 인한, 2030년 이후 예상되는 국민연금제도의 재정 불안정은 기본적으로 제도 도입 초기의 '저부담, 고급여'의 급여계산에 그 원인이 있는 것으로 보인다. 그래서 연금제도의 안정적인 발전을 위하여 효율적인 기금운용을 통한 기금의 실질적인 가치 유지와 증대가 매우 중대한 문제로 인식되고 있다. 앞으로 2030년까지 상당한 규모의 기금이 적립될 것으로 보이는 연금기금의 효율적인 운용은 국내 자본축척 및 경제성장에 대우 큰 영향을 미쳐 우리나라 경제발전에 중대한 기여를 함과 동시에 큰 역할을 감당할 것으로 보인다. 기금운용과 관련하여 제기되는 문제점에는 공공부문 투자과다, 예탁증서 발행을 통한 공공부문 차입, 금융부문 기금운영 시 투자 전문성 부족, 기금운용의 투명성 부족 등이 있다고 본다.

국민연금을 비롯한 각종 연기금의 여유자금을 공공자금으로 강제 예탁하도록 규정한 '공공자금관리법'에 의한 공공부문 투자과다가 문제점으로 지적되고 있다. 그리고 '공공자금관리법'에 의한 국민연금 차입 시 국채발행이 아닌 예탁증서를 통한 차입방식에 대해서도 비판이 제기되고 있다. 국민연금기금의 효율적 운용을 위한 투자전문성 확보 문제가 제기되고 있다. 이와 더불어 기금 사용 내역의 투명성 제고 및 기금운용 결과에 대한 일반 가입자들의 접근성도 문제가 되고 있다. 전문성과 대표성이 조화된 기금운용체계 개편에 있어서는 거대기금의 자산운용 및 위험관리 역량을 강화하기 위하여 「기금운용위원회」를 전문가 중심으로 상설화하고, 「기금운용본부」를 「국민연금기금운용공사」로 확대 개편하는 것이 필요하고, 「국민연금기금운용평가단」의 기능을 확대하여 중장기 전략적 자산분배 및 운용성과에 대한 평가방안이 마련되는 것이 필요하다고 본다. 국민연금기금은 장기적 안정성을 해치지 않는 범위 내에서 수익을 극대화하고 아울러 국민 경제적 측면도 고려해야 한다. 시장금리의 하락에 대응하기 위하여 SOC, 부동산 등 대체투자를 지속적으로 확대하고, 민간외부위탁을 점진적으로 확대하여 수익성을 향상시켜야 한다. 기금의 효율적인 운용을 위해서는 외부전문가를 기용하여 책임경영으로 투명성 확보, 수익성 극대화를 이루는 것이 무엇보다도 중요하다고 본다. 그리고 기금운용에 대한 평가기능을 강화하고 운용결과에 대한 평가가 심도 깊게 다루어져 앞으로의 기금운용에 피드백되어서 한층 더 내실 있는 기금운용이 이루어져야 된다고 본다. 투신운용사나 자산운용사 등 외부 전문 자금운용기관에 자금을 맡기는 아웃소싱의 확대나 주식투자의 확대 및 해외투자의 확대 등 연금기금운용에 있어서 확장적인 방안도 필요하다고 본다. 세계은행, 해외 자산운용사 등과의 연계 강화 및 장기적인 국민연금 위탁운용사를 선정하고 육성하는 것이 필요하다고 본다.

국민연금기금의 실질가치를 최대한 유지하고 국민 경제적 측면도 고려하는 '중장기 기금운용 Master Plan'을 수립하여, 노인복지시설, 공공의료사업, 공공임대주택사업, 서민주택사업, 서민주택 건설, SOC 확충, 중소기업육성 등 공공사업에 지속적으로 투자하고, 민간투자법 개정에 따라 도입되는 BTL 사업에 대하여는 적정수익 등이 보장되는 전제하에 개별사업별로 투자여부를 신중하게 검토하고 판단하여, 가입자 및 수급자를 위한 복지사업 기반을 조성하고, 10년 이상의 장기 국채 발생을 협의하고 국민연금기금이 이를 인수하는 방식으로 장기투자를 지향하는 것이 필요하다고 본다. 그리고 이러한 효율적인 기금운용을 위해서는 그 기초에 국민의 신뢰와 지지가 형성되어 있는 것이 가장 중요하다고 생각된다.

국민연금기금운용의 기본방향은 안정적 투자기반 하에 투자대상 다변화 추진을 바탕으로 기금운용 수익 증대와 기금운용 안정성 강화를 실현함으로써 기금운용의 장기적 안정성을 확보하는 것이라고 한다. 그 기금운용의 구체적이 방향은 다음과 같다.

첫째, 공공사업은 연금 재정의 장기적인 안정성, 수익성 등을 고려하여 필요한 경우에 실시한다.

둘째, 복지사업으로 복지타운 운영을 실시하되 복지타운 운영에 대한 운영 활성화 방안을 지속적으로 강구하고 이를 위한 시설 확충, 기능 보강 등을 사업추진계획에 반영한다.

셋째, 여유자금운용은 안정적인 투자기반 구축 하에 투자대상 다변화, 운용의 전문성 강화, 체계적인 위험관리 등으로 기금운용의 장기적인 안정성 확보에 주력한다.

2004년에 조성된 자금 59조 7,976억 원의 약 1.7%인 1조원을 SOC 투・융자, 부동산 간접상품 및 사모투자 관련 상품 등 대체투자 부문에 배정하였다. SOC 투・융자는 정부의 SOC 투자 활성화 정책과 시장 규모를 감안하여 2003년도에 대비 100%

증액된 것이다. 금융부문 수익률은 8.61%, 최근 3년간 연평균 수익률은 8.20%를 달성하여 전반적으로 시장에 비해서 우수한 운용성과를 보였고, 최근 3년간 수익률은 주식 부문이 채권부문보다 우수한 실적을 보였다. 기금관리기본법 개정과 관계없이 국민연금기금은 주식투자를 해오고 있으며, 2005년 2월 주식이 14조 1천억 원을 투자하고 있다. 운용자금 대비 주식투자 비중은 2003년 말 7.8%(9.1조 원), 2004년 말 9.4%(13.1조 원), 2005년 말에는 9.7%(15.9조 원)로 예상되어 점차적으로 증대되고 있다. 주식투자 비중을 크게 늘리는 것은 이해관계자간의 충분한 논의를 거쳐 사회적 합의를 통해 이루어져야 한다. 2004년 운용된 Master Plan 기획단에서는 주식투자 비중을 2009년 10.7%를 제시하였다.

2006년도 국민연금 규모는 총 70조 9,309억 원으로 연금급여 등 4조 7천여 억 원을 뺀 66조 1,537억 원이 여유 기금 규모이며, 국민연금은 이 중에서 국내주식에 5조원, SOC, 부동산, 사모투자와 같은 대체투자에 2조 원으로 구분하여 운용할 계획이다. 그리고 공공임대아파트, 노인시설, 보육시설 건립 등 복지사업은 신규 여유자금의 1%(6,615억 원) 이내에서 운영하기로 한다고 한다. 2005년도 기금운용계획 변경안의 주요 내용은 해외채권 위탁투자 규모를 축소하고 직접투자 규모를 확대하는 것을 그 내용으로 하고 있다. 국민연금의 기금 규모로 볼 때 기금의 효율적인 운용을 위한 보다 전문적인 관리 시스템을 구축하는 것이 필요하다고 본다. 국민연금은 그 기금 규모의 방대함으로 말미암아 국내 자금시장에 주도적인 영향을 미칠 수 있기 때문에, 국내 자금시장에 대해 수동적인 관점에서 운용원칙 및 전략을 유지하는 것 보다는 보다 장기적이며 거시경제적인 관점에서 기금운용정책을 펴나가야 할 것으로 본다.

국민연금제도가 도시지역 지역가입자에게도 확대 실시됨으로써 지역가입자의 소득파악 문제가 시급하다. 지역 가입자의 소득 신고율이 사업장 가입자에 비해 상대적으로 낮고, 일부 고소득 자영업자들이 불성실하게 소득을 신고함에 따라 가입자간 형평성 문제가 발생되고 있다. 자영자의 경우 소득파악이 정확하지 않아 사업장 가입자와의 소득역진분배 현상이 나타나고 있으며, 이는 도시지역으로의 연금확대 이후 더 심화되고 있으므로 정확한 도시지역 자영자에게 국민연금을 확대 적용하고 있는 상황에서 가장 큰 어려움은 이들 자영자에 대한 소득 평가자료가 불충분하여 소득이 드러나 보이지 않아 정확한 소득파악이 어렵다는 측면이 있다. 지역가입자의 신고소득은 사업가입자에 비해 낮은데 그 이유는 지역가입자 내에는 상당수의 임시직, 일용직 및 5인 미만 소규모 사업장 근로자, 농어업인 등 다양한 소득계층이 포함되어 있기 때문이다.

정부에서는 이를 극복하기 위해서 고소득 전문직에 대한 집중관리, 현금거래에 대한 과세포착 강화방안 등을 추진하고 있으며, 국민연금관리공단에서는 국세청, 국민건강보험공단으로부터 필요한 자료를 입수하고 활용하는 등의 노력을 기울이고 있다. 이러한 자영자 소득파악의 문제점을 개선하기 위하여 대통령 자문「빈부격차차별시정위원회」를 중심으로 '세원 투명성 제고전략'을 범정부적으로 추진 중에 있다.

이러한 문제를 해결하기 위해서는 농·어업인이나 도시지역 자영자들의 소득파악이 정확하게 이루어질 수 있도록 하는 과세체계를 구축하는 것이 중요하다고 본다. 즉, 소득파악과 관련하여 각종 소득활동관련 자료를 확보하고, 소득파악에 대한 지식과 기술을 가지고 있는 국세청과의 업무 협조가 필요하고 더 나아가 범정부적인 차원에서의 공동대책방안을 강구하는 것이 검토되어야 한다고 본다. 연금보험료 부담의 형평성을 실현함으로써 사업장 가입자와 지역 가입자간, 성실신고자와 불성실신고자간의 갈등을 방지하고 사회통합에도 기여할 수 있게 될 것이다.

■ 참고문헌

고수현 · 윤선오(2006). **새로운 노인복지론**. 양서원.

권중돈(2007). **노인복지론**. 학지사.

최성재 · 장인협(2002). **노인복지론**. 서울대 출판부.

5

노인장기요양보험

우리나라는 전세계에 유례가 없을 정도로 빠르게 고령화되어가고 있고(2008년 노인인구 전 인구대비 10%), 이에 따라 치매 · 중풍 등 수발을 필요로 하는 노인도 급속히 증가하는 추세이며, 핵가족화 · 여성의 사회참여 증가 등 현대 가족의 사회경제적 변화는 노인부양의 문제로 가정불화 및 해체로 이어져 심각한 사회문제로 등장하고 있다.

노인장기요양보험의 이러한 노인의 문제를 사회적 차원에서 해결하기 위한 정책으로 고령이나 노인성 질환 등의 사유로 일상생활을 혼자서 수행하기 어려운 노인 등에게 제공하는 신체활동 또는 가사활동지원 등의 장기요양급여에 관한 사항을 규정하여 노후의 건강증진 및 생활안정을 도모하고 그 가족의 부담을 덜어 줌으로써 국민의 삶의 질을 향상하도록 함을 목적으로 제정되었다.

노인장기요양보호제도 도입의 필요성과 타당성을 검토하기 위한 정부 차원의 본격적 논의는 2000년부터 시작되어 2006년 2월 노인수발보험법이 국무회의를 통과하였고, 2007년 4월 2일 명칭이 '노인장기요양보험'으로 바뀌어 국회를 통과하였다. 그동안 1, 2차 시범사업을 시행했으며 현재 3차 시범사업이 진행되고 있다.

점차 고령화되어가는 사회에서 노인장기요양보험은 노인의 부양문제를 국가가 사회적 차원에서 해결하려는 바람직한 제도임에 틀림없으나, 제도를 형성하고 채택하여 실행하는 과정에서 문제점이 드러나고 있다. 본장에서는 노인장기요양보험과 관련하여 제도의 도입과정, 형성과정을 살펴보고 대상, 급여, 전달체계, 재정과 관련하여 현황과 문제점을 살펴보고 이러한 문제점을 해결하기 위한 과제를 제시하고자 한다.

1. 노인장기요양보험 형성과정

1) 도입배경

노인장기요양보험의 도입이 필요하게 된 배경에는 여러 요인이 있다. 그 중 대표적인 것으로 고령화에 의한 노인인구의 증가, 핵가족화, 산업화에 다른 부양의식의 감소, 노인의 경제적 문제를 들 수 있다.

(1) 고령화에 의한 노인인구의 증가

노인요양보험의 도입이 필요하게 된 가장 큰 이유로 노인인구의 증가에 따라 만성질환 노인인구의 증가를 들 수 있으며, 좀 더 구체적으로 설명하자면 노인인구의 증가에 따라 치매·중풍 등 요양을 필요로 하는 노인이 급격하게 증가하고 있기 때문에 사회차원에서의 도움이 필요한 시점에 도달했기 때문이다.

우리나라 인구변화추이 <표 5-1>을 살펴보면 2008년 노인인구 5,021천 명으로, 전 인구대비 10.3%이며 2030년에는 11,899천 명(24.1%)로 증가하는 것으로 나타나고 있다. 특히 80세 이상 후기 고령노인인구가 1.7%(2008년)에서 5.5%(2030년)로 증가하는 것으로 예측되고 있는 것을 보면 노인인구의 증가는 새로운 사회문제의 출현임을 알 수 있다.

〈표 5-1〉 **연령별 · 연도별 인구변화 추이**(단위: 년, 천 명, %)

	2000	2005	2008	2010	2020	2030
총인구 (구성비)	47,008 (100.0)	48,294 (100.0)	48,877 (100.0)	49,220 (100.0)	49,956 (100.0)	49,320 (100.0)
0~14세 (구성비)	9,911 (21.1)	9,241 (19.1)	8,523 (17.4)	8,013 (16.3)	6,297 (12.6)	5,538 (11.2)
15~64세 (구성비)	33,702 (71.7)	34,671 (71.8)	46,445 (72.3)	35,852 (72.8)	35,838 (71.7)	31,892 (64.7)
65세+ (구성비)	3,395 (7.2)	4,383 (9.1)	5,021 (10.3)	5,354 (10.9)	7,821 (15.7)	11,899 (24.1)
80세+ (구성비)	483 (1.0)	678 (1.4)	840 (1.7)	969 (2.0)	1,877 (3.8)	2,711 (5.5)

• 자료: 통계청, 장래인구특별추계결과, '05. 1.

(2) 부양의식 감소

우리나라는 전통적인 유교사상으로 성장한 자식은 당연히 부모를 봉양해야 한다는 관념이 뿌리깊이 내재되어 있었다. 그러나 산업화와 핵가족화 되어가는 현대사회에서 부모를 부양한다는 것은 자식의 부담으로 작용하기 시작했고, 노인에 대한 방임, 학대, 노인 자살이 빈번히 발생하고, 장기간에 걸친 노인수발로 인한 스트레스는 급기야 가족체계를 파괴시키는 결과를 초래하는 등 다양한 사회문제로 등장하기 시작했다.

<표 5-2>를 살펴보면 수발자의 연령별 부모 수발에 대한 의식은 전적으로 가족이 책임져야 한다는 의식이 60세 이상에서 가장 높고 나이가 젊은층일수록 낮아지는 것을 확인할 수 있으며, 수발서비스 이용에 대한 의식은 젊은층일수록 높아짐을 알 수 있다.

〈표 5-2〉 수발자의 연령별 부모 수발에 대한 의식

특성	전적으로 가족	수발서비스 이용 가족수발	요양 시 노인요양 입소	수발필요 상태 시 노인요양원 입소	계
29세 이하	54.0	24.0	18.0	4.0	100.0
30~39세	54.4	17.6	24.8	3.2	100.0
40~49세	57.7	16.2	22.1	4.0	100.0
50~59세	61.1	10.3	24.0	4.6	100.0
60세 이상	67.4	10.1	17.6	4.9	100.0

• 자료: 정경희 외, 장기요양보호대상 노인의 수발실태 및 복지욕구, 2001.

(3) 노인의 경제적 문제

노인의 경제적 빈곤문제를 해결하기 위해 정부차원에서 꾸준한 노력을 시도했으나 미미한 효과에 그쳤고, 노인인구가 급증하고 사회가 고령화되면서 사회문제로 표면화되고 노인장기요양보험이 도입된 배경에 커다란 영향을 미쳤다.

노인의 소득원별 소득수준을 살펴보면 노인 개인의 소득수준이 20만 원 미만인 노인이 33.3%, 20~40만 원 미만이 32.0%, 40~60만 원 미만이 12.1%, 60~80만 원 미만이 6.8%, 80~100만 원 미만이 3.6%, 100만 원 이상 12.3%로 나타나, 노인 개인 소득이 40만 원 미만인 경우가 65.3%에 달하는 것으로 나타났다(정경희 외, 2005).

또한 <표 5-3>의 노인의 고령화로 인한 노인의료비 지출을 살펴보면 연령이 65세 이상의 노인비율 6.9%에 비해 진료비 총액의 비율이 17.7%로 매우 높음을 알수 있고 <표 5-4> 연령계층별 의료보험 이용과 진료비를 살펴보더라도 65세 미만(1인당 진료건수 14건, 총진료비 248천 원)보다 65세 이상의 노인들이 진료 건수(1인당 36건) 및 진료비(1인당 748천 원)가 급증하는 것을 볼 수 있다.

〈표 5-3〉 건강보험 적용인구와 진료비의 연령별 구성비(단위: %)

연령	적용인구	입원진료비	외래진료비	약국비용	진료비총액
계	100.0	100.0	100.0	100.0	100.0
65세 미만	93.1	75.7	86.1	81.2	82.3
65세 이상	6.9	24.3	13.9	18.8	17.7
65~69	2.9	9.0	6.1	8.1	7.3
70~74	1.8	7.0	4.1	5.5	5.2
75+	2.2	8.2	3.7	5.2	5.2

• 자료: 국민건강보험공단, 건강보험통계연보, 2001.

〈표 5-4〉 연령계층별 노인의 의료보험 이용과 진료비(단위: 천 원)

		65세 미만	65세 이상	(75세 이상)
연간 진료건수	입원(100인당)	8	24	(27)
	외래(1인당)	6	12	(10)
연간 1인당 진료비(천원)	입원	71	300	(314)
	외래	154	386	(320)
	약국	23	62	(53)
	총진료비	248	748	(687)

• 자료: 국민건강보험공단, 건강보험통계연보, 2000.

2) 노인장기요양보험 형성과정

정부는 2006년 2월 국무회의에서 2008년 7월부터 치매·중풍 등으로 일상생활을 혼자서 수행하기 어려운 노인에게 간병·수발과 시설입소 등의 공적 수발서비스를 제공하는 것을 주요 내용으로 하는 「노인수발보험법」을 통과시켰다.

노인장기요양보험법이 제정되기까지의 형성과정을 정리해 보면, 노인장기요양보험제도(노인요양보장제도)의 도입 필요성과 타당성을 검토하기 위한 정부 차원의 논의는 2000년부터 시작되었으며, 노인요양보장제도의 도입이 공식적으로 표면화된 것은 2001년 8·15 광복절경축사에서 대통령이 제시하면서부터였다. 그간의 추진경과는 다음과 같다.

〈표 5-5〉 노인장기요양보험 형성과정

날 짜	내 용
2000	ㅇ보건복지부 내「노인장기요양보호정책기획단」발족
2000. 2	ㅇ기획단에서 '노인장기요양보호종합대책 발표 ㅇ장기요양서비스의 개념 ㅇ장기요양 수요추계, 서비스공급모형, 인력·시설 기반구축 계획, 재정계획 등에 대한 기초적 검토
2000. 10	ㅇ 공청회 개최
2001	ㅇ실태조사와 기초연구 ㅇ장기요양대상 노인의 실태와 수요조사(전국실태조사) ㅇ장기요양대상 노인 추계, 필요인력 및 시설 추계 ㅇ장기요양보호 소요비용 추계와 요양보험제도 도입방안 제시 ㅇ노인의 일상생활 장애 정도의 표준화 및 판정기준 절차 연구 (노인병학회) ㅇ지역사회 중심의 재가치매노인 관리체계에 관한 연구
2001. 8. 15	ㅇ대통령 경축사에서「노인요양보장제도 도입」제시
2001. 9	ㅇ공청회 개최
2002	ㅇ기초연구와 현안과제 대안의 모색
	ㅇ요양대상 노인의 선정기준 및 평가절차 연구 ㅇ기능중증도에 적합한 시설기능의 재정립 연구 ㅇ요양대상 노인의 기능증증도, 서비스 소요량에 근거한 시설 운영비 국고지원 차원화 방안 연구 ㅇ장기요양 소요비용 추계와 재정운영계획 제시
2002. 7	ㅇ「노인보건복지종합대책」에 '공적노인요양보호체계 구축, 행' 제시
2003. 2	ㅇ인수위 보고, 요양보호노인을 위한 공적제도 도입 추진 ㅇ대통령 공약: 노인요양보장제도 시범실시 후 공적노인요양보장제도 도입
2003. 3. 17～ '04. 2. 18	ㅇ「공적노인요양보장추진기획단」구성 및 운영 1차 회의(3. 17): 기획단 발족식 2차 회의(4. 21): 장기요양보장제 관련 연구내용 검토

	3차 회의(5. 19): 장기요양보장제도 도입방안 검토 4차 회의(6. 23) 장기요양보장제도 재원조달방식 검토 5차 회의(9. 15) 시설 및 인력 인프라 구축 방안 검토
○ 2003. 4. 4.	○ 대통령 업무보고, '공적노인요양제도' 2007년 도입추진
2004. 1. 15	○ 국정과제회의 주요안건으로 대통령 보고 '공적노인요양제도' 2007년 도입추진
2004. 1. 20	○「참여복지5개년계획」, '07년 '공적노인요양보장체계 구축' 보고
2004. 3. 22	○ 공적노인요양보장제도 『실행위원회 』 및 『실무 기획단』 구성 · 운영(위원장 보건복지부 차관, 차흥봉 한림대 교수) 실행위원회 운영
2004. 5	○ 평가판정 및 급여수가체계 개발(2차), 경제성평가 연구용역 추진
2004. 8. 11~9. 8	○ 제도시안 공청회 3회 개최(서울, 부산, 광주, 각 250~400여 명 참석)
2004. 4. 8. 13	○ 청와대 수석/보좌관회의 대통령 지시 총리 선에서 관리토록 함
2004. 4. 11.~12	○ 노인요양보장제도 도입에 대한 대국민 여론조사 실시
2005. 1. 13	○ 실행위원회 제도모형 최종 보고서 제출
2005. 5	○「노인요양보장제도기본안」확정 노인요양보장제도 도입방안을 위한 제도화 추진 사회보험방식으로 도입하는 것, 제도 시행 여건을 감안 '07~'08년으로 시행 시기 탄력 조정
2005. 9. 15	○ 법안공청회 개최
2005. 9.30~10. 10	○ 관계부처 협의
2005.10. 19~11. 8	○ 입법 예고
2005. 11. 16~18	○ 국무조정일 규제개혁위원회 규제 심사 완료
2005. 12. 11 ~ '06. 1. 31	○ 법제처 법안 심사
2006. 2. 2.	○ 차관회의
2006. 2. 7	○ 국무회의 통과(노인수발보험 법안)
2007. 4. 27	○ 노인장기요양보험법 공포
2007. 6. 8 ~ 6. 28	○ 노인장기요양보험법 시행령 및 시행규칙 제정안 입법예고
2007. 9. 27	○ 노인장기요양보험법 시행령 공포
2007. 10. 17	○ 노인장기요양보험 시행규칙 공포

• 보건복지부, 정부 자료를 참고하여 재구성.

입법예고안('05. 10. 19) 국회 통과안을 비교해 보면 몇 가지 내용이 변경되었다. 우선, 법률 명칭이 「노인수발보험법」에서 「노인장기요양보험법」으로 변경되었고, 대상자가 85천 명에서 16만 명으로 확대, 본인 부담이 시설급여와 재가급여 모두 비용의 20/100에서 시설급여는 20/100, 재가급여는 15/100으로 차등화되었다. 그 밖에 재가장기요양기관의 설치와 등급판정위원회의 내용이 변경되었고, 장기요양기관 지정·취소가 공단에서 시·군·구에서 수행하는 것으로 변경되었다.

3) 노인장기요양보험 시범사업

정부는 노인수발보험제도를 2008년 7월 도입하기 위한 준비로 9개월간 1차 시범사업('05. 7~'06. 3)을 실시하였고, 2차 시범사업('06. 4 ~ '07. 3), 3차 시범사업(07. 4 ~ '08. 6)을 실시하고 있다.

〈표 5-6〉 노인장기요양보험 시범사업

구분	1차 시범사업	2차 시범사업	3차 시범사업
대상지역	–6개 시·군·구 (광주남구, 수원, 강릉 안동, 부여, 북제주군)	–8개 시·군·구 (1차 시범지역 외 2개 시·군·구 추가 지정)	–13개 시·군·구 기존 시범 실시지역 외 5개 신규지역(인천 부평구, 대구 남구, 충북 청주시, 전북 익산시, 경남 하동군)
적용대상	–65세 이상 기초생활수급 노인(1~5등급: 2,050명)	–65세 이상 일반노인 (1~3등급: 약 5,200명)	–65세 이상 노인으로 1~3등급의 자
사업내용	–등급판정·수가·비용 지불 등 운영체계 기술적인 부분 검증	– 노인수발보험법(안)상의 등급판정·서비스 이용지원 체계, 급여범위 및 내용, 수가산정, 서비스 이용 시 본인부담 등 본사업과 유사한 형태 운영 및 검증	등급판정 및 수가체계, 표준장기요양이용계획서, 서비스이용 지원, 비용산정, 심사 및 지급, 서비스의 질 평가 등 시스템 전반
급여내용	–재가급여(5종): 방문 간병 수발, 주간·단기보	–재가급여(5종): 가정수발, 주·야	–재가급여(6종):방문요양, 방문목욕, 방문간호,

	호, 방문간호, 표준수발 이용계획서 -시설급여(2종): 요양 시설, 전문요양시설	간보호, 단기보호, 목욕 수발, 간호 수발 -시설급여(4종): 요양시설, 전문요양시설, 소규모시설, 노인요양공동생활가정 -특별 현금 급여(1종): 특례수발비	주야간보호, 단기보호, 복지용구제공 -시설급여(3종) 요양, 전문요양, 그룹 홈 -현금급여(2종): 가족요양비, 요양병원 간병비
본인부담	-본인부담제도 미적용 (기초수급자 대싱)	-본인부담 20% 적용	-시설 20%, 재가 15% (경감자: 시설 10%, 재가 7.5%)
재원	-국고지원(1,914백만 원)	-국고(76억 원), 지방비 (약 20억 원) 및 이용자 부담	-국고(104억 원) 및 지방비(지자체 부담)

2. 노인장기요양보험의 현황

노인장기요양보험을 대상, 급여, 전달체계, 재정 측면에서 살펴보면 다음과 같다.

1) 급여 대상

노인장기요양보험의 대상이 되는 '노인 등'은 65세 이상의 노인 또는 65세 미만의 자로서 치매・뇌혈관성 질환 등 대통령령이 정하는 노인성 질병을 가진 자를 말하며, 노인장기요양험의 급여대상자는 이들 중 장기요양보험가입자 또는 그 피부양자, 의료급여법에 따른 수급권자로서, 수발인정을 신청한 자로 6개월 이상의 기간 동안 일상생활을 독립적으로 수행하기 어렵다고 인정된 자이다.

(1) 장기요양보험 대상자의 인정

장기요양보험의 급여를 받으려면 요양인정 신청서에 의사 소견서를 첨부하여 국민건강보험공단에 제출해야 하며 요양인정 신청인의 요청에 따라 다음의 절차를 밟아 서비스를 제공받을 수 있다.

장기요양보험의 인정절차는 [그림 5-1]과 같이 신청 → 방문조사 → 조사표 입력에 따른 1차 판정 → 의사소견서 제출예외자 통보 → 의사소견서 제출 → 등급판정위원회 개최 → 장기요양인정서 및 표준장기이용계획서 통보 → 서비스 이용의 과정을 거친다.

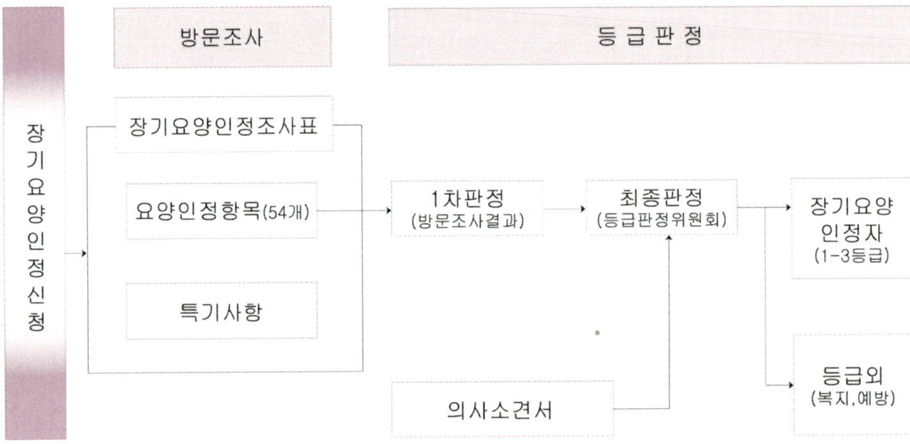

[그림 5-1] 장기요양보험의 인정절차

(2) 장기요양보험의 이용절차

① 장기요양인정의 신청(제13조)

국민건강보험공단에 의사소견서를 첨부하여 장기요양인정신청서를 제출한다(다만, 거동이 현저하게 불편하거나 도서, 벽지 지역에 거주하여 의료기관을 방문하기 어려운 자등은 제출하지 아니할 수 있음).

② 장기요양인정 신청의 조사(제14조)

국민건강보험공단은 장기요양인정신청서를 접수한 때 소속 직원으로 하여금 다음 사항을 조사하되, 지리적 사정 등으로 직접 조사하기 어려운 경우는 시 · 군 · 구에 조사를 의뢰하거나 공동으로 조사할 것을 요청할 수 있다.

③ 조사 의뢰

조사내용: 신청인의 심신상태, 신청인에게 필요한 장기요양급여의 종류 및 내용 등.

④ 장기요양인정 및 등급 판정 등

㉠ 공단은 신청조사가 완료된 때 조사결과서, 신청서, 의사소견서, 그 밖의 심의에 필요한 자료를 장기요양등급판정위원회의에 제출하여야 한다.

㉡ 등급판정위원회는 6월 이상의 기간 동안 일상생활을 혼자서 수행하기 어렵다고 인정되는 경우 장기요양을 받을 자(수급자)로 결정하고 심신상태 및 장기요양이 필요한 정도에 따라 장기요양등급을 판정한다.

⑤ 장기요양 인정서, 표준 장기요양 이용계획서 송부

㉠ 장기요양인정서 송부(제17조)

- 공단은 등급판정위원회가 장기요양인정 및 등급판정의 심의를 완료한 경우 지체 없이 다음 사항이 포함된 장기요양인정서를 작성하여 수급자에게 송부하여야 한다.
- 장기요양등급, 장기요양급여의 종류 및 내용, 그 밖에 장기요양급여에 관한 사항으로서 보건복지부령이 정하는 사항.

㉡ 표준장기요양이용계획서 송부(제17조)

- 공단은 장기요양인정서를 송부하는 때에 수급자가 월 한도액 범위 안에서 장기요양급여를 원활히 이용할 수 있도록 하기 위한 표준장기요양이용계획서를 작성하여 이를 함께 송부.

서비스 신청	65세 이상 노인 또는 65세 미만 노인성 질환자가 공단에 의사소견서를 첨부하여 장기요양인정 신청
방문 조사	공단 소속직원(사회복지사, 간호사)은 신청인의 심신상태 등을 조사
등급 판정	공단은 조사결과서, 의사소견서 등을 등급판정위원회에 제출 등급판정위원회는 대통령령이 정하는 등급판정기준에 따라 장기요양급여를 받을 자로 판정
장기요양인정서 및 표준장기요양 이용계획서 통보	장기요양등급, 장기요양급여의 종류 및 내용이 담긴 장기요양인정서와 적절한 서비스 내용, 횟수, 비용 등을 담은 표준장기요양이용계획서 송부
장기요양급여의 시작	장기요양인정서가 도달한 날부터 장기요양급여 시작
장기요양기관 정보의 안내	장기요양기관은 수급자가 장기요양급여를 쉽게 선택하도록 건물, 시설, 설비 등의 사진 및 현황 자료 등을 공단이 운영하는 인터넷에 게시

[그림 5-2] 노인장기요양보험의 이용절차

⑥ 장기요양급여의 실시

㉠ 장기요양급여의 실시

－장기요양급여의 제공 시기(제27조)

－장기요양인정서가 도달한 날부터 장기요양급여를 받을 수 있음

㉡ 장기요양급여의 월 한도액(제28조)

－장기요양급여는 장기요양등급, 장기요양급여의 종류 등을 고려하여 산정한 월 한도액 범위 한에서 실시한다.

2) 급여

장기요양급여의 종류는 재가급여, 시설급여, 특별현금급여로 나뉘는데 재가급여는

방문요양, 방문목욕, 방문간호, 주·야간보호, 단기보호, 기타재가급여로 나뉘고, 특별 현금급여는 가족요양비, 특례요양비, 요양병원간병비로 나뉜다(보건복지부, 2007).

〈표 5-7〉 장기요양급여의 종류

종류	내 용	
재가급여	방문요양	장기요양요원이 수급자의 가정 등을 방문하여 신체활동 및 가사활동 등을 지원
	방문목욕	장기요양요원이 목욕설비를 갖춘 장비를 이용하여 수급자의 가정 등을 방문하여 목욕을 제공
	방문간호	장기요양요원인 간호사 등이 의사, 한의사 또는 치과의사의 지시서에 따라 수급자의 가정 등을 방문하여 간호, 진료의 보조, 요양에 관한 상담, 구강위생 등을 제공
	주 · 야간 보호	하루 중 일정한 시간동안 장기요양기관에 보호하여 신체활동 지원 및 심신기능의 유지 · 향상을 위한 교육 · 훈련 등을 제공
	단기보호	보건복지가족부령으로 정하는 범위 안에서 일정기간 동안 장기요양기관에 보호하여 신체활동 지원 및 심신기능을 유지 · 향상을 위한 교육 · 훈련 등을 제공
	기타재가 급여	일상생활 · 신체활동 지원에 필요한 용구를 제공하거나 가정을 방문하여 재활에 관한 지원 등을 제공
시설급여	시설 입소 수발	노인복지법 제34조에 따른 노인의료복지시설(노인전문병원 제외) 등에 장기간 입소하여 신체활동 지원 및 심신기능의 유지 · 향상을 위한 교육 · 훈련 등을 제공
특별현금 급여	가족요양비	도서 · 벽지 등 장기요양기관이 현저히 부족한 지역(보건복지가족부장관의 정하여 고시하는 지역)에 거주하는 자, 천재지변이나 그 밖에 이와 유사한 사유로 장기요양기관이 제공하는 장기요양급여를 이용하기 어렵다고 보건복지부 장관이 인정하는 자, 신체 · 정신 또는 성격 등 대통령령으로 정하는 사유로 인해 가족 등으로부터 장기 요양을 받아야 하는 자에게 지급하는 가족장기요양급여
	특례요양비	수급자가 장기요양기관이 아닌 노인요양시설 등의 기관 또는 시설에서 재가급여 또는 시설급여에 상당한 장기요양급여를 받은 경우 대통령령의 기준에 따라 장해 장기요양급여비용의 일부를 수급자에게 지급
	요양병원간병비	수급자가 「노인복지법」 제34조제1항에 따른 노인전문병원 또는 「의료법」 제3조제5항에 따른 요양병원에 입원한 때 대통령령으로 정하는 기준에 따라 장기요양에 사용되는 비용의 일부를 지급

• 자료: 노인장기요양보험법, 2007.

3) 전달체계

사회복지서비스 전달체계란 지역사회 내에 존재하는 사회복지 서비스의 공급자간을 연결시키기 위해, 사회복지서비스의 공급자와 소비자 사이를 연결시키기 위해 만들어진 조직적 체계이다(최성재, 2002).

노인장기요양보험과 관련한 서비스의 전달체계는 [그림 5-3]과 같으며 요양급여를 관리 운영하는 기관으로서 국민건강보험공단과 서비스를 실시하는 기관, 인력을 들 수 있다.

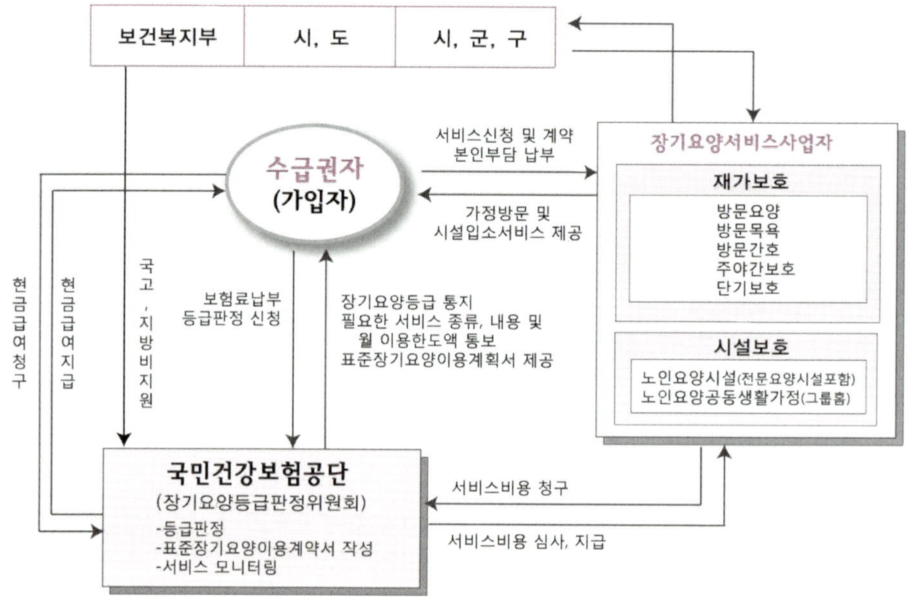

[그림 5-3] 서비스 전달 및 청구 지급체계

(1) 관리운영체계

노인장기요양보험법의 관리운영기관은 국민건강보험공단으로 정하고 있으며 역할을 살펴보면 다음과 같다.

① 국민건강보험공단의 업무

가입자 및 피부양자와 의료급여수급권자의 자격관리, 보험료의 부과・징수, 신청인에 대한 조사, 등급판정위원회의 운영 및 장기요양등급판정, 장기요양인정서의 작성 및 표준장기요양이용계획서의 제공, 장기요양급여의 관리 및 평가, 장기요양급여 관련 이용지원에 대한 사항, 재가 및 시설급여비용의 심사 및 지급과 특별현금급여의 지급, 장기요양급여 제공내용 확인, 장기요양사업에 관한 조사연구 및 홍보, 노인성질환예방사업, 부당이득금의 부과・징수, 장기요양보험관련 보건복지부장관이 위탁한 업무를 관장한다.

② 그 밖에 공단의 장기요양사업조직을 별도로 두어야 하며, 장기요양사업의 회계(독립회계 설치・운영), 등급판정위원회의 설치 및 운영, 장기요양급여의 관리・평가의 업무 등을 해야 한다.

(2) 서비스전달체계

① **장기요양기관의 종류 및 지정・지정의제**(시행령 안 8조, 시행규칙 안 제10조)

– 장기요양급여를 제공할 수 있는 장기요양기관의 종류는 대통령령으로, 지정기준은 시행규칙으로 정함(노인장기요양보험법 제23 및 제31조)

㉠ 시설급여시설

– 노인복지법상 노인요양시설 및 노인요양공동생활가정은 시・군・구청장의 지정을 받아 장기요양기관이 됨

노인복지법상의 노인요양시설 및 노인요양공동생활가정(시・군・구청장에 지정 신청) → 시・군・구청장 지정 → 장기요양기관

㉡ 재가급여시설

– 노인복지법상의 재가노인복지시설은 재가장기요양기관의 시설・인력기준을 갖추어 시군구청장의 지정을 받아 장기요양기관이 됨.

– 노인장기요양보험법상의 재가장기요양기관은 시・군・구청장에게 이를 설치・신고하면 요양기관으로 지정 의제됨.

노인복지법상의 재가노인복지시설(시 · 군 · 구청장에 지정 신청) → 재가장기요양기관의 시설인력기준을 갖추어야 함 → 시 · 군 · 구청장 지정 → 장기요양기관

노인장기요양보험법상의 재가장기요양기관 (시 · 군 · 구청장에 설치 · 신고) → 시 · 군 · 구 설치 신고 시 지정의제 → 장기요양기관

② 장기요양보험의 인력

㉠ 재가장기요양기관의 인력기준

– 시설 및 인력기준은 보건복지부령으로 정함(노인장기요양보험법 제32조).

– 재가장기요양기관은 최소한의 서비스 인력만 규정하여 시설운영의 탄력성을 높이고 시설의 시장진입을 용이하게 함(시행규칙 안 제11조).

㉡ 장기요양요원의 범위(시행령 안 제9조)

– 장기요양요원의 범위는 대통령령으로 정함(노인장기요양보험법 23조).

– 방문요양, 방문목욕의 장기요양요원은 요양보호사 1급으로 함.

– 방문간호의 장기요양요원.

– 간호사로서 최근 5년 이내에 2년 이상의 임상경험이 있는 자, 간호조무사 중 최근 10년 이내에 3년 이상의 임상경험이 있는 자로서 보건복지부장관이 정하는 소정의 교육을 이수한자, 치과위생사.

4) 재정

노인장기요양보험의 재원조달은 사회보험방식으로, 재원은 노인장기요양보험료, 중앙 · 지방자치단체 부담금, 본인 일부부담금의 세 출처를 통해 마련된다.

노인장기요양보험료의 장기요양보험료와 건강보험료를 통합하여 공단이 징수하며, 통합징수한 장기요양보험료와 건강보험료는 각각의 독립회계로 관리한다.

장기요양보험료는 건강보험료액에 장기요양보험료율을 곱하여 산정한다. 장기요양보험료율은 보건복지가족부장관 소속으로 장기요양위원회의 심의를 거쳐 대통령령으로 정한다(제8조, 제9조).

(1) 국가의 부담(제58조)

① 국가는 매년 예산의 범위 안에서 당해 연도 장기요양보험료 예상수입액의 100분의 20에 상응하는 금액을 공단에 지원한다.

② 국가와 지방자치단체는 의료수급권자의 장기요양급여비용, 의사소견서 발급비용, 방문간호지시서 발급비용 중 공단이 부담하여야 할 비용과 관리운영비의 전액을 대통령령이 정하는 바에 따라 각각 부담한다.

(2) 본인 일부부담금(제40조)

① 재가급여: 당해 장기요양급여비용의 100분의 15.

3. 문제점 및 평가

1) 급여대상자

노인장기요양보험의 대상에 대한 문제점은 두 가지로 볼 수 있는데, 이는 급여대상자의 범위와 요양급여 대상을 판정하는 적절한 판정도구의 개발이다.

(1) 급여대상자의 범위

급여대상자의 범위와 관련한 문제는 집단간 배제의 문제와 집단 내의 배제의 문제로 나뉠 수 있다.

첫째, 집단간 배제의 문제는 노인장기요양보험의 대상은 노인으로 제한되어 있고, 노인과 유사한 요양욕구를 가진 장애인은 제외되어 있다. 노인장기요양보험의 대상자에 장애인 포함여부에 대한 쟁점은 꾸준히 있어 왔으며 국회에 제출한 몇몇 국회의원(장향숙, 안명옥, 정형근 의원)의 법안에도 잘 나타나 있다.

2005년 현재 우리나라 장애인 인구는 214만 명으로 4.6%의 장애인 출현률을 보이고 있으며, 타인의 도움 없이 일상생활을 독립적으로 영위하기 어려운 장애인은 35.4%로 장애인의 요양 요구도는 매우 높게 나타난다. 실제로 가사도우미 서비스의 필요성에 대한 질문에 54.9%가 매우 필요하다, 36.2%가 대체로 필요하다고 답해 장애인의 높은 요양욕구를 나타낸다(변용찬 외, 2006). 따라서 장기요양서비스에 대한 장애인 단체의 요구는 지속될 것으로 예상된다.

둘째, 집단 내 배제의 문제이다.

<표 5-8>에서 알 수 있듯이 장기요양보호를 요하는 노인 수는 2009년 771천 명, 2010년 약 794천 명으로 추정된다. 하지만 정부가 2008년 7월 전국적으로 시행할 대상자의 수는 '08년도 실시년도에 159천 명으로 추계된다고 보고하고 있어 노인장기요양보험의 실시에도 불구하고 많은 노인들이 적절한 요양을 받기 어려울 것으로 예상된다.

〈표 5-8〉 연도별 요보호대상 노인 수 추정(단위: 명)

구 분	2007	2009	2010	2012	2013	2015
65세 이상 노인수	4,792,429	5,148,224	5,302,095	5,690,731	5,917,615	6,345,400
계(요양필요자)	718,582	771,345	794,164	851,799	885,446	948,887
최중증(1.68%)	82,618	88,595	91,180	97,709	101,521	108,708
중증(3.24%)	161,034	172,561	177,547	190,139	197,490	211,350
경증(4.98%)	238,663	256,382	264,044	283,398	294,697	316,001
치매(경증)(4.93%)	236,267	253,807	261,393	280,553	291,738	312,828

• 자료: 공적노인요양보장제도실행위원회 7차 회의자료, 2004. 12.

(2) 적절한 판정도구 개발

등급판정을 위한 판정도구에 대한 문제점은 1차 시범사업 결과에 아래와 같이 나타났다. 평가판정을 위한 방문조사와 수발이용계획(케어플랜) 작성을 위한 욕구조사가 이원화되어 절차의 중복과 노인에게 부담이 되는 측면이 있었다(보건복지부 보도자료, 2006).

한국보건사회연구원의 연구(2006)에 따르면 평가사정도와 욕구사정도구의 중복과 제공서비스에 비해 욕구사정도구와 서비스 계획이 지나치게 포괄적이며 구체적으로 나타났으며 평가판정도구-욕구사정도구－케어플랜－급여서비스와의 관계가 불명확한 것으로 나타났다. 이에 대한 개선방안으로 평가 판정도구는 전체 노인요양보장체계가 가지고 있는 이념을 전제로, 노인 기능평가, 서비스 수준, 수가산정시스템의 일관성 있는 틀이 필요하고, 개인의 수발욕구를 가장 우선시하여, 서비스 필요도에 따른 서비스 개발과 함께 등급판정도구의 노인기능평가는 단순히 임상적 평가가 아닌 서비스 욕구를 객관적으로 나타낼 수 있는 평가도구가 되어야 한다고 제시한다.

2) 급여

급여와 관련한 문제는 급여의 종류와 양에 따른 적정성 문제, 급여의 질에 따른 문제를 들 수 있다.

(1) 급여의 종류와 양에 따른 적정성 문제

노인장기요양보험에서 제공하는 급여는 재가급여, 시설급여, 현금급여로 급여대상 노인과 가족의 욕구를 충족시키기에는 제한적이다. 재가요양급여 중 방문요양은 단순한 일상생활지원에 집중되어 있고, 노인의 기능유지와 향상을 위한 서비스는 제외되어 있다. 또한 재활치료와 영양관리는 주－야간보호와 단기보호에서만 제공되며, 간호요양에서 통증간호 욕구는 제외되어 있어 가정에서 서비스를 받기 어렵다.

시설급여를 제공하는 시설의 종류도 노인요양원, 노인전문요양원, 소규모요양시설, 가정노인공동시설로 제한되어 있어 다양한 유형의 시설 즉, 노인홈, 노인보호주택, 노인요양병동, 노인병원 등으로 서비스를 제공하는 선진국과 비교하여 다소 이용할 수 있는 시설이 제한적임을 알 수 있어 다양한 유형의 노인주거형태와 요양시설이 제공되어야 한다.

(2) 급여의 질 문제

노인장기요양보험의 목적을 효율적으로 달성하기 위해 서비스의 질이 향상되어야한다.

시설보호서비스에 대한 현실적인 지원으로 서비스의 전문성과 적절성을 확보하는 정책이 선행되어야 하겠다. 다시 말해 시설의 가정대체적 기능과 전문적 기능을 어느 정도 수준까지는 끌어올리는 것이 가장 시급한 문제라고 할 수 있다. 시설의 확충 및 활용방안 정책은 양적 증가가 아닌 질적 증가로의 전환이 필요하다. 지금처럼 시설 수만 늘리는 것보다는 복지시설로서의 그 기능과 역할을 다 할 수 있도록 면모를 갖추어 가는 것이 보다 중요하다(배창진, 2003).

장기요양시설제도가 발달한 선진국의 예로 들면 시설서비스의 질을 높이기 위한 각종 정책수단을 활용하는데 이는 법규, 외부규제강화(전문적인 자율규제, 소비자에 대한 정보제공을 통한 경쟁 확대조치 등에 기반)와 내부규제강화(각 부문별 임상지침 제정 및 질 평가 지표개발 등)로 볼 수 있다. 이러한 방식의 효과성을 비교해 보고, 단순히 최소인력 및 시설기준을 두는 방식에서 탈피하여 대상자의 성과에 기초한 체계적인 서비스 품질 평가방식 도입을 적극적으로 고려하여 서비스 질을 향상시키도록 해야 한다.

3) 전달체계

전달체계의 문제점은 관리 운영의 주체로서 국민건강보험관리공단의 적합성과 시설 및 인력의 인프라 문제를 들 수 있다.

(1) 관리운영의 주체의 적합성

노인장기요양보험의 관리운영주체가 국민건강보험관리공단으로 결정되었다. 그동안 관리 운영주체로서 국민건강보험공단과 지방자치단체의 적합성에 관련하여 뜨거운 논쟁이 있었는데 그 내용을 살펴보면 지방자치단체는 지역과 밀착되어 있기 때문에 대상자의 욕구에 민감히 적응하고 지역과 밀착하여 다양하고 포괄적인 서비스를 제공할 수 있다는 장점을 이용하여 효과적으로 관리 운영할 수 있는 장점이 있으며, 국민건강보험관리공단은 건강보험료의 부과, 징수, 지급업무를 담당해왔던 행정력을 이용하여 노인장기요양보험을 관리 운영을 한다면 커다란 장점이 될 수 있다. 그러나 중앙 행정기관으로서의 중앙집권적인 국민건강보험관리공단이 대상자의 등급판정, 보험료 부과, 징수 등 대상자나 지역의 욕구를 반영하는 민감한 일을 얼마나 효과적으로 관리 운영할 수 있는지에 대한 문제를 안고 있다.

따라서 앞으로 관리 운영 주체로서의 국민건강보험 관리공단은 기존의 틀을 벗어나 대상자와 지역의 욕구를 민감하게 반영할 수 있는 체제로의 변화를 시도해야 할 것이다.

(2) 시설 및 인력 인프라 문제

노인요양시설은 현재 815개소, 재가노인시설은 1,045개소로 최근 급격히 시설이 증가한 실정이고, <표 5-9>와 같이 노인장기요양보험에 대비하여 '06~'08 공공요양시설 919개소, 재가노인시설 196개소로 집중 확충할 계획에 있다. 또한 중소병원과 아동양육시설의 노인요양시설 전환, 폐교를 활용한 노인요양시설 설치를 계획하고 있다.

〈표 5-9〉 2006~2008 시설신축 지원실적 및 계획

구분	계	'06년	'07년	'08년
시설수(계)	919개소	281	224	414
요양시설	344개소	87	104	153
소규모시설	344개소	96	65	183
그룹홈	231개소	98	55	78
정원	29,000명	8,000	8,000	13,000

• 자료: 보건복지부, 2007.

그러나 보건복지부가 최근 발표(2006. 8.)한 전국 16개 시도와 234개의 치매・중풍노인의 요양・재가시설 수급현황 조사결과 전국적으로 1만 5천 병상의 요양시설과 4천여 명이 이용할 수 있는 재가시설이 부족한 것으로 드러났다. 특히 59개

시・군・구는 저소득층 대상 무료・실비 요양시설이 전혀 없었고, 이 중 9개 시・군・구는 설치계획조차 미정이었다. 또 34개 시・군・구는 가정봉사원 파견시설 등 재가시설이 전혀 없었다.

이와 같이 노인요양시설과 재가시설이 부족하거나 설치 계획조차 없는 것은 님비현상이나 지방자치단체의 예산부족, 시설부지 확보 곤란 등이 주요 원인인 것으로 분석되고 있으나 지방자치단체장의 시설확충 의지도 반영된 것으로 풀이된다.

다음으로 노인 전문 인력의 인프라 문제를 들 수 있다.

노인의 요양보장을 위한 전문 인력으로는 가정봉사원, 생활지도원, 간호조무사, 간병인, 간병도우미 등 명칭이 다양하고 관리체계도 산재되어 있다. 또한 유휴인력이 많아 일관성 있는 교육제도와 커리큘럼이 필요하다. 이러한 문제점을 해결하기 위해 정부에서는 '요양보호사' 제도를 도입, 세부적인 양성 방안을 마련하여 2008년까지 48천 명 양성계획에 있다(기존 인력 14천 명, 신규 인력 34천 명). 노인복지법을 개정하여 요양보호사의 양성・교육 커리큘럼 기준 마련과 자격인 교부, 요양보호사 교육기관의 설치, 요양보호사의 직무, 자격증 교부, 요양보호사교육기관의 설치, 요양보호사의 역할 및 등급, 교육과정과 관련한 내용을 제도화하고 있다(보건복지부, 2007). 이러한 적합한 제도를 통해 양질의 서비스가 확보될 수 있는 방안이 다양하게 논의되어야 할 것이다.

4) 재정

(1) 국고부담율 및 지자체의 부담

노인장기요양보험의 재원과 관련해 국고 지원의 임의성과 높은 본인부담률을 중심으로 논쟁이 이루어지고 있다. 요양서비스의 지속적이고 만성적인 특성으로 인해 요양보험의 재정부담은 지속적으로 증가할 것으로 예측되며(김진수, 2005), 시설 인프라 확충계획에 따른 시설확충 지원으로 국가 및 지방자치단체의 부담이 급증하고 있는 실정이다.

한국보건사회연구원의 연구결과(2007)에 의하면 '08년 중등증 이상(요양 1등급~3등급) 대상으로 실시하며, 보건사회연구원 추계 결과(노인인구의 3.1%) 적용 시 158천 명 예상, 소요 재정은 8,402억 원으로 전망된다(<표 5-10>).

〈표 5-10〉 연도별 대상자 및 재정소요 추계

구분	대상자수(천 명)			소요재정(억 원)			
	시설	재가	소계	보험료	정부지원	본인부담	계
2008	59	99	158	4,477	3,071	854	8,402
2010	89	79	169	10,510	4,284	2,118	16,911
2015	106	94	200	12,418	5,067	2,516	20,001

• 보건복지부, 2007.

시설인프라 확충을 위한 정부의 지원은 '치매중풍노인 특별보호대책(희망 한국 21)에 따라 2002년부터 지자체에 시설 설치비(50%) 및 운영비(2005년부터 분권교부세 형태로 지원)를 지원했으나 지역의 요양시설 인프라 부족이 심각한 실정이다. 이러한 실정에도 2007년도 요양시설 설치를 위한 지자체의 예산신청('06. 8월)은 매우 낮은 수준(목표 대비 31%)에 그치고 있다. 이에 따라 정부는 '07년도 총 427개소 신축에 3,606억 원(국고 1,803억, 지방비 1,803억)을 지원하여 노인요양시설을 대폭 확충할 예정이나 공공인프라 구축의 주체인 지자체의 경우 동 제도에 대한 인식의 부족도 있지만 지방비 부담능력 부족이 시설인프라 구축에 소극적인 것으로 나타났다. 따라서 지자체에 대해서도 재정력을 감안한 국고지원의 차등화, 재정분담의 다양화 등 지방비 부담완화 대책이 강구될 필요가 있다.

(2) 본인부담율

노인장기요양보험의 서비스 이용자의 본인부담률은 일반노인인 경우 재가이용액의 20%, 시설급여의 15%, 차상위계층의 노인인 경우 서비스 이용액의 10%로 정하고 있다. 본인부담 요양료를 살펴보면 2008년 854억 원에서 2010년 2,118억 원으로 증가하고 있어 초기의 보험료 부담은 높지 않지만 수급자의 증가와 함께 보험료의 상향조정은 불가피할 것으로 보인다. 또한 요양욕구의 특성상 장기적이고 지속적인 서비스를 이용하게 되므로 본인 부담률이 장기적 지출로 이어져 가계에 부담이 될 수 있음을 시사한다. 따라서 경제적 자원이 제한적인 저소득 노인을 중심으로 본인 부담률에 따른 재정적 부담으로 노인장기요양서비스 이용 기피 현상이 발생하여 노인장기요양보험의 제도 내 사각지대를 확대할 가능성이 높다(이규식, 2005).

4. 노인장기요양보험제도의 과제

노인장기요양보험은 고령이나 노인성 질병 등의 사유로 일상생활을 혼자서 수행하기 어려운 노인 등에게 제공하는 신체활동 또는 가사활동 지원 등의 장기요양급여에 관한 사항을 규정하여 노후의 건강증진 및 생활안정을 도모하고 그 가족의 부담을 덜어 줌으로써 국민의 삶의 질을 향상하도록 함을 목적으로 하는 제도이다(보건복지부, 2006).

인구가 점차 고령화되어가는 사회에서 꼭 필요한 제도임에 틀림없지만 제도의 목적에 부합하는 적절한 제도를 형성하기 위해 해결해야 할 다음과 같은 과제를 안고 있다.

첫째, 급여대상자를 확대해야 한다. 전국민을 대상으로 장애인을 비롯한 노인성 질병을 앓고 있는 사람은 누구나 혜택을 받을 수 있어야 하며, 급여대상자를 판단하는 절차를 일원화하여 대상자들의 불편함을 없애야 한다.

둘째, 포괄적이고 적절하며 지속적인 서비스가 제공되어야 한다. 노인장기요양보험 대상자인 노인들은 다양한 욕구와 문제가 존재하며 이동성이 떨어지기 때문에 서비스가 분산되어 제공된다면 서비스이용의 한계로 인해 장기요양보험의 목적을 상실하고 형식에 그친 제도가 될 수 있다.

셋째, 노인장기요양보험 관리·운영주체는 전문성과 지역밀착성을 증진해야 한다. 노인장기요양보험의 관리·운영주체는 보건복지가족부에서 관할하지만, 앞으로 실무를 담당하는 인력은 노인의 다양한 문제와 욕구에 대응하는 전문적 인력을 배치하는 것이 중요하다. 또한 노인과 가족의 요양욕구의 신속한 파악과 해결을 위해 지역밀착성을 증진해야 한다.

넷째, 적정한 수준의 급여 제공을 위해 노인장기요양보험의 재정확보와 안정화에 노력해야 한다. 국민의 부담을 초래한 보험료 인상과 지방자치단체의 부담을 줄이기 위해 국가의 지속적인 국고지원을 통해 재정확보와 안정화에 힘써야 한다.

■ 참고문헌

국민건강보험공단(2000). **건강보험통계연보**.

김기원(2003). **한국사회복지정책론**. 나눔의 집.

김찬우(2005). 고령화사회의 노인복지서비스 전달체계의 변화방향. **사회복지리뷰 제10집**, pp. 31-52.

노인장기요양보험법(2007).

배창진(2003). "우리나라의 노인장기요양보호정책방향에 대한 평가와 과제". 한국노인복지학회 2003년 추계 학술대회.

변용찬 · 김성희 · 윤상용 · 최미영 · 계훈방 · 권선진 · 이선우(2006). "장애인 실태조사". 보건사회연구원.

보건복지부(2004). 공적노인요양보장제도실행위원회 7차 회의자료집.

__________(2006). 보도자료.

__________(2007). "요양보호사 및 장기요양기관 인프라 확충 설명회" 자료집. 노인장기요양보험 추진단.

보건사회연구원(2006). 노인수발보험제도 시범사업 평가연구(1차).

이규식(2005). "노인요양보장제도의 문제점과 정책방향". 정형근의원실 정책 토론회 자료집.

정경희 외(2001). "장기요양보대상 노인의 수발실태 및 복지욕구". 한국보건사회연구원.

최성재 외(2002). 사회복지행정론. 나남출판.

통계청(2005). 「장래인구특별추계결과」.

6

노인복지행정

1. 노인복지행정의 개념과 원칙

1) 노인복지행정의 정의

노인복지행정에 대한 정의는 학자마다 다소 차이가 있다. 노인복지행정에 대한 학자의 견해를 살펴보면, B. E. Shenfield는 '직업대책, 연금제도, 주택대책, 의료서비스, 수용보호, 거택노인을 위한 서비스'라 주장하였고, 김동배(2001)는 노령, 퇴직, 실업, 빈곤, 질병, 주거 불안정, 배우자와 가족의 사별 등의 여러 요인으로부터 발생되는 빈곤, 병약, 고독과 욕구불만, 유용감이나 삶의 보람을 상실한 노인을 대상으로 개별적으로 공공부조나 생활지도, 심신의 보호, 자립보장 등과 같은 구체적인 보호를 위한 사업을 행하고 노인 개인이 인간으로서 생활하는 기쁨을 가지며 장수를 누릴 수 있도록 원조하기 위해 사회적으로 조직된 서비스 정책의 실천이라 정의하였다.

위의 내용을 종합하여 정리해 보면, 노인복지행정은 노인이 독립된 인간으로서 기본적 욕구, 문화적 욕구를 충족하며 존경과 신뢰를 받고, 자신의 삶의 질을 향상시키도록, 노인복지 관련법과 정책을 서비스로 전환시켜 조직, 재원, 인력을 통해 노인복지 대상자들에게 노인복지 급여와 서비스 전달을 실천하는 사회복지행정의 한 분야라고 말할 수 있다.

2) 노인복지행정의 기본원칙과 특수성

노인복지행정은 노인복지정책을 실천하는 과정이므로 기본 원칙은 노인복지정책을 수립하고 실천하기 위한 원칙과 동일이며, 이는 1982년 5월에 선포된 경로헌장에 노인복지 구현을 위한 5개의 항목에 잘 나타나 있다.

① 노인은 가정에서 전통의 미덕을 살려 자손의 극진한 봉양을 받아야 하며, 지역사회와 국가는 이를 도와야 한다.

② 노인은 의・식・주 문제에서 충족되고 안락한 생활을 즐길 수 있어야 한다.

③ 노인은 심신의 안정과 건강을 누릴 수 있어야 한다.

④ 노인은 자신의 능력에 따라 사회활동에 참여할 수 있어야 한다.

⑤ 노인은 취미・오락을 비롯한 문화생활과 노후생활에 필요한 지식을 얻을 수 있는 기회를 가져야 한다.

위의 원칙을 바탕으로 김동배(2001)는 "노인복지행정은 하나의 독립된 인간으로서의 기본적 욕구충족, 문화적 생활, 사회에서 존경받고, 역할과 지위를 유지하여 삶의 보람을 갖도록 유도하는 특성 있는 행정으로 이해되어야 한다."고 했다.

즉, 노인복지행정은 첫째, 노인이 가지고 있는 경제적 빈곤, 신체적 질병, 역할의 상실, 고독감 문제 등과 같은 욕구의 다원성을 고려하며, 둘째, 인간은 누구나 늙게 되고, 많은 가정에서 노인을 모시고 있기 때문에 노인복지행정의 대상이 되는 대상의 보편성을 지니고, 셋째, 인구고령화 현상에 의한 노인인구의 점진적 증가, 넷째, 심신을 가족과 국가에 헌신한 노인이 노후에는 가정과 사회 및 국가로부터 건전하고 편안한 생활을 향유할 수 있도록 보상받아야 한다는 특성을 가지며 사회복지행정은 이러한 다원성, 보편성, 점증성, 보상성의 바탕 위에 이루어져야 하고 이를 근거로 체계적 노인복지서비스가 이루어져야 할 것으로 설명하고 있다.

2. 노인복지행정의 전달체계

사회복지행정이란 노인복지정책이나 관련법을 서비스로 전환하여 조직, 인력, 재정을 통해 대상자에게 급여 및 서비스제공을 실천하는 것이므로 사회복지행정의 전달체계는 사회복지서비스 전달체계라 설명할 수 있으며 사회복지전달체계는 지역사회 내에 존재하는 사회복지스비스의 공급자간을 연결시키기 위해, 사회복지서비스의 공급자와 소비자 사이를 연결하기 위해 만들어진 조직적 체계이다(최성재 외, 2002).

노인복지 행정체계는 노인복지서비스를 전달하는 조직적 체계로서 공공행정체계와 민간행정체계로 나누어 볼 수 있고 공공행정체계는 정부가 직접 관리・운영하는 중앙행정체계, 지방이 직접 관리・운영하는 지방행정체계로 나누어지고 민간행정체계 는 준공공적 행정체계와 순수 민간조직에 의한 사업조직체계로 나눌 수 있다.

1) 공공행정체계

(1) 중앙행정체계

중앙정부의 노인복지행정업무는 1981년 노인복지법이 제정된 후 가정복지과에 노인복지계가 신설되었고 노인문제가 사회문제로 등장함에 따라 변화되어왔다.

그 변화과정을 살펴보면 다음과 같다.

① 2003년 9월. 고령사회대책 문제에 따라 고령사회 대책 및 사회통합 기획규정 공포.

② 2003. 10. 24. 인구・고령사회대책팀 발족.

③ 2003. 12월. 가족복지심의관실 내 2개과(노인복지정책과, 노인보건과)에서 인구가정심의관실 내 3개과(노인복지정책과, 노인요양보장과, 노인지원과)로 확대・개편.

④ 2005년 9월 1일. '저출산・고령사회기본법'에 의해 '저출산고령사회정책본부' 설치, [그림 6-1]과 같이 노인정책관하에 노인정책팀, 노인지원팀, 노인요양제도팀, 노인요양운영팀으로 구성 노인복지사업 운영.

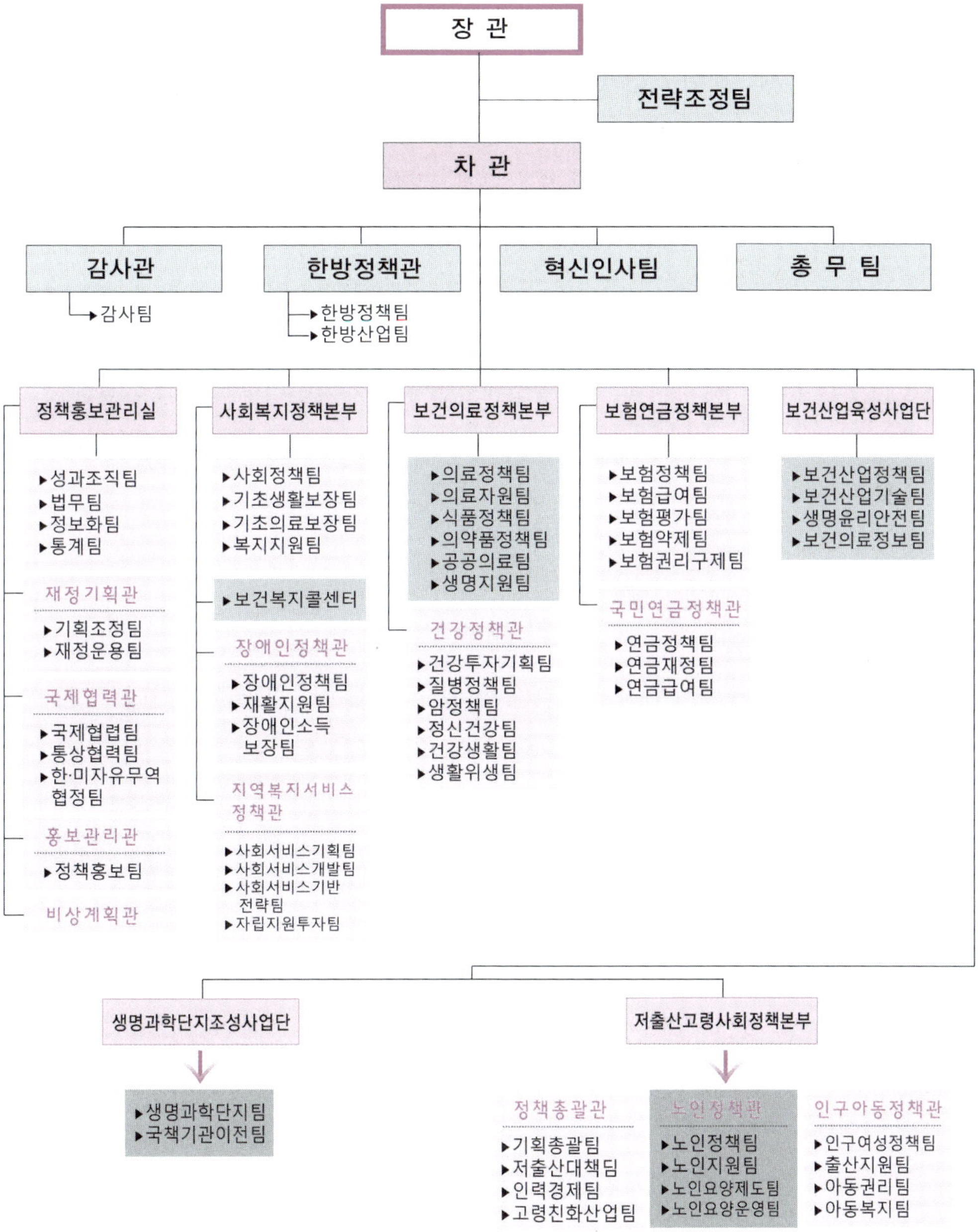

[그림 6-1] 노인복지 중앙행정체계

(2) 지방행정체계

공공서비스 행정체계가 '주민생활지원서비스 전달체계'라는 새로운 행정체계로 개편되어 2006년 7월부터 실시되어 2007년 7월 전국적으로 확대되었다. 주민생활지원서비스 전달체계의 개편 배경과 과정, 목표, 문제점 및 과제 등을 살펴보기로 하겠다.

주민생활지원서비스 전달체계는 저소득층 중심의 지원이라는 협의의 복지를 넘어 고용, 보건, 주거, 교육, 문화 및 체육 등 주민의 다양한 서비스 수요에 부응할 수 있도록 서비스 제공영역의 범위를 확대하는 취지의 광범위한 서비스 영역과 다수의 목적 달성을 위한 전달체계라 할 수 있다.

① 주민생활지원서비스 전달체계로의 개편배경과 과정

㉠ 전달체계를 개편한 배경

- 복지 또는 사회서비스에 대한 주민의 욕구가 양적인 측면에서나 질적인 측면에서 빠르게 증가하고 있으나 서비스 대상에 대한 정확한 파악이나 전문적 서비스 제공은 미흡한 실정이었다.
- 지방자치제의 실시와 재정분권의 본격화로 인하여 서비스의 기획・생산 및 제공에 대한 지방자치단체의 역할 부여와 책무이행에 대한 사회적 요청이 커졌다.
- 서비스간 조정의 필요성이 커지고 있으며, 통합서비스 제공과 서비스의 효율성, 효과성문제가 대두되었다.

㉡ 주민생활지원서비스 전달체계의 개편과정

- 2005년 하반기부터 공공행정개편에 대한 행정부의 공식적 언급
- 2005년 9월 국무조정실에서 주관하여 부처활동으로 준비한 「희망한국 21」에서 주민생활지원서비스 전달체계 개편안 제시
- 2005년 10월 대통령연설, 2006년부터 읍・면・동사무소 개편으로 사회복지 전달체계의 혁신을 도모하겠다는 의지 표명
- 2006년 1월 기본계획으로 주민생활지원통합서비스 모델의 공식적 논의
- 2006년 7월 1일 1단계 시범실시('06.7.1, 53개시・군・구) → 2단계 확대('07. 1. 1., 129개 시・군・구) → 3단계 전국적으로 실시('07. 7. 1, 50개 시・군・구).

② 전달체계 개편의 목표

주민생활지원서비스 전달체계 구축의 궁극적 목적은 지방자치단체 또는 지역별로 민감한 고품질의 주민생활지원서비스를 제공하여 주민의 욕구를 충족시킬 수 있는 행정능력을 갖추는 것이며 구체적 목표는 다음과 같다.

㉠ 지방자치단체 단위로 서비스 제공을 위한 기획력을 제고시키는 것이다.

㉡ 서비스의 전문화이다.

㉢ 서비스 연계 및 통합서비스의 제공이다.

㉣ 서비스의 대응성 향상이다.

③ 주민생활서비스전달체계 추진 내용

㉠ 지방행정조직 개편

- 시 · 군 · 구청에 「주민생활지원국」 또는 「주민생활지원과」를 설치하여 주민생활관련 8대 서비스의 기획, 연계 · 조정, 통합조사 수행하여 서비스 제공능력 강화.
- 읍 · 면 · 동사무소에 주민생활지원담당 신설하여 인력 확대 배치, 상담실 설치.

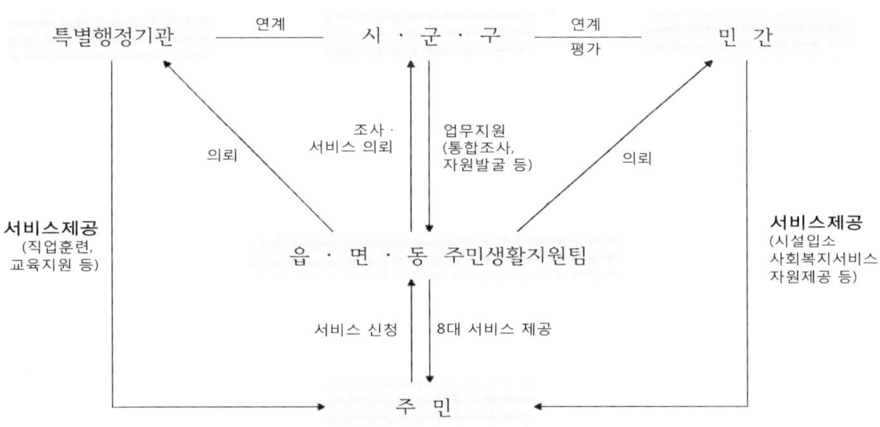

[그림 6-2] 통합서비스 제공체계도

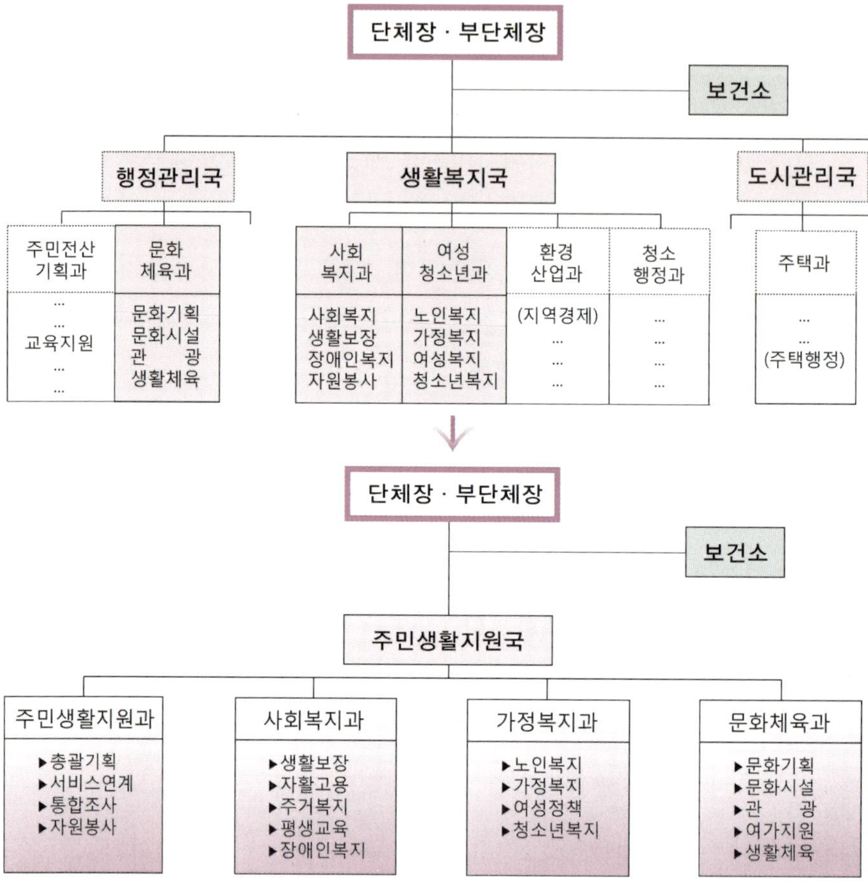

[그림 6-3] 대도시형 본청 행정기구 개편 예시

㉡ 통합정보시스템 구축

- 주민생활지원 포털 구축: 복지 · 고용 · 주거 · 평생교육 등 주민생활지원 8대 서비스에 대한 종합적 정보 제공, on-lone 서비스 신청, 자격조회 등 가능.
- 주민생활 행정지원 시스템 구축: 외부 공공기관 전산망을 연결하여 민간 및 공공의 서비스를 체계적으로, 종합 관리할 수 있는 통합적 업무처리 환경 제공.

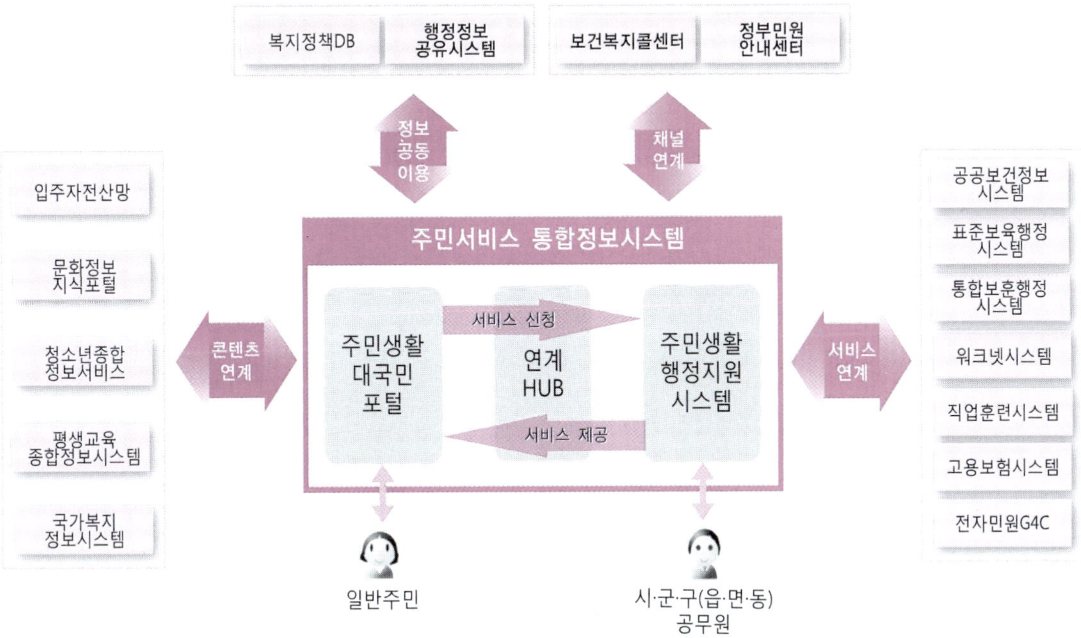

[그림 6-4] 통합정보시스템 구축도

ⓒ 읍면동사무소에서 제공하는 서비스

읍・면・동 사무소에서 제공하는 서비스를 살펴보면 <표 6-1>과 같다.

〈표 6-1〉 읍 · 면 · 사무소 서비스 내용

구 분	서비스 내용
법정복지서비스	• 기초생활보장 급여, 모부자가정 지원, 노인교통수당, 경로연금, 장애수당, 보육료 지원, 긴급복지 등 법정급여 지원
고용지원서비스	• 시 · 군 · 구청 및 고용안정센터와 함께 직업상담, 공공근로, 구인구직 등록, 자활지원 등 고용지원 서비스 제공
보건의료서비스	• 건강검진, 물리치료, 보장구 지원, 방문간호 등 각종 보건 · 의료 서비스의 안내 및 의뢰
주거복지서비스	• 영구임대, 매입(전세) 임대주택의 입주신청 및 전세자금대출 신청 · 접수
시설입소서비스	• 노인양로(요양) 시설, 장애인복지시설, 여성복지시설 등에 입소 시 안내 및 의뢰
기타	• 사회복지관 등에서 제공하는 상담 · 가족강좌, 방과후 교실, 자원봉사 프로그램 안내 및 의뢰 · 지역 내 다양한 문화 · 생활체육 · 평생교육 · 관광 프로그램 안내

2) 민간행정체계

민간행정체계의 조직은 운영주체가 사회복지법인, 재단법인, 사회법인, 특수법인, 사회단체(종교단체, 법정단체, 주민조직) 등, 민간법인이나 단체가 노인복지사업을 목적으로 운영하는 기관이나 시설을 말한다.

(1) 노인복지시설 현황

민간행정체계 가운데 노인복지시설을 중심으로 살펴보면, 시설의 종류는 노인주거복지시설, 노인요양시설, 재가노인복지시설, 노인여가복지시설로 분류된다.

「'04년 노인복지시설 증가 현황 및 이용노인 수 증가실태」(2007)의 보고에 따르면, ① 노인주거복지시설의 이용노인 수는 '04년 7,067명으로 '03년도의 6,685명에 비해 약 5.7% 증가하였고, 시설수도 '03년 125개소에서 '04년도 139개소로 증가하였다. ② 노인요양시설(요양시설, 전문요양시설)의 이용 노인 수는 '04년 18,070명으로 '03년도 13,754명에 비해 31.4% 증가하였고 시설수도 '03년 232개소에서 '04년도에 354소로 125개소 증가하였다. ③ 가정에 있는 치매・중풍 환자 등을 방문하여 목욕, 식사 등 수발을 드는 가정봉사원 파견사업 등 재가노인사업을 이용하는 질환노인 수는 '04년 30,489명으로 '03년도의 23,70명보다 32.2%가 늘어났다. 재가노인복지시설도 '03년도 49,633개소에서 '04년도 2,628개소 늘어난 24,750명으로 대폭 증가추세를 보였다. ④ 여가시설인 노인복지회관, 노인교실, 경로당 등도 '03년도 49,633개소에서 '04년도 2,628개소 늘어난 52,934개가 운영된다. 노인복지시설의 현황은 다음과 같다.

〈표 6-2〉 노인주거복지시설 현황(단위: 개소, 명)

구분		소계		무료		실비		유료	
		시설수	이용자	시설수	이용자	시설수	이용자	시설수	이용자
양로	'03	119	5,887	85	4,160	5	156	29	1,571
	'04	131	6,024	78	3,835	12	230	41	1,959
주택	'03	6	798					6	798
	'04	8	1,043					8	1,043
계	'03	125	6,685	85	4,160	5	156	35	2,369
	'04	139	7,067	78	3,835	12	230	49	3,002

〈표 6-3〉 노인요양시설 현황(단위: 개소, 명)

구 분		소계		무료		실비		유료	
		시설수	이용자	시설수	이용자	시설수	이용자	시설수	이용자
요양	'03	151	8,357	113	7,069	19	840	19	448
	'04	214	10,018	131	7,880	42	1,498	41	640
전문요양	'03	81	5,397	68	4,898			13	499
	'04	143	8,052	108	7,027	1	100	34	925
계	'03	232	13,754	181	11,967	19	840	32	947
	'04	357	18,070	239	14,907	43	1,598	75	1,565

〈표 6-4〉 재가노인복지시설 현황(단위: 개소, 명)

구분		계	가정봉사원 파견시설	주간보호 시설	실비주간 보호시설	단기보호 시설
시설수	'03	505	228	178	33	66
	'04	660	300	237	41	82
이용자수	'03	23,070	18,133	3,274	438	1,225
	'04	30,489	24,750	4,390	483	866

〈표 6-5〉 노인여가복지시설 현황(단위: 개소)

구분		계	노인복지회관	경로당	노인교실	노인휴양소
시설수	'03	49,633	145	48,800	684	4
	'04	52,934	152	51,287	819	3

(2) 행정체계

시설 운영체계를 살펴보면 노인양로시설과 요양시설은 원장, 사무국장, 생활지도과장, 생활지도원이 노인들에게 직접 서비스를 제공하고 있으며, 간호, 생활지도 등 업무 영역 별 담당체계로 운영되는 것이 대부분이고, 노인복지회관은 관장, 부장, 총무과, 사회복지과, 재가복지과 등으로 구성되어 있다.

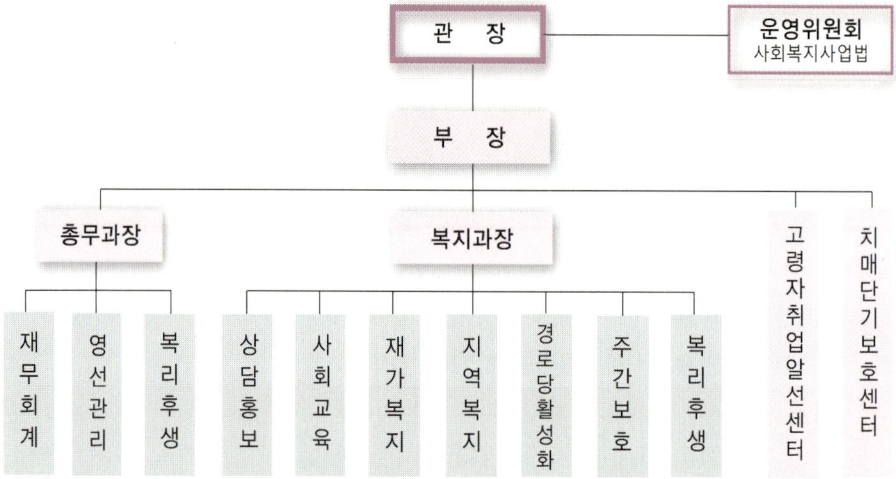

[그림 6-6] 노인복지관의 행정체계(사례)

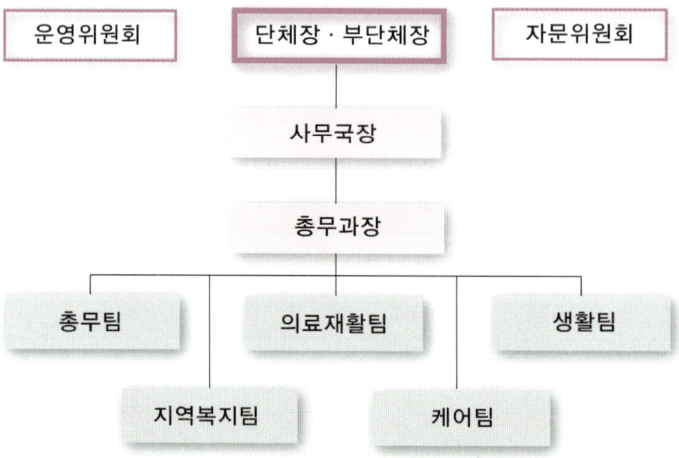

[그림 6-5] 노인요양시설의 행정체계(사례)

3. 노인복지행정의 문제점 및 과제

복지행정이 효율적으로 이루어지려면 행정체계가 일관성 있고 합리적이어야 한다. 우리나라의 복지행정은 대상마다 다르고 노인복지 행정체계도 필요에 따라 변화되기 때문에 급여대상자인 노인은 물론 일선에서 근무하는 전문가들도 대응하기 어려운 실정이다.

앞서 다루었던 내용을 바탕으로 노인복지행정의 문제점을 살펴보기로 하면, 첫째, 노인복지사업 집행에 관한 전문성 있는 행정체계의 미비를 들 수 있다. 우리나라의 복지행정은 지나치게 중앙에 집중되어 있고 보건복지부(현 보건복지가족부)의 정책이 행정자치부(현 행정안전부)의 비전문적인 행정체계를 통하여 전달되고 있다. 특히, 2007년 7월 전국적으로 시행되고 있는 주민생활지원서비스 전달체계가 그러하다. 사회복지행정의 기획과 정책은 보건복지부에서 이루어지지만 서비스 전달체계의 최일선 기관은 일반적 행정체계이므로 복지행정에 대한 전문성이 결여된 실정이다(김동배, 2001).

둘째, 노인복지행정의 일관성 결여이다. 업무부서가 단일화되지 못해 복지정책 기획 수립의 효율성 문제 및, 구심체가 없기 때문에 부처간의 업무 협조 기능이 미흡한 실정이다.

셋째, 전문 인력 부족이다. 공공행정 복지서비스의 경우 전문 인력의 부족으로 수혜대상자에게 개별화된 복지서비스를 제공하지 못하고 있으며, 행정편의주의로 인해 복지수혜자들의 다양한 욕구에 능동적, 선별적 서비스를 제공하지 못하고 있다.

넷째, 복지서비스와 보건 의료서비스의 별개 행정체계이다. 노인들은 빈곤문제 등 복지적 욕구뿐만 아니라 동시에 신체적, 정신적 장애로 인한 질병의 확률이 높은 집단으로서 보건·의료적 욕구를 함께 갖고 있으나 복지서비스와 보건·의료서비스가 통합적으로 이루어지지 못하고 별도의 행정체계에 의해 시행되고 있다(김수영 외, 2001).

위와 같은 문제점을 해결하기 위해서는 먼저 중앙정부와 지방자치단체간의 긴밀한 협력관계가 필요하다. 특히, 새롭게 개편되는 주민생활지원서비스의 목표가 서비스 이용 대상자와 중앙 및 지방자치단체간의 원활한 의사소통의 통로를 만들었다는 취지에서는 큰 의미가 있으나 인력, 재정 등 다양한 문제가 존재하므로 이를 효과적으로 정착시키기 위한 각 부처 간의 긴밀한 협력이 필요하다.

다음으로 노인복지와 보건의료서비스를 통합하여 실시하는 것이 필요하다. 노인의 특성상 노인의 질병은 다양하고 지속적 성향을 나타내며 접근성이 중요하기 때문에 포괄적인 서비스를 제공하기 위한 통합체계를 구축해야 할 것이다.

마지막으로, 점차 노인인구가 급증하는 시기에 효율적이며 지속적인 서비스를 제공하기 위한 노인복지행정은 매우 중요하다. 따라서 임기응변식의 체계변화가 아닌 대다수의 노인들의 욕구를 충족시켜 줄 수 있는 효율성과 전문성 있는 행정이 이루어져야 할 것이다.

■ 참고문헌

김동배 · 김유심(2001). "한국 노인복지 행정체계의 기선방향". 연세행정논총, pp. 87-113.

김수영 · 성명옥 · 김경호 · 조추용(2001). **노인과 지역사회보호**. 양서원.

김영돈 · 김영지(2001). "한국 노인복지행정조직의 문제점과 개선방안". 사회과학연구, 제14호.

보건복지부(2007). 노인보건복지사업안내(안).

______________. 주민생활서비스 전달체계 혁신 국정보고회. 보노자료.

______________. 주민생활지원서비스 전달체계 혁신 1단계 시행. 보도자료.

이현주(2007). 주민생활지원서비스 전달체계 구축목표와 행정조직구조개편. 보건복지포럼.

B. E. Shenfield, *Social Policy for Older People*, Englewood, N. J.: Prentice Hall, 1969, pp. 11-13.

7

노인상담서비스

노인은 현대 가족의 구조적 변화와 급격한 사회변화, 개인주의적 가치관의 확대, 세대간 차이 심화, 경제적 빈곤 등으로 다양한 차원에서의 문제를 가지게 된다. 더불어 신체 · 심리 · 사회적 노화의 결과로 인하여 자립적 일상생활 능력이 감퇴되며, 노인과 가족 및 사회적 관계망과의 정서적 유대감의 약화로 인하여 노인들은 고독과 소외를 경험할 가능성이 높아지게 된다.

따라서 노화과정에서 나타나는 부정적인 영향을 최소화하고, 노년기의 심리적 욕구충족과 문제해결 및 노후생활에 대한 적응을 도모하며 노년기의 삶의 질을 제고하기 위한 다양한 노인복지서비스와 함께 전문적 노인상담이 보다 확대되어야 할 필요성이 있다.

노인에 대한 삶의 질을 제고하기 위한 노인상담은 '도움을 필요로 하는 노인이 상담자와 전문적 원조관계를 형성하여 은퇴문제, 개인 및 가족문제, 경제 및 건강상의 문제를 해결하고, 감정 · 사고 · 행동측면의 성장을 도모하여, 성공적인 노후생활을 영위하기 위하여 노력하는 과정'이라고 할 수 있으며(김태현, 2000), '노인문제에 관한 전문적인 지식과 훈련을 받은 상담자가 노인들이 당면한 제반 문제를 논의하고 그 해결점을 찾을 수 있도록 도와주는 과정'을 말하며, 노인상담은 노인문제 해결의 기초이자 노인문제 해결에 공통적으로 사용되는 매개적인 방법으로 여겨지고 있다.

특히 노인상담은 소외된 노인들에게 1차적 사회적 관계망으로서의 역할을 할 뿐 아니라 노인의 숨겨진 욕구나 문제를 탐색하여 이를 해결할 수 있도록 지원하고 노후생활에 필요한 정보와 지지를 제공해 주며, 노인을 부양하는 가족에 대해서도 필요한 지지와 서비스를 제공해 줄 수 있기 때문에 그 필요성은 더욱 크다 할 수 있다.

그러나 지금까지 한국사회에서 노인상담은 중요성에 비해 크게 관심을 끌지 못하였다. 그 이유를 살펴보면 다음과 같다.

첫째, 사회에서 노인의 문제를 2차적인 것으로 산수하거나 둘째, 노인은 그들의 개인적 감정과 욕구를 쉽게 표현할 능력을 가지고 있지 않기 때문에 상담의 대상이 되기 어렵다는 시각이며, 셋째, 노인문제에 대한 해답, 치료법이 없다는 것이다(서혜경 · 정순둘 · 최광현, 2006).

즉, 노인인구는 생산성 측면에서 본다면 비생산적인 인구이므로 이들의 욕구 역시 1차적인 대상이 되기보다는 2차적인 대상으로 간주되거나, 노인의 문제에 대한 복합적이고 다양한 원인에 대한 욕구를 정확히 측정하거나 사정하기 어렵고, 노화는 자연적인 현상이고 막을 수 없는 것이기 때문에 노인문제에 대한 관심을 무디게 만들고 있기 때문이다.

1. 노인상담의 이해

1) 노인상담의 기능

노인상담은 상담 자체만으로도 노인문제를 해결하는 경우도 있고, 노인상담을 통해 문제해결 예방과 일상적인 노후생활을 한층 활력 있고 건강하게 하는 데 기여하는 기능도 있다.

노인상담은 우선 노인이 필요로 하는 의료적, 사회적, 정서적 지원을 효과적으로 동원하고 이용하도록 원조해 주는 것을 목적으로 한다. 또한 신체적인 강점을 강화하고 건강약화에 적응하도록 원조해 주며(예: 건강상담), 보호 · 주거에 대한 욕구를 충족시키며(예: 시설이용 문의, 노인학대 상담, 법률상담 등), 지역사회에서 새로운 역할을 가질 수 있도록 원조하고(예: 여가, 취업, 자원봉사 상담 등), 손자녀, 친척 및 지역사회와의 관계를 수정하도록 하고(예: 가족관계 상담), 배우자나 친구 등 중요한 사람들의 상실에 적응하도록 하며(예: 임종상담), 은퇴와 재정적인 변화에 대처하도록 하고(예: 취업상담, 여가상담 등), 끝으로 삶의 통제력을 유지할 수 있도록 한다(예: 통합적 상담; 서혜경 · 정순둘 · 최광현, 2006).

최근 고령화가 심화되면서 노인시기에 겪는 경제적 빈곤과 각종 질병으로 인한 기본적인 노인문제와 함께 가족 내에서 노인들의 역할과 지위가 크게 변화되게 되었고, 따라서 노인들은 직장이 아닌 가정과 이웃과 지역사회에 적응해야 하는 어려움이 증가하게 되었다. 이로 인하여 노인들의 사회적 활동이 줄어들면서 소외감, 상실감, 무력감 등을 느끼게 되었으며, 이러한 사회적 특성들은 노인들로 하여금 심리적으로는 고독을, 사회적으로는 박탈감과 지위와 역할의 상실을 경제적으로는 빈곤에 빠지게 하고 있다.

이처럼 일반적인 노인문제와 더불어 서비스 혜택측면에서의 '소외'라는 이중고는 현대를 살아가는 노인의 위치를 더욱 불안하게 하고 있다. 그러므로 노인상담은 이처럼 불안한 가운데 긴 노년기를 보내야 하는 노인들이 보다 건강하고 활기찬 노후를 보내기 위해서는 노인상담을 통해 이들의 심리 · 정서적 어려움을 이해하고, 노인들의 욕구와 필요를 들어 줌으로서 노인들의 문제를 예방 및 치료하는 데 있다. 사회적으로 가정적으로 소외당하고 있는 노인에 대한 이해나 필요한 문제해결과 다양한 서비스 제공 및 정서적 지지를 도모하는 노인상담의 역할은 그 중요성이 더욱더 강조되고 있다(현외성 외, 1998).

2) 노인상담의 특징

늘어나는 노인인구의 표현되지 못한 다양한 욕구들을 잘 이끌어내고 그 자체로 서비스를 제공하거나, 필요한 서비스를 연결하는 노인상담은 노인인구의 특성상 다른 어떤 연령보다 더 중요한 역할을 하게 된다.

특히 상담자들은 노인 내담자의 감각 및 인지손상 측면의 평가와 가족 및 다른 전문인들과 협력적인 협동절차에 익숙할 필요성이 있으며, 또한 상담목표로서의 노인의 기능향상 및 증상완화 개념 등에 익숙해지거나 적응될 필요가 있으며 이러한 이유로 노인상담은 노인의 특징에서 비롯되는, 일반적인 상담과 다른 몇 가지 특징이 있으며(이장호 · 김영경, 2006), 노인의 개인적 특성에 따른 임상적 관계유지에서 본 특징이 있다(Kennedy, 2000).

〈표 7-1〉 노인상담의 특징

노인의 일반적 특징에 따른 노인상담의 특징	노인의 개인적 특성에 따른 노인상담의 특징
• 노인 내담자는 신체적 · 사회심리적 노화과정을 겪고 있는 사람이다. 따라서 더 많은 인내심과 기술, 그리고 내담자 중심의 이해력과 수용을 요한다. • 사고 및 감정배경의 탐색과 행동변화의 추구보다는 지금-여기의 생활향상에 대한 지지과정에 우선적 중점을 둔다. • 노인상담의 접근 기법 면에서는 직면, 도전 등의 직접형 접근 방법보다 경청, 명료화적 질문 및 해설식 언급 등의 간접형 접근법이 바람직하다. • 노인상담에서 권장되고 있는 '회상요 법(life review therapy)'은 과거 긍정적 자아상과 현재 삶을 동일시(통합)함으로써 상실감, 우울, 죄책감 등을 감소시킬 수 있다. • 타 연령층에 비해 임종 및 의료 · 요양시설에 입원하는 경우가 많으므로 상담의 종결과정에서 변화에의 불안 완화 등 세심한 배려와 종결 후 추수 점검의 노력이 필요하다.	• 국부적인 초점의 개입보다는 넓은 배경 접근의 위로가 필요하다. • 고령노인의 건강 및 안녕에서의 사회적인 요인을 고려한다. • 노인층 내담자와의 접촉에서 소요되는 시간 및 관련된 복합적 속성들을 인내한다. • 가족 및 다른 노인 전문인들과의 협동적 및 상호 지지의 준비가 되어 있어야 한다. • 노인의 생존적 측면보다는 삶의 질, 재활 및 기능향상에 초점을 맞춘다. • 노인층의 생리학적 다양성뿐만 아니라 사회적 문화적 다양성 및 이질성을 인식한다. • 노인 내담자의 신체적 접촉(스킨십)의 용의가 있고 구체적 '건강충고'가 있다. • 노인 내담자의 의존성을 인내하면서도 적당한 자율성을 발휘하도록 안내한다.

3) 노인상담자의 역할

노인상담에서 내담자에 대한 치료는 대부분 긴장의 연속이다. 대부분의 상담자는 내담자보다 젊으며, 반면에 내담자는 노인이다. 이러한 상황을 통해 노인상담현장 속에서 세대가 다른 두 사람이 감정적으로 친숙해지는 것은 상담의 과정 속에서 치료를 더 좋게 촉진시킬 수 있는 전제가 된다.

사회문화적 발전과 변화를 통해 세대간의 차이가 발생되며 이러한 세대간의 차이는 역시 상담현장 속에서 경험된다. 한국의 노인세대는 일제 식민지 시대와 한국

전쟁, 경재개발시대를 살아온 사람들로서 이들에게서 삶은 생존투쟁 그 자체였을 것이다. 상담자는 내담자의 대화 속에서 그가 갖고 있는 현재의 이데올로기를 통해 영향 받은 관점들은 성급하게 표현하지 않도록 주의해야 한다. 오히려 세대간의 문화적 교환이 대화에 활기를 줄 수 있다.

상담자는 노인 내담자의 상담에서 노화현상, 질병, 죽음과 같은 문제를 이야기할 때 종종 어려움에 처하게 될 수 있다. 이러한 문제들은 젊은 내담자와의 대화에서 별로 문제가 되지 않을 수 있다.

다양한 노인상담자의 역할 중 주로 다음 네 가지 역할이 노인을 위한 상담서비스에서 바람직한 것으로 받아들여지고 있다(장인협 · 최성재, 2006 ; 서혜경 · 정순둘 · 최광현, 2006).

① 중개자의 역할(role of broker)

노인상담자는 노인 내담자와 지역사회자원 간의 중개자로서의 역할을 수행한다. 이때 노인상담자의 활동은 노인 내담자와 지역사회 간에 연관을 맺어 주는 일이다. 노인상담자가 중개자로서 효과적인 역할을 수행하기 위해서는 지역사회 내의 자원에 대한 폭넓은 지식을 갖고 있어야 한다. 내담자가 필요로 하는 자원을 적시에 찾아 활용할 수 있도록 돕는 것이 노인상담자가 제공할 수 있는 가장 중요한 서비스인 것이다.

② 대변자의 역할(role of advocacy)

대변이란, 법률적인 용어로서 노인상담자가 활동목표를 달성하는 데 필요한 내담자의 입장을 표현해 주고 대신 주장해 주는 활동을 의미한다. 또한 대변자로서 노인상담자는 노인 내담자를 대신해서 논쟁하고 교섭하고, 협상하며 환경을 조작한다. 대변은 중재와는 상이하다. 중재란 양쪽에서 주고받는 것을 통하여 분쟁을 해결하려고 노력하는 것인 반면, 대변은 내담자의 법적으로 부여된 혜택을 보장받기 위한 노력이다.

③ 가능케 하는 자로서의 역할(role of enabler)

가능케 하는 자의 역할이란, 활동목표를 달성하는 데 필요한 변화를 가져오기 위하여 노인상담자가 노인 내담자의 대처능력을 강화시키고 자원의 발견과 활용을 도와주는 일을 말한다. 일반적으로 노인상담자의 책임은 변화를 내담자 스스로 달성할 수 있도록 돕고 그 과정을 촉진시키는 것이다. 가능케 하는 자로서 노인상담자는 노인 클라이언트가 그의 환경을 변화시킬 방법을 발견하도록 도와준다. 노인 클라이언트가 스스로 결정을 내리는 데 필요한 정보를 제공하거나 또는 가르쳐 주는 일도 가능케 하는 역할의 중요한 측면이다.

④ 교사의 역할(role of teacher)

가르치는 일도 노인상담자가 활용할 수 있는 역할 중의 하나이다. 노인상담자는 노인 내담자에게 문제 상황에 대처하는 데 필요한 새로운 정보를 제공해 줄 수 있고, 내담자가 새로운 행동이나 기술을 숙련하도록 도울 수 있으며 대안적 행동유형의 모델링(modeling)을 통하여 가르칠 수 있다.

4) 노인상담의 유형

노인상담은 노인들의 문제 상태, 대상, 신체적 질환, 내담자의 삶의 문제, 일정한 심리사회적 갈등상황, 정신적 외상 등에 대한 이해를 전제로 한다.

노인상담은 대상에 따른 유형에 따라 개별상담과 집단상담, 상담방법에 따른 분류로 면접상담, 전화상담, 인터넷상담, 방문상담 등으로 구분된다.

(1) 대상에 따른 유형

① 개별상담

노인상담이 필요한 이유는 노화로 인한 각종 변화 즉, 심신 활동능력의 약화나 경제적 불안정, 인간관계의 상실 등이다. 그러나 상담에 있어 유의할 것은 개별화의 원칙에 입각한 욕구충족이라는 점이다. 다시 말해 인간으로서의 노인, 일반화된 특성이 아니라 개별적 특성을 지닌 노인에 대한 상담이라는 개념으로 노인상담을 실천하는 한 방법이 될 수 있다.

일반적으로 면접상담은 개별적인 상담으로 이루어지는 경우가 많다. 면접상담은 내담자의 개인적 특성이나 다루어야 할 문제의 성질에 따라 집단상담보다는 상담자와 내담자간 일대일의 관계를 통한 개인 상담을 실시하는 것이 좋은 경우가 있다.

내담자의 문제가 개인의 은밀한 심리적 갈등이거나 복잡한 위기적 성질을 갖고 있을 때, 혹은 내담자의 정신적 능력이나 성격이 집단관계에 적합지 않다고 판단될 때에는 개인상담이 더 효과적이다. 대체로 개입의 초기단계에는 개인상담으로 시작하는 것이 일반적이지만 내담자의 특성이나 문제의 성질에 따라 때때로 집단상담을 필요에 따라 실시 할 수도 있다(김선희 외, 2005).

노인의 상담내용이 특징적 행동유형, 생활주기, 사회관계, 위기, 슬픔, 상실 등에 중점을 두거나 임상적 경험을 통해 그 효과가 실증되는 것을 고려한다면 심리사회적 모델, 위기모델, 시스템 모델과 행동수정 모델 및 생태체계론적 생활 모델 등이 적절한 개별상담모델로 적용될 수 있을 것이다.

② 집단상담

집단상담은 집단구성원간의 상호작용적 관계를 바탕으로 행동양식의 변화를 가져오는 노력이다. 집단상담에서는 전문적 훈련을 받은 한명의 상담자가 동시에 여러 명의 내담자들과 관계를 맺음과 동시에 내담자들 간의 상호관계를 촉진한다.

즉 내담자들을 자신들의 적극적인 상호관계를 통하여 자신들이 경험하고 있는 문제들-태도, 정서, 의사결정과 가치문제, 혹은 생활상의 대소사 등-을 공유하고 다루게 된다. 따라서 집단상담의 일차적 목표는 개인들로 하여금 자기이해와 대인관계의 능력을 향상시키고 생활환경에 보다 잘 적응할 수 있도록 하는 것이다(김선희 외, 2005).

집단상담의 효과성에 대해서 Yost & Corbishley(1985; 서혜경, 2006 재인용)는 집단상담은 의도적인 집단경험을 통해 개인의 사회적 기능을 향상하고, 개인, 집단, 지역사회들이 당면 문제들에 대해 보다 효과적으로 대처해 나갈 수 있도록 도움을 주는 것이라는 점에서 노인들이 겪는 고독과 분리감을 메워 주는 데 큰 도움이 될 수 있다고 하였으며 다음과 같이 구분하였다.

우선, 사회화(socialization)와 집단 응집력(group cohesiveness)이다. 많은 노인들은 은

퇴, 친근한 사람들의 상실 등으로 인해 강한 고독을 느끼게 되는데 집단을 통해 고독감을 해소할 수 있고, 새로운 관계를 가질 수 있게 되었다. 둘째, 보편성과 희망에 대한 주입(universality and instillation of hope)이다. 사회적, 경제적, 신체적 어려움을 자신만이 겪는 것이 아니라는 것을 집단성원들의 경험을 통해 알게 되며, 주요한 타자의 죽음과 자신의 육체가 쇠퇴해 가는 것을 다른 사람이 문제해결을 해나가는 과정을 통해 배울 수 있다. 셋째, 이타주의(altruism)이다. 노인자신도 누군가에게 도움을 줄 수 있는 사람이라는 것을 인식시켜준다. 집단에서 다른 사람의 경험을 배울 수 도 있지만, 자신의 경험을 다른 사람에게 가르쳐 줄 수도 있기 때문이다.

(2) 매체에 따른 유형

① 면접상담

노인상담에서 내담자가 상담자와 직접 마주 앉아 의사소통을 하는 방식으로 이루어지는 상담의 가장 기본적인 형태라고 할 수 있다. 면접상담은 상담자 측면에서 볼 때 상담의 효율성과 정확성을 높여 주는 강점이 있다.

즉, 면접상담은 상담자가 내담자의 언어적 메시지뿐 아니라 비언어적 메시지와 상황요인에 대한 직접적인 관찰이 용이하여 의사소통의 정확성을 증가시킨다.

면접상담에서는 노인 내담자의 언어적 메시지뿐 아니라 비언어적 메시지와 그 밖의 상황에 대한 직접적인 관찰이 가능하고 다양한 상담기법의 적용이 가능하다.

그러나 면접상담은 내담자가 스스로 상담자를 찾아가야 하는 자발적 의지를 필요로 하며, 직접적인 대면을 통하여 자신의 문제를 노출해야 하는 심리적 부담이 있다.

따라서 노인 내담자가 내방할 수 있도록 동기를 부여하는 기술이 요구되며, 쉽게 찾아올 수 있도록 교통편의를 제공하거나 시간과 장소 등을 조절하는 것이 좋다(김선희 외, 2005).

노인은 상담과정 중 언어적 표현력이 부족하므로 노인 내담자의 비언어적 메시지에 특히 민감하게 반응하여 주시할 필요가 있다.

② 전화상담

전화상담은 전화매체를 활용하여 신속하게 내담자에게 대응하며 내담자의 문제와 위기에 개입한다. 전화상담은 노인 체면을 크게 신경 쓰지 않아도 되는 개방통로이고, 거동이 불편한 노인에게 적합하며 노인 수발부양자(가족)에게 즉각적 정보 제공에 편리하다.

전화상담의 특징으로는 단기상담, 익명성, 신속성, 내담자의 선택 용이성 등을 들 수 있다. 전화상담은 내담자가 현재 처해 있는 어려움에 주로 집중하는데, 이는 한 번의 상담을 통해 내담자에게 현재 가장 시급한 문제, 가장 도움받고 싶은 영역을 보다 효율적으로 상담하는 데 용이하기 때문이다.

노인상담에서 전화상담을 선호하는 주요 이유 중 하나는 익명성으로, 이는 자신을 밝히지 않고 문제를 해결하는 데 도움을 받을 수 있다는 장점이 있기 때문이다.

면접상담은 문제의 핵심으로 들어가는 데 있어 시간이 소요되나 전화 상담에서는 용이하게 문제의 핵심으로 들어가 자신의 문제와 깊은 감정적 차원까지 접근할 수 있는 장점이 있다.

그러나 전화상담은 얼굴을 대하지 않는 전화상담자와 친밀감, 신뢰감의 상담관계를 경험하기가 쉽지 않으므로 진실성이 덜 확보된다는 단점도 있다(이호선, 2005).

③ 인터넷상담

최근 노인상담에서 증가되고 있는 상담은 인터넷 보급 확산에 따른 인터넷상담으로 내담자가 자신의 문제를 호소하고 글을 쓰는 과정에서 자신의 문제를 정리하는 시간을 제공하며, 상담자의 답변이 오기까지 기다리면서 문제에 대한 대안을 생각하고 관심을 지속할 수 있다는 장점이 있다. 또한 내담자는 자신을 노출하는 대신 가명이나 아이디(ID)를 사용할 수 있기 때문에 자신이 노출되는 데 대한 불안감에서 벗어나 다양한 문제를 호소할 수 있다. 이는 전화상담에서 가지고 있는 익명성으로 인한 선호도의 증가와 동일하다.

그러나 인터넷상담은 내담자가 작성한 글을 대상으로 상담이 이루어지기 때문에 문제의 구체적인 상황을 파악하기 어려울 수 있고, 정확한 내담자의 상황이 전달되지 않는다면 문제의 상황을 왜곡하거나 잘못된 정보를 전달할 수 있다. 또한 인터넷상담은 상담과정에서 이러한 부분을 확인하기 어렵기 때문에 일회적인 상담으로 종결되거나 면접상담을 위한 중간단계로서 이루어지는 경우들이 많다(박재간 외, 2006).

2. 노인상담의 원리와 실천과정

1) 노인상담의 원리

노인상담은 상담의 주 대상이 노인이라는 점을 제외한다면 상담의 원리와 실천과정은 일반적 상담과 크게 상이하지는 않다.

상담은 내담자와의 논쟁, 과도한 관여, 지속적인 편들기, 타인의 의사를 전달하는 대신해서 말하기 등이 행동을 하지 말아야 하며, 모든 내담자를 존중해야 한다.

노인상담의 기본원리는 개인 및 가족차원에서 해결할 수 없는 노인의 욕구에 대한 구체적이고 실제적인 지원망이며, 노인들이 노년기의 발달과업을 원만하고 성공적으로 수행할 수 있도록 도와주기 위한 대안적 복지서비스의 하나로서 노인의 복지와 직접적으로 연결된다.

이러한 노인상담의 기본원리는 상담자가 내담자와의 관계에서 지켜야 하는 일반적인 상담의 원칙과 유사하므로 Biestek이 제시한 원조관계의 주요 원칙에 노인의 특성을 고려하여 노인상담에서의 원칙을 제시할 수 있다(장인협, 2006).

첫째, 개별화의 원칙으로 이는 노인의 상황에 따라 다르게 처우해야 하며, 노인을 범주화해서 다루지 말아야 한다는 것을 의미한다. 노인이나 노화에 대한 편견이나 선입관을 가져서는 안 되며, 면접장소와 시간 등을 결정함에 있어서 노인에 대한 세심한 배려와 함께 상담을 통해 얻은 개인적 정보에 대한 비밀을 유지해야 한다.

둘째, 의도적 감정표현의 원칙으로 상담자는 노인들이 가족 또는 사회관계에 대해 갖고 있는 부정적 감정을 의도적으로 표현하여 이를 긍정적 감정으로 전화시키기 위하여, 시간 및 정서적으로 여유를 가짐으로써 스스로가 긴장하지 말아야 한다. 그리고 상담과정에서 허용적 태도를 갖고 경청하여야 하며, 비현실적 보장이나 성급한 판단을 함으로써 노인을 실망시키는 일을 해서는 안된다.

셋째, 통제된 정서적 관여의 원칙이다. 상담자는 객관적 입장에서 노인의 심정을 감정이입적으로 이해하고, 노인의 감정을 수용할 수 있어야 한다. 좋은 감정은 물론 부정적 감정을 표현할 경우에도 노인에 대한 긍정적 태도를 바꾸어서는 안된다.

넷째, 수용의 원칙이다. 상담자는 노인의 인간적 존엄성을 존중하여 노인의 강점과 약점, 바람직한 성격과 그렇지 못한 성격, 긍정적 또는 부정적 감정과 행동 등 노인이 지닌 특성을 현재 있는 그대로의 모습으로 받아들여야 한다.

다섯째, 비심판적 태도의 원칙으로 상담자는 노인의 사고와 감정에 대해 결코 심판적이어서는 안되며, 문제해결에 노인이 공동으로 참여할 수 있도록 해야 한다. 이를 위해 상담자는 노인의 문제에 대해 노인을 비판하거나 어느 정도의 책임이 있는가를 판단하고 따져서는 안되며, 노인의 감정, 행동, 태도, 가치관 등을 객관적으로 평가하여 이해의 목적에서 행해야 한다.

여섯째, 비밀보장의 원칙이다. 상담자는 상담과정에서 획득한 노인이나 그 가족에 대한 사적인 비밀을 외부에 제공하여서는 안되며, 철저하게 비밀을 유지하여야 한다.

일곱째, 죽음에 대한 대비의 원칙이다. 상담과정에서 노인들이 죽음에 대한 불안에 대처하고 남은 인생을 바람직하게 보낼 심리적 준비를 할 수 있도록 자아통합의 기회를 제공하여야 한다. 이를 위해 상담자는 노인의 삶에 대한 긍정적 회고를 할 수 있도록 자아통합의 기회를 제공하여야 한다.

이러한 노인상담의 원리를 살펴봄에 있어서 더욱 유념해야 하는 사항은 바로 노인을 대상으로 상담을 수행하는 상담자에 대한 상담지침으로 상담자는 노인의 욕구와 신체적·심리사회적 특성에 대한 이해가 바탕에 깔려 있어야 한다.

모든 상담자는 전문적 자질과 인간적 자질을 동시에 갖추어야 하며, 이러한 상담자가 가져야 하는 노인상담의 지침은 일반적으로 다음과 같이 제시된다(박차상 외, 2005).

첫째, 노인이 최대한 주도권과 결정권을 갖도록 하여 통제력과 독립성을 유지할 수 있도록 도와야 하고, 둘째, 초기면접에 보다 많은 시간을 투자하면서 노인의 구체적인 욕구를 명확하게 파악하여야 하며, 셋째, 노인의 언어적, 비언어적 메시지를 명확하게 이해하고 상담자의 메시지는 간단하고 반복적으로 전달하는 유익한 방법을 활용해야 한다. 넷째, 회상을 통해 과거를 더 잘 이해하고 미해결된 갈등을 해결함으로써 여생동안 자신에 대해 만족하게 한다. 다섯째, 노인은 후손과의 관계에서 만족감을 얻으려는 욕구가 강하고 가족의 관심과 지지는 자존감 회복에 도움이 되는 중요한 내용이므로 기본적으로 가족간의 관계강화를 돕도록 해야 한다. 여섯째, 노인에게는 외형으로 드러나지 않는 방임이나 정신적 학대 등이 많이 일어날 수 있고 학대에 대한 노인 스스로의 체념이나 가정문제라는 인식 때문에 피학대 사실이 밝혀지지 않는 경우가 많으므로 학대 발생 가능성에 유의해야 한다. 마지막으로 노인은 삶의 경험을 말하고 싶어하고 그렇지 못할 때 불만과 소외감을 느끼므로, 적극적인 경청을 통하여 심리적 지지를 제공하고, 이로써 노인의 상황을 더 잘 이해하도록 해야 한다.

2) 노인상담의 실천과정

앞서 살펴본 바와 같이 노인상담은 일반적인 상담과 그 상담의 대상에 대한 특징을 고려할 뿐 상담에 대한 접근방법은 유사한 형태로 진행된다.

상담은 목적이 있는 구조화된 형태로서 대화와는 구분이 된다. 상담은 일정하게 정해진 방식대로 진행되는 것이 바람직하며, 구조화되어야 상담에 대한 소기의 목적을 달성할 수 있다. 상담에서의 구조화란 상담이 진행되는 방식이나 내용, 방법, 절차 등에 일련의 유기적인 연계가 형성되어있다는 것을 의미하며 이에는 내담자에 대한 상담 시 내담자의 행동, 태도, 관련된 정보에 대한 안내와 동의를 포함한 상담기간과 시간 등을 사전 정확하게 전달하는 것도 포함되어 있다.

노인상담의 일반적인 실천과정은 접수 및 관계형성단계(intake and engagement)와 자료수집 및 사정단계(data gathering and assessment), 개입단계(intervention), 평가 및 종결단계(termination)로 구분하거나(권중돈, 2007), 이러한 4단계의 기본단계를 확장한 9단계의 상담단계로 구분하기도 한다(McDonald & Haney, 1988).

노인상담의 실천과정을 살펴봄에 있어서 여기에서는 일반적인 4단계의 기본단계를 중심으로 노인상담의 실천과정을 살펴보고자 한다.

〈표 4-2〉 노인상담의 실천과정

노인상담의 일반적인 단계(4단계)	노인상담의 9단계 상담모델
• 접수 및 관계형성단계	• 내담자 이해하기 • 관계 형성하기
• 자료수집 및 사정단계(목표설정 단계)	• 문제 정의하기 • 목표설정하기
• 개입단계	• 탐색 및 자각하기 • 대안탐구하기 • 대안목록 작성하기 • 결정 지지하기
• 평가 및 종결단계	• 종결

① 접수 및 관계형성 단계

접수 및 관계형성단계는 내담자인 노인이 상담에 대한 초기불안과 거부감을 해소할 수 있어야 하며, 상담의 핵심이 될 수 있는 전문적인 관계를 형성하는 데 주목적이 있다.

접수 및 관계형성 단계는 크게 상담신청과 접수면접, 첫회 상담, 상담계약으로 구분할 수 있으며, 각 내용에는 공통적으로 내담자와의 관계(rapport)를 적절히 형성하고, 내담자의 문제를 정확히 인식, 상담의 기간, 시간, 절차, 내담자의 동의 등을 포함한 구조화가 포함되어 있다.

성공적인 문제해결을 위한 상담을 위해서는 내담자의 적극적인 협력이 필요하므로 상담이 어떻게 진행되고, 상담을 통해 무엇을 할 수 있으며, 상담이 노인에게 어떠한 도움이 되는지를 알려주고, 상담을 활용해서 해결하고 싶은 다른 문제는 없는지를 충분히 검토하거나, 의견을 나누는 것이 필요하다.

노인상담은 노인 스스로의 상담신청을 기본으로 하지만, 내담자의 가족, 이웃, 의사, 사회복지기관의 사회복지사 등을 포함한 전문가가 의뢰하기도 한다.

상담을 통해 문제해결을 시도해 보려는 내담자 입장에서 볼 때, 상담을 신청한 시점은 상담을 통해 내담자가 변화・성장할 수 있는 최적의 시기이므로 가능한 한 상담에 대한 문의가 실제 상담과 연결되도록 하는 것이 매우 중요하다(박재간 외, 2006).

접수 및 관계형성에서는 상담에 대한 정확한 계약을 수행하는 것이 중요한 요소이다. 상담자는 내담자와 상담에 대한 구조화를 통해 내담자와 상담에 대한 정확한 계약을 형성하여야 한다. 이러한 계약은 상담자가 선택한 방법, 절차, 내용이 과연 내담자에게 변화를 줄 수 있는지를 내담자 스스로도 판단할 수 있는 기회를 제공하며, 상담에 대한 목적을 제공하고 상담에 기여하는 정보를 증가시키는 역할을 한다.

계약에는 상담의 예정 횟수와 간격, 길이, 상담에 참여하여야 하는 사람, 상담목표, 비용 등이 포함되는데 상담의 예정 횟수에 대한 정확한 언급은 내담자에게 상담이 영속될 수 있거나 상담자가 내담자의 문제에 한없는 개입이나 관심을 가질 것이라는 생각을 바꿀 수 있고, 문제해결의 단계에 대하여 구분할 수 있기에 중요하다.

그러나 상담계약에서 가장 중요한 것은 내담자와 상담자가 만나는 것에 의해서 만들어 내는 변화를 명확히 서술하는 것으로 이것이 명확하지 않게 된다면 상담이 성공할 확률이 적어지기 때문이다(김유숙, 2000).

② 자료수집 및 사정단계

자료수집과 사정은 이 단계에서만 이루어지지 않고 모든 상담과정에서 이루어지지만, 이 단계에서 구체적인 문제의 규정과 심각성, 문제로 인해 야기되는 결과나 상황에 대한 자세한 탐색이 집중적으로 이루어진다.

이를 통하여 노인상담의 목표설정 및 개입이 적극적으로 이루어질 수 있으며, 상담목표의 설정은 상담의 과정에서도 매우 중요한 단계이다.

자료수집 및 사정단계는 문제정의하기, 상담목표 정하기, 문제의 명확, 대안 검토, 결정 지지로 구분된다.

내담자와 초기에 설정한 상담목표를 놓고 상담을 진행하는 과정에서, 상담목표가 수정되어야 할 필요성이 있다면 빠른 수정과 상담의 방향을 내담자 동의하에 변경하여야 하며, 이에 따른 상담계약을 변경하거나 수정하는 등의 방법도 포함되어야 한다.

사정과정에는 전반적으로 노인의 신체적, 심리적, 사회적 기능이 포함된 포괄적 검토를 수행하여야 하며, 노인이 문제해결을 위해 가지고 있는 사회적 자원들에 대한 적극적인 검토도 함께 수행되어야 한다.

노인은 인생의 경험이 많으며, 노화의 단계에 있음으로 노인의 문제사정과 목표의 설정에 있어서는 다차원적인 검토와 평가가 수행되어야 한다.

자료수집 및 사정단계를 통한 상담의 목표설정은 일반적으로 노인상담에서 내담자가 호소하는 문제를 명확하게 정의하고, 상담목표를 구체화하며, 이슈를 명료화하는 순서로 진행된다(이호선, 2005; 현외성 외, 2003).

상담자는 내담자와의 상담목표를 결정하기 전에 내담자가 호소하는 문제를 명확히 구분하거나 정의할 필요가 있다. 이를 통해 상담자는 내담자와의 초기과정에서 드러나는 중심이 되는 문제를 파악하기 위한 관심을 집중할 필요가 있으며, 내담자가 가지고 있는 여러 가지의 문제 중 가장 근원이 되는 내용을 구분하여야 한다. 동시에 상담자는 내담자가 변화에 대한 시기, 내용, 대상, 과정 등을 정확히 이해할 수 있도록 해야 하며, 이를 위해 상담자는 내담자와의 상담과정에서 상담의 목표를 동일하게 이해할 수 있도록 해야 한다.

이를 위해 상담자는 한 번에 한 가지의 목표에 초점을 맞추며, 상담 목표는 구체적이고 측정가능 하도록 설정하며, 실행가능하고 도달 가능한 것으로, 내담자가 상담목표에 대한 승인과 동의를 구성하도록 하여야 한다.

특히, 상담자는 내담자에게 상담의 목표로 설정된 내용에 대하여 내담자의 동의와 승인을 이끌어내야 하는데, 내담자의 목표에 대한 동의와 승인이 없다면 상담의 효율성이 저하되거나 내담자의 문제해결을 위한 상담이 지연되는 등 상담의 기반을 구성할 수 없게 되므로 상담자는 내담자와 문제에 대한 상담관계를 재정비하거나 재구조화를 통해 상담의 기반을 형성하여야 한다.

③ 개입단계

개입단계는 문제해결의 계획을 구체적인 행동으로 실천하는 단계이자 문제해결단계이다. 상담목표를 설정한 이후 그 목표를 달성하기 위해서는 목표에 도달하기까지 중간단계를 통과하게 되는데, 상담자는 이러한 중간단계를 통과하는 데 필요한 단계적 과정목표를 함께 설정해 주어야 한다.

노인상담은 습관적 사고, 감정 및 행동유형을 변화시키기 위하여 개입하는 과정에서 상담자가 내담자의 의사나 환경을 고려하지 않은 일방적인 통보나 통제, 비우

호적인 상담 분위기, 급격한 변화를 조정하는 개입방법 등은 내담자의 상담에의 적극적인 참여를 방해할 수 있다.

이러한 노인에 대한 개입방법의 저항은 노인에 대한 잘못된 상담자의 가치나 믿음에서 유발되는 경우가 많은데 상담자는 이러한 잘못된 가치와 믿음을 배제한 상태에서 노인 내담자에 대한 변화 동기를 고취시킬 수 있는 개입방법과 단계를 설정해야 하며, 문제해결 노력을 기울여야 한다.

상담과정은 고정된 것이기보다는 지속적인 변화를 위한 유동적인 과정이므로 상담자는 초기단계에서 설정된 목표를 재평가하는 연속된 과정이 필요하다. 이러한 과정을 통해서 내담자의 문제가 본격적으로 개방되고 문제와 증상을 가져다주는 역기능적 행동패턴이 수정되거나 새로운 행동양식이 재설정되는 시기로 전개된다. 이 단계는 접수단계와 사정단계보다 강한 감정적인 과정으로 내담자의 문제와 갈등에 대한 감정적 상태가 분명히 표현되는 시기이다(김인수, 1992).

④ 종결

상담목표가 달성되었는지에 대한 진단과 더불어 시의적절하고 책임감 있는 상담을 위해서는 상담의 공식적인 종결이 필요하다. 종결단계는 분리의 단계로서 상담자는 내담자가 상담자를 계속 의지하기보다는 홀로서기를 하도록 적절히 분리를 하는 것이 필요한데, 이 과정 속에서 내담자에게 상담자는 상담과정을 통하여 변화된 부분을 적극적으로 지지하며 긍정적인 효과를 최대화하기 위한 방법을 동원하여야 한다.

이러한 상담과정의 변화를 강화하기 위한 종결단계를 적절히 수행하기 위해 McDonald와 Haney(1988)은 다음의 일련 과정들이 도움이 된다고 하였다(이호선, 2005. 재인용).

㉠ 끝매듭 잘 마무리하기

상담자와 내담자 사이에 끝내지 못한 문제나 현안이 있다면 종결과정 전이나 종결과정에 이를 포함하여 처리를 하여야 한다. 이런 마무리되지 않은 문제나 현안은 상담자와 내담자 사이에 상담의 종결 이후에도 연결되어야 하는 감정부분으로 남게 되거나 내담자가 상담자가 다른 업무나 내담자로 인하여 자신에게 이른 종결을 강요하는 것으로 이해할 수도 있다.

㉡ 적절한 때를 맞추기

내담자에게는 상담자와 일정기간동안 관계를 형성하였기 때문에 상담관계를 종결하는 것은 내담자에게는 어려운 일일 수 있다. 현재 내담자의 문제가 해결되면 당연히 상담자는 현재 내담자와의 관계를 종결하고 새로운 내담자와 새로운 문제에 대한 상담과정을 실시하는 것을 시작하고자 한다.

상담자는 내담자와의 종결을 논의할 때 내담자가 가질 수 있는 이러한 감정의 민감성에 유념하고 적절한 시기를 탐색하거나 종결을 논의하여야 한다.

㉢ 작별의 슬픔

노인 내담자는 상담자와의 종결이 또 다른 상실로 여길 수 있다. 일반적으로 내담자는 상담과정에서 스스로의 문제를 해결할 수 있는 능력을 충분히 가지고 있다는 상담자의 평가와 여러 환경의 변화에도 불구하고 상담자의 결정과 조언에 상당한 기대감을 가지고 있다.

이러한 내담자에게 종결은 '작별의 슬픔'을 가져올 수 있다는 점을 상담자는 이해하고 있어야 하며, 내담자가 현재 종결을 앞두고(또는 종결시점에서) 가지고 있는 감정에 대해 솔직히 이야기할 수 있도록 하거나 그 이야기에 귀를 기울여야 한다.

㉣ 초대와 사후관리

상담이 성공적으로 끝나게 되면 내담자는 앞으로 발생할지도 모르는 새로운 문제들에 대처할 수 있는 자신감과 확신을 갖게 될 수 있다. 이러한 내담자의 자신감과 확신을 더욱 유지시켜 주는 것이 상담자의 사후관리로서 종결 이후에 상담자가 내담자에게 종결 이후 생활에 대한 연락을 하거나 이를 위해 종결된 내담자를 초대하는 것은 상담자에 대한 내담자의 배려를 충분히 인식시키는 좋은 행동이 된다.

3) 노인상담 현황

국내 노인상담에 관련된 연구결과는 노인상담에 대한 필요성은 인지하고 있고 이에 대한 이론이나 상담모델 등을 제시하는 이론적 배경에는 상당히 활발한 논의가 이루어지고 있으나 구체적인 실행 방법이나 실제 사례를 제시하는 경우는 그 연구 상태가 낮게 이루어지고 있다.

노인복지법 제28조에도 노인에 대한 상담의 적극적 실시 규정은 있으나 상담소와 인력의 배치와 운영재원에 대한 구체적인 규정이 없는 것도 노인상담에 대한 활발한 연구와 구체적인 방법에 대한 제안이 부족할 수 있는 배경이 되기도 한다.

노인상담의 현황을 살펴봄에 있어서는 현재 국내에서 대표적인 노인상담기관으로 제시되는 노인복지관의 노인상담 현황, 한국노인의 전화상담 현황, 노인학대상담센터(현 중앙 및 전국노인보호전문기관)의 상담 현황을 토대로 노인상담 현황을 살펴보고자 한다.

① 노인복지관의 노인상담 현황

2007년 보건복지부에서 제시한 전국노인복지시설의 현황(2006년 12월 현재의 시설기준)은 노인주거복지시설 366개소, 노인의료복지시설 898개소, 노인여가복지시설 56,789개소, 재가노인복지시설 1,049개소, 노인보호전문기관 19개소를 합한 총 59,121개소로 나타났다.

이중 노인상담을 주 기능으로 수행하고 있는 노인여가복지시설 중 노인복지회관의 수는 183개소로 전체 노인복지시설의 약 0.3%를 차지하고 있다.

노인복지관은 매년 노인인구의 증가에 따라 점증적으로 그 숫자가 늘어나고 있는 추세이며, 노인들의 문제가 다양화되어가고 있음으로 노인들의 다양한 사회적 문제와 욕구를 해결하기 위해 노인상담사업, 사회교육사업, 재가노인복지사업, 주간보호사업 등 기본사업과 지역적 특색에 맞는 특화사업을 진행하고 있다.

노인복지관에서의 노인상담은 이용문의 상담을 비롯한 접수상담과 이에 따른 개별적인 심층상담과 가족관계 상담, 성상담, 학대상담 등 노인의 생활 전반에 걸친 상담이 이루어지고 있다(서혜경 외, 2006).

노인복지관의 노인상담에 대한 구체적인 현황 분석 자료는 개별 기관별로 관리되는 한계가 있어 노인의 생활영역 상 상담 내용이나 노인문제에 대한 분류별 상담현황 등의 구체적인 자료를 확인하기는 어려운 점이 있으나, 지역 내 노인이 접근하기 용이한 근거리에 위치하고 있고, 일반적인 노인복지시설 보다 홍보와 기관 안내가 잘 수행되고 있고, 노인상담과 노인복지에 전담할 수 있는 전문 인력(사회복지사, 상담사, 기타 전문 인력) 등이 배치되어 있어 노인상담에 대한 적극적인 기능을 수행하고 있는 것으로 일반적으로 평가되어진다.

최근 노인복지관에서는 일상적인 노인상담 외에 노인이 가지고 있는 심리사회적 문제, 정서적 어려움, 학대문제 등 전문적인 상담을 위한 개별상담, 집단상담 프로그램을 점차 확대 개발하고 있는 추세이며, 노인 우울증 및 정서불안 노인을 위한 socio-drama, 척도검사(노인심리검사) 등의 직접적인 상담프로그램 외에 노인상담을 위한 상담봉사자의 교육과 개발, 노인 자조집단의 구성과 유지를 위한 상담자원의 개발과 확충을 위한 노력으로도 그 영향을 넓히고 있다.

② 한국노인의 전화

한국노인의 전화는 1994년 설립되어 노인만을 대상으로 하는 전문상담전화의 운영과 다양한 상담프로그램을 수행하고 있다.

노인상담의 매체별 유형에서 전화와 인터넷은 익명성을 통해 많은 노인이 쉽게 접근할 수 있는 상담방법으로, 한국노인의 전화는 이러한 익명성을 통해 노인과 가족이 가지고 있는 다양한 욕구 및 심리, 사회적 문제에 대한 상담과 해결, 정보 제공을 수행하고 있다.

또한 최근의 노인복지관이 직접적인 상담에서 상담인력의 교육과 확충을 위한 다양한 상담원 양성프로그램을 실시하듯이 한국노인의 전화는 직접적인 노인상담의 기능수행 외에도 노인복지상담원 전문교육을 통하여 매회기별 다수의 노인상담원을 양성하여 노인상담과 노인문제에 대한 사회저변의 인식 확산에 기여를 하고 있다.

1994년부터 2006년까지 한국노인의 전화에서 실시된 노인상담을 분석한 결과 가장 많은 상담의뢰 내용은 취업문의, 시설문의 가족관계 상담으로 분석되어진다 (서혜경 외 2006; 한국노인의 전화 상담사례분석집, 2003).

노인의 취업문의와 시설문의는 한국노인의 전화가 상담을 실시한 이후 높은 상담의외영역으로 분석되었지만, 최근 가족관계 상담이 상담영역에서 높게 증가하고 있다.

이는 급격한 사회변화(정보화, 산업화 등), 고령화사회, 핵가족화, 경로사상의 약화, 부양의식의 변화, 개인주의적 가족관계와 성격발달로 전통적인 가족 내 노인에 대한 가족의식의 변화로 노인이 배우자와 자녀, 가족구성원과의 갈등관계가 급격히 증가하고 있는 것으로 나타났다.

가족관계 상담은 '노부모-성인자녀관계'에 관한 상담과 '노부부간의 갈등으로 인한 상담'이 주요한 상담 내용으로 분석되어지고 있으며 그중 최근 들어 '노부부간의 갈등으로 인한 상담(황혼이혼, 재혼, 갈등)'이 크게 증가하고 있는 것으로 분석되어졌다.

③ 노인학대상담센터(노인보호전문기관)

노인학대상담센터는 2002년에 사회복지공동모금회의 지원으로 전국 11개 지부를 개소하여 출발된 노인상담 전문상담기관이다.

노인학대상담센터는 학대받는 노인을 위한 전문적인 상담과 서비스 제공, 가족상담, 노인학대 홍보를 통하여 노인의 권익증진과 학대행위자 등에 대한 교육과 홍보를 중심으로 상담사업을 실시하고 있다.

보건복지부와 중앙노인보호전문기관에서 2006년 노인학대상담센터에 접수된 노인학대 상담사례를 분석한 결과 노인학대 사례는 모두 2,274건이었으며 이는 2005년에 비해 11.6% 증가한 추세로 나타났다(2006년도 전국노인학대예방센터 상담사업 현황, 2007).

학대의 유형은 언어·정서적 학대가 42.3%로 가장 많았고 방임과 신체적 학대, 재정적 학대가 뒤를 이었다. 특히 전체 피해 노인 중 여성의 비율이 남성보다 상대적으로 높았으며 85세 이상 초고령 노인의 피해 건수는 17.8%로 나타나 노인학대에 대한 상담이 매년 증가하는 추세를 보이고 있다.

이러한 노인학대의 증가추세에 2004년에는 노인학대를 법적으로 규제하는 내용을 포함한 노인복지법이 개정되어 국가와 지방자치단체가 주도하여 광역시 및 도 단위로 전국 16개 노인학대전문기관이 설치되고 있다.

노인보호전문기관은 1389의 단일한 서비스망을 갖추고 24시간 신고 및 상담전화서비스, 현장출동, 피해자보호 및 가해자 상담, 가족상담 등 위기상담에 기초한 다양한 상담을 제공하고 있다. 노인학대상담센터는 노인상담기관 중 국내 최초로 노인상담영역 중 전문적인 상담과 서비스제공을 실시하였다는 데 그 의의가 있다.

4) 노인상담서비스의 활성화과제

우리나라는 현재의 고령화사회에서 고령사회로 진입될 전망이다. 노인문제는 향후를 고려한다 하더라도 현재 상황에서 충분히 복잡하고 다양한 내용으로 전개되고 있으며, 이제까지의 노인뿐만 아니라 지금껏 예측하지 못했던 다양한 영역의 상담프로그램 확보와 전문상담원의 증가, 노인상담전문기관의 확대 필요성이 제기될 것으로 예측한다.

노인상담의 영역은 네 가지 주된 문제를 포함하는 상담내용으로 이루어졌으나(권중돈, 2000), 노인상담의 경향은 주로 노인의 경제적 빈곤에 대한 문제에 중심이 된 상담이 진행된 바가 크다.

고령사회로 진입하는 향후에는 노인의 성문제, 재혼, 자살, 알코올 중독 및 건강관리, 재테크, 은퇴 이후 사회적 관계, 법률 및 복지제도에 대한 정보 상담 등 경제적 영역과 정서적 영역에서 나아가 노인의 사회참여와 노인의 삶의 질에 대한 부분까지 확대될 것이다.

"노인의 심리 · 사회적 욕구 충족, 노인문제의 예방과 해결을 지원하고 노후생활 적응을 도모하기 위한 구체적인 지원방안이 노인상담이 될 수 있다."는 전제하에서 본다면, 노인상담은 일반적인 상담이나 정신치료와 마찬가지로 '노인의 성공적인 노후생활 적응'이라는 것을 목적으로 이루어져야 한다. 그러므로 향후 노인상담에 대한 전문 프로그램의 활성화, 상담가에 대한 전문성 확보, 노인전문상담기관의 양적확대와 내실화, 노인상담의 다양한 영역서비스를 위한 통합적인 프로그램의 시행 등이 함께 제고되어야 할 것이다.

특히, 현재의 노인상담기관의 프로그램에 대한 양적 확장과 함께 노인의 경제적 영역에 집중되는 경향이 있는 노인상담 프로그램을 노인의 정서적 영역과 사회참여 영역으로 점차 확대해 나가는 프로그램의 다양성과 전문 프로그램이 활성화되어야 하겠으며, 노인상담은 내담자의 특성상 건강영역에 문제가 있는 내담자가 다수 포함되어 있으므로 다학문간 전문인이 협력하는 학제간 연구를 통한 통합적인 프로그램의 시행과 노력이 필요할 것이다.

프로그램의 개발과 확장과 함께 노인의 상담과 상담기관에의 접근성을 향상시키기 위한 관계 전문가 및 관련기관들의 연계적 접근노력을 바탕으로 하는 인프라의 구축과 개발을 포함한 적극적인 홍보, 다양한 상담매체의 활용도 함께 증진시킬 필요성이 있다.

〈표 4-3〉 **노인상담영역과 주요 내용**

상담영역	주요내용
정서적 영역 (고독)	• 배우자 상실, 자녀와의 애정적 교류 단절 • 노인의 가족 내 지위하락, 가치관 및 생활양식 변화에 따른 세대간 갈등 • 성격특성의 변화문제: 우울 성향, 완고성, 내향성 및 수동성, 조심성, 친근한 사물이나 사람에 대한 애착증가, 의존성 증가, 유산을 남기려는 성향 등 • 이성교제 또는 노년기 성생활에 관한 문제 • 정서서비스 문제
경제적 영역 (빈곤과 일)	• 은퇴 전후의 재정 관리에 관한 문제 • 소득감소 또는 상실로 인한 생계유지와 경제 지원 문제 • 사회보장제도의 정보 제공 • 유산 배분의 문제 • 경제활동 지원(취업알선, 부업알선) 등
건강 영역 (질병과 부양)	• 노년기 건강 유지 및 질병예방에 관한 상담 • 질병치료 및 의료비 지원 상담 • 사회복지시설, 노인전문 의료시설에 대한 상담 • 가족부양 체계조성 상담 • 부양가족의 부담 경감을 위한 지원 상담
사회참여영역 (소외와 무위)	• 종교 활동, 사회단체 및 비공식 모임 참여문제 • 노년기 친구 및 이웃관계 문제 • 가족 역할 부적응에 관한 문제 • 은퇴이후의 사회적 관계 유지 문제 • 법률 및 복지제도에 대한 정보 상담

■ 참고문헌

권중돈(2000). **심리적 노화와 노인상담방법**. 목원대학교(편). 노인교육전문가과정 교육교재, pp. 63-78.

______(2007). **노인복지론**. 학지사.

김유숙(2000). **가족상담**. 학지사.

김인수(1992). **가족치료: 해결중심 접근법**. 중앙적성출판사.

김선희·김혜경·박충선·최용민·최정혜·한동희·허영숙·현은민·홍달아기(2005). **노인학대 전문상담**. 시그마프레스.

김태현(2000). **노년학**. 교문사.

보건복지부(2007). 2007년 노인복지시설현황.

박재간·손홍숙·서경석·박정희·이호선·최정윤·백상창·손화의·박충선(2006). **노인상담론**. 공동체.

박차상·김옥희·엄기욱·이경남·정상양·배창진(2005). **한국노인복지론**. 학지사.

이장호·김영경(2006). **노인상담: 경험적 접근**. 시그마프레스.

이호선(2005). **노인상담학**. 학지사.

서혜경·정순둘 ·최광현(2006). **노인상담**. 집문당.

장인협·최성재(2006). **노인복지학**(제2개정판). 서울대학교 출판부.

중앙노인보호전문기관(2007). 2006년도 전국노인학대예방센터 상담사업현황.

현외성·조추용·박차성·김혜경·김용환(1996). **노인상담: 이론과 실제**. 유풍출판사.

현외성·하정미(2003). **노인상담연습**. 양서원.

한국노인의전화(2003). **상담사례분석집.** 한국노인의전화.

G. JKennedy(2000). *Geriatric Mental Health Care*. Guilford Press.

McDonald P. A. & Haney. M(1988). *Counseling the old adult*. Jossey-Bass. Inc., Co.

8

노인치매

1. 치매의 개념 및 현황

치매(dementia)의 어원은 라틴어인 'dementatus'에서 유래하였다. 'dementatus'라는 말은 정신이상을 뜻하는 말로서, 18세기 말까지는 넓은 의미의 정신이상을 표시하는 말로 사용되었으나(이상복, 2006), 19세기에 와서 치매가 사고과정의 장애라는 것이 파악되었다. 치매란 인간이 가진 여러 가지 인지기능인 기억력, 주의력, 언어기능, 시공간능력과 판단력을 포함하여 사고과정의 어려움을 초래하는 상태를 말한다. 즉, 기억력을 포함하여 다른 인지기능 중 한 가지 이상의 장애가 있는 경우를 치매라고 하며, 단순히 기억력만 저하된 경우를 치매라고 말하지는 않는다. 치매는 단일 원인 또는 단일 병리과정에 의해 발생되는 특정질병이 아니고 70~90가지의 다양한 병리적 원인에 의해 발생되는 증후군이다(한설희, 2006). 오늘날 각국은 치매의 증가를 심각하게 우려하고 있는데, 85세 이상의 고령인구가 400만에 달하는 미국의 경우 약 450만 명 이상이 알츠하이머병으로 고통받고 있으며(NIH, 2003), 일본의 경우에는 1990년에 약 100만 명이던 치매환자가 2015년에는 262만 명으로 증가할 것으로 추정되고 있다(후생성, 1994).

우리나라의 경우에도 급속한 고령화 진행에 따라 치매노인도 날로 증가하고 있는데, 유래를 찾기 어려울 정도로 빠르게 진행되고 있는 우리사회의 고령화는 대표적인 노인성 질환인 치매의 급속한 증가로 인한 엄청난 사회적 부담을 예고하고 있다. 2007년 현재 우리나라 치매노인의 수는 약 40만 명 정도로 추정되고 있으며, 2020년에는 약 70만여 명으로 증가할 것으로 예상하고 있다(보건복지부, 2007a). 다음 <표 8-1>은 우리나라 보건복지부에서 치매노인의 수를 추계한 결과이다.

〈표 8-1〉 치매노인의 수 추계(단위: 천 명)

	2000	2007	2010	2020
65세 이상 노인인구수	3,395	4,810	5,357	7,701
치매노인수	282	399	461	693
치매 유병률	8.3	8.3	8.6	9.0

• 자료: 보건복지부(2007a), "치매노인에 대한 대책 시급", 보도자료('07. 9. 21).

치매 유병률에 대한 역학적 조사는 우리나라보다 고령화를 일찍 경험한 서구사회와 일본을 중심으로 많이 수행되어 왔다. 유병률이란 어떤 특정한 시간에 전체 인구 중에서 질병을 가지고 있는 구성비(백분율)를 나타내는 것으로, 치매 유병률은 조사 시기, 대상, 그리고 지역에 따라 상이하며, 아직까지는 일관된 결과를 제시해 주고 있지 못하다. 그러나 학자들의 연구에 의하면, 치매 유병률은 연령에 따라 증가하고 60세 이상 이후부터는 5.1세 간격으로 배로 증가하는 양상을 보이며, 알츠하이머병은 여성에서, 혈관성 치매는 남성에서 많이 관찰되고, 유럽에서는 알츠하이머병의 유병 수준이 혈관성 치매보다 높고, 미국의 경우에는 두 질병의 유병 수준이 비슷하며 일본은 오히려 혈관성 치매의 유병 수준이 높다는 보고(Jorm, 1987; 김동현, 2006: 재인용)가 있다. 또한 전 세계적으로 65세 이상 노인의 전체 치매 유병수준은 2.2~8.4%이며, 유럽이 아시아보다 다소 높다는 보고(Rockwood, 1994; 김동현, 2006: 재인용)도 있다.

우리나라에서도 1990년 이후 여러 차례 치매 유병률 조사가 수행되었는데, 우리나라에서 수행된 지역 역학조사에 따르면, 65세 이상 노인에서의 치매 유병률은 6.8~12.8%로 보고되고 있다. 이는 외국에서 동일한 진단기준으로 수행된 대부분의 연구와 비교해 볼 때 상당히 높은 수준이라 할 수 있으며, 연구환경에 따른 여러 요인들 때문에 약간 과장된 결과라고 할지라도 우리나라는 상당한 치매 위험지역일 수 있다는 경계의 필요성이 있다. 우리나라에서 이루어진 대부분의 연구에서 여성의 경우 치매 유병률이 남성에 비해 높게 보고되고 있으며, 이러한 여성 우위는 연령이 증가할수록 강화되는데, 이는 주로 80세 이상 고령여성에서 알츠하이머병 유병 수준이 남성에 비해 급증하고 있는 데에 기인하고 있다. 알츠하이머병은 여성에서, 혈관성 치매는 남성에서 높은 양상을 보이고 있고, 무학집단에서 치매 유병률이 높게 관찰되는데, 특히 80세 이상 고령 여성 집단에서의 높은 알츠하이머병 유병수준은 이 집단의 높은 문맹과 무학에 의한 것으로 추정하고 있다. 우리나라의 치매는 역학적으로 첫째, 외국에 비해 높은 유병수준이 관찰되고 있고, 둘째, 치매 유형별로 볼 때, 혈관성 치매 대비 알츠하이머병 초과현상이 관찰되는 것으로 추정되고 있다. 셋째, 여성에서의 유병수준이 남성에 비해 높은데, 이러한 추세는 연령이 높을수록 강화되고, 주로 고연령 여성에서 알츠하이머병 유병수준이 급격히 높아지는 것에 기인하는 것으로 추정된다. 넷째, 무학 특히 문맹집단에서의 치매유병률이 두드러지게 높다는 특징이 있다(김동현, 2006).

2. 치매의 종류 및 증상

치매는 어떤 단일 질환의 진단명이기보다는 뇌에 영향을 미치는 다양한 원인질환에 의해 발생하는 하나의 증후군으로 이해되어야 한다. 노인에게 발생하는 대다수의 치매는 주로 뇌의 퇴행성 변화에 의해 초래되므로 시간이 경과함에 따라 점차 진행한다. 그러나 일부 원인 질환들에 의한 치매는 적절한 시기에 치료를 하면 회복될 수 있다. 이렇게 치료가능한 치매도 치료할 시기를 놓치게 되면 그 원인 질환에 의해 뇌의 구조적 변화가 생겨 치료가 불가능하게 되고, 치매증상이 영구적으로 남거나 계속 악화되기 때문에 연령과 관계없이 그 원인을 규명하는 것이 필요하다. 치매는 여러 원인 질환들에 의해 유발되며, 그 원인은 약 50여 종(김병채 · 손의주, 2006)에 이르는 것으로 보고되고 있다.

1) 퇴행성 치매

퇴행성 치매에는 대표적으로 알츠하이머병, 루이체 치매 등이 있다. 이들 질환은 모두 특정 단백질의 비정상적인 응집과 관련이 있으며 뇌 내에 비정상적으로 특정 단백질이 축적되어 있는 것으로 알려지고 있다.

(1) 알츠하이머병(Alzheimer's Disease: AD)

알츠하이머병은 노년기에 발생하는 연령 관련 질환 가운데 가장 흔하게 치매를 유발하는 질병으로, 1907년 독일인 의사인 Alois Alzheimer가 치매증상을 보이는 50대 여성의 임상소견 및 신경병리학적 특징을 기술한 이래 알츠하이머병은 수십년간 초로성 치매(presenile dementia)로 간주되어 왔다(한설희, 2006). 알츠하이머병은 대뇌 피질세포의 점진적인 퇴행변화로 인하여 기억력과 언어기능의 장애를 초래할 뿐만 아니라 판단력과 방향감각이 상실되고 성격도 변화되어 결국은 환자가 자신 스스로를 돌보는 능력이 상실되는 질환이다(김상윤 · 김정은, 2006).

국내 연구(강수진 외, 2001)에 의하면 우리나라 알츠하이머병 환자가 처음으로 증상을 인식한 후 병원을 찾기까지는 평균 2.7년이 걸린 것으로 나타나고 있다. 우리나라 알츠하이머병 환자들은 외국의 경우보다 병원을 찾는 시기가 늦고, 자신의 증상을 인식하는 시기가 늦어 조기진단이 어려운데, 그 이유는 외국에 비해 인지기능의 저하를 병으로 생각하기보다는 정상적인 노화에 의한 것으로 생각하기 때문이다. 따라서 알츠하이머병의 주요 임상증상 및 그 경과에 대한 이해는 일반인에도 매우 중요하다.

(2) 루이체 치매

루이체 치매는 뚜렷한 파킨슨 증상이 동반되는 치매이다. 노인에게 나타나는 퇴행성 질환 중 약 20%를 차지하며, 알츠하이머병 다음으로 흔한 치매의 원인 질환으로 알려져 있다. 임상의들은 파킨슨 증후의 초기에 치매가 나타나거나 파킨슨 증후군보다 먼저 치매증상이 있으면 루이체 치매를 의심해 보아야 한다고 말한다.

2) 혈관성 치매

혈관성 치매는 비가역성치매의 대표적 질환으로 뇌혈관질환에 의한 뇌손상으로 초래되는 인지장애를 말한다. 혈관성 치매를 일으키는 뇌혈관 질환은 허혈성 뇌경색, 두개 내 출혈, 뇌동정맥기형, 뇌동맥류파열, 모야모야병 등이 있다. 혈관성 치매는 미국에서는 약 10~20%를 차지하는 두 번째로 흔한 치매의 원인 질환이지만, 일본, 중국, 러시아에서는 가장 흔한 치매의 원인으로 보고되고 있다(김병채 · 손의주, 2006). 혈관성 치매는 고혈압 치료제의 개발로 혈압조절이 잘 되는 후부터는 점차 감소되고 있다.

혈관성 치매의 1차 예방은, 고혈압이나 당뇨병 같은 혈관성 위험 인자가 있는 사람에게서, 뇌혈관 질환에 의해 인지기능의 손상은 있으나 아직 치매는 아닌 혈관성 경도인지장애(vascular cognitive impairment, not dementia: VCIND)에 이르는 것을 막는 것이고, 2차 예방은 혈관성 경도인지장애 환자가 치매로 진행하는 것을 막는 것이 될 것이다. 그러나 아직 혈관성 경도인지장애의 개념 자체에 혼선이 있어, 질병의 병태생리가 비가역적 수준으로 진행된 상태인지는 불분명하다. 혈관성 치매가 뇌혈관질환에 의한 것이고 뇌혈관질환에 의한 대표적인 질환이 뇌졸중이므로, 뇌졸중의 1차 예방을 통한 혈관성 치매의 예방과 뇌졸중이 발병한 환자에게서의 혈관성 치매의 예방으로 나누어 살펴보기로 한다.

(1) 혈관성 치매의 예방

① 뇌졸중의 1차 예방을 통한 혈관성 치매의 예방

혈관성 치매의 예방은 결국 뇌졸중의 예방을 통해 이루어진다. 뇌졸중의 병력이 있는 환자에게 4년 이내에 치매가 발병할 가능성은 그렇지 않은 경우에 비해 5배 높은 것으로 나타난 연구(Tatemichi et al., 1994; 배희준, 2006; 재인용)도 있다. 따라서 뇌졸중의 예방이 혈관성 치매의 발생률 감소로 이어질 것은 분명하다. 혈관성 치매 예방은 뇌졸중을 이미 경험한 환자에서 재발을 막는 것으로는 충분하지 않고 뇌졸중의 발병 가능성이 높은 사람에게서 뇌졸중 발생 자체를 막는 것이 좀 더 근본적인 예방책이 된다. 일반적인 혈관성 질환의 위험인자들, 즉, 고혈압, 당뇨병, 고지혈증,

흡연, 심방세동[2)], 호모시스테인(homosysteine) 등이 혈관성 치매뿐만 아니라 알츠하이머병의 위험인자로 작용할 수 있다는 사실이 밝혀지면서, 치매예방을 위한 뇌졸중 위험인자 조절의 중요성은 더욱 증가되고 있다. 뇌졸중 위험인자들 중 자주 간과되고 있는 것은 심방세동으로, 전반적인 유병률은 1%미만이지만 나이가 들면 점차 증가하여 65세 이상이 되면 거의 6%에 육박하여 80세에서 89세 사이의 연령층에서는 심방세동이 고혈압만큼이나 중요한 뇌졸중의 위험인자로 작용한다. 또한 뇌졸중의 약 50%는 고혈압과 관련된 것으로 평가될 만큼, 고혈압은 중요한 위험인자로 고혈압과 인지기능 장애의 연관성이나 항고혈압제에 의한 인지기능 보호 효과는 이미 잘 알려진 사실이다. 아스피린과 같은 항혈 전제에 의한 뇌졸중의 1차 예방은, 두 차례의 대규모 임상시험에서 뚜렷한 효과를 입증하는 데 실패하면서 표준적인 치료로 받아들여지고 있지는 않다. 다만, 뇌졸중의 과거력이 없더라도 뇌졸중의 고위험군이나 뇌 촬영에서 뇌혈관질환의 증거가 명백한 경우에 임상에서 선택적으로 사용되고 있는 정도이다.

② 뇌졸중 환자에서의 혈관성 치매의 예방

전술한 바와 같이 뇌졸중은 혈관성 치매의 주된 위험인자일 뿐만 아니라 알츠하이머병의 위험인자이기도 하다. 뇌졸중 발생 후 3개월째 치매의 유병률은 13.6%에서 31.8%까지도 보고되고 있으나, 대다수 연구에서 25% 내외이므로 약 1/4정도에 해당된다. 뇌졸중의 과거력이 있는 경우 치매의 고위험 군으로 분류되어야 하고, 일단 뇌졸중을 경험한 경우 추적관찰 시 인지기능 저하의 발생에 대한 엄밀한 관찰과 더불어 이를 막기 위한 노력이 필요하다.

뇌졸중 환자에 대한 혈관성 치매의 예방 전략은 다음과 같다.

첫째, 급성 뇌졸중의 적절한 치료를 통한 신경세포 손상의 최소화 전략.

둘째, 뇌졸중의 재발방지.

셋째, 혈관성 위험인자의 철저한 조절을 통해 혈관성 신경세포 손상의 진행을 막거나 최소화하는 것.

---

2) 심방 전체가 정상으로 수축하지 않고 심방의 각 부분이 무질서하게 수축하는 상태.

(2) 혈관성 치매의 치료

혈관성 치매의 치료전략은 다음과 같이 세 부분으로 나눌 수 있다.

첫째, 인지기능 저하 및 그로 인한 일상생활 장애의 개선.

둘째, 질병의 진행속도 완화.

셋째, 우울증, 불안, 초조와 같은 이상행동의 치료.

지금까지 혈관성 치매와 관련된 대부분의 임상시험은 인지기능 저하 및 그로 인한 일상생활 장애의 개선에만 집중되어 이루어졌으나, 질병의 진행속도의 완화 및 우울증, 불안, 초조와 같은 이상행동의 치료도 간과되어질 수 없는 중요한 부분으로서 치료목표가 환자뿐만 아니라 가족의 요구도 고려하여 이루어져야 할 것이다.

혈관성 치매의 중심증상 개선에 대한 약제는 아직까지 학자들 사이에 공식적으로 인정된 것은 없다. 단지 몇 가지 약제들, 즉, 콜린분해효소 억제제(Cholinesterase inhibitors: ChEIs), Memantine 등이 임상시험의 성공을 근거로 제한적으로 사용되고 있을 뿐이며, 기타 약제들, 즉, Aspirin, 비타민 E, 엽산과 비타민 B12 등에 대한 체계적인 검토도 이루어지고 있다. 혈관성 치매에 대한 본격적인 임상시험은 1990년대에 이르러서 시행되었으며, 혈관성 치매에 대한 많은 연구가 계획 중이거나 현재 진행되고 있다(배희준, 2006: 419-421).

3) 혼합형 치매

알츠하이머병과 인지기능에 영향을 줄 만한 뇌혈관 질환이 동시에 나타나는 것을 혼합형 치매(mixed dementia)라고 한다. 이는 크게 두 가지 형태로 나뉘는데, 첫째는 알츠하이머병의 환자에서 신경영상검사상 뇌혈관 병변이 발견되는 경우이고, 둘째는 알츠하이머병과 혈관성 치매가 혼합된 임상양상을 보이는 경우이다.

혼합형 치매의 발생기전에 관해서는 아직까지 정확하게 밝혀진 바는 없다. 뇌혈관 및 심혈관 질환이 알츠하이머병의 변화를 촉진한다거나 반대로 알츠하이머병이 뇌혈관 질환의 발생을 유발한다는 주장들이 있고, 뇌혈관 질환과 알츠하이머병이 뇌허혈[3)]이라는 기전을 공유함으로써 양 질환이 한 환자에서 동시에 발생한다고 하는 주장도 있다. 결론적으로는 알츠하이머병과 혈관성 치매 사이에 연관성이 있을 것으로 예상되어지긴 하지만 정확한 기전은 아직 모르는 상태이다. 그러나 알츠하이머병 진단과정에서 치료 가능한 심혈관계 질환과 뇌졸중 및 혈관성 치매 요소를 찾아내어 각각의 요소들을 적절히 치료하는 것은 매우 중요하다(이재홍 · 김정은, 2006).

4) 파킨슨병(치매)

파킨슨병은 명확한 발병 원인 없이 천천히 진행하는 퇴행성질환으로서, 1817년 James Parkinson에 의해 처음으로 기술되었고, 일반적으로 안정 떨림(resting tremor), 경축(rigidity), 운동 완만(bradykinesia) 등의 운동장애가 대표적인 주증상으로 알려져 있다. 이외에도 파킨슨병은 자율신경계의 이상과 감각신경계의 장애, 그리고 치매를 포함한 인지기능 장애도 관찰되는 질환이다. 또한 파킨슨병 환자의 약 20~40%에서 치매가 동반되며, 치매의 발병률이 건강한 사람의 6배에 달하는 것으로 알려져 있다(박경원, 2006). 국내에서 파킨슨병 치매의 유병률 조사는 거의 없지만, 안산시를 대상으로 한 역학조사결과에 의하면 파킨슨 증후군으로 진단된 환자의 약 50%에서 인지기능 장애가 관찰(고성범 외, 2003)되었다고 보고하고 있다.

파킨슨병 치매는 집행기능장애(dysexecutive syndrome), 주의 집중력과 기억력, 시공간 능력과 언어기능과 같은 다양한 인지영역에서의 기능장애, 성격변화와 이상행동 증상이 동반된다. 집행기능장애란 목표를 세우고 그 목표를 효과적으로 수행해 가는 능력의 장애를 말하며, 파킨슨병 치매 환자는 스스로 단서를 찾아내어야 하는 경우보다 외부에서 단서가 주어지는 경우에 수행을 더 잘 하는 경향이 있다.

3. 경도인지장애

노인들에게서 나타나는 인지기능 장애의 정도는 아주 경미한 경우로부터 심한 경

3) 뇌순환혈액량의 감소로 기능장애를 일으키는 병태(病態). 허혈상태가 계속되면 기질적 병변(器質的病變), 즉 뇌경색(뇌연화)에 빠지게 된다.

우까지 다양하다. 인지기능장애가 심하여 일상생활이나 사회생활에 지장을 줄 정도일 때를 치매라고하며, 인지기능 장애가 치매라고 진단할 만큼 심하지 않은 상태일 때를 경도인지장애(mild cognitive impairment: MCI)라고 한다(김상윤 · 김태유, 2006).

인지기능이 정상이라는 것은 나이를 고려한 최선의 상태를 의미한다. 그러나 정상적인 노화로 인해 나타나는 인지기능의 저하에 대한 기준은 아직도 많은 논란이 있으며, 현재의 나이를 고려할 때 최선의 상태를 정상이라 한다. '성공적 노화'(successful aging) 또는 '건강한 노화'(healthy aging)는 나이가 들어도 인지기능의 저하가 거의 없는 상태로 규정할 수 있다. 이 경우는 신체적 질환이나 사람의 인지기능에 영향을 미칠 수 있는 신경학적 장애가 없는 것을 특징으로 하며, 90대 또는 그 이상의 나이에서도 인지기능이 잘 유지될 수 있다. 그러나 이러한 상태만을 정상으로 정의한다면 대부분의 노인들은 정상이 아닌 것으로 분류될 수 있는데, 대부분의 노인들은 노화의 과정에서 여러 질환들을 동반하기 때문이다. 나이가 증가하면서 고혈압, 심혈관질환, 감각이상 등이 나타나고 잘 알고 있었던 어떤 이름을 잊거나 놓아두었던 물건을 찾지 못해 헤매거나 하는 증상이 있을 수 있다. 그러나 이런 상태이지만 중요한 내용은 잊지 않고 잘 기억하며, 이러한 불편함이 일상생활에 영향을 주지 않는다면 이러한 노화과정은 전형적 노화(typical normal)라 할 수 있다. 전형적으로 정상인 노화는 내과적인 질환을 일부 가지고 있지만, 이러한 질환 자체가 그 사람의 인지기능에는 영향을 미치지 않는다고 생각되는 경우를 의미한다(김상윤 · 김태유, 2006).

4. 치매노인 가족부양자의 부담감과 교육

1) 치매노인 가족부양자와 부담감

한국치매가족협회의 통계에 의하면 1998년부터 2003년까지의 15,996건의 치매환자를 주로 부양하는 사람은 며느리(43.4%)가 가장 많았으며, 그 다음이 딸(14.9%), 부인(14.3%), 아들(6.4%), 남편(5.4%) 순으로 나타나고 있다. 치매환자를 돌보는 주부양자의 연령은 전체 부양자 중 50대가 15.71%, 60대가 14.2%, 70대가 11.0%로 40%

이상이 50대 이상으로 나타나고 있다. 또한 전체 치매환자 중 70대 이상이 75.4%로 앞으로 평균수명이 연장됨에 따라 65세 이상의 2세대 노인이 85세 이상의 노인을 부양하는 비율이 점차 높아질 것으로 보여 치매환자를 돌보는 고령의 부양자에 대한 지원대책의 마련이 필요하다.

치매환자를 부양할 때 주부양자가 겪는 가장 큰 어려움은 치매환자의 문제행동으로 전체의 29.71%를 차지하고 있고, 부양자의 심신피로(14.2%), 주간에 보호자의 부재(11.8%) 등의 순서로 나타나고 있다. 또한 주부양자의 70% 이상이 여성이어서 치매환자의 부양과 가사노동 중복으로 인한 신체적 정신적 스트레스가 가중되는 어려움을 겪고 있는 것으로 나타나고 있다(이성희, 2006). 또한 장기간의 돌봄으로 인한 스트레스로 인하여 신체적 건강뿐 아니라 정신적·사회적 문제도 생기게 된다.

치매환자 부양자의 부담감은 같은 증상이나 행동이라도 부양자에 따라 그 정도가 다르다. 부양자의 부담정도에 영향을 미치는 요인으로는, 환자의 일상생활 수행능력정도, 부양자의 건강상태, 연령, 가족관계, 가족들의 원조 유무, 이용 가능한 사회자원, 치매에 대한 지식, 환자와의 관계, 부양시간 등으로 부양자의 부담감과 문제점을 요약하면 다음과 같다(이성희, 2006).

■ 치매환자 부양자의 부담감

- 부양하는 것 자체가 부담스럽다
- 취미, 학습, 사회활동을 할 시간이 없다.
- 정신적으로 매우 피곤하다.
- 부양자가 고통 속에서도 잘 해보려고 노력한다.
- 병원이나 시설에 보내고 싶다.
- 가정일이나 다른 일을 할 수 없다.
- 내 자신이 모든 것을 해낼 수 없을 것 같아 걱정된다.
- 근처 이웃에게 폐가 되고 있다.
- 대신 돌보아 줄 수 있는 친척이 있으면 좋겠다.
- 환자를 돌보는 데 한계에 와 있다.
- 내 손으로 환자를 마지막까지 돌보고 싶다.

▸ 나의 미래와 건강이 걱정된다.

2) 치매노인 가정수발의 문제점과 부양자 교육

치매노인의 가족들이 치매환자를 가정에서 수발할 때의 일반적인 문제점은 다음과 같다.

① 신체적・정신적 부담감
② 치매에 대한 지식부족
③ 주위의 이해부족과 고립감
④ 사회생활의 불가능
⑤ 문제행동의 대처방법에 대한 지식부족
⑥ 경제적 부담

치매환자 부양가족들의 욕구는 첫째, 치매환자를 돌보는 방법에 관련된 정보, 둘째, 가족의 정서적 지지 욕구, 치매환자의 진단, 치료할 수 있는 병원, 보호시설, 노인용품, 가족의 역할 등에 관한 것들이다(이성희, 2006). 따라서 부양자들에게 치매환자가 생기기 전부터 치매에 대한 올바른 지식 전반에 대한 교육을 할 필요가 있는데, 그 내용에는 치매에 대한 지식, 치매환자의 문제행동에 대한 대처방법, 응급처치, 작업요법, 신체적 수발방법 등에 대한 교육이 포함되어야 한다.

5. 치매노인을 위한 주요 서비스

1) 치매노인 주간보호서비스

치매노인에 대한 주간보호서비스는 1992년 노원노인종합복지관에서 시작되었다. 주간보호서비스란 부득이하게 가족의 보호를 받을 수 없는 심신이 허약한 노인과 장애노인을 낮 동안 입소시켜 필요한 각종 서비스를 제공하는 것을 말한다. 이는 노인의 생활안정과 심신기능의 유지 및 향상을 도모하고 부양가족의 신체적·정신적 부담을 경감시키기 위한 재가노인서비스이다. 주간보호서비스는 처음에는 '탁노소'라는 명칭으로 삼성재단에서 연간 1000만 원을 받아 간호사, 사회복지사, 자원봉사자로 구성된 민간단체로 시작되었으나, 1992년부터 서울의 3개소를 시범적으로 운영하여 오다가 주간보호란 명칭으로 국가사업이 되어 1994년에 부산에 2개소, 경기도에 1개소를 신설하여 6개소가 되었고 2002년 현재 100개소가 운영되고 있다. 주간보호시설은 그룹웍(group work)을 통해서 문제 행동을 감소시키는 역할과 돌볼 수 없는 가족들을 대신하여 낮 동안 가정의 역할을 수행하는 곳이다. 이러한 시설은 치매환자를 돌보는 가족들에게는 휴식을 취할 수 있게 하고, 가족의 부양부담을 경감시키는 역할을 담당한다(이성희, 2006).

2) 치매노인 단기보호서비스

단기보호서비스는 1996년 구립 송파노인종합복지관에서 25명의 일반 치매환자를 대상으로 처음 시작되었다. 단기보호서비스는 부득이한 사유로 가족의 보호를 받을 수 없어서 일시적으로 보호가 필요한 환자를 3개월간 24시간 동안 보호할 수 있는 단기보호센터를 만들어 각종 서비스를 제공하고, 환자의 문제증상을 경감시키고 가족들에게 휴식을 제공하는 목적으로 설립되었다(보건복지부, 2002). 가정에서는 문제행동을 하는 치매환자를 질병으로 인한 증상으로 보지 않고, 감정적으로 대응하기 때문에 환자 자신도 혼란과 불안을 느끼게 되며, 이 혼란기에 특히 가족들의 부양부담이 커지게 되므로 단기적으로 시설에서 보호하는 것이 필요하게 된다. 시설에 입소한 환자는 대부분 촉탁의, 간호사, 사회복지사, 간병인 등에 의해 돌봄을 받으며, 그룹 활동이나 개인 활동을 통해 자신을 되찾을 수 있는 계기가 되기도 한다.

3) 치매상담센터

치매노인의 상담을 위한 치매노인상담센터는 2007년 현재, 전국에 250개소가 설치되어 있으며 치매상담전문요원이 정밀검진을 의뢰하는 일을 하고 있다. 정부는 2007년 1월 3일, 노인복지법을 개정(법률 제8201호) 공포하여 치매상담센터의 설치・근거규정을 노인복지법으로 상향 규정하고, 이와 관련된 규정의 정비와 기타 재가노인복지시설 중 단기보호시설의 이용기간을 확대하도록 하고, 치매상담센터의 설치에 관한 규정을 노인복지법(제12조)에 신설함에 따라 시행규칙에서 삭제・조정하였다(보건복지부, 2007b). 2007년 현재 전국 250개의 보건소에서 치매상담센터에서 65세 이상 노인은 누구나 치매간이검진을 받을 수 있다. 그리고 2007년 상반기만 하더라도 전국에서 9만 1천여 명의 노인들이 치매 간이진단을 받은 것으로 나타나고 있다(보건복지부, 2007a).

■ 참고문헌

권중돈(2005). **노인복지론**. 학지사. 2005.

강복수 외(1995). **예방의학과 공중보건**. 계축문화사. 1995.

강수진 · 윤수진 · 정지향 · 나덕렬(2001). "알츠하이머병 환자가 처음으로 병원을 찾는 시기". 대한신경과학회지, 19, pp. 62-64.

고성범 · 권도영 · 이종문 · 한진규 · 김병조 · 박민규 · 박건우 · 이대희(2006). "안산시에서의 파킨슨 증후군의 역학조사". 대한신경과학회지, 21, pp. 261-266.

김동현(2006)."치매의 역학과 위험요인". 대한치매학회. 치매임상적접근. 아카데미아.

김병채 · 손의주(2006). "치매의 원인질환". 대한치매학회. 치매임상적접근. 아카데미아.

김상윤 · 김태유(2006). 경도인지장애. 대한치매학회. 치매임상적접근. 아카데미아.

박경원(2006). "파킨슨병 치매". 대한치매학회. 치매 임상적 접근. 아카데미아.

배희준(2006)."혈관성 치매의 치료. 대한치매학회". 치매임상적 접근. 아카데미아.

보건복지부(2007a). "치매노인에 대한 대책 시급. 07년 40만 명 추정". 보건복지부 보도자료.

__________(2007b). "노인복지실태조사 신설 및 치매상담센터 설치규정 정비". 보건복지부 보도자료.

이상복(2006). "치매개념의 역사적소묘". 대한치매학회. 치매임상적접근. 아카데미아.

이성희(2006). "치매노인 부양자 교육과 시설이용". 대한치매학회. 치매임상적접근. 아카데미아.

이재홍 · 김정은(2006). "혼합형 치매". 대한치매학회. 치매임상적 접근. 아카데미아.

한설희(2006). "알츠하이머병의 발병기전". 대한치매학회. 치매임상적접근. 아카데미아.

9

노인과 성

노년기의 성과 이성교제는 사회적으로 관심의 대상이 아니었고 흔히 노망, 혹은 주책으로 여겨져 왔다. 그러나 영화 "죽어도 좋아"의 제한상영가 등급결정이 논란이 된 후 많은 사람들은 노인의 성에 대해 관심을 가지게 되었다. 전문가들은 "고령화사회에서 노인의 성문화는 공개적으로 논의되어야 하고 또 사회적인 관심 속에서 이루어져야 한다."고 말한다. 사회적으로 관심이 되고 있는 노인의 성에 대해 우리는 얼마나 알고 있는가? 우리가 알고 있는 대부분의 일반적인 통념은 실제 노인의 성에 대해 너무나도 잘못 이해하고 있는 것들이 대부분이다. 성관계는 서로의 애정을 확인하는 가장 확실한 방법이다. 하지만 그 애정을 확인하는 대상이 노인이 되면 대부분 사람들은 '주책스럽고 망측하다'라는 반응을 보이며 노인의 성을 터부시해 왔다. 그리고 노년기의 성생활에 대한 잘못된 인식을 바탕으로 노년기에는 성생활을 하지 않는 것이 당연하며 나이가 들면 성에 대한 관심이 없어진다는 잘못된 고정관념을 가져왔다. 즉 우리가 생각해 오던 노인의 모습만이 미덕인 것처럼 인식해 왔다. 그러한 사회적 통념을 바탕으로 노인들조차 자신들의 성에 대해 부끄러워하며 스스로가 자제하려는 경우가 많다. 그러나 노인이 되면서 신체적으로 노화되는 것처럼 성적인 기능이 노화되는 것뿐이지 성적 욕구까지 노화되는 것은 아니다. 노인이 되어도 사랑하는 사람에게 서로의 애정을 확인하기 위해 성적 욕구를 가지는 것은 당연한 것이다. 노인이 급증하는 고령화사회에서는 노인의 성과 함께 노인의 이성교제 그리고 재혼 또한 사회적으로 논의되어야 할 것이다. 그러나 아직은 노인의 성에 관한 연구가 미흡한 상태에 있다. 이에 노인의 성생활 실태와 중요성을 알아보고 만족스런 노후를 위해 노인복지적 차원에서의 성 문제에 대한 개입 전략과 해결책을 모색해 보도록 하겠다.

1. 노인의 성에 대한 연구의 필요성

과학의 발달로 평균수명의 증가, 조기 정년퇴임 및 생활수준의 향상 등으로 인해 오늘날 우리 사회는 유사 이래로 한 번도 경험하지 못했던 고령화 시대를 살아가고 있다. 2005년 현재 65세 이상의 노인인구가 4,383,156명이 되어 전체 인구의 9.1%를 차지하고 있으며(통계청 2005), 이러한 양적 성장과 함께 건강하고 활동적인 '젊은 노인'들이 증가하고 있다. 오늘날 노인들의 대부분은 과거 어느 시대에 살았던 노인들보다 건강하고 더 많은 시간을 노후에 보내게 되었다. 그 결과 오늘날의 노인세대는 그들 부모세대의 동일 연령시기보다 더 건강하고 활동적인 삶을 유지할 수 있게 되었고 이러한 시대적 변화를 반영한 지금이야말로 우리 사회에서 고정관념화 되어 있는 노인들에 대한 전통적이고 부정적인 이미지를 새롭게 정의할 가장 적절한 시기이다.

이러한 시대적 전환기와 관련하여 긍정적인 자세로 전화되어야 할 영역 가운데 하나는 노인의 성문제이다.

전통적인 가치관이 지배적인 우리사회에서 노인들의 성생활에 대해 논한다는 것 자체가 사회적 규범에 적합하지 않고, 노인들은 성생활을 하지 않으며, 성행위를 할 수 없고, 성적 욕구가 없으며, 여성은 폐경과 함께 성행위는 막을 내리고, 성행위는 인체에 해롭기 때문에 노인에게 불필요하고 성행위를 자제하는 것이 바람직하다[4]는 잘못된 편견이 아직도 우리 사회에 지배적이다. 하나의 예로 지난 2002년 노인들의 사랑과 성생활을 그린 영화 "죽어도 좋아"가 개봉돼 커다란 사회적 반

4) 노인은퇴이론(Disengagement Theory of Aging): 노인집단은 사회와 사회적 활동으로부터 철수하는 것이 정상적이고 바람직하다고 주장한다.

향을 일으킨 적이 있다. 이 영화는 지금껏 금기시되었던 노인의 성에 대한 사회적 편견을 재조명하고 노년기의 행복스럽고 만족스런 성에 대한 계기를 마련했다. 그러나 아직도 노인의 성은 당당하게 거론할 수 없는 금단의 영역에 감추어져 있다.

노인의 성과 관련된 연구의 대부분은 의학이나 보건복지 분야에서 집중적으로 이루어졌으며 내용에 있어서는 연령의 증가에 따른 노인들의 생리적 변화와 그로 인한 성기능 측면에서의 문제점에 관련된 것이 대부분이다. 일부 사회과학 분야에서의 연구 또한 노인들이 직접적인 성생활 실태조사보다는 노인들의 이성교제와 재혼의 필요성에 관한 연구에 있어서 부차적으로 성생활이 언급되어 왔다. 그러나 '한국노인의 전화'에 따르면 이성교제와 성적 문제는 노후생활의 고민 가운데 매우 큰 비중을 차지하는 것으로 나타났으며(한국노인의 전화, 2004), 노인복지시설 이용자를 연구대상으로 한 연구에 따르면 건강상태가 양호하지 못한 노인들도 그들의 연령이나 건강상태에 무관하게 성에 대한 관심이 매우 높은 것으로 나타났다(오진주 · 신영은, 1998). 노인복지적 차원에서 볼 때 가장 심각한 문제는 노인시설에 거주하는 노인들의 성적 관심과 표현에 대한 시설종사자들의 반응이 매우 부정적이라는 사실이다(오진주 · 신영은, 1998). 이러한 사실들은 노인들의 성생활에 대한 구체적인 실태조사를 통한 체계적인 연구의 필요성과 함께 노인들 자신은 물론 노인의료복지시설의 종사자 및 일반 대중을 대상으로 인간의 가장 원초적인 성에 대한 관심과 표현을 긍정적인 시각으로 인식변화를 강조하는 교육의 필요성을 시사해 주고 있다(모선희 · 유성호 외, 2005).

우리나라의 노년기의 성에 대한 연구는 1980년대 초반에 처음으로 이루어져 1990년대 후반에 본격적인 연구가 시작되었지만 노인의 성에 대한 기존의 연구들이 표본추출, 조사지역과 대상, 성생활 범위 등의 관련된 문제를 지니고 있기 때문에 일반화하는 데 한계가 있었다. 2002년 "죽어도 좋아" 영화의 개봉과 발기부전치료제 비아그라 판매로 성에 대한 관심 이동과 아울러 평균수명의 연장, 건강수준의 향상, 노인인구의 증가로 인한 노인의 성에 대한 과학적 연구와 공론화 필요성이 제기되면서 최근 관심을 받기 시작했지만 주로 노화과정에서 오는 신체적 · 심리적 · 정서적 · 사회적 문제에 관한 연구가 주류를 이루었고, 그 중 많은 부분은 의학이나 보건 분야에서 수행되어진 연구들이다.

선행연구의 내용을 살펴보면, 실제로 인간의 성은 정년이 없으며 노년기에도 성생활은 충분히 가능하고 규칙적이고 적절한 성생활은 노인에게 있어 위험이 되기보다는 오히려 건강한 신체와 정신에 좋은 영향을 준다고 밝히고 있다(임춘식 · 최복란, 1997; 김윤정, 2003; 송미순 · 김신미 · 오진주, 1997; Harris & Wier, 1998; Stern, 1997).

노화의 영향으로 신체적인 성기능의 감퇴현상은 따르고 노년기의 성욕구나 애정의 욕구는 개인 차이는 있지만 노년기에도 지속되며 성생활이 불가능한 경우에도 스킨십과 애무, 자위행위 등의 성행위가 빈번하게 이루어지고 있다(박형규, 2001; 오진주, 1998; 오진주, 1999; 유성호 · 강숙연, 2003; 강현숙 · 김태현, 2002; Brogan, 1996).

노인의 성생활과 사회인구학적 변인에 관련된 연구는 여러 연구들에서 시행된 바 있으나 대부분 연구 주제에 따라 부차적인 부분으로 조사되어 그 대상과 방법이 제한적이었다. 성생활 실태와 사회인구학적 변인과의 관계를 주제로 양적 조사한 연구로는 유배우자 노인 200명을 조사한 유성호 · 강숙연의 연구(2003)와 유배우자 노인 64명을 조사한 김주희 · 이창은의 연구(2000), 배우자의 유무와 관계없이 107명의 노인을 조사한 박형규의 연구(2001)와 노인 시설종사자를 대상으로 조사한 오진주의 연구(2002) 등이 있다. 그러나 지금까지의 연구에서는 성생활 실태에 관하여 기술적 분석에 그치거나(김주희 · 이창은, 2000; 박형규, 2001), 성생활 유지 여부와 빈도 등의 일부에 한정하여 조사되어(유성호 · 강숙연, 2003), 전반적인 성생활과의 관계에 관한 연구는 연구가 아직까지 시도되지 않았다.

노년기 성생활에 대한 조사연구는 연구방법, 표본 수에 따라 그 결과는 다양하다. 이들을 종합해 보면, 노년기가 되어도 성에 대한 관심과 욕구를 가지고 성생활을 지속하고 있지만 연령 증가에 따라 성생활 빈도는 감소한다. 그러나 인간의 성적 기능은 다른 어떠한 기능보다도 오래 지속되는 기능이며, 일정한 건강을 유지하는 경우에 그 욕구와 능력은 평생 지속되는 것이다.

인간의 성행위에 관한 과학적인 연구는 미국의 동물학자 '알프레드 킨제이'의 "킨제이 보고서"를 필두로 이루어졌다. 그의 노년기의 성행동에 대한 연구결과는 남성은 청소년기에 성적 반응의 최고조에 이르고 그때부터 노년까지 일정한 비율로 떨어진다는 것이다. 남성들은 60세에 95%, 70세에 70%, 70세가 넘으면 미약한 성적 활동을 보였다. 대조적으로 여성은 20~30대 후반까지도 정상에 이르지 않으나 여성의 성적 반응은 변화 없이 60대까지 계속된다는 것이다(성금영 · 박영숙 · 이근후, 2001).

킨제이의 연구(1948)가 횡단적 연구였는데 반해 Duke는 종단적 연구를 하였다. 그는 연구를 통해 결혼한 노인들이 대부분 80대까지도 성행위를 하고 있으며 건강과 생활만족을 유지하는 데 성활동이 기여하는 요소라고 보고하였다(Palmore, 1981).

김윤정(2003)은 노인의 성생활은 본인과 배우자의 건강상태, 배우자의 성적 반응, 규칙적인 성생활을 할 수 있는 파트너 유무, 주거환경 등이 영향을 미친다. 또 남자노인들은 성생활의 장애로 아내의 잠자리 거부나 성에 대한 부정적인 인식을 들고 있으며, 여성노인들은 성적 욕구의 감소로 인하여 응답자 모두가 전혀 성생활을 하지 않는다는 결과를 보고하고 있다.

유성호 · 강숙연의 연구(2003)에서는 성별, 연령, 건강상태는 성생활 유지 여부와 성생활 빈도와 밀접한 관계가 있었다. 그러나 소득은 성생활 유지 여부, 교육수준은 성생활 빈도와 관계가 없는 것으로 나타났다. 성생활 유지 여부와 관련하여 남성에게는 연령이, 여성노인에게는 남편의 건강상태가 중요한 변인으로 나타나 남성이 중대한 역할을 하는 것으로 나타났다. 반면 성생활 빈도와 관련하여 남성은 연령이 낮고 소득이 높고 부인이 건강할수록, 여성노인은 연령이 낮고 본인의 건강상태가 좋을수록 성생활을 자주하는 것으로 나타나 여성노인이 중요한 역할을 하고 있는 것으로 볼 수 있다.

이와 같이 노인의 성생활은 사회 인구학적 요인과 깊이 관련되어 있다. 앞으로 우리사회가 고령화사회로 갈수록 노인의 사회인구학적인 변화가 심화될 것이라고 예견되며, 이러한 변화는 노인의 성생활에 직접 혹은 간접적으로 영향을 미칠 것이다.

2. 노인의 성에 대한 사회의 부정적인 시각

노인이 성생활을 한다는 것에 대해 젊은이들은 믿기지 않는다거나 우습다고 생각하는 경향이 있다. 이러한 부정적인 시각은 유교사상이 강한 우리사회에서 성을 단지 종족 보존을 위한 생식기능만을 위한 것으로 여기기 때문에 생식기능이 끝난 노인들은 무성적(無性的) 존재이고, 성적 관심을 표현할 수 없는 존재이며, 성적 관심이 있더라도 성생활이 불가능한 존재라고 간주해 버리는 잘못된 편견에 비롯된 것이다.

그러나 최근에 어느 대학에서 조사한 바에 따르면 우리나라 65세 이상 노인 5명 중 1명이 현재 성생활을 지속하고 있는 것으로 되어 있다.[5] 물론 젊은 때만큼 활발한 성생활은 아니며 외국의 노인들과 비교할 때 극히 저조한 편이다. 우리나라에서는 전통적으로 노인도 성생활을 한다는 데 대한 논의를 거의 할 수 없는 문화인 것이 그 이유의 일부를 이루고 있다고 생각된다. 현재 성생활을 하고 있는 노인들이 그렇지 않은 노인들보다 삶의 만족도가 높은 것으로 조사되어 노인의 성생활 인식도와 삶의 만족도 사이에 상관관계가 있는 것으로 나타났다. 그렇다면 노인도 성생활을 할 수 있고 질이 높은 삶을 위해서 필요한 것이라는 사회적 인식이 있어야 할 것이다.

현실적으로 많은 노인들이 만족한 성생활을 통해 삶을 좀 더 풍요롭게 즐기기를 원한다. 하지만 우리나라에서는 나이가 많은 분이 성에 관해 관심을 보이는 것은 물론 거론하는 것조차 점잖지 못한 일로 비난을 받는 것 또한 현실이다. 그러나 이런 금욕적 태도는 우리의 문화가 낳은 산물에 불과할 뿐 인간의 본심은 아닐 것이다. 65세 이상 남자의 70%, 여성의 50% 정도가 적어도 한 달에 한 번 이상 자위행위를 즐기고 있다는 조사결과도 있다. 대부분의 노인은 이성에 대해 성적 욕구를 느끼며 성적인 상상을 한다고 하며 기회만 되면 새로운 이성 친구를 사귀고 싶다고 하는 노인도 전체 노인의 절반이 넘는다. 이렇게 볼 때 성적 관심은 젊은 사람들과 그다지 차이가 없고 노인이라는 신체·생리적 핸디캡이 성적 욕구를 현실적으로 충족시킬 수 없기 때문에 일부러 욕구 자체를 부정하려는 의도가 강하다고 보는 것이 옳을 것이다.

즉, 인간의 성욕은 노인이 되어도 변하지 않는다. 다만 성기능과 함께 저하될 따름이다. 나이가 들면 당연히 성호르몬이 감소하지만, 이는 인간이 갖고 있는 동물적 조건에 지나지 않는다. 그러므로 노인은 더 이상 무성적(無性的) 존재가 아니고

5) 아름다운 노년생활(http://www.komericanjournal.com).

성생활이 삶에 다각적으로 영향을 미치는 사실이 확인된 만큼, 노인의 성생활에 대한 사회적 인식의 변화가 필요하다.

노인의 성에 대한 관심과 수행능력을 보여주는 국내외 연구결과는 부지기수이지만 노인의 성적 욕구는 아예 존재하지 않는 것으로 무시하는 것이 우리 사회의 지배적인 풍조이다. 심지어는 노인이 성적 욕구를 표출하거나 욕구충족을 위한 행동을 보이면 부도덕한 것으로 평가하기도 한다.

'노인의 성'에 대한 편견에 도전하는 "죽어도 좋아"라는 영화는 실화를 바탕으로 하고 실제 인물인 70대의 배우자와 사별한 할아버지, 할머니가 주인공으로 출연하여 70대 커플의 파격적인(편견을 가진 사람들의 입장에서 볼 때) 성생활을 있는 그대로 보여준 영화다. 영화는 '노인은 모든 욕망으로부터 초월한 존재' 라는 생각이 실은 그들의 본성을 억압하는 '이데올로기적 폭력'이라는 결론을 자연스럽게 유도하고 있다.

남자 어르신들이 정상적인 성적 파트너가 없는 경우 매춘부들과 성관계를 가진 후 성병에 걸려 자식이나 주위 사람들에게 알려질까 두려워 육체적 · 심리적 고통을 당하고 있다는 것은 이미 공공연한 비밀이다. 그런데 이들을 위해 사회가 무엇을 할 수 있는가의 문제에 대한 해답을 얻는 것은 실로 난감한 일이다. 그렇다고 이들에게 무조건 절제하라고 강요할 수도 없는 노릇이다. 더구나 성적 욕구의 해소 때문에 고민하는 노인들을 위해 공창을 설치해 주자고 할 수도 없는 노릇이다.

현실적인 일은 적어도 홀로 사는 어르신들을 최소화하는 것이다. 여기에도 자녀들의 몰이해로 인한 반대나 어르신 스스로가 가지고 있는 전통적인 성 도덕관과 세상에 대한 일종의 체면 등으로 인해 많은 제한은 있다. 노인의 재혼 문제에 보다 신중한 결정을 하도록 도와주고 일단 성혼이 된 후 사회적 차원에서 관심을 갖고 지원한다면 재혼 생활이 보다 안정적일 것이다. 즉 우리 사회의 노인에 대한 각종 부당한 편견과 고정관념을 지우고 노인들이 옛날처럼 사회적으로나 경제적으로 권위를 가지고 인간답게 여생을 보낼 수 있도록 국가적 차원에서 지속적이고 실질적인 노인복지정책을 펼쳐 나가야 한다는 것이다.

Kuhn(1976)은 사회에 만연된 노화와 성에 대해 5가지 신화를 규명하였다.

1) 노인에게 성은 중요하지 않다.

2) 노인의 성적 활동에 대한 관심은 비정상적인 것이다.

3) 노인의 재혼은 권장되어서는 안 된다.

4) 남성노인이 젊은 여성을 찾는 것은 합당하나 그 반대가 되어서는 안 된다.

5) 장기요양시설에서의 노인들은 성별로 분리되어야 한다.

이러한 잘못된 생각은 일반인들은 물론, 노년학 전문가들 사이에서도 만연되어 있으며 노인들 스스로도 그렇게 생각하고 있다. 이러한 편견은 노인의 성에 대하여 상투적이며 부정적인 사회적 태도를 이끌어 내었고 노인의 성에 관한 연구를 저해하는 요인이 된 것이 사실이다.

그 밖에도 노화는 성기능장애를 수반한다. 성적으로 활동적인 노인은 도덕적으로 사악하다, 노인들은 성적 욕망이 없다, 욕망이 있더라도 사랑하기에는 너무 허약하다 등의 부정적인 편견들이 존재한다. 따라서 노인들이 성적 관심에 대해 어떤 표현을 하거나 공개적 토론을 하는 것은 음란한 것으로 낙인찍힌다.

Siland(1975)는 노인들이 "성적 활동으로부터 강제로 은퇴하도록 강요된다."고 서술하였다. 또한 많은 노인들 자신도 이러한 신화를 믿고 있기 때문에 노인들에 대한 상투적 태도는 스스로 실현되는 예언이 되어 버렸다. 일반적으로 노인들은 자신들이 무성적이라고 믿으며 그에 따라 무성적으로 행동한다.

그러나 많은 노인들은 지속적으로 자신의 성을 적극 표현하고 있다. 실제로 노년기에서의 생활 통제감의 상실, 고립감, 외로움은 성적 욕구를 유일한 즐거움으로 상승시키는 역할을 할 수도 있으나 죄책감과 개인생활의 부족 등이 성적 욕구를 제거하는 것으로 생각된다.

3. 노인들의 성생활 실태

'사랑의전화 복지재단' 사회조사연구소는 2005년 3월 60세 이상의 노인 250명을 대상으로 "활기찬 노인의 성을 위한 사회조사"란 제목의 성에 대한 조사를 실시하였다. 응답자 중 남자는 154명(61.5%)이었고 여자는 96명(38.5%)이었다. 조사결과 응답자의 61.6%는 현재 성생활을 지속하고 있다고 응답했다. 또한 성욕구가 있을 경우 대처방법에 대해 41.2%는 참는다고 대답하였지만 성관계를 하거나 대안 성행위(접촉, 자위행위 등) 등으로 성 욕구를 해소하기 위해 적극적인 노력을 하는 노인의 수가 40%에 달했다고 전했다.

65세 이상 노인 250명이 참여한 서울대병원 조사에 따르면 노인에게도 성생활이 중요하며 찬성한다는 질문에 66.3%가 찬성 응답을 하였고 그렇게 응답한 노인들 중 51%가 실제로 성생활을 하고 있다고 응답하였다.

성생활에 찬성하는 입장을 보인 경우 38%가 성생활이 노화방지 및 건강에 도움이 된다고 응답하였고 자신감 회복이 12%, 생활만족도 향상 4%로 성생활의 필요성에 대해 응답하였다. 또한 2002년 세계 32개국 40세에서 80세의 성인남녀를 대상으로 '화이자사'가 실시한 성기능 관련조사에서 "인생에서 성생활이 얼마나 중요한가?"라는 질문에 우리나라(남녀 각각 600명) 조사대상자의 87%(남성:96%, 여성:82%)가 '중요하다'고 답변하여 세계에서 가장 성생활을 중요시하는 국민으로 조사되었고, 2위는 이탈리아, 스웨덴이 각각 82%, 프랑스 81%, 스페인, 독일, 브라질이 각각 80%, 미국 79%, 영국 70%, 대만 58%, 일본, 중국이 각각 53%순으로 나타났다[6].

1) 노인의 성관련 특성

노인의 성관련 특성에 관한 김주희·이창은(2000) 연구에 의하면 유배우자가 64명 중 주관적인 결혼 만족도에 대해 50%인 32명이 만족스럽다고 대답했으며, 사별로 인해 현재 배우자가 없는 49명의 노인 중 이성 친구를 원하느냐는 질문에 85.7%인 42명이 필요 없다고 대답했다.

노인대상자의 19.5%(22명)는 현재 성생활을 지속하고 있었으며, 이는 남자노인의 30.0%(15명), 여자노인의 11.1%(7명)이고, 배우자가 있는 남자노인의 35.7%, 배우자가 있는 여자노인의 31.8%에 해당하는 비율로서 노인의 30% 이상은 성적 능력을 보유하고 있다는 것을 의미한다. 그러나 이 결과는 Weinberg(1982)의 65세 이상 남자노인의 70%가 성활동을 한다는 보고와 큰 차이를 보였고, 이윤숙(1983)의

6) 중앙일보, 2002. 12. 17일자.

〈표 9-1〉 노인의 성관련 특성(N=119)

특 성	구 분	남 N(%)	여 N(%)	계 N(%)	χ 2	M±SD
유배우자의	만족스럽다	23(35.9)	9(14.1)	32(50.0)		
결혼만족도	보통이다	13(20.3)	6(9.4)	19(29.7)	6.33*	
(N=64)	불만족스럽다	2(3.1))	6(9.4)	8(12.5)		
무배우자의	필요하다	3(6.1)	1(2.1)	4(8.2)	10.12**	
이성친구(N=49)	불필요하다	5(10.2)	37(75.5)	42(85.7)		
현재의 성생활	하고있다	15(13.3)	7(6.2)	22(19.5)	6.34*	
	하지 않는다	35(31.0)	56(49.5)	91(80.5)		
최근 한달 안에 배우자	경험이 있다	8(7.1)	0	8(7.1)	10.52**	
이외의 사람과의 잠자리	경험이 없다	42(37.1)	61(54.0)	103(91.1)		
지각하는	욕구의 소실	7(6.2)	54(47.8)	61(54.0)	59.68***	
성적 욕구	욕구의 지속	42(37.2)	8(7.1)	50(44.2)		
성생활의 변화에	긍정적	34(30.1)	55(48.7)	89(78.8)	59.68***	
대한 인식	부정적	15(13.2)	8(7.1)	23(21.2)		
성교육이나	필요하다	24(21.2)	9(8.0)	33(29.2)	15.33***	
성상담	필요하지 않다	26(23.0)	54(47.8)	80(70.8)		
유배우자중	한달에1회미만	2(9.1)	3(13.6)	5(22.7)		
성생활빈도	한달에 1회	8(36.4)	2(9.1)	10(45.5)	2.508	1.37±0.97
(N=22)	한달에2회이상	5(22.7)	2(9.1)	7(31.8)		

*p<0.05, **p<0.01, ***p<0.001

60세 이상 남자노인의 89.4%, 여자노인의 30.9%가 성활동을 한다는 보고와는 남자노인에 있어서 큰 차이를 보였다. 최근 미국의 야누스 보고서(한국여성개발원, 1993)의 65세 이상 남자노인의 53%, 여자노인의 41%가 활발한 성활동을 보인다는 결과와도 상당한 차이를 보였다.

노인이 지각하는 성적 욕구에 대해서는 '아무생각도 없고 뭘 봐도 아무 느낌이 없다'는 욕구 소실형은 54% 인 61명이었고, '노인이 되어도 멋있는(예쁜) 사람을 보면 좋고 흥분된다'는 욕구 지속형은 44.2%인 50명이었다. 이 질문에 대해서는 남녀

간의 차이가 두드러졌는데 남자노인의 대다수(84%)는 욕구가 지속된다고, 여자노인의 대다수(85.7%)는 욕구가 소실된다고 대답했다.

또한 65세에서 89세의 다양한 연령층을 가진 113명 중 남자 55.8%(63명)과 여자 44.2%(50명)를 대상으로 성관련 특성을 조사한 결과 노인이 되어 성생활이 변화되는 것에 대한 감정에 대해서는 '늙었으니 변하는 것은 자연스러운 일'이라고 긍적적으로 생각하는 노인이 78.8%(89명)이었고, 21.2%(23명)는 '기분이 우울하고 안좋은 느낌'이라고 부정적으로 생각했으며 여자노인보다는 남자노인에게서 이러한 부정적 감정이 많이 나타나는 것을 볼 수 있었는데 이는 남자노인이 여자노인보다 성적 욕구가 강하므로 그 욕구가 좌절됨으로써 생기는 감정이라고 사료되며, 노인의 성교육이나 성상담의 필요성에 대해서는 대상자의 29.2%(30명)가 필요하다고 대답하여, 노인의 상당수가 필요성을 인식하고 있음을 알 수 있었다.

(1) 노인의 성생활 빈도

유배우자 중 현재 성생활을 하고 있는 노인의 성생활 빈도는 <표 9-2>와 같이 최소 일 년에 두 번에서 최대 일주에 한 번까지 다양하게 나타났으며, 그 중 한 달에 1회가 가장 많았고, 평균 한 달에 1.37회의 성생활을 하는 것으로 나타났다.

〈표 9-2〉 성생활 빈도(N=22)

	도수(명)	백분율
일년에 두 번	1	4.5
두달에 한 번	4	18.2
한달에 한 번	10	45.4
한달에 두 번	4	18.2
한달에 세 번	2	9.1
일주에 한 번	1	4.5
전체	22명	100

(2) 노인의 혼외(婚外) 성생활 경험

최근 한 달 이내에 배우자 이외 사람과의 성관계를 조사한 결과는 아래 <표 9-3>과 같다. 대상자 중 배우자 이외의 사람과 성관계를 경험한 노인은 전체 대상자(N=113명) 중 7.1%인 8명이나 되었고, 그들 모두가 남자노인이었으며, 이는 남자노인의 16%에 해당하는 비율로서 남자노인의 성전파성 질환에 대한 주의가 필요하다고 할 수 있으며, 노인계층이 더 이상 성전파성 질환의 안전지대가 아님을 인식해야 할 것이다.

〈표 9-3〉 최근 한달 이내에 배우자 이외의 성관계

	도수(명)	백분율(8명 중)	백분율(남자노인 50명 중)
유배우자	7	87.5%	14%
무배우자	1	12.5%	2%
총합	8명	100%	16%

(3) 노인의 성생활 연령

노인의 성생활이 언제까지 가능한지를 알아보기 위해 현재 배우자가 있는 노인을 대상으로만 조사한 결과는 아래 <표 9-4>와 같다. 배우자가 없는 경우에는 배우자가 없는 것 자체가 성생활을 못하게 된 원인이 될 수 있으므로 의미가 없다고 사료되어 제외시켰다. 현재 성생활을 하지 않는 경우 마지막 성생활 연령은 남자노인이 평균 63.1세, 여자노인이 평균 57.4세를 보였으며, 현재 성생활을 계속하는 경우 남자노인의 평균연령은 69.1세, 여자노인의 평균 연령은 67.0세로 나타나, 일생동안 노인의 성생활 가능 평균연령은 더 높아질 것으로 생각된다. 남자의 성생활 가능 연령이 여성의 성생활 가능 연령보다 높게 나타난 것은 남자의 성적 능력이 여자의 성적 능력보다 크다는 것을 의미한다기보다는 일반적으로 부부 중 남자노인이 여자노인보다 나이가 많으므로 여자노인의 성생활 연령은 남편의 성생활 연령에서 나타나는 의존가능성을 배재할 수 없다.

〈표 9-4〉 노인의 성생활 연령

성 별	현재 성생활을 하는 경우		현재 성생활을 하지 않는 경우	
	N(명)	M±SD	N(명)	M±SD
남(21명)	14	69.1±2.0세	23	63.1±3.3세
여(33명)	7	67.0±2.8세	10	57.4±9.2세
총	21	68.4±2.5세	33	61.3±6.2세

영국의 70～94세의 남성노인 46명을 조사한 연구(Thomas 1991)에서는 응답자의 43%가 성생활이 중요하거나 매우 중요하다고 답변하였다. 양로원에 거주하는 80～102세의 건강한 미국의 고령노인을 대상으로 성에 대한 욕구를 조사한 결과 남성 응답자의 88%(very open, 19%; often 51%; some-time, 18%), 여성 응답자의 71%(very open, 12%; often 38%; some-time, 18%)가 "아직도 성에 대한 관심과 애정을 꿈꾸고 있다."고 응답하였으며 남성노인의 66%, 여성노인의 38%가 나이가 먹어도 성이 중요하다고 응답하였다(Bretchneider & McCoy, 1988). 지금까지의 연구결과들은 연령이 증가하여도 성에 대한 욕구는 지속적으로 유지되며 노후생활에 있어서 성이 중요한 역할을 하고 있음을 지적하고 있다.

4. 노인의 성생활에 영향을 주는 요인

1) 생리적 요인

남성노인의 경우 보다 더 분명한 변화가 오는 경우가 많다. 즉 발기하는 데 시간이 점점 더 걸리며 딱딱하게 발기가 되지 않는 경우가 많고 이전보다 그 크기도 적어지는 변화가 찾아올 수 있다. 그리고 사정 시간은 더 짧아질 수 있고, 오르가슴 후 음경의 축소는 더 빨라지고 다시 발기될 때까지의 시간이 매우 길어진다. 또 어떤 경우는 발기를 위해 더 많은 자극이 필요하기도 하다. 또한 남성은 노인이 되면서 발기부전이 증가한다. 이 변화는 특히 심장병이나 고혈압, 혹은 당뇨병이 있는 사람에게서 더 분명히 나타나는 경우가 많다.

나이가 들면 다른 신체기능과 마찬가지로 성적으로도 퇴화하기 마련이지만 성능 면에서 완전한 상실을 의미하진 않는다. 노인성 발기부전도 나이가 들면 눈이 어두워지거나 청력이 떨어지는 것처럼 생각하면 될 것이다. 그러나 신체의 다른 부위와는 달리 남성들에게 발기부전이란 독특한 정신적 의미를 갖고 있다. 남성다움을 상실한다는 불안함으로 자신감을 잃고 우울증으로까지 연결되어 사뭇 심각해지기도 하는 것이다.

미국에 거주하는 60세 이상 1,950명의 노인을 대상으로 조사한 Diokno 등(1990)의 연구에 따르면 결혼한 남성노인 가운데 약 35% 정도가 발기에 문제를 가지고 있는 것으로 나타났다. 연령의 증가에 따라 그 증세가 심하여 60~64세 노인 가운데 28.7%, 65~69세는 34.6%, 70~74세는 46.7%, 75~79세는 62.5%, 80세 이상은 64.3%가 발기 문제를 가지고 있었다. 이러한 발기부전과 관계가 있는 요인은 심장병, 요실금 그리고 안정제의 복용과 관련이 있는 것으로 조사되었다. 재미있는 발견은 남성 발기부전과 밀접한 상관관계가 있는 것으로 알려진 당뇨병, 알코올 섭취, 흡연은 발기부전과 거의 상관관계가 없는 것으로 조사되었다.

Diokno 등(1990)의 또 다른 흥미 있는 발견은 커피의 복용은 성생활에 긍정적인 영향을 미치는 것으로 나타나 커피를 마시지 않는 남성노인이 커피를 마시는 남성노인과 비교했을 때 발기부전 증상이 많은 것으로 조사되었다. 남성의 발기능력을 연령에 따라 분류하여 조사한 Muligan과 Moss의 연구(1991)에 의하면 성기강도와 발기지속능력은 연령이 증가할수록 감소하는 것으로 나타났다.

〈표 9-5〉 **연령에 따른 발기/발기지속과 오르가슴 유지 능력(남성)**

연령	성기강도(rigidity)*	발기지속(duration)*	오르가슴을 느끼는 %
30~39	4.5	4.1	82
40~49	4.3	4.1	84
50~59	3.6	3.4	72
60~69	3.2	3.3	61
70~79	2.6	2.7	48
80~89	2.9	2.9	40
90~99	1.9	1.9	21

• 성기 강도와 발기 지속
1=흐물흐물한 발기나 성교 동안 발기가 지속되지 않는다.
5=매우 강하고 성교 동안 지속적으로 발기 상태가 유지된다.

자료: Muligan, T., & Moss, R. (1991)

여성노인의 경우 남성노인에 비교하여 성생활 유지에 따른 커다란 신체적 변화는 거의 없다(Kaye, 1993; Ludeman, 1981). 연령의 증가에 따른 생식기관의 변화는 정상적인 성생활에 어느 정도 문제를 야기시키지만 남성노인의 발기부전과 같은 치명적인 증세가 나타나지는 않기 때문에 정도에 있어서 남성노인보다 훨씬 경미하다. 오히려 여성노인에게 성생활 유지에 직접적인 영향을 미치는 것은 신체적 변화보다는 성생활 파트너의 존재 유무다. 성행위와 관련해서 거론되는 여성노인의 신체적 변화는 폐경으로 인한 난소의 에스트로겐(estrogen)의 생산 중단이다.

그러나 대부분의 여성들은 성에 대한 관심에 영향을 미치는 테스토스테론(testosterone)은 생성되어 성적인 욕구는 계속된다(Mayo Clinic Health Letter, 1993). 또한 나이가 들면서 여성의 경우 질의 모양과 신축성이 변하게 된다. 이런 변화는 성행위를 어렵게 하는 요인 중 하나가 된다. 결국 모든 여성들은 성적 쾌감에 영향을 주는 질 윤활유 역할을 하는 분비물이 점점 부족하게 된다. 폐경을 거치며 겪는 신체변화는 비뇨생식기계도 예외가 아니어서 질벽이 얇고 좁아지면서 짧아지고, 질염이 잘 생기며, 질 내 윤활액의 분비가 감소한다. 이런 변화는 성교통을 유발한다. 요도점막이 위축되고 방광의 적응력이 감소하며, 골반근육이 약화되므로 요도염이나 방광염이 잦아지고 결국 요실금이 생기기도 하는 것이다.

배뇨장애와 성교통이 있으면 성관계를 할 때 불안한 마음을 갖게 된다. 여성호르몬은 물론이고 남성호르몬도 감소해 성욕 자체가 감소하기도 한다. 더구나 폐경이 되면 우울증을 동반하는 경우가 많아 성생활에 큰 장애가 된다.

2) 심리적 요인

자신감의 감소로 인하여 "하다가 실패하면 마누라가 싫어할 것 같기도 하고 자신있는 날만 하게 되지……. 욕구는 있지만 실패할까 봐 두렵기도 해. 자신도 많이 없어지고……."

위의 경우처럼 남성은 파트너와의 성행위에 있어서 리드를 하고 반드시 만족시켜 주어야 한다는 남성으로서의 자존심이 매우 크게 작용하기 때문에 성행위에 대한 실패의 두려움 때문에 성생활의 장애로 이어지기도 한다(조혜정 · 김효심, 1993).

성에 대한 심리적 요인은 직접적이기보다는 간접적인 원인에 의해 기인된다고 볼 수 있다. 노인의 성에 대한 사회의 부정적인 견해가 지배적이기 때문에 노인이 성행위를 하면 바람직하지 않다는 생각에서 성에 대한 관심을 기울이지 않는 경우가 있을 수 있다. 또한 배우자 없이 오랜 세월을 혼자서 지낸 경우 성에 대한 관심이 저조하거나 아예 포기하는 경우도 있을 수 있다. 이외에도 어떤 일에 대한 과도한 걱정으로 인한 신경과민증세로 성에 대한 생각조차 할 여유가 없게 된 경우가 있다(Mooradian & Greiff, 1990). 또한 한 명의 파트너와 지속적인 성관계로 인한 무미건조함으로 말미암아 성행위에 별 관심을 느끼지 못하는 경우도 심리적 요인에 포함된다(Kaye, 1993).

Brestchneider와 McCoy(1988)의 연구에 의하면 202명의 건강하고 성 파트너가 있는 80~102세까지의 고령노인을 대상으로 성에 대한 관심과 행동을 조사한 결과 남성노인 62%, 여성노인의 30%가 성생활을 유지하고 있는 것으로 조사되었고, 성생활에 문제가 있다고 답한 63명의 노인을 대상으로 조사한 결과 남성노인의 경우 '성생활을 성공적으로 할 수 없다는 걱정'이 가장 많았고(37%), '발기유지 불능'(33%), '성 파트너를 만날 기회 부족'(23%) 순으로 나타났다. 여성노인은 '오르가슴을 자주 못 느낌'(30%), '파트너의 발기 불능의 문제'(30%), '섹스외의 다른 문제에 대한 걱정'(25%) 순으로 지적되었다. 이 연구에서 노인들의 심리적 요인이 성생활 유지에 얼마나 중요한가를 보여 주었다.

〈표 9-6〉 노인의 성생활의 문제점

남성(N=43)	%	여성(N=20)	%
성생활을 성공적으로 할 수 없다는 걱정	37	오르가슴을 자주 못 느낌	30
발기 유지 불능	33	파트너의 발기 불능 문제	30
오르가슴에 도달하지 못함	28	질 분비가 안됨	30
발기불능	83	섹스 외의 다른 문제에 대한 걱정	25
성 파트너를 만날 기회 부족	23	파트너를 만날 기회 부족	25
성교 시 질 분비의 부족으로 인한 파트너의 고통	23	섹스에 대한 욕구 부족	25

• 자료: Brestchneider와 McCoy(1988). (Masters et al., 재인용 p. 271).

3) 사회 · 환경적 요인

사회적 요인은 노인의 성에 대한 사회의 부정적인 인식 때문에 노인 스스로가 성행위를 자제하거나 포기하는 경우를 의미하고, 환경적 요인은 성행위를 행할 수 없는 특수한 환경에 처하게 됨으로 발생되는 문제이다.

그러나 사회 환경적 요인은 주로 중첩해서 나타나는 경우가 많다. 65세 이상의 노인 64명을 대상으로 한 김주희 · 이창은의 연구에서 보면, 성에 대한 느낌에 따라 응답자를 분류하였다. 성에 대해 아무 느낌이 없는 욕구 소실형(29.7%)과 아직도 멋진 남자나 여자를 보면 흥분된다는 욕구 지속형(40.6%), 생각이야 있지만 참아야 한다는 욕구 억제형(26.6%)이 있다.

이러한 발견은 노인 가운데 상당한 수가 욕구를(67.2%) 가지고 있으나 사회적 요인으로 인해 억제하고 있다는 것을 의미한다.

또한 사회 · 환경적으로 가장 많은 영향을 미치는 것은 사별 등으로 인한 성 파트너의 부재와 신체적 정신적 건강의 이유로 노인 시설로의 입소이다(Mooradian & Greiff, 1990).

욕구는 있으나 혼자 사는 노인이나 시설 입소자들은 성생활의 불가능과 시설 관계자들의 따가운 시선 속에 성적 욕구를 억제하게 됨으로써 성생활 유지에 어려움이 발생된다. 성문제와 관련하여 노인시설로의 입소는 성생활 유지에 절대적인 영향을 미친다. 배우자가 살아 있는 경우 부부가 함께 시설에서 생활할 수 있도록 허락하는 시설이 증가하고 있는 추세지만 사회의 윤리적인 면을 강조하여 아직까지 대부분의 노인시설에서는 남녀를 분리하는 곳이 많다. 따라서 노인시설의 입소는 성생활과의 단절을 의미한다고 볼 수 있다. 따라서 노인시설의 경우 입소자가 정기적으로 가정을 방문하도록 허락하는 '가정방문(home visit)' 제도 또한 노인들의 성문제와 관련하여 매우 바람직한 방안이라 할 수 있다(Muligan & Palguta, 1991).

4) 노인성 질환과 약물복용

연령과 비례하여 건강 기능의 약화로 나타나는 각종 노인성 질환과 그로 인한 약물의 과다 복용으로 젊은 연령층과 비교하여 노년층은 정상적인 성생활의 유지에 어려움을 경험하게 된다.

노인에게 많이 나타나는 성생활에 장애를 유발시키는 노인성 질환에는 심장질환, 고혈압 , 당뇨병 , 관절염, 암, 성기 관련 수술(전립선, 자궁절제) 등이 있으며 흡연, 안정제의 사용도 노인성 생활의 장애와 관련이 있는 것으로 나타나고 있다(Mooradian & Greiff, 1990 외).

이러한 요인들 중에 노년기의 성적 장애를 일으키는 주된 요인은 심리적 요인으로 밝혀지고 있으며 만성 신체질환은 성적 역기능이나 장애를 일으키는 주된 요인이기는 하지만 적절한 치료와 관리를 하면 그 영향을 최소화할 수 있다. 여성노인의 경우 성에 대한 부정적 태도가 오르가슴 장애를 유발하는 주된 요인으로 알려지고 있다. 그 외에 성적 상대방에 대한 애정의 결여, 짧은 성행위시간, 성적 취향에 대한 무관심, 충분한 성적 자극의 부족 등으로 인하여 야기될 수 있다. 이러한 성기능장애를 치료하기 위해서는 약물 요법, 외과적 치료(혈관 재건술, 보형물 삽입술 등), 당뇨 등의 내과적 질환치료, 호르몬요법, 행동주의적 성치료와 같은 정신치료 등이 활용되고있다. 또한 혈압계통에 문제가 있는 노인들의 경우는 성교시간을 단축하고 파트너가 상위체위를 취하도록 하고 목욕이나 식사 후 30분이 경과한 다음 성교를 하는 것이 좋으며 성교 후 충분한 휴식을 취하는 것이 좋다. 성교 시기는 저녁이나 밤보다는 아침이 더 좋고 성교 중단이나 사정 보류를 지속하는 것은 몸에 해롭기 때문에 피하는 것이 바람직하다(이영희, 1983).

5. 노인의 성과 관련된 개입전략(해결책)

건전한 노후 성생활의 유지를 위하여 노인들은 성에 대한 낡고 왜곡된 생각을 버려야 하고, 성이 젊은층에게만 필요한 것이 아니고 노년층에게도 필요하다는 인식을 사회에 심어 주어야 하며, 노인들도 성을 자유롭게 즐길 수 있는 권리가 있고, 노인들의 대부분이 성에 대한 욕구를 가지고 있기 때문에 재혼에 대한 긍정적인 자세가 필요하고, 끝으로 재혼, 성에 대한 전문상담소와 성 전문가의 활성화가 필요하다. 노인의 성생활과 관련된 바람직한 개입전략을 다음과 같이 제시해 보고자 한다.

1) 성생활의 태도 변화

노인 스스로 노년기의 성생활에 대한 태도를 변화시켜야 한다. 성, 이혼, 재혼, 이성교제 등을 금기시하기보다는 적극적이고 긍정적인 자세를 가질 필요가 있다. 또한 실제로 성행위를 하지 않더라도 언어적 애정표현, 스킨십(skinship) 등을 통한 상호간 애정과 관심을 표현함으로써 정서적 지지를 주고받을 필요가 있다. 또한 성행위시 반드시 오르가슴에 도달해야 한다는 목표의식을 버리는 것이 바람직하다.

2) 사회적 시각의 변화

노인의 성에 대한 인식이 변화되지 않고 있기 때문에 노인을 대상으로 하는 매춘행위에 대한 일방적인 비판만이 가능하다고 보여진다. 노인들의 기본 욕구를 억제하기보다는 그들이 왜 그곳으로 몰릴 수밖에 없는 원인들을 진단하면서 노인의 성 자체를 자연스럽게 이해할 수 있는 사회적 시각의 전환이 요구된다.

3) 노혼의 필요성

우리나라에서는 아직도 노인의 재혼을 인정하기에는 장벽이 많다. 노인 스스로가 소유한 낡은 성 도덕관과 자기억제, 자녀들의 반대, 독립된 생계를 유지할 능력(경제력, 주택문제 등)의 부족, 노인의 성애나 결혼에 대한 상담기관의 부족과 전문가의 결여 등이다.

그러나 노인이 삶의 보람을 느끼기 위해서는 노혼에 대한 새로운 생각을 해야 한다. 재혼은 단순히 성적 만족만을 위한 것이 아니라 정신적으로 서로를 위로하면서 생의 보람을 찾게 한다는 데 그 참된 의미가 있기 때문이다.

4) 사회의 관심과 뒷받침

노인의 성을 이해하려는 사회의 뒷받침이 있어야 할 것이다. 그렇다고 노인을 상대로 한 매춘을 권장하려는 의도가 아니다. 그저 노인들이 자연스럽게 만날 수 있는 장을 지속적으로 만들어 주면서 노혼 등의 방법으로 노인들의 성을 보호해 주는 사회 정책적 노력들이 필요한 것이다.

5) 언론의 역할

노인문제에 있어서 낙후된 정책으로 일관하고 있기에 여론형성 능력에 기대를 걸 수밖에 없다. 노인의 성 문제를 제대로 홍보하고 그것으로 인해 사회적 문제로 논의되어진다면 앞으로의 대책들에 좀 더 신중하고 신속한 모습들이 나타나게 될 것이다. 그렇다고 볼 때 다른 사안들과 마찬가지로 노인문제에 대한 언론의 역할은 중요하다.

6) 독신자 모임

노년기의 심각한 성 문제는 인간관계 상실에서 그 원인을 찾을 수 있다. 즉 외로움이다. 그래서 선진국은 독신자들의 모임 프로그램을 활발히 진행하고 있다. 자녀교육, 취업문제에 대한 대처, 친교와 오락 활동으로 여생을 영위하는 데 새로운 힘을 제공하는 사회복지 프로그램이다. 사실 노인의 성 문제 자체의 관점보다는 단절된 인간관계를 연결한다는 관점에서 해결해야 하기 때문이다.

그동안 노인의 성에 관하여 이야기하면 사회적 편견이 매우 지배적이었으며 터부시하는 경향을 나타냈다. 노년기의 성이라는 것은 단순한 성관계만을 의미하는 것이 아니라 서로간의 애정과 친밀감을 표명할 수 있는 폭넓은 차원에서 인식되어야 한다. 일반적으로 노년기의 성 활동은 서로의 삶에 대한 자신감을 주며, 연대감을 부여하고, 자기 유용감을 얻게 하는 등 정신적 만족감을 얻는 데 기여한다. 즉, 노년기의 고독감 해소와 삶에 대한 보람을 높여주는 '윤활제'의 역할을 한다고 볼 수 있다.

보다 중요한 것은 젊은 사람들과는 다른 차원에서 노인의 성에 대한 인식을 올바르게 하는 것이 중요한 관점이라고 생각하며, 노인의 성에 대한 올바른 인식과 사회에서 노인에게 여러 가지 프로그램을 통하여 자유롭게 이성을 접촉할 수 있는 기회가 주어져야 한다.

고령화사회가 진행됨에 따라 노인인구가 증가하고 있는 오늘, 노인의 성에 대해서만 터부시하거나 무시하고 지나갈 수 없는 일이며, 또 그렇게 할수도 없게 될 것이다. 노인도 하나의 체계적 인간으로서 성을 주장하는 것은 당연한 일이며, 성이 젊은이들만을 위해 존재하는 것이 아니라, 노인의 성에 대해서도 사회는 좀 더 따뜻한 관용과 협조로써 대해야 한다.

노인이 되어도 성적 욕구는 나타나며 청년기와 동일하지 않아도 지속적이다. 일반적으로 결혼을 위한 동기 중의 하나로 성적 욕구를 들고 있는데 노인의 재혼은 이런 점에서 충분히 성립조건이 된다고 본다. 그러나 노인에게 성욕이 있기 때문에 재혼하는 것이 좋다는 견해는 아니다. 결혼이란 성욕만이 전부가 아니기 때문이다.

이러한 노혼을 사회는 부정적으로 바라보지 않아야 하고, 인간으로서의 갈망을 가족이나 주위에서 충분히 이해하고 축복해 주어야 한다. 또한 이와 같은 노인의 재혼에 대한 알선 내지는 협조하기 위한 노인인생상담소나 결혼상담소 같은 전문기관 및 전문가가 필요하다. 노년이란 이 사회로부터 격리된 채 흐르는 특별한 시간이 아니라 우리 모두의 내일이다. 누구도 노후를 위해 현재를 살지 않으며 편안한 노후가 인생의 목표는 아닐 것이다.

살아 있는 지금 삶의 매순간이 소중하고 가치가 높을 수 있도록 노력하여 행복을 추구해 가는 과정이 삶의 모습이라고 생각된다. 요컨대, 노인기의 성은 노인들에게 '제2의 삶'을 만들어 가는 데 중요한 요소이다. 따라서 그동안 가져왔던 노인의 성에 대한 편견을 버리고 평생에 걸쳐 표현할 수 있는 성의 범위를 결코 과소평가해서는 안 될 것이다. 이제 모든 세대가 즐겁게 어울려 사는 사회로 가는 하나의 단초로 우리는 노인의 성을 인정하고 받아들여야 할 것이다.[7)] 인생의 긴 여정을 마무리짓는 노후가 불우하다면 그 생 전체가 불행한 것은 너무도 분명하다. 옛말에 말년이 행복해야 진정한 행복이라는 말을 되새길 필요가 있다.

노인의 성 문제에 더욱더 적극적이고 수용적인 관심과 자세로 이 문제의 해결을 위해 사회적·국가적 차원에서 대처해 나가야 할 것이다. 그러기 위해서는 무엇

7) 한국성과학연구소(http://www.sexacademy.org).

보다도 먼저 개인적 · 가족적 차원에서 그리고 사회적 · 국가적 차원에서 노인의 성 문제에 대해 편견을 버리고 열린 마음으로 개방적이고 수용적인 태도를 가져야 할 것이다.

■ 참고문헌

권명숙(2002). “노인의 성에 대한 탐색적 연구”. 연세대학교 대학원 박사학위논문.

김윤정(2003). “노인의 성에 대한 인식과 성생활에 관한 탐색적 연구”. 한국가정관리학회, 21(5).

김주희 · 이창은(2000). “유배우자 노인의 성에 대한 탐색적 연구”. 한국노년학, 20(3).

노인의 전화(1997). 『성인의 성의식 및 성선호도 조사연구 - 기혼 직장인을 중심으로』. 한국성문화연구소.

서병숙 · 김은진(1996). “홀로된 여성 노인의 재혼 태도 연구”. 한국노년학회 16(2).

송미순 · 김신미 · 오진주(1997). “노인 간호의 연구와 전망”. 서울대학교출판부.

오진주(1998). “노인의 성생활 경험에 대한 서술적 연구”. 한국보건간호학회지, 12(2).

______(1999). “노인의 성실태 조사”. 보건학 종합 학술대회 자료집.

______(2002). “무료 노인시설 성 보호 환경과 종사자들의 관련 태도 및 활동 정도”. 한국노년학. 12(3).

유성호 · 강숙연(2003). “유배우자 노인의 성생활 유지여부와 및 성생활 빈도와 관련된 인구사회적 변인”. 한국노인복지학회.

유성호 · 모선희 · 김형수 · 윤경아(2002). **노인복지론**. 아시아미디어리서치.

이창은(1999). “노인의 성생활 인식도와 삶의 만족도와의 관계”. 한양대학교대학원 석사학위논문.

장인협 · 최성재(2002). **노인복지학**. 서울대학교 출판부.

정경희 외(1998). 1998년도 노인생활실태 및 복지욕구조사. 한국보건사회연구원.

최신덕 · 김모란(1988). **노년사회학**. 하나의학사.

최준남(1993). “노인과 성”. 현대사회와 노인복지. 홍익제.

카플란 저. 성금영 · 박영숙 · 이근후 역(2001). **새로운 성치료**. 하나의학사.

통계청(2005). 추계인구자료.

한국여성개발원(1993). 여성노인. 한국여성개발원.

Berman E. M. & Harold I. Lief(1976). “Sex and the aging process. in Wilbur W. Oaks. Gerald A. Melchiode. and Ilda Filcher(eds.)”. *Sex and life cycle*. New York: Grune and Stratto.

Bortz. W. M. & Wallace. D. H.(1999). “Physical Fitness. Aging. and Sexuality”. West Journal Medicine, 170.

Kuhn. Sexual myths surrounding aging. In W. Oakes. G. Melchivide & I. Fischer(Eds.)(1976). *Sex and the lifecycle*(pp. 117-124). New York: Grune & Stration.

Marsiglio W. & Donnelly D.(1991). “Sexual relations in later life: A national study of marriged persons”. Journal of Gerontol.

McCoy N. L.(1997). "Sexual Issues for Postmenopausal Women". *Topics in Geriatric Rehabilitation*, 12(4).

Mulligan T. & Palguta R.(1991). "Sexual interest. activity and satisfaction among male nursing home residents". *Archives of Sexual Behavior*, 20(2).

Mulligan. Thomas & Moss. C. Renee(1991). "Sexuality and Aging in Male Veterans: A Cross-Sectional Study of Interest. Ability. and Activity". *Archives of Sexual Behavior*. 20(1).

Nay. R.(1992) "Sexuality and aged women in nursing hmoes. In the face of overwhelming evidence that sexuality is essential to health and identity. society continues to make the aged sexually invisible". *Geriatric Nursing*. 13(6).

Palmore. E. B.(1981). "Social Pattern ing normal aging: Findings from the Duke logitudinal study". Durham. NC: Duke University Press.

10

노인과 인권

노인은 '생리적 및 신체적 기능의 퇴화와 더불어 심리적인 변화가 일어나서 개인의 자기 유지 기능과 사회적 역할기능이 약화되고 있는 사람'이라고, 노화의 복합적인 측면을 고려하여 추상적으로, 정의할 수 있다(최성재 · 장인협, 2005). 노인의 인권은 일반적 기본권, 자유권적 기본권, 생존권적 기본권에 포함된 모든 권리를 포괄한다. 국가인권위원회의 국가인권정책기본계획 권고안(국가인권위원회, 2006)에서는 노인의 주거권, 건강권, 사회복지권이라는 세 가지 권리 보장을 노인 인권 증진의 목표로 규정하고 있다. 노인의 인권은 권리의 주체로서의 노인, 자기결정의 원칙, 자신의 잔존능력을 존중받고 그것의 활용, 노인이 가치와 존엄의 확보라는 인권사상을 기반으로 하여, 노인의 권리영역을 '주거권, 고용보장의 권리, 건강권, 교육권, 소득보장권, 기타의 권리'라는 5개 영역으로 구분하고 있다(서혜경, 2001). 김미혜(1999) 역시 위와 같은 인권사상을 기반으로 하여 ① 의식주 등을 보장받을 권리, ② 수발을 요구하고 받을 권리(수발청구권), ③ 적절하고 충분한 의료를 보장받을 권리, ④ 적절한 노동과 이에 상응하는 소득을 보장받을 권리, ⑤ 재산상의 관리, 보호를 보장받을 권리, ⑥ 정치 및 정책에 참여할 권리, ⑦ 문화적 생활을 누릴 권리, ⑧ 권리구제를 요구할 권리라는 8가지를 노인 인권의 영역으로 규정하고 있다.

보건복지부(2006. 5)의 노인복지시설 인권보호 및 안전관리지침에서는 시설 생활 노인의 권리를 ① 존경과 존엄한 존재로 대우받고, 차별, 착취, 학대, 방임을 받지 않고 생활할 수 있는 권리, ② 개인적 욕구에 상응하는 질 높은 수발과 서비스를 요구하고 제공받을 권리, ③ 안전하고 가정과 같은 환경에서 생활할 권리, ④ 시설 내・외부 활동에 신체적 구속을 받지 않을 권리, ⑤ 개인적 사생활과 비밀 보장에 대한 권리, ⑥ 우편, 전화 등 개인적 통신을 주고받을 권리, ⑦ 문화적, 종교적 활동에 제약을 받지 않고 자유롭게 참여할 권리, ⑧ 개인 소유 재산과 소유물을 스스로 관리할 권리, ⑨ 비난이나 제약을 받지 않고 시설운영과 서비스에 대한 개인적 견해와 불평을 표현하고 이의 해결을 요구할 권리, ⑩ 시설 내외부에서 개인적 활동, 단체 및 사회적 관계에 참여할 권리, ⑪ 시설 입・퇴소, 일상생활, 서비스 이용, 제반 시설활동 참여 등 개인의 삶에 영향을 미치는 모든 부분에서 정보에 접근하고 자기결정권을 행사할 권리라는 11가지 권리로 규정하고 있다.

전 세계적으로 노인인구 비율은 선진국을 중심으로 크게 증가하고 노인의 평균수명도 연장되고 있어 인권에 취약한 장기요양 노인은 늘어나고 있다. 또한 사회보장 비용이 팽창하고 있어 충분한 급부가 어렵다는 공통의 현상도 노인인권을 압박하는 요인이 되고 있다.

우리나라의 상황은 더욱 좋지 않다. 위와 같은 세계적 추세에 더하여 어른 공경의 유교문화가 급속히 붕괴[8]되고 있고 세계 최하위의 저출산 국가로서 노인에 대한 관심은 희석될 것이 분명하다. 또한 가족중심의 부양의식마저 퇴색하면서 노인부양은 사회적 책임[9]으로 내몰리고 있기 때문이다.

1981년 노인복지법 제정 이후 지금까지의 노인복지제도는 최저 한도 이상의 생활을 보장하는 생존권적 기본권을 충족시키고, 사회적 불이익이나 침해로부터 자유권적 기본권을 방어하는 데 매우 소극적이었다. 이러한 노인인권의 보장은 적극적 의미로는 자유권, 생존권 등의 기본권 전체를 보호함을 의미하지만, 실제적으로는 노인 차별이나 학대와 일반적 기본권과 자유권적 기본권 침해로부터의 보호라는 소극적 의미에서 이루어지고 있다.

무엇보다도 빈곤한 노인이 많아지고[10], 고령의 독신여성노인이 증가하고 있으

8) 국가인권위원회(2002년 지역사회에서의 노인학대 실태조사)의 노인에 대한 일반적 인식조사에 의하면 노인을 "공경한다" 39.2%, "그저 그렇다" 7.7%, "공경하지 않는 편이다" 47.6%, "전혀 공경하지 않는다" 4.2% 등임.

9) 노인세대 비율은('95) 36.6%→('00) 44.9%로 증가.

며, 만성질환노인이 90.9%(한국보건사회연구원, 2004)나 되고, 치매 등 의사능력 없는 노인이 계속 늘어나고[11] 있어 인권침해 가능성은 높아가고 있다. 반면, 우리사회는 아직도 노인문제를 가족 내 일로 국한시키려는 경향이 남아 있어 노인인권이 정책의 사각지대에 놓일 가능성은 매우 높다.

다행히 노인복지법의 개정(2004. 1. 29)으로 노인학대의 신고・조사・보호 등에 관한 규정이 신설되고 전국 16개 시・도 노인보호전문기관에는 2005년 「Hot-Line 1389」가 함께 설치되어 「노인인권」에 대한 관심이 높아가고 있다.

그럼에도 '노인인권' 중 가장 취약부분인 '의사능력이 없거나 판단능력이 부족한 노인'에 대한 인권보호의 제도적 장치가 아직 미비한 실정이다. 건강이 악화되거나 취약한 계층은 의사표시가 용이하지 않아 자기결정권을 행사할 수 없는 경우가 많다. 자기결정권이 없는 노인은 기본 인권인 행복추구권, 자유권, 생존권 어느 것도 향유할 수가 없다는 데 문제가 있다.

이상에서 노인인권에 대한 기존 연구를 종합하여 보면, 노인 인권은 ① 신체적 자유권과 사생활에 관한 자유권, 정치・문화・종교활동의 자유권, 차별과 학대를 받지 않을 권리를 포함하는 자유권적 기본권, ② 건강권, 환경권, 소득보장권, 국가와 사회로부터 부양받을 권리, 교육문화권, 노동기본권, 복지수급권, 서비스 청구권이 포함되는 생존권적 기본권으로 규정할 수 있다.

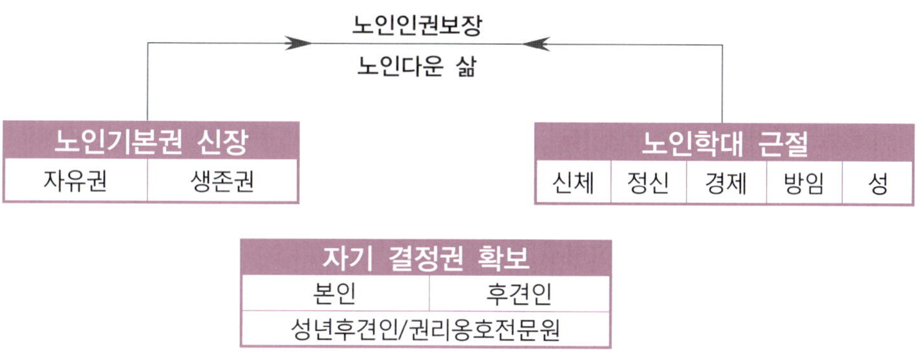

[그림 10-1] 노인인권보장을 위한 연구개념

10) 기초생활수급 대상 노인은 65세 이상의 8.2%, 64세 이하는 2.3%(2004).
11) 65세 이상 노인의 치매 유병율 추계(보사연): (2000) 8.2% → (2015) 9.0%.

1. 노인인권과 관련된 국제기준 및 원칙에 대한 고찰

일반적으로 노인들은 빈곤, 노화와 질병에 따른 육체적 · 정신적 고통, 죽음에 대한 공포, 변화에 대한 두려움과 정서적 소외감, 사회적 참여와 자아실현의 기회 봉쇄, 휴식과 문화에 대한 접근권 차단, 노인에 대한 사회적 고정관념 등으로 인해 고통받고 있다. 특히 최근의 가족구조의 변화(핵가족화)와 노인의 사회적 지위 하락 등은 노인들이 당면하고 있는 어려움을 더욱 가속화시키고 있다.

1982년 UN은 오스트리아 빈에서 "고령화에 관한 국제행동계획(International Plan ofAction on Ageing)"을 채택하였다. 이 계획은 고령화, 노인문제 관련 정책과 사업의 수립 · 지침을 위한 최초의 국제적인 도구이며, 건강과 영양 등 7개 하위 분야에서 실시되어야 할 정책방향 62가지가 권고되어 있다(보건복지부, 2000). 그리고 1991년에는 "노인을 위한 UN원칙"을 채택했다. 이 원칙은 ① 자립(Independence), ② 참여(Participation), ③ 보호(Care), ④ 자아실현(Self-fulfillment), ⑤ 존엄(Dignity)이고, 18개의 권리가 포함되어 있다.

또한 2002년 채택된 "마드리드 고령화국제행동계획(International Plan of Action on Ageing)"에서는 노인의 권익보호를 위하여 '노인과 발전, 노년까지의 건강과 안녕 증진, 능력을 부여하고 지원하는 환경확보'를 위하여 117개의 행동계획을 실행에 옮길 것을 권고하고 있다(보건복지부, 2002). 한편 사회보장 측면의 노인인권보장에 기여한 국제적인 활동은 ILO가 1952년 채택한 '사회보장의 최저기준에 관한 협약'이며, 1967년에는 '장애 · 노령 · 유족연금에 관한 128호 협약'으로 노령연금의 지침을 제시함으로써 노인 인권보장에 기여했다. 아울러 OECD는 고용, 노인 등 사회보장제도 전반에 관한 각국 동향의 비교분석과 정책 대안을 통해 노인 인권증진에 기여하였으며, 1998년 '고령화사회에 대비한 7대 원칙'을 제시하였다(박수천, 2005).

노인 인권과 관련된 국제적인 주요 내용을 보면 다음과 같다.

- 1948년 UN "노인의 권리선언": 사회권 중심, 신체적 · 정신적 건강과 안전 · 안심에 대한 권리, 존경받을 권리 등 10가지의 권리 제시.
- 1952년 ILO 사회보장의 최저기준에 관한협약: 보편적 사회보장 헌장, ILO가 제시한 9가지의 사회적 위험에 노령보장 포함.

- 1967년 ILO 장애・노령・유족연금에 관한 128조 협약: 노령연금지침제공, 국가별 특성반영.
- 1982년 UN 고령화에 관한 국제행동계획: 고령화에 관한 세계회의 채택, 노인인권의 정책・사업의 실천적 지침 제공(62항 권고), NGO의 자발적 활동 장려.
- 1990년 10월 1일을 세계노인의 날(International Day for the Elderly)로 제정.
- 1991년 노인을 위한 유엔원칙(United Nations Principles for Older Persons)을 채택하였으며, 이 원칙에서는① 자립(Independence) ② 참여(Participation) ③ 보호(Care) ④ 자아실현(Self-fulfillment) ⑤ 존엄(Dignity) 5개 영역에서 정부가 고려해야 할 18개의 원칙을 명시.
- 1998년 OECD 고령사회대비 7대원칙 퇴직대비 정책, 보건정책, 총괄로 구분.
- 1999년 UN "세계노인의 해"로 정함.
- 2002년에는 마드리드에서 제2차 세계고령화 회의를 개최하고 정치선언문과 행동계획을 채택하였다.

1) 국제 고령화 행동계획 (International Plan of Action on Ageing, 1982)

서구 선진국에서부터 고령화가 급격하게 진전되면서, 고령화 현상에 대응하는 각국 정부의 정책과 프로그램 형성에 대한 기준을 제시하기 위해 채택되었다. 1982년 오스트리아 비엔나에서 열린 '고령화에 관한 세계총회(World Assembly on Aging)'에서 채택된 문서를 같은 해 유엔총회가 비준한 것으로, 고령화 정책에 관한 최초의 국제기준이라고 볼 수 있다. 흔히 '비엔나계획'이라고도 불리는 이 문서는 건강과 영양, 노인 소비자의 보호, 주거와 환경, 가족, 사회복지, 소득보장과 고용, 교육의 7개 하위분야에 따라 취해져야 할 정책방향 62가지를 권고하고 있다(보건복지부, 2000).

(1) 원칙

모든 개발의 목적은 모든 개인과 시민이 개발의 과정에 완전히 참여하도록 하고 그 혜택을 공정하게 분배하는 것을 기반으로 전체 인구의 안녕을 증진하는 데 두어야 한다. 개발의 과정은 인간의 존엄성을 고양하고 사회적 자원과 권리와 책임을 공유하는 데 있어 세대간의 평등을 보증할 수 있는 것이어야 한다. 개발의 과정에서 노인의 정신적, 문화적, 사회경제적 기여가 갖는 가치를 인정해야 한다. 노인에 대한 지출은 쓸모없는 것이 아니라 영구적인 투자로서 인식되어야 하며, 개발의 주요 목표는 연령차별과 비자발적 분리가 철폐되고 세대간 상호연대와 지원이 격려되는 '세대통합이 이루어진 사회(age-integrated society)'를 형성하는 데 있어야 한다.

'노화(aging)'는 전 생애에 걸쳐 진행되는 과정이므로, 사회정책은 전체 인구의 노년기 이후의 삶을 대비할 수 있도록 통합적으로 마련되어야 한다. '노화(aging)'는 또한 경험과 지혜의 상징이 되어가고 있는데, 노화의 과정은 곧 인간이 자신의 신념과 열망에 따라 자아실현의 완성에 근접하는 과정으로 간주되어야 한다.

(2) 정책방향에 관한 권고

① 건강과 영양

'노인의 건강에 대한 보살핌(의료보장)은 단순히 질병치료에만 국한되는 질병 심적 경향을 넘어서야 한다.

- 노인과 그들을 둘러싼 육체적 · 정신적 · 사회적 · 심리적 · 환경적 요소와의 상호의존성을 고려하면서 노인들의 완전한 안녕을 증진할 수 있도록 의료보장정책이 마련되어야 한다. 의료보장의 목적은 노인들의 삶의 질을 증진시키고 가정과 사회에서 가능한 한 독립적인 삶을 살 수 있도록 지원하는 데 있다.
- 진단과 치료뿐만 아니라 다양한 예방조치를 통해 노화에 따른 질병과 장애를 감소시킬 수 있도록 지원해야 한다.
- 의료보장과 보건서비스체계가 최대한 개발되어야 하고 이를 개발하는 과정에 노인 자신과 다양한 분야의 전문가 등이 참여할 수 있도록 독려되어야 한다.

② 노인소비자의 보호

- 안전한 식량의 보급, 안전한 가정용품이나 가구의 개발, 약품이나 가정화학용품의 안정한 사용, 보청기나 돋보기, 의치 등 노인에게 필요한 물품에 대한 접근 기회 확대, 노인의 빈약한 자원을 착취할 것을 목적으로 하는 기술의 개발

과 유통 제한, 소비자 교육프로그램 개발 등을 통해 소비자로서의 노인들을 보호해야 한다.

③ 주거와 환경

– 주거는 단순한 'shelter'의 개념이 아니라 심리적・사회적 의미를 담고 있는 공간이다. 노인의 활동과 독립성을 보장할 수 있는 주거공간을 개발하고 그러한 주거공간의 개발과 제공을 촉진할 수 있는 공공의 지원이 필요하다. 주거정책, 도심 재건축, 개발정책 등을 세울 때 노인들의 삶과 특수성을 고려하고 노인들의 사회통합을 촉진하는 방향을 추구해야 한다.
– 특히 가난한 노인의 주거를 보장하기 위한 지원이 이루어져야 한다.

④ 가족

– 가족 내 세대 간 연대를 유지할 수 있도록 사회정책을 마련해야 한다. 사회의 기본 단위로서의 가족의 핵심적 역할이 유지되고 노인의 존엄성과 지위, 안전을 보장할 수 있도록 가족을 지원하고 보호할 수 있는 체계를 마련해야 한다.
– 거택노인(재가노인), 특히 빈곤가정에 살고 있는 노인에 대한 지원이 이루어져야 한다.

⑤ 사회복지

– 노인이 가능한 한 적극적이고 유용하게 사회에 참여할 수 있도록 사회복지를 창출하고 증진해야 한다.
– 노인들의 목소리에 귀를 기울이고 노인들 상호간의 부조를 촉진할 수 있도록 노인들의 조직결성과 운동을 격려해야 한다.

⑥ 소득보장과 고용

– 모든 노인에게 적절한 최소한의 소득을 보장하기 위한 조치를 마련해야 하며 모든 사람에게 혜택을 줄 수 있는 노인경제를 개발해야 한다.
– 노인들의 필수적인 욕구를 충족시킬 수 있을 만큼 최소한의 수당이 제공되어야 하며, 이는 그들의 독립을 보장할 수 있을 만큼 충분해야 한다.

– 여성노인도 남성과 다름없이 그들의 권리를 보장받을 수 있도록 사회보장체계가 구축되어야 한다.

⑦ 교육

– 지식과 정보의 폭발적인 증가현상에 따라 노인들이 가진 지식과 정보에 대한 가치가 하락하고 있다. 노인들이 지식과 문화, 정신적 가치의 전수자 및 교사로서의 역할을 최대한 활용할 수 있는 교육프로그램이 개발되어야 한다.
– 전 생애주기에 걸쳐 각각의 연령집단의 교육적 욕구를 파악하고 이에 응답할 수 있는 교육체계를 마련해야 한다.
– 여가와 문화활동에 쉽게 접근할 수 있도록 프로그램을 개발하고 보급해야 한다.
– 노인에 대한 고정관념을 타파할 수 있는 교육적 노력이 이루어져야 한다.

⑧ 정책과 프로그램의 증진

– 데이터의 수집과 분석: 노인과 노화에 대한 정보를 수집하고 정보의 교환체계를 활성화하고 정보 분석을 통해 기존 상황을 개선할 수 있는 정책방향을 수립해야 한다.
– 훈련과 교육: 모든 수준에서 노인과 노화와 관련한 이슈에 접근할 수 있도록 교육과 훈련프로그램이 개발되어야 한다. 훈련받은 전문가를 양성하여 정보의 보급을 위해 노력해야 한다.
– 연구: 노화에 미치는 생물학적 · 의학적 · 심리학적 · 사회적 · 행동적 요소, 노인들의 기술과 전문성, 지식, 문화적 잠재력을 활용할 수 있는 방안 등 노인들의 삶과 노화에 대한 연구를 진척시키고 협력해야 한다.

2) 노인을 위한 유엔원칙(UN Principles for Older Persons, 1991)

1991년 유엔총회는 고령화에 대한 행동계획의 이행을 강화하기 위해 '노인에 관한 유엔원칙' 5가지를 채택하였다(보건복지부, 2000).

(1) 독립(independence)

노인은 소득제공, 가족과 사회의 지원, 그리고 자조(self-help)를 통해 적절한 음식, 물, 주거, 의복, 건강진료 등에 접근할 수 있어야 하며, 일자리를 비롯한 소득을 발생시킬 수 있는 기회에 접근할 수 있어야 한다. 적절한 교육 및 훈련 프로그램에 접근할 수 있어야 한다. 자신의 집에서 기거할 수 있어야 한다.

(2) 참여(participation)

노인은 사회에 통합되어야 하며, 자신의 안녕에 직접적인 영향을 미치는 정책의 형성과 이행에 활발하게 참여할 수 있어야 하고, 젊은 세대와 지식과 기술을 공유할 수 있어야 한다. 사회에 기여할 수 있는 기회와 자신의 흥미와 능력에 따라 적절한 자리에서 볼런티어로서 활동할 수 있는 기회가 보장되어야 한다. 노인들이 스스로의 조직을 결성하고 노인을 위한 운동에 참여할 수 있어야 한다.

(3) 보살핌(care)

노인은 가족과 사회의 보살핌과 보호를 받을 수 있어야 한다. 육체적 · 정신적 · 심리적으로 최상의 수준을 유지할 수 있도록 보건진료체계에 접근할 수 있어야 하며 질병을 예방하거나 질병에 대한 감염을 최대한 연기할 수 있도록 지원받아야 한다. 어떠한 시설에 있든지 간에 노인은 기본적 인권과 자유를 향유할 수 있어야 하며, 자신의 치료에 대해 결정할 수 있는 권리가 있다.

(4) 자아실현(self-fulfillment)

노인은 자신의 잠재력을 완전히 개발할 수 있는 기회를 보장받아야 하며, 교육 · 문화 · 정신 · 여가와 관련된 사회적 자원에 접근할 수 있어야 한다.

(5) 존엄성(dignity)

노인은 존엄하고 안전하게 살아가고, 착취와 육체적 · 정신적 학대로부터 자유로워야 한다. 연령, 성, 인종, 민족, 장애, 다른 사회적 지위에 관계없이 동등하게 대우받아야 하며, 경제적 기여 여부와는 독립적으로 존재 그 자체로서 가치를 인정받아야 한다.

3) 마드리드 고령화 국제행동계획 (Madrid International Plan of Action on Ageing, 2002)

제2차 세계고령화 회의에서 개정된 마드리드 고령화국제행동계획(Madrid International Plan of Action on Ageing)은 1982년의 "비엔나 고령화국제행동계획"과 비교해 볼 때 고령화가 일부 선진국만이 당면하고 있는 문제가 아니라 개발도상국도 당면하게 되는 21세기의 특징임을 부각하는 동시에 선진국의 고령화와 개발도상국의 고령화의 차이 또한 강조하고 있다는 특징이 있다.

마드리드 고령화 국제행동계획은 노인의 삶의 질이 개선되고 지속적으로 유지될 수 있는 기본적인 목표를 제시하였다. ① 고령화사회에서 사회경제적 발전의 유지, ② 노인계층의 보건 및 복지 수준의 향상, ③ 모든 연령계층을 대상으로 한 지지적 환경의 확보를 3가지 세부 목표로 제시하고 있다.

또한 이러한 3가지 목표를 달성하기 위하여 제기한 관심분야는 다음과 같다(보건복지부, 2002).

첫째, 고령사회에서의 지속적 발전을 위해 관심을 가져야 할 분야로는, ① 적극적인 사회참여와 발전에의 참여 제고, ② 고령노동력의 적극적 활용, ③ 농촌개발, 이주 및 도시화가 노인에 미치는 영향에 대한 관심 제고, ④ 노인의 지식, 교육, 훈련에의 접근성 제고, ⑤ 세대간 연대강화, ⑥ 빈곤 퇴치, ⑦ 소득 보장, 사회적 보호와 빈곤 예방, ⑧ 위급 상황에 처한 노인계층의 보호 등이 제시되었다.

둘째, 노년기의 건강과 안녕을 제공하기 위해 관심을 가져야 할 분야로 제시된 내용은, ① 전 생애과정에서의 건강과 안녕의 증진, ② 수발서비스에 대한 보편적이며 형평성 있는 접근, ③ 노인의 HIV/AIDS에 대한 관심 제고, ④ 수발보호제공자의 훈련, ⑤ 노인의 정신건강 욕구에 대한 관심 제고, ⑥ 노인이 경험하는 장애의 예방과 재활에 대한 관심 및 서비스 제고이다.

셋째 관심 분야인 노인을 지지하는 환경 마련과 관련해서는, ① 주택과 주거환경 개선, ② 수발과 수발자 지원, ③ 학대와 폭력으로부터의 보호, ④ 노화에 대한 긍정적인 이미지 향상 등이 관심 분야로 제시되었다.

2002 고령화국제행동계획에 담겨 있는 중심적인 여러 가지 주제들은 다음과 같다.

① 모든 사람의 인권과 모든 노인들의 기본적인 자유의 완전한 실현.

② 노년기의 빈곤 해소 및 노인을 위한 유엔원칙을 세우는 목표를 재확인하는 것을 포함하여 안전한 노후의 달성.

③ 노인들이 소득활동과 봉사활동을 포함하여 사회의 정치・경제・사회적 생활에 완전하고 효과적으로 참여할 수 있도록 능력을 부여하기.

④ 노인들이 단일한 동질집단이 아니라는 것을 인식하면서, 노후에 지역사회에서의 평생교육 참여는 물론 전생애를 통한 개인개발, 자아실현 및 복지를 위한 기회 제공.

⑤ 개인의 경제적, 사회적, 문화적 권리 및 시민적, 정치적 권리의 완전한 향유와 노인에 대한 모든 형태의 폭력과 차별의 철폐.

⑥ 특히, 성차별의 철폐를 통하여 노인의 성평등 달성.

⑦ 사회개발을 위하여 가정, 세대간 상호의존, 연대와 호혜주의의 중요성 인식.

⑧ 예방적 보건의료와 재활관련 보건의료를 포함한 노인을 위한 보건의료, 지원, 사회적 보호의 제공.

⑨ 국제행동계획을 실제적인 행동으로 전환함에 있어 모든 수준의 정부, 시민사회, 민간분야 및 노인들 사이의 협력관계 촉진.

⑩ 특히 개도국에서 과학적 연구와 전문적 지식을 강화하고, 기술의 가능성을 고령화가 개인, 사회, 건강 분야에 미치는 영향에 초점.

⑪ 노화과정에 있는 노인들의 고유한 상황과 노인들의 특수한 환경에 대한 인식 및 노인들에게 직접적으로 영향을 미치는 결정에 노인들이 자신들의 의사를 효과적으로 반영할 수 있는 방법을 강구할 필요성에 대한 인식.

노인들이 완전히 차별 없이 평등하게 참여하는 모든 세대를 위한 포괄적인 사회를 창조하기 위하여, 발전에의 권리를 포함하여 모든 인권과 기본적인 자유를 증진하고 보호하는 것은 중요하다. 연령에 근거한 차별과 싸우고 노인들의 존엄을 증진하는 것은 노인들이 받아야 할 존경을 확보하는 데 있어 기본적인 것이다.

모든 인권과 기본적인 자유의 증진과 보호는 모든 세대를 위한 사회에 도달하는 데 있어 매우 중요하다. 이러한 가운데, 세대간 상호협력적인 관계는 포괄적이고 효과적인 대화를 통하여 키워지고 강조되고 장려되어야 한다.

고령화 국제행동계획 권고는 노인과 발전, 노후까지 건강과 안녕 증진, 능력을 부여하고 지원하는 환경 확보라고 하는 3가지 주요 방향으로 구성되었다. 노인들의 생활이 어느 정도 안전한가는 이 세 가지 방향으로의 진전에 따라서 크게 영향을 받는다. 주요 방향은 고령화 세계에서 성공적인 적응이라는 특정한 목표를 위한 정책의 형성과 이행을 안내하기 위한 것이다. 이때 고령화 세계에서의 성공적인 적응은 사회개발, 노인의 삶의 질 향상, 그리고 전 생애에 걸쳐 복지의 질을 밑에서 떠받치고 있는 다양한 공식・비공식 제도의 지속 가능성으로 측정된다.

고령화 국제행동계획의 주어진 과제는 사회적 경제적 발전과 인권을 위한 여타 체제와 고령화를 연계시키는 것이다. 특정한 정책들이 국가와 지역에 따라 상이하겠지만, 인구고령화는 세계화와 같은 정도로 미래를 바꿀 힘을 가지고 있는 범세계적인 힘이다. 노인 자신들의 향상뿐만이 아니라 전체 사회의 향상을 위해 선두적인 역할을 함으로써 사회에 기여할 수 있는 노인들의 능력을 인식하는 것이 중요하다. 인구고령화의 잠재력을 미래발전의 근거로 끌어안는 적극적인 사고가 우리에게 요구되고 있다.

2. 노인인권에서의 쟁점 고찰

1) 빈곤과 생존권, 노동권

1960년대부터 본격적으로 추진된 공업화 및 도시화와 같은 사회구조의 변화는 한국에서의 노인의 위치를 상대적으로 크게 하락시켰다. 특히 핵가족의 증가현상은 노인들의 전통적 권위와 지위를 상실시켜 노인의 노동력은 쓸모없는 것으로 인식되었고, 그들은 역할부재 속에서 존재 의의를 점차 잃어가고 있다.

한국에서 노인문제 중에서 가장 중요하게 대두되는 것은 정년퇴직에 따른 노인들의 역할부재와 심리적 소외 및 고독이다. 우리 사회와 같이 아직 퇴직에 대비한 연금제도가 제대로 확립되어 있지 않은 사회에서, 퇴직으로 인한 노인들의 생계문제는 심각하다. 퇴직으로 인한 개인의 지위와 역할의 상실, 그리고 수입의 상실은 심리적으로는 개인의 소외와 고독을 가져올 수 있다.

IMF 경제적 위기를 전후로 하여 정년단축과 조기퇴직으로 인해 50대 초반의 중년층에서부터 수많은 사람들이 본의 아니게 이른 나이에 은퇴생활로 들어가게 되었다. 이들이 당면한 가장 큰 문제는 앞으로 20~30년 동안 지속될 남은 여생을 무엇을 하면서 지낼 것인가 하는 것이다.

노인취업은 특히 우리나라와 같이 조기정년이 관행화되어 있는 사회에서는 무엇보다도 소득보장의 수단으로 중요한 의미를 가지며 이외에 건강유지, 여가시간 활동, 자신의 능력을 확인하는 등의 수단으로서도 의미를 갖는다. 그럼에도 불구하고 국가와 사회에서는 노인의 취업과 재취업에 대해 별로 중요한 관심을 보이지 못하고 있다.

노인의 취업과 재취업은 국가적으로 단순히 구성원의 노후 소득을 보장하는 수단으로의 중요성은 말할 필요도 없고, 유용한 인적 자원을 활용하고, 노인을 사회 속으로 통합시키고 나아가서는 사회문제를 예방하고 또한 사회복지비용을 절약하는 데도 크게 기여할 수 있을 것으로 본다.

2) 의료비 부담과 건강권

사회 · 경제적 환경 변화와 평균수명의 연장에 따라, 비교적 건강한 생활을 영위할 수 있는 노인인구가 증가하고 있는 반면, 건강상의 장애로 독립생활이 불가능한 노인 규모도 크게 증가하고 있다.

고령화사회의 급속한 진전에 따라 치매, 중풍 등 요양보호가 필요한 노인이 급격히 증가하고 있으며, 요양보호노인은 2003년 현재 65세 이상 노인의 20.9%인 83만 명이나, 2020년에는 159만 명으로 증가할 전망이다.

65세 이상 노인 중 장기요양서비스를 필요로 하는 노인이 2003년 400천 명(전체 노인의 10.1%)에서 2008년 503천 명으로 증가하고, 이 가운데 시설요양서비스가 필요한 노인은 2003년 79천 명에서 2008년 99천 명으로 증가할 것으로 예측되나, 2003년 현재 시설보호 충족률은 31.5%에 불과하다.

요양보호대상 노인의 증가에 따라 요양보호비용도 급격한 증가가 예상되며, 65세 이상 노인의료비의 전체 의료비에 대한 구성비는 1990년 10.8%에서 2002년 19.3%로 2배 정도 증가하고, 노인의료비는 24백억 원에서 3조 68백억 원으로 16배 증가할 것으로 예상된다.

노인장기요양보장제도는 치매・중풍 등 요양보호 대상노인의 자립생활과 가족의 부담경감을 지원하기 위해 제공되는 보건・의료・복지서비스에 소요되는 요양비용을 사회화하여 국민이 보편적으로, 권리로서 이용할 수 있는 공적제도로서 2008년 7월 1일부터 시행된다.

건강권은 '누구나 도달 가능한 가장 높은 수준의 건강에 대한 권리를 가진다'는 개념으로, 세계보건기구(WHO) 및 UN헌장 등 국제적 규범에 의해 보장되고 법적으로 보호받는, 인간으로서의 존엄성을 지키기 위한 기본권이다. 우리나라에서 건강권은 다소 생소한 선언적 개념으로 인식돼 왔으나 헌법에서 이미 국민의 건강권을 포괄적으로 보장하고 있는 만큼 노인복지도 기존의 시혜적 정책이 아닌 건강권을 토대로 설계, 재평가해야 한다는 여론이 거세지고 있는 추세다.

세계보건기구(WHO)는 양적 측면의 이용성, 차별 없이 이용 가능한 접근성, 의료윤리 및 생애주기별 필요성 등을 고려한 수용성, 과학・의학적으로 우수한 질 등 네 가지 기준에 따라 건강권을 평가한다.

3) 노인 부양과 가족관계

우리나라는 2000년 생산 인구(15~64세) 10명이 노인 1명을, 2010년에는 1.5명을, 2020년에는 2명을 부양해야 할 것으로 예측된다. 대부분의 선진사회에서는 이 시점이 전환점이 되어 노인을 둘러싼 환경이 급속히 변화하여 노인의 요구가 증가한다. 한편 우리나라의 평균수명은 2000년 현재는 75.9세에 도달하고 있다. 따라서 노인의 증가되는 요구와 길어진 부양기간은 가치관의 변화와 맞물려서 전통적으로 내려온 효로써 부모를 모셔야 하는 상황은 한계에 도달하였다. 반면 국가적 차원에서 노인부양 문제의 해결 및 노인복지서비스를 제공하기 위한 정책적 노력은 매우 미흡한 수준으로 전개되어 왔다. 그동안 우리나라는 '선 가정, 후 사회복지'와 같은 정책기조 아래 노인복지를 비롯한 사회복지에 대한 국가적 지원이 절대적으로 부족한 상태이다. 노인부양문제는 더 이상 가족 내에서 해결되기 어려워지고 있어 사회전반에 걸쳐 노인인구 부양에 관한 사회적 이슈를 제기하고 있다.

4) 교육 및 사회참여

인간발달단계에서 교육, 노동, 여가는 합리적으로 구조화되어야 할 주요과업이다. 연령차별적 사회에서는 연령에 따라 교육, 노동, 여가라고 하는 인생의 주요과업이 이미 결정되었지만, 연령 통합적 사회에서는 전 생애에 걸쳐 교육과 노동과 여가가 동시에 이루어진다(Riley, 1980). 즉, 노년기에 있어서도 여가만의 시기가 아니라 교육과 일, 그리고 여가가 균형을 이루는 적절한 기회가 보장되어야 한다.

2005년 현재 노인들의 평균수명은 78세가 되었다. 연장된 노년기에 대응한 노년기의 교육의 필요성이 제기되고 있다. 노인교육의 필요성은 고령화사회와 노년기의 연장 차원에서, 평생교육의 차원에서, 그리고 노년기 상실감의 극복 차원에서 살펴볼 수 있다(박차상 외, 2005).

노인들에게 교육이 필요한 이유를 구체적으로 다음과 같이 정리해 볼 수 있다.

① 노인이 현대사회로부터 소외되지 않고 동참할 수 있다.

② 생활의 만족감을 향상시키고 역할 상실감을 예방할 수 있다.

③ 새로운 지식의 습득은 세대 간의 갈등과 차이를 줄일 수 있다.

④ 새로운 지식의 습득으로 다변화하는 사회에 적응력을 높인다.

⑤ 교육기회의 불균형 현상을 해소할 수 있다.

⑥ 주체적인 삶을 살기 위해 끊임없는 자기성장의 계기가 될 수 있다.

⑦ 노인의 교육활동은 여가시간을 순기능적이 되도록 돕는다.

노인교육은 노인들로 하여금 보다 창조적인 노년기를 영위할 수 있도록 돕는 것을 목적으로 노인 학습자들에게 노년기 생활에 필요한 지식과 정보, 노인들의 관심사와 취미, 취업과 봉사를 위한 지식과 기술, 사회변화에 적응하기 위한 정보 등에 관하여 체계적으로 교수하는 활동이라고 말할 수 있다.

급속한 경제성장에 따른 괄목할 만한 생활수준의 향상에도 불구하고, 우리나라 노인의 가치관과 의식은 사회변화에 대응하지 못하는 부조화 현상을 나타내고 있다. 한국 노인의 불안감, 고독감이 다른 외국 노인들에 비하여 높게 나타나고 있으며, 사회참여 활동도 외국에 비하여 낮은 수준이다. 대부분의 노인들은 친구나 친척 방문, TV 시청, 라디오 청취, 집안일, 장기나 화투놀이, 단순한 잡담 등으로 여가시간을 보내고 있을 뿐이어서 연장된 생명은 의미 있고, 가치 있는 시간이 되지 못하고 있다.

우리나라 노인자원봉사활동은 대부분 조기 청소, 청소년 선도, 교통정리 등 일상적이고 주변적인 활동에 국한되고 있어서, 노인의 축적된 경험과 능력을 유효하게 활용할 수 있는 전문적 활동은 미비한 실정이다.

고독을 떨치고 여가시간을 어떻게 보람 있게 보내느냐 하는 것은 현대노인의 큰 과제라 할 수 있다. 이 문제는 개인적으로 뿐만 아니라 사회적으로도 중요한 문제이다. 여가를 어떻게 보내는가 하는 것은 그 사람이 어떠한 종류의 사람인가 하는 것을 말해 주기 때문에 여가를 보내는 양상은 그 사람의 사회적 이미지를 나타낸다. 신체는 비록 젊었을 때만큼 민첩하지 못하지만 건강이 허락하는 한 사회적으로 바람직한 여가활동에 참여하는 것은 노인 자신에게는 물론 가족과 이웃들에게도 즐거움을 준다. 활동하는 노인에게는 불안과 짜증이 없어지며 질병과 고독이 줄어든다.

5) 노인 주거환경

사람들은 나이가 들수록 생활영역이 축소되고 대부분의 시간을 집에서 보내게 되며, 따라서 노인에게 있어 주택은 가장 중요한 생활공간이라고 할 수 있다. 선진국의 경우 이미 길어진 노년기에 노화로 환경에의 적응능력이 떨어지고 대부분의 시간을 주거환경 내에서 보낸다는 점에 착안하여 노인을 위한 주거환경에 관심을 갖고 다양한 주택을 개발하여 왔다.

주거보장이란 개인 자신의 독립성을 유지하면서 안전하고 안락한 일상생활을 유지할 수 있는 공간을 확보하고 유지할 수 있도록 주택의 건설과 공급, 그리고 이와 관련한 서비스를 통해 지원하는 제반 사회적 노력을 의미한다.

따라서 노년기에 신체적, 심리적, 사회적 노화와 경제적 특성 등을 고려한 노인 주거정책은 노인복지의 주요한 과제이며 노인이 지역사회와 교류하면서 안전하고 안락한 일상생활을 할 수 있는 공간을 확보하여 건강하고 자립을 유지할 수 있도록 돕는 것이다.

노년기의 주거보장의 필요성 즉, 주거생활의 안정은 인간 누구에게나 기본생활인 의식주에서 가장 큰 비중을 차지하고 있다. 노인주거보장은 주거비 부담을 위해 경제적으로 지원하는 정책과 더불어 주생활의 안정과 정신적 안정을 제공하는 정책이 필요하다. 체력약화로 인한 아동 및 일상생활의 불편, 거주지 고착 성향, 경제력 감퇴 등을 고려할 때 노인주거안정의 문제는 정신적, 육체적으로 많은 영향을 미치는 중요한 문제라고 할 수 있다. 특히 저소득 노인의 경우 주거에 대한 경제적 부담은 물론 가정해체 및 소외감, 건강악화 등의 악순환이 우려되며, 따라서 적절한 노인주거정책이 필요하다.

노년기의 주거에 대한 사회적 대책이 필요한 이유를 다음과 같이 요약할 수 있다(박차상 외, 2005).

첫째, 노인은 경제적으로 수입의 한계가 있으며 주택을 확보하는 데 필요한 비용을 충분히 마련하기 어렵다. 따라서 노인주택은 노인의 경제 상태를 고려하여야 하는데, 특히 저소득층의 경우 주택수당이나 저렴한 비용으로 주거공간을 확보할 수 있도록 하는 지원이 필요하다.

둘째, 노년기는 사회생활이 축소되고 주택이 생활의 중심이 된다. 퇴직 등 사회적 관계의 축소로 사회접촉의 기회 등이 감소함으로써 이를 배려한 사회적 여러 관계를 유지할 수 있도록 하는 주택정책이 필요하다.

셋째, 노인들은 신체기능의 저하와 질병 등으로 인한 생활상에 장애를 갖기 쉬우며 그 결과 많은 안전사고의 위험도 높아진다. 따라서 노년기의 주택은 이러한 특성을 고려하여 안전하고 쾌적한 구조와 환경조성이 필요하다. 특히, 오늘날 자녀와 별거를 원하거나 노인단독가구가 크게 증가하고 있는 시점에서 이러한 노인의 욕구를 충족시키고, 노인들의 자립적인 생활을 영위할 수 있게 하는 주거정책이 요구된다.

6) 노인학대

(1) 노인학대의 정의와 유형

노인학대를 정의하는 기준은 사회문화적 차이로 인하여 국가와 학자에 따라 다양하게 정의되고 있으나, 노인학대에 대한 통일된 정의는 내려지지 않고 있다. 노인학대의 개념은 단순히 누군가가 의도적으로 노인에게 위해를 가하는 소극적이고 협의적인 개념에서부터 노인의 인권보호를 전제로 하는 적극적이고 광의의 개념에 이르기까지 매우 다양하다. 따라서 노인학대를 '노인 자신, 노인의 가정이나 전문노인시설의 모든 관계에서 발생되는 노인에게 해가 되거나 장애를 일으킬 수 있는 일회성이거나 반복적 행동 또는 적절한 행동의 부족'으로 정의하는 것이 바람직할 것이다(권중돈, 2007).

〈표 10-1〉 노인학대의 유형

유 형	정 의
신체적 학대 (Physical Abuse)	물리적인 힘 또는 도구를 이용하여 노인에게 신체적 혹은 정신적 손상, 고통, 장애 등을 유발시키는 행위
언어 · 정서적 학대 (Verbal · Emotional Abuse)	비난, 모욕, 위협 등의 언어 및 비언어적 행위를 통하여 노인에게 정서적으로 고통을 주는 행위
성적 학대 (Sexual Abuse)	성적 수치심 유발 행위 및 성폭력(성희롱, 성추행, 강간) 등의 노인의 의사에 반하여 강제적으로 행하는 모든 성적 행위
재정적 학대(Financial Abuse/Exploitation)(착취)	노인의 자산을 노인의 동의 없이 사용하거나 부당하게 착취하여 이용하는 행위
방임(Neglet)	부양의무자로서의 책임이나 의무를 의도적 거부, 불이행 혹은 포기하여 노인의 의식주 및 의료를 적절하게 제공하지 않는 행위(필요한 생활비, 병원비 및 치료비, 의식주를 제공하지 않는 행위)
자기방임	노인 스스로가 의식주 제공 및 의료 처치 등의 최소한의 자기보호 관련 행위를 의도적으로 포기 또는 비의도적으로 관리하지 않아 심신이 위험한 상황 또는 사망에 이르게 하는 행위
유 기	보호자 또는 부양의무자가 노인을 버리는 행위

• 자료: 보건복지부(2007).

학대발생의 장소에 따라서 노인학대의 유형을 구분하여 보면, 가정 내 학대, 시설 내 학대, 자기방임의 세 가지로 분류할 수 있다. 가정에서의 노인학대는 피해노인과 특별한 관계에 있는 성인 자녀, 배우자, 친지, 친구 등의 부양자가 행하는 학대로서, 우리나라에서는 노인학대의 대부분을 차지한다. 시설에서의 노인학대는 국가의 보조나 노인으로부터 직접적으로 보호비용을 수납하여 전문적 서비스를 제공하는 의료기관, 장기보호시설, 노인복지시설이나 기관 등에서 이루어지는 노인에 대한 부적절한 처우라고 할 수 있다.

보건복지부(2005)와 한국보건사회연구원(1999)의 노인학대 통계를 단순 비교하기는 어려우나 개괄적으로 보면 피학대자 성별, 연령, 학대유형 등에서 노인학대의 일관성 있는 추세치를 읽기가 쉽지 않다. 이는 통계기준이 엄격히 적용되지 않았거나 숨겨진 노인학대 사례가 많이 잠재되어 있어 조사의 신뢰도를 높이기 어려웠기 때문인 것으로 판단된다.

국가인권위원회의 「2002년 지역사회에서의 노인학대 실태조사」(통계청 2005, 고령자통계 재인용)에 따르면 노인학대 경험은 유형별로 무관심 · 냉담 19.9%, 불평 · 화냄 12.3%, 실수 비난 10.5%, 식사 방치 8.6%, 친지 방문 싫어함 7.7%, 욕설 · 고함 6.6%, 차입 상환 안 함 5.9%, 치료 안 함 5.5% 순이다. 노인학대 빈도가 높은 계층은 낮은 학력, 도시지역, 무배우자, 저소득, 불건강(不健康) 등이었다. 또한 노인학대에 대한 일반의 인식 면에서, '학대가 아님'이라고 응답한 항목별 비율은 '노인친지방문을 싫어한다'가 학대가 아니라고 본 비율은 51%('심한학대'라고 본 비율은 29.2%), '노인 간섭에 불평 · 화낸다'는 45.3%('심한학대' 36.2%), '빌린 돈 · 물건 안 갚는다' 22.7%('심한학대' 64.9%), '노인에 대한 무관심 · 냉담' 18.8%('심한학대' 59.2%) 등으로 노인학대에 대한 인식이 희박한 것을 알 수 있다.

(2) 노인학대에 대한 대응방안

노인학대는 여러 요인들의 복합적이고 역동적인 상호작용이 발생하므로 피학대 노인의 측면, 가해자 측면, 피해자와 가해자와의 상호작용 측면, 가정환경요인 측면, 사회문화요인 측면 등에 대한 다면적인 접근을 통해 문제를 조명하고 원인을 파악해서 종합적인 개입과 대책을 강구하는 시각이 필요하다(권중돈, 2002).

① 노인 개인 차원의 대응방안

노인학대를 유발하는 노인의 특성과 관련된 요인 중에서 인구사회학적 변인은 통제가 불가능하므로 실제로 노인학대의 예방과 경감을 목적으로 하여 개입 가능한 부분은 노인의 의존성이다. 따라서 노인 스스로 의존성을 줄이고 자립능력을 제고하기 위한 노력이 이루어져야 하며, 노인 스스로가 존경받을 수 있도록 행동하고, 가족이나 사회활동에 적극적으로 참여하는 것이 바람직하다. 그리고 노인학대에 대한 교육을 통하여 노인학대를 정확히 이해하고, 가족의 부당한 처우를 당연시하고 은폐하기보다는 이를 외부에 노출시켜 적극적인 원조요청을 할 수 있도록 노인들의 인식을 변화시키는 노력이 필요하다.

② 가족 차원의 대응방안

가족에 대해서는 학교교육이나 사회교육 프로그램을 통해서 노인과 동거하는 가족들이 노년기 특성 및 노인의 심리적 특성에 대해서 이해할 수 있는 기회를 부여해 나가야 할 것이며, 이를 통하여 사회 전반의 노인차별주의 의식도 희박해질 수 있을 것이다. 또 가해자의 개인적 특성으로 인하여 노인학대가 일어나는 경우에 대한 대책으로는, 개인적인 성격이나 스트레스가 원인이라면 이에 대한 상담이나 치료 프로그램을 통해서 수정하고 경감시킬 수 있게 하고, 직업이 없거나 경제적 곤란에 대해서는 이에 대한 서비스를 모색해 주는 접근방법이 필요하다고 하겠다.

노인학대의 가해자는 주로 직계가족, 특히 주로 아들과 며느리, 딸 등이며, 부양자인 동시에 가해자인 이들은 부양 스트레스를 경험하고 이러한 스트레스를 견뎌내기 힘든 상황에서 학대를 하는 것으로 나타나고 있다. 따라서 이들의 부양부담 경감을 위한 부양수당제도의 도입, 노인장기요양보험제도의 도입 그리고 재가노인복지서비스의 강화와 같은 가족지원서비스가 강화되어야 할 것이다.

③ 사회적 차원의 대응방안

노인학대에 대한 적극적인 사회적 대응방안이 강구되지 않고 있는 이유 중의 하나는 노인학대에 대한 일반인의 의식이 매우 낮다는 것이다. 따라서 노인학대의 문제가 단순히 개인이나 가족의 문제가 아니라 사회 전체의 문제로 인식할 수 있는 사회적 의식의 전환이 이루어져야 할 것이다. 이러한 의식전환을 위해서는 우선 복지, 의료 등의 노인 관련 전문가들에 대한 교육과 홍보가 1차적으로 이루어져야 할 것이며, 다음으로는 신문, 방송 등의 대중매체를 통한 사회교육과 사회이슈화의 작업이 필요하다.

우리나라에서는 2004년 1월 노인복지법 개정을 통하여 노인학대의 금지, 노인학대 예방을 위한 긴급전화의 설치, 노인보호전문기관의 설치, 노인학대 신고 및 응급조치 의무, 보조인의 선임 등의 노인학대 관련 조항을 신설하였다. 이러한 노인복지법에 근거하여 노인학대에 대한 전국 실태조사를 실시하고, 노인학대예방센터에 대한 인력 및 재정지원을 확대하고, 노인학대에 대한 시민들의 인식을 제고하기 위한 교육・홍보사업을 강화해 나가야 한다.

7) 노인복지시설에서의 인권

노인복지시설은 사회적 약자의 생존권과 보호받을 권리를 보장하는 마지막 보루이다. 우리나라의 노인복지시설은 관행상 시설에 거주하면서 보호를 받는 '생활시설'과 자신의 집에 거주하면서 시설의 서비스를 이용하는 '이용시설'로 구분된다. 이러한 시설 중에서 인권의 문제와 일차적으로 관련된 곳이 노인복지생활시설이다. 최근에 와서는 이러한 사회복지시설 외에 소위 미신고시설 또는 조건부신고시설들의 인권문제로 사회적 관심을 받기도 했다.

노인복지시설의 인권문제는 보다 정확하게 표현하자면 노인복지시설 생활자의 인권문제이다. 노인복지시설 생활자의 인권문제가 상존하게 되는 이유 중의 하나는 사회복지시설이 지역사회로부터 지리적 및 사회적으로 격리되어 있어서 이들의 인권에 대한 시설운영자와 사회일반의 관심이 매우 적다는 점에서 찾아볼 수 있다. 사회복지시설에서 발생되고 있는 인권침해의 유형은 노동력 착취, 폭력, 불법행위 등으로 구분할 수 있을 것이다.

노인복지시설에서의 인권실태에 대해서는 지금까지 포괄적으로 파악되지 못하다가, 최근에 국가인권위원회의 의뢰를 받아서 정경희 등(2002)이 노인요양시설 거주노인의 인권보호 실태에 대한 조사를 실시한 바 있다. 정경희 등의 조사결과를 보면, 먼저 시설종사자의 인권침해 목격률은 대체로 20% 이하로 나타나고 있으나, 그 중에서 목격률이 높은 항목으로는 노인의 자유권과 관련된 문항 중 입소・정원 시 노인의 참여(22.9%)와 개인물건의 소지(22.7%)가 제대로 보장되지 못했고, 정서적 지원에 관한 항목인 언어표현(22.6%), 신체적 자긍심에 대한 배려(32.4%), 노인들 간의 통합(31.0%), 자기방임(48.2%) 등에서도 인권침해를 목격한 경험이 많은 것으로 나타났다. 노인요양시설에서의 인권침해는 노인간의 폭언 및 폭행과 종교에의 강요가 가장 빈번하게 발생하고 있는 것으로 나타났으며, 그 다음으로 상담이 이루어지지 못하고 있는 것과 노인에 대한 방임이 빈번하게 발생하는 것으로 나타났다.

노인복지시설에서 생활하는 노인의 기본적 인권을 규정하고 이를 보장하기 위한 구체적 행동강령을 제시함으로써, 시설 생활노인들이 존엄한 존재로 존경받고 건강하고 안정된 노후생활을 영위할 수 있도록 지원하고자 함을 목적으로 한다.

시설 생활노인의 권리선언으로 학대받지 않을 권리, 신체구속을 받지 않을 권리, 사생활 보장 권리, 통신의 권리, 정치・문화・종교적 신념의 자유, 개인 재산의 자율적 관리, 자기결정권 행사의 권리 등 총 11가지의 권리를 선언하였다.

① 존경과 존엄한 존재로 대우받고, 차별, 착취, 학대, 방임을 받지 않고 생활할 수 있는 권리.
② 개인적 욕구에 상응하는 질 높은 수발과 서비스를 요구하고 제공받을 권리.
③ 안전하고 가정과 같은 환경에서 생활할 권리.
④ 시설 내・외부 활동에 신체적 구속을 받지 않을 권리.
⑤ 개인적 사생활과 비밀 보장에 대한 권리.
⑥ 우편, 전화 등 개인적 통신을 주고 받을 권리.
⑦ 정치적, 문화적, 종교적 활동에 제약을 받지 않고 자유롭게 참여할 권리.
⑧ 개인 소유 재산과 소유물을 스스로 관리할 권리.
⑨ 비난이나 제약을 받지 않고 시설운영과 서비스에 대한 개인적 견해와 불평을 표현하고 이의 해결을 요구할 권리.
⑩ 시설 내외부에서 개인적 활동, 단체 및 사회적 관계에 참여할 권리.
⑪ 시설 입・퇴소, 일상생활, 서비스 이용, 제반 시설 활동 참여 등 개인의 삶에 영향을 미치는 모든 부분에서 정보에 접근하고 자기결정권을 행사할 권리.

3. 노인인권 보장을 위한 과제

1) 기본생활 보장

노인의 빈곤문제에 대한 정부의 대응체계는 국민기초생활보장법을 근간으로 하고, 노인복지법을 통해 기초생활수급자와 1인당 월평균 도시근로자 소득의 60% 이하 저소득층 노인에게만 소액의 경로연금을 지급함으로써 일정하게 보조하는 형태로 마련되어 있다. 국민기초생활보장 수급노인들은 1인당 4~5만 원의 경로연금을, 저소득 노인은 1인당 2만 원 정도의 경로연금을 지급받고 있다. 지난 1월 보건복지가족부가 경로연금의 지급대상을 월평균소득의 60%에서 65%로 완화하여 지급대상을 확대하는 내용의 노인복지법 시행령 개정안을 입법예고하면서, 경로연금을 받는 노인들이 지난해보다 5만 5천 명 늘어나 71만 5천 명이 될 전망이며, 저소득 노인에 대한 경로연금 지급액도 1인당 2만 원에서 3만 원으로 올리기로 했다. 그래도 노인들의 빈곤문제를 해결하기에는 역부족이다.

2) 노동할 수 있는 권리 보장

현재 '고령자고용촉진법'이 제정되어 있고, 3백인 이상 사업장에서 고령자를 3% 이상 채용할 것을 권장하고 정년을 가능한 한 60세 이상으로 연장할 것을 요구하고 있으나, 강제조항이 아니라 권고조항에 불과한 것이어서 실효성이 없는 상태이다. 특히 IMF 체제 이후 조기퇴직을 유도하고 '명퇴'라는 이름의 반강제 해고가 일반화되고 고실업 현상이 가속화면서 노인들의 노동할 수 있는 권리는 더욱 위협받고 있는 실정이다. 노동은 자신의 생계를 독립적으로 유지할 수 있는 방안임과 동시에 사회참여와 노동을 통해 자아를 실현하는 과정이다. 따라서 노인들에게 적합한 노동의 형태를 개발하고 직업교육, 취업알선 등을 통해 노동권을 보장해야 한다.

3) 보건의료서비스 체계의 확립

노인의 건강문제는 노인 자신의 삶의 질과 노인을 모시고 있는 가족의 행복과

직결되는 문제이다. 1995년부터 의료보험법에 따라 70세 이상 노인들은 본인 부담 진료비 감면혜택을 받았고, 올해부터 시행되는 국민건강보험법(의료보험통합법) 하에서는 만 65~69세 노인들도 의원과 치과의원, 한의원에서 의료 진료를 받을 경우 본인부담 진료비의 30~57%를 감면받게 될 예정이다. 이에 따라 65~69세 노인 119만 명의 하루 진료비가 1만 2천 원(의원, 한의원) 또는 1만 4천 원(치과의원) 이하인 경우 현재 각각 3천 200원과 3천 700원을 본인이 부담하고 있으나 올해부터는 정액 진료비가 2천 100원으로 경감되었다. 노인들의 경우 대부분 노인성 만성질환에 시달리고 있어 건강문제가 매우 심각한 데 비해, 국가의 지원 액수는 적고 유료시설은 비용이 너무 비싸 일반적인 빈곤노인이 접근하기 어려운 시설인 경우가 많다. 따라서 노인의 건강권을 보장하기 위한 보건의료서비스 체계를 확립해야 한다.

4) 노인주거환경 개선

노인의 90% 이상이 가정에서 생활하고 최근 독거노인이 증가하는 현상에 비추어볼 때 노인의 신체적, 정서적, 사회적 욕구에 맞는 다양한 형태의 주택이 개발・보급되어야 한다. 또한 주택공급, 주택수당지원, 주택수리 및 개조를 위한 경비 지급 등 정책개발이 필요하다.

5) 교육 및 문화활동에 대한 접근권 강화

지난해부터 국・공립 미술관은 무료로, 국・공립 국악원은 절반 가격으로 입장할 수 있도록 되었다. 그러나 시간과 지리적 위치에 따른 불편, 이동의 불편 등으로 접근할 수 없는 노인들이 많다. 대다수 노인들이 TV시청, 집 보기 등으로 집에만 머물고 있는 상황을 고려해 볼 때 노인들이 가까운 곳에서 다양한 교육과 여가・문화활동을 즐길 수 있도록 하는 기회가 마련되어야 한다.

6) 사회복지시설 생활자의 인권개선

시설생활자의 인권보호를 위해서는 무엇보다도 시설생활자의 인권에 대한 인식제고와 인권보호가 이루어질 수 있는 제도적인 여건을 마련하여야 한다. 사회복지시설에 근무하는 직원에 대한 인권교육을 실시할 수 있도록 제도화해야 할 것이다. 이를 위해서는 사회복지 관련법에 시설직원에 대한 정례적인 보수교육을 명시하고 교육내용 안에 인권관련 내용이 포함되도록 하여야 할 것이다. 또한시설 생활자를 대상으로 그들이 받아야하는 권리에 대해 인식시킬 수 있는 인권교육도 필요하다. 그리고 시설보호와 직접 관련된 시・군・구청 담당자, 읍・면・동 사회복지 전담공무원, 보건소나 지역사회의 의료진을 대상으로 한 태도 개선을 위한 교육 등도 필요하다.

시설에서 인권침해가 발생하는 주요 원인 중의 하나가 직원의 과도한 업무부담이라는 점에서, 법정종사자 배치기준에 부합하는 인력의 지원과 예산을 지원하도록 하여야 한다.

시설의 운영을 투명화하기 위하여 시설운영위원회 설치・운영을 의무화하고 시설옴부즈맨 제도를 실시하여 시설생활자들이 시설에서 겪는 문제점이나 학대, 인권침해의 사례를 발견하고 이를 고발조치할 수 있는 법과 제도적 장치를 마련해야 할 것이다.

7) 종합적인 노인복지체계의 구축

그 동안 '노인복지'는 최저한도의 생활을 보장하는 생존권적 기본권을 충족시키고 사회적 불이익이나 침해로부터 자유권적 기본권을 방어하는 소극적 복지의 수준을 넘지 못했다. 이제는 '노인인권'의 차원에서 개인의 존엄을 바탕으로 '노인다운 삶'이 가능하도록 제도의 기본 틀을 정비할 시점에 이르렀다. 노인을 사회적 약자로 보는 시각에서 성숙된 능력의 소유로서 잔존능력이 소진될 때까지 '자기결정'하에 삶이 영위되도록 제도적 장치를 마련해야 한다. 시설보호사업에 국한되어 있는 현행 복지예산을 증대하고 보편적인 복지체계를 구축해야 한다.

■ 참고문헌

국가인권위원회(2002). “2002년 지역사회에서의 노인학대 실태조사”.
______________(2004). 인권백서(2004년 제1집). 국가인권위원회.
______________(2006). 국가인권정책기본계획 권고안(2007~2011). 국가인권위원회.
권중돈(2006). 노인복지실천에서의 인권관점 도입 방안 고찰. 광진노인종합복지관 개관기념 세미나 자료집.
김미옥 외(2007). **사회복지분야 인권 길라잡이**. 한국사회복지협의회.
김미혜(1999). **노인과 인권**. 복지동향 통권 8호. 참여연대.
박수천(2005). 노인 인권보호의 세계동향과 성년후견제 도입방안. 한국노인복지학회 2005년 추계 학술대회, pp. 11-34.
박차상 외(2005). 한국노인복지론. 학지사.
박태영(2002). 사회복지시설에서의 인권에 관한 소고. 계간 사회복지 제155권, pp. 61-88.
보건복지부(2000). 고령화 관련 국제행동계획과 노인을 위한 유엔원칙.
__________(2002). 마드리드 고령화국제행동계획.
__________(2005). “2005 상반기 노인학대 상담 실적”. 내부자료.
__________(2006). 노인복지시설 인권보호 및 안전관리지침.
__________(2007). 노인인권과 노인학대의 이해. 독거노인 ‘생활지도사 파견사업의 실제’, pp. 173-195.
서혜경(2001). 노인권익운동의 오늘과 내일. 밝은 노후. 창간호, pp. 25-31.
이해영(2006). **노인복지론**. 창지사.
정경희 외(2002). “무료 및 실비 노인요양시설에서의 인권실태 사례조사”. 한국보건사회연구원.
최성재·장인협(2003). **노인복지학**. 서울대학교출판부. 2003.

高野範城 外(2005). 高齢者* 障碍者の權利擁護とユンプイアンス. あけび . 書房.
谷川 外(2006). ケアマネジの ための權利擁護 實踐 ガイド. 中央法規.
大國美智子 外(2004). 高齢者の權利擁護.. 株式會社ワルドプランニング.

11

죽음과 호스피스

1. 죽음에 대한 이해

모든 생명체는 필연적으로 죽음을 경험한다. 그 중 만물의 영장인 인간은 자신이 죽지 않으면 안 될 존재라는 것을 알고 있는 유일한 동물이기도 하다. 생명의 유한성에 대하여 인간은 다른 사람의 죽음을 경험하면서 비로소 인식하게 된다. 지각의 대상이 될 수 있는 죽음은 다른 사람의 죽음이 나에게 미치는 이성적, 심리적 영향과 죽음에 임하는 사람의 체험으로 한정된다. 인간은 죽지 않으면 안 될 존재라는 것은 알지만, 죽음 그 자체가 무엇인지, 언제, 어떻게 죽을지에 대해 끊임없이 불안해하는 존재이다. 여기서는 죽음에 대한 철학적, 심리학적, 종교적 이해에 대해 살펴보면 다음과 같다.

1) 철학적 이해

죽음은 경험이나 실증에 의한 객관적 지식이나 탐구의 대상이 될 수 없다. 죽음에 대한 사유의 내용은 대체로 개인적, 주관적인 관념으로 간주되었으며, 이러한 관념을 다루는 고대철학으로부터 헤겔에 이르는 고전 형이상학에서는 죽음의 현상을 불멸성과 관련지어 설명하고 있다. 소크라테스나 플라톤 등은 인간을 영혼과 육체를 가진 존재로 간주하고 있고 영혼 혹은 정신은 육체와는 달리 영원하며 죽음을 단순히 육체의 소멸로 간주하고 있다. 즉 소크라테스는 죽는다는 것을 육신의 속박과 고통으로부터의 정신의 해방과 치유로 보았으며, 플라톤은 영혼을 신체로부터 불사의 세계로 옮기는 일이라고 보고 있다. 이러한 불멸성은 신학에도 영향을 주었고, 중세는 물론 근대에 이르기까지 형이상학적 불멸관이 죽음에 대한 철학적 사유의 근간을 이루어 왔다. 그러나 19세기 실존주의의 등장과 함께 죽음의 문제들은 철학적 관심의 전면에 드러나게 되었고, 인간은 관찰가능한 객관적 사실로서의 죽음의 의미가 아니라 삶의 종말로서의 죽음이 개인의 현실적인 삶에 어떤 의미를 갖고 있는가를 중요시하게 되었다. 즉, 인간이 추구해야 할 죽음에 대한 철학적 관심의 대상은 외부로부터 관찰되는 죽음이 아니라 자신의 죽음과의 관계 및 삶에 미치는 영향이라는 것이다(Bollnow, 1984; 이이정, 2003; 재인용). 실존철학을 바탕으로 한다면, 죽음은 인간이 도달할 종착역이 아니라 실존으로서의 자기를 지각하는 적극적 계기로서의 의미를 지니게 된다.

2) 심리학적 이해

현대적 의미의 죽음이 심리학의 대상이 된 것은 1950년대 전후의 일이지만 심리학 분야에서 죽음에 대해 다루기 시작한 것은 1900년 전후이다(이인정, 2003). 심리학적 죽음을 연구해 온 Feifel(1959)은 다학제적 관점에서 죽음을 연구할 것을 제창하였는데, 이는 '죽음이 심리적 · 사회적 측면을 가지며, 단순히 생물학적 사건만을 의미하는 것은 아니다'라는 생각에 바탕을 두고 있다.

죽음과 관련된 태도는 크게 회피적 태도와 수용적 태도로 나뉜다. 수용적 태도란 비교적 쉽게 개인적 죽음을 받아들이는 것으로서, 자기 자신의 죽음에 대한 전망을 의식적으로 인식하고, 그 결과들을 긍정적으로 소화하는 것을 의미한다. 이러한 죽음에 대한 수용은 전통적으로 지혜의 속성으로 간주되어왔다. Erikson(1980)은 심리사회적 이론에서 지혜로운 사람은 일생의 노력과 성취를 되돌아보고 자신의 삶을 평가하면서 자아통합에 도달하며, 후회나 미래에 대한 두려움 없이 자신의 삶을 수용하고 죽음을 수용하게 된다고 하였다.

우리가 흔히 말하는 '죽음'이라는 용어는 죽음의 상태나 상황, 죽음의 과정, 죽음이 미치는 영향 등을 모두 내포하고 있는데(Corr, 2000), 죽음에 관련되는 태도에는 다음과 같은 자신의 죽음 과정, 자신의 죽음, 사후에 일어날 일, 타인의 죽음에 관한 태도들이 포함된다.

① 자신의 죽음 과정에 대한 태도

- 길고 힘들며, 고통스럽고 존엄성이 상실된 죽음의 과정을 경험할 것에 대한 공포와 불안을 가지는 사람들은, 고통 없이 자신도 모르게 잠자면서 죽는 것을 선호한다.
- 갑작스런 죽음, 예기치 못한 죽음을 두려워하는 사람들은 사랑하는 사람에게 작별인사를 하고 원한이 있는 인간관계를 용서하고 정리할 시간을 갖는 것을 중요시한다.

② 자신의 죽음에 대한 태도

- 죽음을 무(無), 완전한 소멸, 개인적 자아의 말소 등을 의미하는 것으로 받아들이는 경우에는 모든 가능한 수단을 동원해서라도 죽음에 저항하는 태도를 취한다.
- 삶을 고난의 연속으로 받아들이는 사람은, 그 삶이 끝나기를 갈망하여 죽음을 환영하는 태도를 보인다.

이렇게 대부분의 사람들은 죽음에 대한 관심과 초점을 죽음 자체, 비존재, 자아의 상실, 개인적 정체감의 상실 등에 두고 있음을 알 수 있다.

③ 사후에 자신에게 일어날 일에 대한 태도

- 사후(死後), 자신에게 일어날 일에 대한 태도의 초점은 죽음의 결과가 자신에게 무엇을 의미하는가와 관련된다. 이는 미지의 세계에 대한 불안이나 사후의 심판에 대한 공포, 살아 있을 때 착하게 살아온 것에 대한 보상을 의미하기도 한다. 또한 죽음을 다른 세계로 들어가는 다리로 보고 거기서 이미 죽은 사랑하는 사람들과 재결합하는 것으로 이해하기도 한다.

④ 타인의 죽음, 죽음의 과정, 사별 등에 관한 태도

- 사랑하는 사람이 죽을 병에 걸려 앓는 것을 어떻게 보고 견딜까, 사랑하는 사람과의 이별을 어떻게 감당할까, 그 사람이 가버린 후에 어떻게 살아갈 수 있을까 등에 대한 걱정과 불안을 의미한다.
- 나 자신의 죽음이 타인에게 갖는 의미로서, 병들어 버린 내가 사랑하는 사람을 짓누르는 짐이 되지 않을까, 내가 가버린 후 사랑하는 사람에게 어떤 일이 일어나게 될까 등에 대한 걱정과 불안을 의미한다.

죽음의 공포와 불안은 고통에 대한 공포, 고독에 대한 공포, 불유쾌한 경험에 대한 공포나 존엄성을 잃을 것에 대한 두려움, 가족이나 사회의 부담이 될 것에 대한 두려움, 미지의 세계를 앞두고 갖게 되는 두려움, 인생에 대한 불안과 관련된 죽음에 대한 불안, 인생을 불완전한 채로 끝내는 것에 대한 불안, 자기소멸에 대한 불안, 사후의 심판과 벌에 관한 두려움 등으로 나눌 수 있다. 이와 같은 요소들은 개인의 심리적 성숙이나 사용가능한 대처기술의 종류, 종교성향, 나이, 사회・경제적 지위 등의 변인, 의미 있는 다른 사람의 태도, 문화적 맥락에 따라 다양한 반응으로 나타날 수 있다.

3) 종교적 이해

모든 생명체는 시작이 있으면 언젠가는 끝이 있다. 그러나 모든 생명체 중에서 인간만은 이 보편적인 진리를 극복하려고 노력한다. 곧 죽음이 끝이 아니라 죽음이후에 또 다른 세계가 이어진다는 영생불멸의 믿음으로 내세관을 형성하고 있다. 모든 종교는 이러한 죽음에 대한 관념과 사후세계에 대한 비전을 제시하고 있다. 그러나 죽음에 대해 부여하는 의미와 평가는 종교마다 매우 다르다. 종교를 대표하는 기독교와 불교의 경우를 살펴보자.

인간의 죽음에 대한 기독교의 죽음관은 첫째, 죽음이 피조물의 본래적인 성격이라는 것과 한계를 지닌 피조물의 특징이라는 것이다. 둘째, 영혼불멸설이나 영혼윤회설을 주장하지 않으며, 죽을 수밖에 없는 유한한 인간 생명이 하나님의 은총에 의해 영원한 생명으로 덧입혀지고 새로운 존재양식으로 변화한다는 것을 주장한다. 셋째, 생물학이 죽음을 존재의 마지막이라고 말하는 것과는 달리, 신학에서는 죽음을 영생의 시간으로 보고 있다. 즉, 죽음을 이 땅의 유한한 삶에서 하늘나라의 영원한 삶으로 나아가는 것으로 이해하는 것이다.

죽음에 대한 불교적 이해는 기독교와는 다르다. 불교에서는 인생을 고해(苦海)로 여기며, 업보윤회설(業報輪回說)을 굳게 믿는다. 불교에서는 계시나 전통 등의 외부의 힘이 아닌 자신의 체험, 지혜와 통찰, 심성의 함양 등 내면적인 정신을 중요시하며, 삶과 죽음의 현상을 포함하는 세상의 모든 이치를 관찰하여 해탈의 길을 발견할 것을 주장하고 있다. 따라서 죽음에 대해서도 불교에서는 생사윤회가 끊이지 않는 고충으로 충만한 차안의 세계를 떠나 열반해탈의 극락세계인 피안의 불국정토(佛國淨土)를 찾아 나서는 것으로 이해한다고 볼 수 있다.

4) 생물학적 · 의학적 이해

생물학적 과정에서의 죽음이란 연속적인 화학변화의 중단 곧 생물체가 활동을 멈춘 상태로서, 물질과 에너지에 대한 통제력이 상실된 상태를 의미한다. 임상에서는 호흡과 심장박동이 정지되고, 눈동자의 빛 반사현상이 완전히 소실된 상태, 즉 생명이 정지된 현상을 말한다. 한국의 경우, 의학적인 관점에서는 1983년에 죽음을 '심장기능 및 호흡기능과 뇌 반사의 불가역적 정지 또는 소실'이라고 정의하였고, 1989년에는 죽음을 '심장, 폐기능의 불가역적 정지 또는 뇌간을 포함한 전뇌기능의 불가역적 소실'이라고 재정의한 바 있다. 그리고 1993년 대한의학협회는 '뇌사에 대한 선언'에서 "사망은 심폐기능의 정지인 심폐사 또는 전뇌기능의 소실인 뇌사로서 판단한다."고 하여 뇌사를 죽음으로 인정한다고 하였다. 현재 이러한 뇌사와 관련되는 이슈로는 안락사 문제, 장기이식문제, 인간답게 죽을 권리 등이 있다.

2. 품위 있는 죽음과 호스피스

1) 호스피스의 개요

(1) 호스피스의 역사

유럽의 호스피스는 중세기에 예루살렘으로 성지순례를 하다가 쉬어가는 숙소를 지칭하는 이름이었으며, 19세기 초부터는 수녀들이 임종자들을 돌보아주는 임종의 집을 호스피스라 불렀다(이경식, 2004). 19세기에 자비의 수녀회는 더블린(Dublin)에서 호스피스를 시작하였고 특별히 임종자들을 돌보기 위해 헌신하도록 호스피스를 창립하였다. 이와 함께 영국의 자비의 수녀회에서는 런던에 성요셉 호스피스를 설립하였다. 영국의 여의사인 손더스(Souders)는 성 요셉병원에서 호스피스에 대한 생각과 원칙을 다듬어 현대 호스피스의 초석을 만들고, 성 요셉병원에서 발전시킨 호스피스프로그램을 독립적으로 성 크리스토퍼 병원에 도입하였다. 1967년 영국 런던에 성 크리스토퍼 호스피스가 개방되었는데, 이것이 현대 호스피스운동의 시초가 되었다(노유자 외, 1994). 미국은 1963년 손더스(Souders)가 미국을 처음 방문하여 호스피스 강연을 한 후, 1968년 예일 뉴헤븐(Yale New Haven)에서 호스피스 가정간호를 시작한 것이 호스피스의 효시가 되었다. 그리고 1969년 퀴블러로스(KÜbler Loss)의 「인간의 죽음(On Death and Dying)」의 출판으로 죽음의 개념과 말기 환자의 돌봄에 대한 관심이 높아졌다. 1975년에는 뉴욕의 성 누가 루스벨트 병원에서의 호스피스 프로그램이 미국의 호스피스 모델이 됨으로써 호스피스의 발전에 기여하였다. 캐나다에서도 1975년 몬트리올의 로얄 빅토리아 병원에서 12개 병상의 호스피스병동이 최초로 설립되어(노유자 외, 1994) 호스피스 대상자들을 지원하였다.

한국의 경우에는 1963년 3월 강원도 강릉에서 마리아의 작은 자매회수녀들에 의해 갈바리 의원이 세워져 임종자들을 돌보기 시작한 것이 호스피스의 효시가 되었다. 이 호스피스는 현재에 와서는 모현 호스피스라는 명칭으로 맥을 이어가고 있다. 한국의 호스피스는 1987년 가톨릭대학교 성모병원에 호스피스과가 개설된 이래, 2004년 현재에는 호스피스를 표방하는 기관이 100여 개 이상으로 증가하고 있다(윤영호, 2005). 호스피스의 유형으로는 병동형 호스피스, 가정방문형 호스피스, 산재형 호스피스, 독립시설형 호스피스가 대표적이다.

(2) 호스피스의 정의

현재 사용되고 있는 '호스피스'라는 용어는 라틴어의 어원인 손님이라는 뜻을 가진 'hospes' 또는 손님접대, 손님을 맞이하는 장소라는 의미의 'hospitum'으로부터 유래하고 있다. 또한 호스피스는 여러 가지로 정의되고 있는데, 웹스터 사전(1972)에는 여행자를 위한 숙소, 또는 병자나 가난한 사람들을 위한 집이라고 하고 있으며, 스테드맨(Stedman)의 의학사전에서는 죽어가는 사람과 가족에 대한 신체적·심리적·영적 돌봄의 형태로 완화적이고 지지적인 서비스에 중점을 둔 프로그램을 실시하는 공공시설이라고 하였다. 테리 밀러(Terry Miller)는 인간이 죽음에 앞서 멈추어 휴식하는 장소로 모든 이와 작별하기 전에 자신의 삶을 가다듬고 완결하는 장소라고 하였다(노유자 외, 1994). 호스피스는 죽음을 앞둔 말기환자와 그 가족을 사랑으로 돌보는 행위로서, 환자가 남은 여생동안 인간으로서의 존엄성과 높은 삶의 질을 유지하면서 삶의 마지막 순간을 평안하게 맞이하도록 신체적, 정서적, 사회적, 영적으로 도우며, 사별가족의 고통과 슬픔을 경감시키기 위한 총체적인 돌봄(holistic care)을 말한다(노유자 외, 1994). 그러나 우리나라의 경우 이러한 정의에 맞는 호스피스는 아직까지 말기 암환자에게만 국한되는 것이 현실이다. 일부에서 에이즈 등 말기환자를 대상으로 서비스하고 있긴 하나 미미한 형편으로, 앞으로의 호스피스는 대상을 확장하여 모든 말기 질환자에게 호스피스 서비스를 제공할 필요가 있다. 특히 고령사회를 앞둔 우리나라에서는 말기 노인환자들의 욕구에 적절한 전문적 호스피스 제공도 제고해 보아야 할 것이다.

2) 말기환자의 욕구와 호스피스

(1) 신체적 욕구와 호스피스

말기에 이른 환자에게는 극심한 신체적 고통을 해결해 주는 일이 급선무이다. 만일 말기환자의 신체적 고통을 그대로 두고서는 심리적·사회적·영적 서비스를 수행하기 어렵다. 말기환자의 경우에는 질병에 따라 여러 가지 증상이 나타날 수 있는데, 그 증상은 단순한 것에서부터 매우 복잡한 것에 이르기까지 다양하며 질환의 종류에 따라 통증의 유무와 정도에도 차이가 있게 된다. 주로 말기 암환자의 증상을 중심으로 환자의 신체적 욕구를 살펴보면, 말기환자들은 호흡・환기문제, 구강점막의 손상문제, 식욕부진 문제, 배변문제, 요배설 또는 요로계 감염문제, 수면문제, 수분 불균형문제, 피부문제, 체온조절문제, 신체거동문제, 통증관리문제의 해결을 원하는 욕구가 있다. 여기에 따른 호스피스 서비스는 주로 의사 및 간호사들을 중심으로 고통의 완화 또는 해결을 위한 노력을 기울이게 된다. 그러나 사회복지사, 자원봉사자, 그리고 기타 환자를 돌보기 위해 접근하는 모든 호스피스 관계요원들이 가능한 한 정서적・심리적 지지를 함께 함으로써 신체적 고통을 좀 더 효과적으로 완화시킬 수 있게 된다.

(2) 심리・사회적 욕구와 호스피스

말기환자와 가족에 대해 적정한 호스피스 서비스를 제공하기 위해서는 심리・사회적 욕구 파악이 중요하다. 죽음을 향해 가는 환자와 그 가족은 어느 때보다도 심리상태가 복잡하고 다양하다. 죽음의 과정에서 나타나는 심리적 반응에 대해 패티슨(Pattison)은 사망의 과정을 급성 위기단계(acute crisis phase), 만성적 삶－죽음의 단계(chronic living-dying phase), 말기단계(terminal phase)로 나누어 설명하고 있다. 급성위기단계는 위기의식에서부터 만성적 삶－죽음의 단계 전까지를 의미하며, 이 시기에는 말기환자와 가족 모두 불안감을 매우 강하게 느껴 부정, 분노, 타협, 우울과 같은 정서적 반응을 보인다. 만성적 삶-죽음의 단계는 급성위기단계와 말기단계 사이를 의미하는데, 이 시기에는 죽음에 대한 안정감과 불안정감이 병합되며, 사망에 가까워지기 시작하면서 임종자들은 신체적, 심리적 제한성을 깊이 느끼게 된다. 이 시기의 특징은 죽어가는 것 같다가도 살 것 같은 느낌을 갖다가 드디어 삶에서 죽음으로 그 초점이 이동하는 경향을 나타낸다. 이 때 대상자들은 불확실성에서 오는 두려움과 외로움, 슬픔, 자아통제와 기능감 상실을 느끼게 된다. 가족들 역시 삶의 엇갈린 여정을 지켜보면서 큰 슬픔과 나약함, 위축감을 경험하게 된다. 이때의 호스피스서비스는 환자나 가족의 감정표현을 주의 깊게 지켜보고 그들의 말을 깊이 있게 경청하면서 필요한 지지를 해 주는 것이 최선이다. 그러나 준비되지 않은 상태에서 타인에게 이야기하도록 강요하지는 말아야 하며, 우울할 때 기운을 내라고 강요하지 않는 것이 좋다. 또한 감정은 가능한 한 숨기지 않도록 하는 것이 좋으며, 공포, 불안, 우울의 감정을 내면화시켜 스스로 자책하게 하는 것은 도움이 안 된다.

(3) 경제적 서비스

말기환자들은 대부분 질병을 앓으면서 말기에 이를 때까지 여러 병원을 거치기도 하고, 각종 검사와 치료 등으로 많은 비용을 지출한 상태에 있다. 그러므로 경제적으로 빈곤하게 되기도 하고, 원래 빈곤하였던 호스피스 대상자의 경우에는 정부의 지원 등을 조금 받는다고 할지라도 역부족인 경우가 많다. 환자들 중에는 죽어가는 그 시점에서도 가족의 생활을 걱정하면서 단 하루도 쉬지 못하는 안타까운 경우도 있다. 이런 경우 지역사회자원과 연계하여 환자와 가족을 도울 수 있는 적극적인 방법을 찾아야 하며, 개인 또는 단체의 후원 등을 통하여 경제적 지원을 할 수 있어야 한다.

(4) 영적 서비스

현대인들은 물질문명에 가치기준을 두고 있기 때문에 삶과 죽음이라는 근본적 문제에 접근하기 어려운데 이 때 영적 도움을 필요로 한다. 죽음의 과정을 겪고 있는 임종환자와 가족들은 어느 때보다도 더 영적 고통을 심하게 경험하게 되고, 영적 위기에 처하게 되며, 다양한 영적 요구를 나타낸다. 영(spirit)이란 희랍어로 '프뉴마(Pneuma)'로서, 생명의 본질이라는 의미로 쓰인다. 영성(spirituality)은 영적 존재의 특성, 인간의 신심(信心), 신앙생활과 삶의 원리 또는 원칙들과 그 실천을 의미한다. 영성이란 영혼의 내적 수련과 관련된 믿음, 희망, 용기의 원천으로 현실에서 신앙적 삶을 살아가도록 노력하게 하는 것으로 이해할 수 있다. 인간의 영성은 수직적 차원과 수평적 차원으로 나누어 설명할 수 있는데 수직적 차원은 절대자와의 관계로서 인간이 질병과 고통, 상실 등의 삶의 위기에 어떻게 대처하고 자신의 삶을 어떠한 관점으로 바라보는지에 대한 것이다. 수평적 차원은 인간의 믿음, 가치, 생활양식, 절대자와의 관계에 대한 경험, 자신, 타인, 환경과의 상호작용을 반영하는 것으로, 생의 의미와 목적으로 연결되는 개념으로 이해될 수 있다(노유자 외, 1994).

말기환자의 영적 욕구는 영적 고통으로 표현되는데, 이는 희망의 근원이 되는 믿음이나 가치체계의 붕괴를 경험하는 위험한 상태라 볼 수 있다. 이러한 영적 고통은 죄의식, 죽음에 대한 회피, 믿음에 대한 내적갈등, 자신의 존재 의미에 대한 의문, 의미 있는 사람을 용서하지 못하는 것, 신(神)에 대한 분노, 생명이 연장되기를 신(神)께 원하고 바라는 것과 관련된다. 이에 대한 영적서비스의 제공은 영적서비스를 담당하는 영적지도자를 통해 영적 도움을 제공하는 것이 이상적이며, 경청(listening), 감정이입(empathy), 민감성, 겸손, 헌신의 태도가 필요하다.

3) 노인의 말기암과 호스피스

호스피스는 노인을 제외시키고는 말하기 어렵다. 최근 우리나라의 호스피스 주 대상인 말기 암환자는 노인이 다수를 차지하고 있다. 암은 소아에 발생하는 일부 암을 제외하고는 일반적으로 중년 이후에 증가하기 시작하여 지속적으로 증가하다가 80세를 전후하여 다시 서서히 감소한다. 이렇게 다시 감소하는 주된 이유는 이 연령대의 노인수가 다른 연령에 비해 현저히 적고, 암에 걸리기 쉬운 사람들이 이미 암으로 사망했기 때문으로 추측하고 있다. 일반적으로 연령별, 성별 인구수로 살펴본 연령 및 성별 특이적 암 사망률(age and sex specific cancer incidence)은 남녀 모두 연령의 증가와 더불어 지속적으로 증가한다. 대부분의 암 발생에 있어 가장 중요한 발암 위험인자는 노화 자체라 할 수 있기 때문에 그러하다. 암 발생이 연령이 증가할수록 증가하는 것은 거의 모든 나라에서 관찰되는 공통된 현상이다. 대부분의 나라에서 65세 이상을 노인이라 할 때, 암의 약 50%는 노인에서 발생하며 75세 이상의 고령자는 30~50%가 암으로 사망하고 있다. 그렇기 때문에 암은 근본적으로 노인의 질병이라 해도 과언은 아니다. 다음은 노인에서 암 발생이 증가하는 기전(홍원선, 2000)을 제시한 것이다.

① 노화자체

② 장기간 발암물질에 노출

③ 노인의 세포가 발암물질에 감수성이 높음

④ 손상된 유전자 수복능력의 저하

⑤ 세포분열 억제인자들의 소실

⑥ 항종양 면역능력의 저하

노인호스피스 대상자라고 하여 일반적인 호스피스 환자와 실제로 구별하여 서비스하는 경우는 거의 없다. 그러나 노인이기 때문에 좀 더 주의를 기울여야 할 부분은 적지 않다. 우선 고령의 노인호스피스 대상자의 경우에는 의사소통에 어려움이 있는 경우가 많아 임종 전 여명 기간의 삶의 질을 향상시킬 수 있는 대안이 적다. 또한 노인들은 자신의 의미체계에 따라 반응하고, 자신의 방식대로 행동하기 때문에 노인의 관념체계가 아닌 전문직의 지식체계로 노인의 죽음과 삶의 마감을 해석한다면 오해와 갈등이 생길 수 있다(조명옥, 1997). 노인을 대하는 가족들의 경우에도 부모가 말기에 이른 것이 너무나 안타까운 자녀가 있는 반면, 안타까움보다는 병든 부모의 문제가 죽음으로 빨리 해결되었으면 하는 생각을 가지고 있는 경우도 종종 있어, 말기 암을 포함하여 질병의 말기에 이른 노인환자의 특성에 맞는 호스피스에 대한 접근방법을 하루빨리 모색해야 할 필요가 있다.

4) 임종과 호스피스

임종 시기를 아는 것은 환자와 가족들에게도 중요하다. 임종 전 48시간을 기준으로 한 연구(Lichter and Hunt, 1990; 정수진 외, 2002; 재인용)에서 보면 의식상실과 함께 호흡음이 거칠어지고 가래 끓는 소리, 신음소리, 안절부절 상태 등이 발생하는 것으로 나타나고 있다. 이 연구에서는 임종 전 48시간 동안 새로운 증상이 나타나기도 하고 전에 잘 조절되던 증상도 악화되거나 재발될 수 있지만 91.5%의 환자가 평화로운 죽음을 맞이하였고, 64%에서 임종 전 48시간 동안 평화로웠다고 한다. 또한 평화롭게 죽음을 맞이하지 못한 요인들은 주로 출혈(2%), 호흡 곤란(2%), 안절부절(1.5%), 통증(1%), 심근경색(1%), 역류(1%) 순으로 나타나고 있다.

임종을 앞둔 환자는 10% 정도에서 의식이 없어지며, 이 때 호흡음이 거칠어지거나 가래 끓는 소리가 나고 신음소리를 내는 경우가 있는데, 신음소리를 내는 대부분의 경우는 상기도 근육이 이완되어 호기 시에 소리가 나는 것으로 알려져 있다. 안절부절은 임종 전 흔히 관찰되어지는 증상으로 조절되지 않는 통증, 방광팽만,

변비, 고칼슘혈증, 뇌저산소증, 호흡곤란, 전신쇠약으로 인한 거동의 불편함, 약물 및 정신・사회적 요인이 원인이라 할 수 있다. 근육경련은 생화학적인 체내 변화가 원인일 수 있으나 때때로 약물에 의해 유발되는 경우도 있다. 그리고 뇌 기질성 증후군인 섬망은 혼수와 죽음이 곧 임박하였음을 알리는 전조증상으로 알려져 있다.

우리나라의 한 연구(정수진 외, 2002)에서 말기 암 환자를 대상으로 임종 전 48시간 동안을 관찰한 보고에 의하면, 통증이 57.6%로 가장 많았고, 그 다음으로 의식혼란(55.4%), 호흡곤란(48.9%)의 순이었다. 그리고 의식상실과 더불어 가래 끓는 소리, 발한, 신음소리, 안절부절못하는 증상의 발생 빈도가 증가하는 경향을 보였다. 따라서 이 연구는 이들 증상이 임종이 가까이 왔음을 나타내는 중요한 지표라고 보고하고 있다. 이러한 임종증상은 노인에게도 마찬가지로 적용된다고 볼 수 있으므로, 가까워진 임종에 대비하여 그 때까지 장례문제를 협의하지 못한 경우에는 가족들이 협의하여 결정하도록 배려하며, 가족들이 마음의 준비를 할 수 있도록 도와야 한다. 그리고 노인의 임종이 가까워지면 나머지 가족들과 친지들에게 연락을 취하고, 병원이나 시설에서는 가능한 한 임종실이나 독실로 옮겨 따뜻하고 조용한 분위기에서 생을 품위 있게 마감할 수 있도록 배려할 필요가 있다.

■ 참고문헌

노유자·한성숙·안성희·김춘길(1994). **호스피스와 죽음**. 현문사.

윤영호(2005). 호스피스 완화의료 제도화 현황 및 발전과제. 국립암센터 심포지엄.

이경식(2004). "호스피스·완화의료의 이해". 국립암센터. 제2기 호스피스 아카데미.

이인정(2003). "노인학습자를 위한 죽음준비교육 프로그램 개발 연구". 박사학위논문. 연세대학교.

정수진·이복기·염창환·조경희·윤방부(2002). "말기암 환자에서 임종 전 48시간 동안 나타나는 신체적 증상 빈도". 한국호스피스 완화의료학회. Jul 005(01), pp. 17-23.

조명옥(1997). "노인이 인식한 죽음의 의미와 준비에 관한 문화기술적 탐색 사례연구". 한국노년학. 한국노년학회.

홍원선(2000). "노인 암". 대한노인병학회 편. **노인병학**. 의학출판사.

Bollow. O. F(1984). *Existenxphilosophie*. Stuttgart.

Corr. C. A.. Nabe. C. M. Death and Dying(2000). *Life ad Living*. Wadsworth.

Erikson(1980). *Identity and the Life Cycle*. New York: Norton.

Feifel. H(1959). *The Meaning of Death*. McGraw-Hill Book Company.

12

시설복지서비스

1. 시설복지서비스

미국 NASW(1987:15)의 사회복지사전에 의하면 사회복지시설은 '특별한 사회문제를 가지고 있거나 그러한 사회문제를 갖게 될 위험이 있는 사람들에게 일정한 범위 내의 사회복지서비스를 제공하기 위하여 사회복지사와 사무직원, 기타의 직원들로 구성되고 이사회에서 운영하는 조직이나 시설'로 규정하고 있다. 다시 말하면 시설이란 사회문제를 갖고 있거나 그러한 문제의 위험이 있는 사람에게 생활, 통원, 기타의 방법으로 일정한 범위의 사회복지서비스를 제공하는 물리적, 기능적인 모든 자원의 총체라고 할 수 있다. 따라서 노인복지시설서비스란 노인이 질병이나 장애 또는 기타의 이유로 자신의 가족들에 의한 가족 부양을 받지 못하게 될 때, 이들에게 기본적 삶의 질을 유지할 수 있도록 도움을 주는 포괄적인 물리적 서비스 일체를 의미한다. 우리 사회는 시설서비스에 대한 대상 노인들의 수요와 욕구가 증가하는 것에 비하여 아직 사회복지시설에 대한 편견과 인식 부족으로 인하여 노인복지시설서비스는 양적으로나 질적으로 열악한 실정이다. 여기서는 노인복지시설서비스의 필요성, 개념과 정의, 노인시설의 유형과서비스의 내용과 특성, 문제점과 과제를 간략히 살펴보고자 한다.

1) 노인복지시설서비스의 개념 및 역할

오가사와라는 사회복지시설이란 일반적으로 공적 사회복지제도에서 제공하는 사회복지서비스의 일부분으로, 심신의 미발달, 미성숙, 노화, 심신의 장애 등으로 인하여 타인의 도움이 없이는 자립이 곤란한 조건하에 있는 사람으로서 이들을 보호, 양육해야 할 가족이 없거나 각종 장애의 치료, 보호를 위하여 가정, 가족으로서는 대처할 수 없는 경우, 경제적 곤궁에 의하여 자립생활이 곤란한 경우 등에 처한 사람들에게 그들의 생활, 치료, 재활상의 모든 장애에 대응하는 다양한 서비스를 제공하여 그들의 생존권을 보장하는 건물, 설비, 서비스를 제공하는 직원, 시설운영조직을 총칭하는 곳으로 정의하고 있다(전광현, 1990:17). 한편 우리나라의 사회복지사업법 제2조 3항에 보면 사회복지시설이란 사회복지사업을 행할 목적으로 설치된 시설이라고 규정하고 있다.

이들의 정의를 참고로 하여 노인복지시설을 정의하면 '노인복지시설이란 노인복지법에 의하여 노인복지사업을 행할 목적으로 설치된 시설로서, 노인의 질병이나 장애 또는 주택, 경제, 가족관계 등의 생활 조건상의 곤란과 가족의 부양 능력의 제한으로 인하여 가정에서 계속 생활할 수 없는 경우에 이러한 문제의 해결을 도모하는 대안적 노인주거 형태로서, 노인이 주거하면서 건전한 노후 생활을 계속해서 보장받을 수 있는 시설'을 말한다(현외성 외, 2000). 그러므로 노인복지시설은 자립이 곤란한 노인에게 가정을 대신하여 생활을 유지할 수 있도록 보호하는 생활 거점이며, 그들의 심리사회적·신체적 조건에 적합한 전문적 프로그램을 통하여 여가 및 치료서비스를 제공해 주는 서비스기관이라고 할 수 있다.

2) 노인복지시설의 필요성 및 기능

(1) 노인복지시설의 필요성

노인복지시설은 여러 가지 사정과 이유로 가족 내에서 부양받거나 생활할 수 없는 노인이 직면한 포괄적 욕구 해결에 필요한 서비스 및 프로그램을 통하여 노후의 삶을 영위하고자 대안적으로 선택하게 되는 대체적 가족복지서비스 기관이라고 할 수 있다. 현대사회에서 노인복지시설이 필요하게 된 배경을 다음과 같이 설명할 수 있다.

〈표 12-1〉 지역별 65세 이상 노인인구 지표(2004년; 단위: 명, %)

구 분	총인구[1)]	65세 이상	구성비	노년부양비	고령화 지수
전국	48,199,227	4,171,016	8.7	12.1	43.3
서울특별시	10,004,164	673,124	6.7	8.9	37.7
부산광역시	3,669,335	287,593	7.8	10.5	44.3
대구광역시	2,552,332	187,657	7.4	10.1	37.5
인천광역시	2,642,690	174,640	6.6	9.2	31.1
광주광역시	1,442,331	96,007	6.7	9.4	30.0
대전광역시	1,483,724	96,333	6.5	8.9	31.0
울산광역시	1,155,295	53,677	5.0	6.9	22.0
경기도	10,076,662	690,163	6.8	9.7	30.6
강원도	1,523,321	181,893	11.9	17.3	62.5
충청북도	1,526,397	171,007	11.2	16.3	55.7
충청남도	1,914,681	261,450	13.7	20.5	69.3
전라북도	1,907,575	245,039	12.8	19.1	65.1
전라남도	1,981,820	313,963	15.8	24.4	82.3
경상북도	2,772,315	368,410	13.3	19.6	70.6
경상남도	3,008,864	317,765	10.3	14.9	50.1
제주도	537,721	52,225	9.7	14.3	43.7

• 자료: 통계청(2004). 통계자료실. www.nso.go.kr.
주 1) 기준 시점: 7월 1일 기준 인구.

첫째로, 노인인구가 급속히 증가하고 있으며 고령층 인구의 고령화로 인하여 노인에 대한 다양한 복지서비스에 대한 요구가 증가하고 있다는 사실이다. 우리나라는 2000년 65세 이상의 노인인구가 7%를 넘어서면서 고령화사회에 접어들었으며, 저출산 또한 가속화되면서 급속히 저출산 고령사회로 진입하고 있다. 2005년 1월 현재 총인구 중 65세 이상 인구는 4,383,000명에 이르러 전체 인구의 9%를 넘어섰으며[12)], 이들 노인인구의 증가속도는 고연령으로 갈수록 빨라져서 80세 이상의 초고령 노인들의 경우 2005년 678,000천 명으로 2050년에는 거의 9배에 달하는 5,859,000명으로 증가할 것으로 추정되고 있다(<표 12-2>).

〈표 12-2〉 **연령계층별 노인인구 추이**(1970~2050; 단위: 천 명)

	1970	1980	1990	2000	2005	2010	2020	2030	2050
65세 이상	991	1,456	2,195	3,395	4,383	5,354	7,821	11,899	15,793
70세 이상	563	832	1,294	2,014	2,686	3,557	5,231	8,140	12,344
80세 이상	101	178	302	483	678	969	1,877	2,711	5,859

• 자료: 통계청(2005. 1).「장래인구 특별추계 결과」.

이와 같은 고령노인들의 증가는 소득의 사회의존도가 높고 치매나 중풍 등의 만성퇴행성질환의 발생가능성이 높은 요보호노인들의 증가와 직결되어 장기요양서비스가 필요한 노인들의 수를 급증하게 하는 요인이다(<표 12-3>).[13]

〈표 12-3〉 **장기요양이 필요한 65세 이상 대상자 전망**(단위: 명)

구분	시설			재가				
	최중증	중증	합계	최중증	중증	경증	치매(경증)	합계
2003	22,573	55,265	77,837	22,504	102,797	197,656	195,672	518,629
2010	29,388	60,234	101,338	24,755	137,322	264,040	215,244	692,812
2020	41,480	101,554	143,033	43,472	198,575	381,817	377,983	1,001,847

• 자료: 한국보건사회연구원 보건복지부 공청회 자료(2003), 한국보건사회연구원(2001) 추정.

둘째로 가족의 부양 가용능력은 눈에 띄게 저하되고 있다. 저출산과 고령화로 인한 노령화지수와 부양비가 높아지면서 사회의 노인 부양가용능력이 적어짐과 동

12) 고령화는 도농간의 격차가 심한데, 농촌지역은 1990년에 이미 9.0%로, 2000년에는 14.7%로 고령사회에 진입하였으며, 지역에 따라 2003년 전라남도는 14.1%, 충청남도는 12.8%, 경상북도는 12.3%에 달하였으며, 경남 의령군과 남해군을 비롯한 총 30개의 시·군·구가 이미 20%를 초과하여 초고령사회에 진입한 것으로 나타났다(통계청, 2003).

13) 2003년 현재 시설보호가 필요한 노인이 7만 8천 명, 재가보호가 필요한 노인이 51만 9천 명으로 추산되고 있으며 이러한 추세는 빠르게 진행되어 2020년에는 시설보호노인이 약 14만 3천여 명 재가보호인 노인이 약 100만 명을 넘어 현재의 두 배에 이를 것으로 추정되고 있다.

시에, 소가족화, 기혼여성의 취업률의 증가와 같은 가족환경의 변화로 가족 내 부양체계의 불안정성이 증가되고 있다(김태현 · 전길양, 1997; 한경혜, 1998). 특히 노인단독가구가 증가하면서 독거노인수가 늘어나고 있다. 2000년 전국의 독거노인은 717,000명으로 총 인구대비 14%에 달하였으며, 2005년에는 830,000명으로 증가하여 총인구의 18%에 이르도록 급속히 증가하였다(통계청, 2005). 이들 독거노인들은 여성의 비율이 높고 농촌으로 갈수록, 연령이 높아질수록 그 비율이 더 증가하고 있어서 이들에 대한 사회적 복지지원서비스에 대한 요구가 높아질 것으로 예상된다.

더욱이 노부모 부양에 대한 견해가 변화하여 노인부양의 책임이 개인과 가족에게만 있지 않고 사회와 국가가 책임을 공유해야 한다는 의식이 자녀세대나 노인세대 모두에게 확산되고 있다. 이러한 가치관은 독거노인의 증가와 맞물려서 결과적으로 가정과 가족 외에 타인의 도움을 필요로 하는 노인 가구의 증가를 초래하고 있다.

결론적으로 고령화와 더불어 노인의 절대적 인구의 증가, 길어진 노년기와 더불어 장기간의 간병과 보호를 필요로 하는 노인의 증가, 노인단독가구의 증가와 핵가족화, 부양 의식의 변화 등으로 인한 가정의 부양 기능의 약화 등의 요인은 가정에서 적절한 보호를 받을 수 있는 기회를 감소시키고 시설보호의 필요성과 중요성을 더해 주고 있다고 하겠다. 특히 장기간의 간병과 집중적 케어를 필요로 하는 노인을 가정에서 부양해야 하는 가족은 경제적 · 신체적 · 심리적 부양 부담으로 인하여 가족구성원간 갈등이 생기고 이는 결국 가족해체로 이어지기도 하여 가족과 가정의 대체 기능으로서의 노인복지시설의 필요성과 중요성이 커지고 있다.

이처럼 노인복지시설에 대한 필요성이 증가하고 인식이 새로워지면서 노인복지시설에 대한 국가의 시각도 적극적이고 긍정적으로 변화하고 있다. 정부는 각종 노인복지시설 요구조사를 통하여 노인복지시설을 연차적으로 확충할 계획을 세우고 있다. 정부의 노인요양시설 확충계획을 보면 2011년에 1,492개소(정부지원 1,035개소, 민간 지원 457개소), 요양병원 166개소(공공 99개소, 민간 73개소), 재가복지시설은 8,870개소(정부지원 6,409개소, 민간 2,461개소)로 급격하게 확대될 전망이다(<표 12-4>). 특히 노인수발보험 시행에 대비하여 2005년 30,000명 입소 가능한 요양시설 543개소에서 2006년에서 2008년까지 3년간 요양시설을 총 1,042개소 36,000병상을 추가 신축할 계획을 세우고 있다. 특히 2006년부터는 기존의 대형시설(60~70인 규모) 외에 지역에서 손쉽게 설치할 수 있는 소규모시설(20~30인 규모), 노인그룹홈(5~9인)을 신규로 도입하여 2008년까지 297개소의 그룹홈을 설치할 계획이다(보건복지부 내부자료, 2006).

〈표 12-4〉 정부의 요양시설, 요양병원, 재가복지시설 확충 계획(단위: 개소, 병상)

구분	2003	2005	2007	2009	2011
요양시설[1]	318(23,522)	488(35,542)	654(47,282)	839(60,352)	1,035(74,192)
요양병원[2]	37(3,852)	51(4,952)	65(6,052)	79(7,152)	93(8,252)
재가복지시설[3]	317(15,200)	1,017(52,700)	2,242(114,700)	3,976(200,700)	6,409(319,930)

• 주 1) 요양시설은 요양시설(실비 포함), 전문요양시설, 치매요양병원 포함함.
2) 요양병원은 시 · 도립 치매요양병원, 군 단위 치매요양병원을 포함함.
3) 재가복지시설은 가정봉사원파견시설, 주간보호시설, 단기보소시설을 포함함.
자료: 보건복지부(2003).

(2) 노인복지시설의 역할과 기능

고령화와 더불어 요보호를 필요로 하는 노인의 수가 절대적으로 증가하고 있지만, 다양한 이유로 인하여 기존에 가족이 담당하던 노인보호의 기능이 축소되면서 이들에 대한 시설보호를 통한 사회적 부양체계에 대한 수요가 늘어나고 있다. 이러한 현상은 노인복지시설의 양적 확충을 요구하게 되었으며 이는 노인복지시설이 담당해야 할 역할과 기능의 보강과 개선을 전제로 하고 있다.

기본적으로 사회복지시설은 사회복지 분야에서 직접적 서비스 기관, 즉 생활시설과 이용시설을 의미하지만 일반적으로 협의의 개념으로서 생활시설을 의미하며, 시설의 형태와 보호의 내용은 시대에 따라 변천되어 왔다(<표 12-5>).

〈표 12-5〉 시설보호의 변천 과정

구분	보호수준	보호목표	보호형태	지역사회와의 관계
사회방위적단계	열등처우	사회적 방위	격리	단절
사회보장적단계	최저생활	발달 가능성	수용	수동적, 일방적
사회복지적단계	최적생활	정상화	생활, 육성	능동적, 상호적

• 자료: 박태영(2004).

사회방위적 단계의 시설보호는 억압과 격리의 원칙을 기초로 하며 보호 대상자들에게 수치심과 굴욕감을 주어 요보호자를 감소시키고자 하는 의도를 갖고 있었다. 이러한 경향은 사회복지 의식이 발달하면서 시설보호의 수준과 목표, 보호의 내용은 보다 생활자들의 인권을 존중하려고 노력하는 사회보장적 단계로 발전하였다. 그러나 이 단계의 시설보호는 일정한 수급권을 가진 자에 대한 사후 조치적 수준에 머물고 있으며 시설 생활자들의 자발성이나 지역과의 연대감 등을 기대하기는 어렵다. 따라서 시설보호는 정상화의 이념을 기초로 하여 보호의 연속체로서의 시설 생활자들의 인격적 삶을 보장해 주며 지역과의 상호 유기적 관계 형성해 나갈 수 있는 방향으로 나아가야 할 것이다(박태영, 2004).

이와 같은 시각에서 보면 우리나라의 노인복지시설은 수급 자격을 갖춘 자에 한하여 최저생활을 보장해 주는 수준이므로 둘째 단계에 머물고 있다고 볼 수 있다. 노인의 요구는 주 질병과 건강관리, 생활 및 사회·문화·경제활동 요구 등 포괄적 내용으로 구성되어 있으며, 노인복지시설에서 제공되어야 할 가장 포괄적 요구 해결 기능 중 가장 우선순위로 갖추어야 할 것은 노인의 질병과 건강관리 및 생활과 사회활동 관리이다(조소영 외, 1997). 그러나 아직 시설의 형태와 기능이 획일화되어 있으며 제공되는 서비스 프로그램도 제한되어 있어서 시설생활자인 노인들의 다양한 욕구를 충족시키지 못하고 있다. 또한 우리나라의 노인복지시설은 시설 생활 노인과 지역 주민 간의 교류나 지역사회 자원과 시설 내 프로그램 간의 연계 혹은 교류가 미비하여 지역사회와의 연속성이 부족하고 교류도 제한되어 있다.

그러므로 앞으로 노인복지시설이 지향해야 할 사회적 역할은, 첫째로 노인 시설 생활자들의 생활을 유지하고 지원해야 할 것이며, 둘째로 시설 생활자인 노인의 가족에게 지속적으로 서비스를 제공해 줌으로써 노인이 속해 있던 가족을 지원하는 역할을 해야 할 것이며, 셋째로 지역사회복지 증진과 주민의 복지교육을 선도하는 역할을 해야 할 것이다. 따라서 노인복지시설은 지역사회와 격리된 수용소가 아니라 시설에서 생활 혹은 시설을 이용하는 노인과 그에 관련된 가족들이 정상적 삶의 패턴을 유지하고 향유할 수 있는 최적의 서비스를 제공해 줌을 목적으로 해야 한다.

3) 노인복지시설서비스의 실천 이념 및 실천 방향

노인복지시설의 이념은 인간 존중의 원리, 가정보호 중심의 원리, 전문적 보호전개의 원리로 나누어 볼 수 있다.

첫째, 인간 존중의 원리는 시설 입소자의 기본적 인권에 대한 보장을 말한다. 여기서 기본적 인권은 생존권, 발달권, 가족권, 교육권, 근로권, 보건권, 주거권, 휴양권, 환경권 등 한 인간으로서 삶을 보장하는 권리를 말한다. 시설보호에서 인권존중은 시설의 주인공이 시설 입소자임을 인식하고 시설보호의 방침과 운영을 이루어 나가야 한다.

둘째, 가정보호 중심의 원리는 인간은 가정을 가질 권리가 있다는 전제 하에 가정보호의 보완적 기능으로서 시설보호가 이루어져야 한다는 원리이다. 시설보호에서 가정보호 중심을 실천하기 위하여 조기 가정복귀를 위한 다양한 노력과 시설에서 행할 수 있는 가정의 대체 기능을 충분히 활용해야 하며 이는 정서의 안정과 발달을 꾀하는 것이다.

셋째, 전문적 보호전개의 원리란 다음의 내용을 포함한다. 즉, ① 사회복지에 열의를 갖고 전문교육을 받고, ② 생활 속에서 상호 역동성의 이점을 활용하여야 하며, ③ 의식주, 여가 등의 일상생활이 중시되고 이러한 평범한 일상생활 안에서 교육적, 치료적 가치가 생성되어야 하며, ④ 시설 입소 중 혹은 입소 이전부터 시설 이후에 이르기까지 사후 보호가 계속되어야 하며, ⑤ 시설 입소자만이 아니라 그들의 가족에 대한 전문적 서비스가 병행되어야 하며, ⑥ 시설이 위치한 지역에 잠재 또는 현존하는 시설보호의 대상자와 그 가족을 조기발견, 조기대응하기 위하여 상담 혹은 일시적 보호 기능 등을 가져야 한다는 것이다.

또한 노인복지시설에서의 서비스 실천의 원칙으로는 ① 개별화의 원리, ② 가족과의 관계 조정의 원리, ③ 집단 활용의 원리, ④ 일관성의 원리, ⑤ 지역복지 중시와 참여의 원리 등이 있다. 노인복지시설에서는 입소 노인 개개인의 신체적·정서적·심리사회적 특성에 적합한 개별성을 고려한 프로그램과 관리를 적용함과 동시에 집단의 구성원으로서의 역동성을 고려한 프로그램과 관리를 적용함과 동시에 집단의 구성원으로서의 역동성을 충분히 활용하여 서비스를 제공하고 보호와 발달을 시도하여야 한다. 그리고 시설은 지역사회와 가족과의 관계를 떠나서 존재할 수 없으므로 가족구성원과의 긴밀한 협조와 관계, 또한 지역사회의 자원 활용 등을 통하여 서비스 환경을 개선하고 지지해야 한다.

2. 노인복지시설서비스의 유형 및 현황

1) 노인복지시설의 일반적 특성

우리나라의 노인복지시설은 1981년 노인복지법이 제정되면서 제도화되었다. 1981년에 규정된 노인복지시설은 양로시설, 노인요양시설, 유료양로시설, 노인복지회관이었다. 이후 1989년 노인복지법 전문 개정 시 실비양로시설, 유료노인요양시설, 실비 및 유료노인복지주택이 새롭게 노인복지시설에 포함되었다. 그 후 1993년 개정 시 유료노인복지시설도 개인이나 민간이 설치, 운영할 수 있도록 허용하였으며, 1994년에는 재가 목적 노인집합주택서비스를 규정하는 등의 유료노인주거시설의 건설에 필요한 조치가 입법화되었다. 1997년에는 노인복지법을 전면 개정하여 노인복지시설은 노인주거복지시설, 노인의료복지시설, 재가노인복지시설, 노인여가복지시설 등으로 세분화하였고 2004년에 노인학대 문제의 예방과 해결을 위하여 노인보호전문기관이 노인복지시설에 추가되었다.

현재 우리나라의 노인복지시설은 노인복지법에 의거하여 노인주거복지시설, 노인의료복지시설, 노인여가복지시설, 재가노인복지시설, 노인보호전문기관으로 구분된다. 이용 방법에 따라 생활시설과 이용시설로 분류되는데, 생활시설은 요보호 대상자를 24시간 일정한 장소에서 보호하는 시설로, 노인주거복지시설(양로시설)과 노인의료복지시설(요양시설)이 해당되며, 이용시설은 재가 혹은 시설 생활자가 통원하는 방법으로 서비스를 이용할 수 있도록 하는 시설로 노인여가복지시설(노인복지회관, 경로당, 노인교실, 노인휴양소)과 재가노인복지시설(방문요양서비스, 주·야간보호서비스, 단기보호서비스, 방문목욕서비스, 기타)이 해당된다. 이 중에 주거복지 기능을 갖춘 시설은 노인주거복지시설에 속하는 양로시설과 노인공동생활가정, 노인복지주택, 노인의료복지시설에 속하는 노인요양시설과 노인요양공동생활가정, 노인전문병원, 그리고 재가노인복지시설 가운데 단기보호시설이다.

〈표 12-6〉 **노인복지시설 유형**

구 분		유 형
생활시설	노인주거복지시설	양로시설, 노인공동생활가정, 노인복지주택
	노인의료복지시설	노인요양시설, 노인요양공동생활가정, 노인전문병원
이용시설	노인여가복지시설	노인복지회관, 경로당, 노인교실, 노인휴양소
	재가노인복시시설	방문요양서비스, 주 · 야간보호서비스, 단기보호서비스 방문목욕서비스

노인복지시설의 입소 비용을 기준으로 하여 볼 때, 2007년 현재 무료시설이 622개소, 실비시설이 570개소, 유료시설이 392개에 이르고 있다. 전체 시설의 약 39.3%가 무료시설이며, 유료시설은 실비시설을 포함하여 약 60.7%에 불과하다. 그러나 앞으로 노인장기요양보험제도가 실시된다면 이용 비용에 따른 시설 구분은 큰 의미가 없어질 것이 분명하다. 또한 시설복지서비스 중심에서 재가복지서비스 중심으로 변화하고 있으며, 대상자 역시 생활보호, 저소득층 노인 대상에서 일반 노인에게로 확대되고 있다.

반면에 노인인구의 증가와 가족 부양 기능의 약화, 노인복지시설에 대한 인식의 변화와 노인의 경제력 향상, 노인의 신체적·정서적 변화에 따른 특별한 서비스가 보강된 노인복지시설에 대한 욕구 증가 및 실버산업의 활성화 등으로 유료노인복지시설은 늘어날 것으로 전망된다. 더욱이 1993년 노인복지법이 개정되어 유료노인복지시설에 대한 민간의 참여가 법적으로 허용되면서 1990년대 말 이후 서울 및 대도시를 중심으로 유료노인복지시설보다 더 큰 의미의 복합적 노인시설인 '실버타운'이란 용어가 자주 등장하고 있는데, 이는 은퇴한 노인이 여생을 즐길 수 있도록 숙박, 여가, 의료시설을 복합적으로 갖춘 노인주거단지로서의 개념을 갖고 있다.

2) 노인복지시설의 유형별 특성 및 현황

(1) 노인생활시설의 특성 및 현황

1997년 전면 개정된 노인복지법에 의하면 노인주거복지시설과 의료복지시설은 생활시설로 분류된다. 2007년 말 기준 현재 운영되고 있는 주거복지시설, 즉 양로시설은 398개소이며, 의료복지시설은 총 1,186개소로, 총 1,584개소의 시설에서 77,985명의 노인이 입소하여 생활하고 있다(<표 12-7>).

〈표 12-7〉 노인생활시설 현황

구분	계				무료시설			실비시설			유료시설			
	합계	양로	요양	전문요양	양로	요양	전문요양	양로	요양	전문요양	양로	요양	전문요양	기타
시설수	1,584	384	675	439	147	202	273	161	350	59	76	123	107	86
입소인원	77,985	13,014	27,363	23,947	5,643	12,540	16,635	2,772	11,654	3,560	4,599	3,169	3,752	13,661

• 유료노인복지주택 14개소(3,565명), 노인전문병원 72개소(10,096명) 포함.
자료: 2008년 노인복지시설 현황, 보건복지가족부.

보건복지가족부에서는 현재 양로시설을 노인요양시설 또는 노인전문요양시설로 전환하고 있으며 노인요양보장제도의 도입과 노인보건복지 종합대책에서 제시한 노인의료복지시설 확충 10개년 계획에 의하여 의료복지시설을 확대해 나가고 있다. 따라서 노인주거복지시설은 줄어드는 반면 의료복지시설은 급격히 늘어날 것으로 예상된다(변철식, 2004). 시설의 종류에 따른 노인생활시설의 입소대상 자격 및 서비스 내용은 <표 12-8>, <표 12-9>와 같다.

〈표 12-8〉 노인주거복지시설의 종류와 관련 내용

시설유형	비용부담 유무	입소 자격	서비스 내용
양로시설	무료, 실비, 유료	노인복지법 제14조 제1항1호에 해당하는 자로서 일상생활에 지장이 없는 자	급식, 일상생활에 필요한 편의 제공
노인공동생활가정			주거 여건, 급식, 일상생활에 필요한 편의 제공
노인복지주택	본인 부담	단독 취사 등 독립된 주거생활을 하는 데 지장이 없는 60세 이상의 자	주거 편의, 생활지도, 상담 및 안전관리 등 편의 제공

〈표 12-9〉 노인의료복지시설의 종류와 관련 내용

시설유형	비용부담 유무	입소 자격	서비스 내용
노인요양시설	무료, 실비, 유료	치매 · 중풍 등 노인성질환 등으로 심신에 상당한 장애가 발생하여 도움을 필요로 하는 노인으로 -65세 이상의 자 -부양의무자로부터 적절한 부양을 받지 못하는 65세 이상의 자 -입소자로부터 비용을 전부 수납하여 운영하는 시설의 경우 60세 이상의 자	급식, 일상생활에 필요한 편의 제공
노인요양공동생활가정			가정과 같은 주거 여건, 급식, 일상생활에 필요한 편의 제공
노인전문병원	본인 부담	-노인성질환으로 치료 및 요양을 필요로 하는 자 -임종을 앞둔 환자	주거 편의, 생활지도, 상담 및 안전관리 등 편의 제공

무료시설에 비하여 유료시설은 입소 대상자의 연령이 60세이며, 요양시설이나 복지시설의 규정에 따라 입소가 결정된다. 유료노인복지시설은 무료노인복지시설과 달리 입지 조건에 따라 그 유형이 달라서 도시형, 도시근교형, 휴양단지형, 전원형으로 나눌 수 있으며 그 특성은 <표 12-10>과 같이 요약된다.

한편 유료노인복지시설의 시설 이용 부담 방식은 종신 이용권 방식, 분양 방식, 임대 방식, 회원권 방식 등으로 나뉜다. 종신형은 이용권형과 연금형으로 나뉘는데, 이용권형의 장점은 부동산 소유에 따른 세금이나 개·보수 등의 번거로움이 없고 입주금, 월 이용 요금의 지불에 따라 생활이 보장되는 장점이 있으나 설치 주체의 운영 상황에 따라 거주권에 대한 법적 보장이 없어 불안정한 면이 있다. 한편, 연금형은 입주 후 추가 비용 부담이 없는 장점이 있지만 장래 인플레 등의 변수를 반영할 수 없고 입주자에게 추가 비용의 징수가 불가능하여 사업상 위험이 많다. 임대형은 계약해제가 자유롭고 입주 초기에 비용 부담이 적지만 입주자의 소득감소 시에 지속적 입주 생활이 어렵고 임대료가 상승하면 입주자의 부담이 증가하는 단점이 있다. 분양식은 입주자가 부동산을 보유하여 재산 가치가 있으며 유동성이 적어 상속도 가능하나 장래 건물의 개·보수 시에 분쟁의 소지가 있다. 이와 같은 2007년 12월 말 현재 유료노인복지시설의 입소정원은 2007년 현재 실비양로시설 161개소, 2,772명, 유료양로시설 76개소, 4,599명, 유료노인복지주택 14개소, 3,565명, 실비노인요양시설 350개소, 11,654명, 유료노인요양시설 123개소 3,169명, 노인전문요양시설 273개소, 16,635명, 실비노인전문요양시설 59개소, 3,560명, 유료노인전문요양시설 107개소, 3,752명, 노인전문병원 72개소, 10,096명에 이르고 있다.

〈표 12-10〉 **유료노인복지시설의 입지별 개발 유형**

구분	특 징	장 점
도시형	• 종래 생활권의 연장 -가족과의 교류 가능 -도시 기능의 활용 -확실한 수요 -운영상의 유리	• 높은 지가, 신규 부지 확보 곤란 • 건물 고층화로 사업비용 상승 • 자연 조건 상대적 불량

도시근교형, 전원형	• 도시형과 휴양지형의 중간으로 각 형태의 장점 활용 • 전체 조건 -도시와의 교통 연계 -지역주민과의 교류 양호 -토지 가격 비교적 안정 -넓은 면적 확보 가능 -폭넓은 건축 계획 가능 -양호한 주거 환경	• 그린벨트 등 건축 제한 지역 많음 • 도시 기능의 확산으로 지가 상승폭이 높음
휴양지형	• 온천, 명승지 등 관광명소 • 종합적 노인 커뮤니티 고려 • 휴양과 농원 가꾸기 등 가능	• 도시 기능 기대 어려움 • 고립감 • 개발 비용 높음 • 운영 부담

• 자료: 대한건설협회(1995); 임향숙(2004).

반면에 무료노인복지시설의 입소정원은 2007년 12월 말 현재 양로시설이 147개소, 5,643명, 노인요양시설이 202개소, 12,540명에 8,572명, 노인전문요양시설이 273개소, 16,635명에 이르고 있다. 현재 이용인원은 입소정원대비 83%에 불과한 실정이다. 유료노인복지시설에 비하여 무료시설의 경우 종사자들의 처우가 열악하고 이로 인하여 전문 인력의 확보가 어려워 전문성이 떨어진다.

(2) 노인이용시설의 특성 및 현황

한편 2007년 말 기준 현재 운영되고 있는 이용시설로 재가노인복지시설과 노인여가복지시설이 있다. 재가노인복지시설은 2007년 현재 가정봉사원파견시설 767개, 주간보호시설 504개, 단기보호시설 137개소로 총 1,408개소가 있는 것으로 나타났다. 입소 대상 자격, 서비스 내용 및 실태는 다음과 같다(<표 12-11>, <표 12-12>, <표 12-13>).

〈표 12-11〉 노인재가복지시설의 종류와 관련 내용

<table>
<tr><th>시설명</th><th>비용 부담 유무</th><th colspan="2">입소 대상 자격</th></tr>
<tr><td>방문요양서비스</td><td rowspan="4">기초생활수급권자 및 부양의무자로부터 적절한 부양을 받지 못한 자는 전액 국가 및 지방자치 단체가 부담, 이외의 자는 본인이 전액 부담</td><td rowspan="4">-장기요양급여 수급자
-심신이 허약하거나 장애가 있는 65세 이상의 자</td><td>가정에서 보호가 필요한 자</td></tr>
<tr><td>주·야간 보호서비스</td><td>주간 또는 야간 동안의 보호가 필요한 자</td></tr>
<tr><td>단기보호서비스</td><td>단기간의 보호가 필요한 자</td></tr>
<tr><td>방문목욕 서비스</td><td>가정에서의 목욕이 필요한 자</td></tr>
</table>

〈표 12-12〉 재가노인복지시설 현황(2007년)(단위: 개소)

구분	가정봉사원파견시설	주간보호시설	단기보호시설
개수	767	504	137
합	1,408		

• 자료: 보건복지부, 2008년도 노인복지시설현황.

가정봉사원파견사업은 1987년 한국노인복지회에서 저소득층 노인을 대상으로 시범사업을 실시함으로써 시작되었다. 이 서비스는 1989년 노인복지법 개정에 의하여 1990년부터 정부의 공식적 정책이 되었으며, 1993년부터 유료서비스도 가능하게 되었다. 영리기관의 서비스도 가능하여졌지만, 현재까지 실시하는 가정봉사원 파견사업은 자원봉사에 의한 무료서비스가 주류를 이루고 보완적으로 유급봉사원을 활용하고 있다. 가정봉사원파견서비스기관으로는 재가노인복지기관, 노인종합복지관, 재가노인종합봉사센터 등이 있으며, 2007년 12월말 현재 가정봉사원의 수는 19,021명에 달하며, 이용노인은 55,485명에 이르고 있다.

〈표 12-13〉 노인여가복지시설의 종류와 관련 내용

시설명	비용 부담 유무	입소대상 자격	서비스 내용
노인복지관	무료 또는 저렴한 요금	60세 이상의 자(배우자는 연령 상관없음)	상담, 건강 증진, 교양, 오락 등 노인복지 증진
경로당	시설별 운영규정에 의함	65세 이상의 자 및 동행자	지역 노인 친목 도모, 취미 활동, 공동 작업장, 각종 정보 교환, 기타 여가 활동
노인교실	무료 또는 저렴한 비용	60세 이상의 자(배우자는 연령 상관없음)	취미, 건강 유지, 소득보장, 기타 학습 프로그램 제공
노인 휴양소	시설별 운영규정에 의함	65세 이상의 자 및 동행자	노인심신휴양과 관련한 위생시설, 여가시설, 편의시설을 단기간 제공

• 자료: 보건복지부(2008년). 노인복지사업안내.

노인장기요양보험제도의 실시로 가정에서의 보호가 필요한 노인을 대상으로 방문요양서비스를 제공하고 있다. 노인주간보호사업은 1992년부터 정부 지원으로 시작되었으며 2007년 12월말 현재 전국에 504개의 주간보호시설이 있으며, 이용대상으로는 국민기초생활보장 수급자와 저소득층 노인들에 대하여는 무료이지만 그 외의 노인에 대하여는 비용을 받고 있다. 노인주간보호센터는 단순히 노인을 보살피는 것 이외에 노인 건강 증진과 건전한 여가생활, 물리치료, 수지침 등의 각종 복지서비스를 제공한다. 또한 음악, 미술, 치료 레크리에이션 등의 취미, 오락 활동과 맨손체조, 재활체조 등의 회복 훈련, 혈당 체크 및 한방진료, 물리치료, 이・미용서비스 등을 제공하여 노인의 심리적・사회적 고립감을 해소하고 마음의 평안을 도모하고 있다. 노인주간보호서비스는 노인복지법의 개정으로 주・야보호서비스로 명칭이 바뀌어 시행되고 있다.

단기보호시설에서 이루어지는 사업은 심신허약자나 장애가 있는 자로서 단기간의 보호가 필요한 자를 대상으로 하여 일시적으로 노인을 보호함으로써 노인은 물론 노인 부양가족의 복지를 증진시키고자 하는 사업이다. 이 서비스는 홍보 부족과 정부 지원의 미비 등으로 운영상의 어려움이 있다.

가정에서의 목욕이 필요한 노인을 대상으로 방문목욕서비스가 실시되고 있다.

한편 2007년 현재 노인여가복지시설은 노인복지회관 145개, 경로당 48,800개, 노인교실 684개, 노인휴양소 4개로 총 49,633개소이다.

〈표 12-14〉 노인여가복지시설 현황(2007년; 단위: 개소, %)

구분	노인복지회관	경로당	노인교실	노인휴양소
개수	211	56,480	1,082	4
합	57,777			

• 자료: 보건복지부, 2004년도 노인복지시설현황.

노인여가복지시설 가운데 노인휴양소를 제외한 노인복지관, 경로당, 노인교실은 상담, 건강증진, 취미, 교양, 오락과 지역 노인의 친목 도모, 공동작업장, 각종 정보 교환, 기타 여가 활동, 취미, 건강 유지, 소득보장, 기타 학습 프로그램을 제공하고 있으며, 노인휴양소는 위생시설과 여가시설을 함께 제공한다.

3. 노인복지시설의 운영 실태

1) 노인복지시설의 인력 관리

적정 수준의 전문 인력을 확보하는 것은 효과적인 노인복지시설 운영에 매우 중요한 요소이다. 현재 무료노인복지시설 종사자 인건비 지원 기준(보건복지부, 2008)을 보면, 원장, 사무국장, 위생원, 생활복지사는 시설당 1인, 간호사는 양로시설의 경우 시설당 1인, 노인요양시설의 경우에는 입소 노인 25인당 1인에 한하여 인건비를 지원하고 있다. 영양사는 입소 노인 50인 이상 시설당 1인, 조리원은 시설당 1인을 원칙으로 하되 입소 노인 50인 이상 시설은 2인에 인하여 인건비를 지원하고 있다. 노인에게 직접 서비스를 지원하는 생활지도원은 양로시설의 경우 25인당 2인, 노인요양시설은 10인당 2인, 노인전문요양시설은 5인당 2인이 원칙적으로 3교대 근무를 하고 있다. 노인요양시설과 노인전문요양시설의 경우 시설당 1인의 의사와 물리치료사를 두도록 하며 입소노인 100인 이상의 경우 사무원 1인에 대하여 인건비가 지원된다. 노인전문요양시설은 입소 노인 50인 이상인 경우에는 관리인 1인에 대하여 인건비를 지원하고 있다. 그러나 시설 종사자의 열악한 노동 환경과 낮은 임금 수준으로 인하여 노인복지시설에서 적정 수준의 인력을 확보하는 데에는 많은 어려움이 있다. 또한 종사자들은 높은 수준의 업무 스트레스와 소진을 경험하고 있다.

노인복지시설 종사자는 2007년 현재 총 34,472명으로 생활시설 종사자 25,901명, 여가시설 종사자 2,712명, 재가복지시설 종사자 5,859명으로 나타났으며 시설당 종사자 수는 11명으로 나타났다(<표 12-15>). 생활시설의 경우 시설당 종사원 수가 16.4명으로 가장 많았고, 재가시설의 경우 평균 4.1명으로 나타났다.

〈표 12-15〉 노인복지기관 종사자 수(2007년; 단위: 개소, 명)

구분	노인주거 · 의료복지시설	노인여가복지시설 (노인복지회관)	재가노인복지시설
전국 종사자수	25,901	2,712	5,859
시설당 종사자수	16.4	12.9	4.2

• 자료: 보건복지부. 2007년도 노인복지시설현황.

일반적으로 노인복지시설에서는 부족한 전문 인력을 자원봉사자로 대체하고 있는 실정이다. 그러나 자원봉사자의 효율적 활용을 위한 계획이 부재하여 자원봉사자의 활용성이나 효과성이 떨어지고 있다.

2) 노인복지시설의 재정 및 시설

2007년 현재 무료노인복지시설에 투입되는 모든 재정은 국고와 지방비에 의하여 지원되며 서울 지역은 국고와 지방비의 비율이 각각 50%, 지방은 국고 70%와 지방비 30%의 비율로 되어 있으며, 법인의 자부담은 없다. 그러나 2005년부터 정부 혁신, 지방분권화 정책에 의하여 노인복지시설 운영 지원이 지방자치단체로 이양됨으로써 지방자치단체가 재정 지원의 책임을 이행하는 방식으로 변화될 것이다(지방정부혁신 분권위원회, 2003 ; 2004).

노인복지시설의 건물 유지비, 수용 기관 경비, 공공요금, 난방연료비. 의약품비, 차량유지비, 위생 재료비, 특별 급식비, 화재보험 가입, 환경부담금 등의 시설 일반 운영비는 자체적으로 집행하도록 규정되어 있다. 2009년 현재 노인복지시설에 대한 관리 운영 기준을 보면 양로시설의 경우 노인 1인당 기초수급자 713,000원 실비입소자 356,500원으로 책정되어 있다. 한편 노인복지시설의 생활자들은 국민기초생활보장법의 기준에 의하여 생계비를 지원받게 되는데, 현재 시설 생활 노인 1인당 생계비 지원 기준은 위로금(송년위로금, 생일축하금), 주 · 부식비(주식비, 부식비, 취사연료비, 월동대책비), 피복비(생일파티준비금, 일반피복비, 런닝팬티비, 동내의, 신발비)로 구성되어 있다.[14] 노인복지시설은 공공요금에 대한 부담이 높아 지원액으로 충분한 관리 운영을 하기에 어려움이 있으며, 따라서 부족한 운영비는 법인 전입금이나 외부 후원금에 의하여 충당하고 있지만 법인 지원은 기관마다 충분치 않은 실정이다(권중돈 외, 2002). 이러한 상황에서 나타나는 문제점으로는 시설운영비가 부족한 경우 가장 먼저 삭감되는 항목은 프로그램 소요 경비가 되어 실질적으로 시설에서의 질적 프로그램을 시행하지 못하는 경우가 많이 발생하게 된다. 또한 시설 운영비 지원 기준이 생활 노인수를 단위로 하고 있기 때문에 시설 운영자들은 시설의 대형화를 꾀하거나 입소 정원의 20%를 초과하지 못하게 한 실비 입소자 규정 비율 이상으로 입소시키는 사례가 발생하고 있다.

노인복지시설의 시설 회계는 사회복지법인 재무회계규칙 제10조에 의하여 투명하게 집행되어야 하며 세출 예산 과목은 사무비, 재산 조성비, 사업비, 전출금, 과년도 지출금, 상환금, 잡지출, 예비비, 후원금으로 되어 있으며, 각 관마다 세부 항과 목으로 규정되어 있다(사회복지법인 재무회계규칙 제10조 참고). 예산 과목 중에서 후원금은 지정 후원금과 비지정 후원금으로 나눌 수 있는데, 지정 후원금은 후원자가 지정한 용도로 사용하되 후원금 예산의 10%를 모금 홍보 및 사후 관리 비용으로 사용할 수 있다. 비지정 후원금은 시설 운영비로 사용하되 간접비 명목으로는 50%

14) 시설 입주 노인 1인당 생계비 지원 기준의 상세 내용은 '노인보건복지사업안내'(보건복지가족부, 2009) 참고.

를 초과할 수 없다. 또한 후원금의 종류에 상관없이 시설장 등 임직원 판공비나 정보비, 별도의 기금 조성, 법인 전출금이나 다른 시설의 지원을 위한 용도로는 사용하지 못하게 되어 있다. 투명하고 합리적 회계 관리를 위하여 전산 프로그램에 의한 회계 관리를 원칙으로 하고 있으며, 10만 원 이상의 금액 지출은 신용카드나 온라인 입금을 제도화하고 있다(권중돈, 2004; 박태영, 2004).

노인복지시설에서는 일상생활의 영위와 더불어 입소 노인들의 생활에 적합한 환경을 조성해 줄 책임이 있다. 냉난방 관리와 습기와 냄새 관리를 위하여 자연 통풍과 강제 배기 시스템을 적절히 갖추어야 한다. 생활실, 화장실, 욕실의 청소는 매일 해야 하며 주 1회 단위의 집중청소가 이루어져야 한다. 전기, 가스, 냉난방 시스템에 대한 1일 안전점검과 연 1～2회의 안전점검을 실시해야 한다. 설비의 파손, 망실에 대하여 1일 점검과 보수가 이루어져야 한다. 그 밖에 영양 관리, 이・미용서비스 및 기타 위생 관리 등이 요구된다.

3) 노인복지시설서비스 및 프로그램 운영 실태

(1) 노인생활시설의 서비스 및 프로그램

노인생활시설의 경우 기본 목표는 다음 세 가지로 요약할 수 있다(박세경 외, 2003). 첫째, 시설 생활자의 인권을 존중하고 사회적 자립을 성취할 수 있도록 필요한 서비스를 전문적으로 제공하는 것이며, 둘째, 시설 생활자의 욕구에 상응하는 다양한 서비스 전달이 이루어져야 한다. 셋째, 지역사회와의 관계를 고려하여 시설이 생활의 장 역할을 할 수 있도록 시설의 사회화 및 지역사회와의 통합이 이루어져야 한다.

노인복지시설(생활시설)에서 제공하는 서비스의 범주는 크게 기본 생활 케어, 보건 의료서비스, 여가 및 사회활동 지원서비스로 구성되어 있다. 노인복지시설에서는 일반적으로 시설 생활 일과표에 의하여 공통된 케어서비스를 제공하고 있으며, 이와 함께 개개인의 일상생활수행능력에 따라 개별화된 케어서비스를 제공하는 것이 중요하다. 시설 입소 시에 질병 정도, 인지 기능 수준, 일상생활수행능력 등에 대한 정확한 진단과 평가를 실시하고 이를 바탕으로 개인별 사례관리 계획을 수립하고 이에 따른 건강관리 및 재활서비스 프로그램(재활치료, 물리치료, 작업치료, 음악요법, 미술요법)이 실시되어야 한다. 또한 기본적 생활 케어와 보건의료서비스 프로그램과 더불어 여가 활동과 사회적 교류를 촉진하는 사회 프로그램을 개발, 실시할 필요가 있다.

2000년과 2001년 실시된 전국 노인생활시설에 대한 평가 결과에 따르면 노인 생활시설에서 제공하는 기본적 프로그램의 경우 대부분의 시설에서 일정 수준 이상의 서비스를 제공하는 것으로 나타났다. 그러나 여가 활동, 사회적 서비스와 상환자, 재활서비스, 치매서비스 등의 전문적 서비스에 대해서는 서비스를 제공하지 않거나, 서비스 수준의 차별이 커서 시설별로 편차가 큰 것으로 나타났다(박세경 외, 2003). 전반적으로 기본적 서비스 제공은 이루어지고 있으나 전문성이 요구되는 서비스와 요보호노인 개개인의 욕구에 대한 배려와 서비스 제공은 다소 미흡한 것으로 나타났다. 한편 노인생활시설의 경우 지역사회와의 연계성은 시설에 대한 부정적 인식과 시설의 적극적인 홍보 부족 등으로 인해 미흡한 것으로 나타났다. 그러나 일단 연계된 경우에는 생활시설 특성상 지역사회의 의료기관, 행정기관과의 연계 정도가 높게 나타났다. 그러나 타 복지시설과의 연계성은 낮은 것으로 나타났다.

(2) 노인여가시설 및 재가복지시설의 프로그램

노인여가시설인 노인복지관은 다양한 복지 서비스를 제공하는 복지센터로서의 기능을 갖는 지역사회의 노인복지시설이라고 볼 수 있다. 기본 사업으로 상담 및 지도, 취업상담 및 알선, 기능회복훈련 실시, 교양 강좌, 각종 여가 및 오락 프로그램을 운영하고 있다. 추가 사업으로 재가노인복지시설을 병설, 운영할 수 있도록 하여 전국적으로 볼 때 약 40% 이상의 노인복지회관에서 재가노인복지사업을 하고 있는 것으로 나타났다. 재가복지사업 중 가정봉사원 파견사업은 5%정도로 매우 저조한 것으로 나타났다. 이것은 사업 설비를 위한 재원 부담이 크기 때문인 것으로 생각된다. 노인복지관의 경우 운영 면에 있어서 예산 부족을 가장 어려운 점으로 꼽고 있다. 다음으로 프로그램의 부적절성으로 전문 서비스를 제공하기 위해서는 이용 노인의 욕구에 상응하는 다양한 프로그램의 개발이 요구되는데, 전문 사회복지사의 부족 및 업무 과다, 재정적 지원 부족 등으로 현실적 어려움을 가지고 있다. 따라서 이러한 원인으로 인하여 노인복지관의 전문성 저하가 초래된다. 동시에 부족한 자원 및 재원 확보 정도, 기관 간의 목적과 가치의 차이로 인한 접근 방식의 상이함, 해당 직원의 부족 등으로 인해 체계적이고 효과적인 기관 간 협조나 서비스 연계가 부족한 현실이다(박세경 외, 2003).

(3) 노인복지시설 프로그램에 관한 의식 조사 결과

실례로 충남 지역의 노인복지시설의 프로그램에 대한 수요자들의 인식을 조사한 자료를 보면 우리나라 노인복지시설의 프로그램의 실태에 대하여 이해할 수 있다(김혜경 · 김욱, 2003).

① 노인복지시설 인지도

천안 · 아산 지역의 노인복지시설 중 생활시설인 노인전문병원(25.1%), 무료양로 · 요양시설(34.4%), 실비양로 · 요양시설(29.4%), 유료양로 · 요양시설(32.7%) 등의 노인 병원이나 시설에 대하여는 인지 정도가 낮은 것으로 나타났다. 또한 주간보호서비스(12.0%), 단기보호서비스(6.4%), 가정봉사원제도(13.4%) 등의 재가복지서비스 프로그램 등에 대해서도 10% 정도만이 알고 있어 인지도가 상당히 낮은 편이었다. 이것은 시설 프로그램에 대한 홍보가 미흡하기 때문으로 보인다.

② 노인복시서비스에 관한 이용 실태 및 만족도

노인복지서비스에 대한 실제 이용 경험은 노인종합복지관의 경우 응답자의 56.3%가 현재 이용 중이거나 과거에 이용 경험이 있다고 응답하였다. 반면에 노인전문병원은 9.6%만이 이용한 경험이 있었다. 무료 · 실비노인요양(양로)시설은 응답 노인의 3.9%만이 이용한 경험이 있었으며, 유료요양(양로)시설은 응답 노인의 2.0%만이 이용 경험이 있었다. 이러한 결과는 생활시설에 대한 노인의 인지도에 비하여 월등히 낮음을 보여준다.

주간보호서비스의 경우 4.1%가 이용 경험이 있었으며, 단기보호서비스의 경우에는 1.5%, 가정봉사원파견서비스는 3.5%가 이용 경험이 있었다. 따라서 노인복지시설에 비하여 구체적 프로그램에 대한 인지도 및 실제 경험률은 매우 낮았다. 시설 프로그램에 대한 이용률이 인지도에 비하여 월등히 차이가 나는 것은 시설에 대한 부정적 인식과 가족 부양에 대한 선호 의식 등이 영향을 미친 것으로 추측되며, 더 많은 홍보가 요구된다. 노인복지서비스에 대한 이용 경험 여부는 해당 지역 노인의 사회경제적 차이와 지역의 교통시설 등 접근성과 이동성 문제와도 관련이 많다고 추측된다.

노인복지서비스의 지속적 이용 여부의 경우 천안 지역 노인들은 노인대학이나 노인학교와 같은 활동성이 요구되는 서비스를 지속적으로 이용하며, 노인전문병원, 양로시설, 주간보호나 단기보호서비스와 같은 서비스의 경우에는 지속적 이용을 기피하는 것으로 응답하였다. 반면에 아산 지역의 노인들은 경로당과 같은 근린지역의 이용시설을 지속적으로 활용하고자 하였다. 반면에 노인(종합)복지관, 가정봉사원파견시설, 무료건강진단, 노인공동작업장, 취업알선센터 등의 경우에는 계속적으로 이용하겠다는 응답 비율이 비슷하게 나타났다(<표 12-16>).

노인복지서비스에 대한 전반적 만족도는 노인전문병원에 대한 만족도가 가장 낮았고 그 다음이 단기보호서비스, 유・무료양로시설과 실비양로시설, 가정봉사원파견시설 등의 순으로 낮은 만족도를 보여 생활시설에 대한 만족도가 낮은 것으로 나타났다. 이것은 이들 시설에 대한 양질의 서비스에 대한 기대에 비하여 상대적으로 낮은 서비스로 인해 만족도가 낮은 것으로 나타나, 전문화된 서비스 제공이 필요함을 보여준다. 또한 가정봉사원파견사업이 주간보호・단기보호서비스의 경우에는 천안・아산 지역 노인들이 이러한 서비스 프로그램을 접할 기회가 매우 적음을 시사하고 있다. 반면에 일반 노인들을 대상으로 하는 경로당, 노인대학, 노인종합복지관 등의 여가시설서비스에 대하여는 상대적으로 만족도가 높게 나타났다(<표 12-16>).

그러나 노인복지관의 경우 서비스를 이용하지 않는 이유로는 교통이 불편하기 때문이 44%로 가장 높았으며, 실시되고 있는 프로그램을 알지 못해서가 11%로 나타났다. 따라서 프로그램 참여도를 높이기 위해서는 적극적 교통편의 제공과 운영 프로그램에 대한 홍보가 상당히 필요함을 보여준다. 그 외에도 프로그램 이용에 따른 비용 부담 감면 조치와 원하는 프로그램에 대한 욕구 조사도 필요한 것으로 나타났다. 그러므로 노인복지서비스에 대한 만족도는 노인의 인구 사회학적 특성이 다양해지고, 사회적 지위가 향상될수록 복지서비스에 대한 욕구도 높아져 이에 대한 높은 기대 수준으로 전문화된 양질의 서비스를 요구하고 있음을 시사한다고 하겠다.

〈표 12-16〉 노인복지서비스 지속적 이용 여부 및 만족도(단위: 명, %)

분 류		전 체		
		천안	아산	만족도
노인정(경로당)	이용하겠다	131(79.9)	82(90.1)	1.45
	하지 않겠다	33(20.1)	9(9.9)	
노인대학/노인학교	이용하겠다	109(72.2)	20(50)	1.45
	하지 않겠다	42(27.8)	20(50)	
노인(종합)복지관	이용하겠다	96(63.6)	43(65.2)	1.47
	하지 않겠다	55(36.4)	23(34.8)	
노인전문병원	이용하겠다	25(40.3)	2(18.2)	2.97
	하지 않겠다	37(59.7)	9(81.8)	
무료양로시설 · 요양시설	이용하겠다	10(21.7)	0(0)	2.44
	하지 않겠다	36(78.3)	7(100)	
실비양로시설 · 요양시설	이용하겠다	10(21.3)	0(0)	2.40
	하지 않겠다	37(78.7)	6(100)	
유료양로시설 · 요양시설	이용하겠다	9(19.1)	1(14.3)	2.47
	하지 않겠다	38(80.9)	6(85.7)	
주간보호서비스	이용하겠다	18(37.5)	0(0)	1.82
	하지 않겠다	30(62.5)	6(100)	
단기보호서비스	이용하겠다	6(15.4)	0(0)	2.52
	하지 않겠다	33(84.6)	6(100)	
가정봉사원파견사업	이용하겠다	9(22.5)	2(25)	2.13
	하지 않겠다	31(77.5)	6(75)	

• 만족도는 매우 만족 1, 보통 2, 매우 불만족 3으로 1에서 3점 Likert 척도임.

4) 노인복지시설의 평가[15)]

노인복지시설은 시설보호 이념을 바탕으로 시설 거주 노인이 지역사회의 재가

15) 사회복지시설 운영의 효율성을 향상시키며, 또한 사회복지시설서비스의 수준을 향상시키려는 방안으로 1998년 사회복지사업법의 개정으로 모든 사회복지시설에 대해 정기적 평가가 이루어지도록 법제화되었다. 사회복지시설의 평가제도는 시설 운영의 투명성과 효율성의 행상을 목표로 시설 운영을 보다 합리적이고 투명하게 할 수 있도록 제도적 개선 노력을 유도하였다. 물론 평가 항목상의 부적절성이나 지역상의 특성을 고려하지 않은 평가 항목 등의 문제가 있기는 하나, 사회복지시설 평가제도는 이용자의 인권을 보호하고 지역사회와의 긴밀한 연계 속에서 사회복지시설의 운영이 이루어질 수 있는 기반을 마련하는 데 의의가 있으며, 객관적이고 합리적인 평가 기준을 확립하여 복지시설의 전문성 강화와 지역복지 수준 향상에 기여하도록 유용하게 이용할 필요가 있다.

노인과 동일한 삶을 유지할 수 있도록 시설 환경을 가정과 같이 유지하고 필요한 서비스를 제공하는 것을 목표로 한다. 그러므로 시설 생활 노인의 보호와 권리 보장을 확보하기 위하여 노인복지시설에 대한 평가는 매우 중요한 의의를 갖는다.

(1) 노인복지시설 평가의 필요성

노인복지시설 평가는 시설 노인이 인간다운 삶을 유지할 수 있도록 제공되는 서비스의 양과 질을 향상시키는 계기를 마련하며, 시설 운영의 효율성을 높이고 평가 결과를 통해 공공 자금의 효율적이고 효과적인 사용을 증대시킬 수 있다. 또한 평가 결과를 통하여 입소 노인 및 가족, 지역 주민에게는 신뢰감을 획득하며, 객관적 지표에 의한 실증적 자료를 통하여 민간위탁 시나 혹은 재계약 시에 적절한 수준의 서비스 제공을 확인하고 요구할 수 있다(김수영 외, 2001).

(2) 노인복지시설 평가의 목적

사회복지시설 평가의 기존 철학은 '소비자 중심의 서비스의 질 보장'이다. 이는 입소자를 보호대상자인 클라이언트로 보기보다는 시설서비스의 소비자로 인식하는 것이다. 이에 노인복지시설 평가는 노인복지시설이 거주자들의 욕구에 기초한 서비스를 제공해야 하며, 노인들이 서비스 선택의 기회와 의사 결정에 참여하고 최상의 만족 수준에 이를 수 있는 서비스를 제공하는 목적을 이루기 위하여 실행되는 것이다. 또한 노인복지시설의 평가는 이를 통하여 서비스 제공자의 성실한 업무 수행과 기관의 효율성 증진을 위한 노력을 촉진하려는 목적이 있으며, 이를 통하여 기관이 인지도와 신뢰도를 높이고 결국 외부의 지원을 더 많이 받아 발전할 수 있는 기회를 마련해 주려는 목적이 있다.

(3) 노인복지시설 평가의 영역과 항목

노인복지시설의 평가 항목은 전체 6개 영역, 34개 하위 영역, 113개 평가 항목으로 구성되어 있다. 6개 영역은 시설 및 환경, 조직 운영 및 인사 관리, 서비스의 질, 거주자의 생활성의 권리, 지역사회 관계, 거주자 만족도이다.

4. 우리나라의 노인복지시설서비스의 과제

우리나라의 노인복지시설서비스는 짧은 역사를 갖고 있으며, 시설 거주에 대한 수요자들의 인식 부족과 부정적 정서와 시설 운영자의 비도덕적·비효율적·근시안적 운영, 정부의 정책과 지원의 미비 등으로 아직까지 양적으로나 질적으로 낮은 서비스를 제공하여 왔다고 할 수 있다. 더욱이 향후 우리나라 노인복지서비스는 재가복지를 중심으로 한 서비스의 확충을 도모하고 있어서 시설서비스는 노인복지서비스에 있어서 주변적 서비스로 인식될 수도 있다. 그러나 시설서비스는 노후의 삶을 보장받을 수 없는 무기력하고 의존적 노인에게는 필수적 서비스를 제공받을 수 있는 장소이며, 나아가 보다 다양하고 양질의 서비스를 제공받기를 원하는 일부 노인에게는 매우 중요한 구매 영역이 될 수 있음을 인식해야 할 것이다. 이러한 고찰을 통하여 여기서는 결론적으로 우리나라 노인복지시설서비스의 과제를 제시하고자 한다.

1) 노인복지시설의 절대적 부족과 공급 관련법 제도상의 문제점

노인복지법 제8조에는 “국가 또는 지방자치단체는 노인의 주거에 적합한 기능 및 설비를 갖춘 주거전용시설의 공급을 조장해야 하며 그 주거용 시설의 공급자에 대하여 적절한 지원을 할 수 있다.”고 규정하고 있다. 그러나 실제로 우리나라의 시설 보급률은 시설 수요 노인인구의 극소 비율을 수용할 수 있는 형편이며[16] 2011년까지 요양시설, 요양병원, 재가복지시설을 확충할 계획을 수립하고 있지만, 노인주택 확대 공급에 대한 기본 계획은 마련되어 있지 못하다(성기철, 2001).

시설 증가의 경우 지역의 특성에 상응하는 서비스 제공 시설이 우선적으로 설치되어야 한다. 고령사회를 대비하여 필요한 노인복지시설의 적정 수가 산출되고, 시설당 적정 인원, 특히 시설 노인에 대한 전문적 서비스 제공과 사생활 보장, 그리고 집단적 처우에 따른 운영의 합리화가 조화를 이룰 수 있는 수준의 시설 제공이

---

16) 2003년 현재 노인의료복지시설의 정원은 23,784명이며, 이는 노인인구의 0.6%, 시설 수용의 28.5%에 불과하였다.

필요하다. 이러한 지역별 노인인구에 상응하는 시설 운영과 시설 확충을 위하여 지역사회 및 중앙정부의 지원이 절대적으로 필요하다. 우리나라의 경우 대부분의 복지시설이 민간 중심으로 운영되고 있으므로 전문 종사자 확보 및 처우 개선, 다양한 프로그램 개발 및 운영 등 전문성 강화를 위한 지방자치단체의 지원이 강화되어야 한다. 현재까지 대부분의 시설이 국가나 지자체의 지원금에 의존하는 비율이 높은 상황에서 지자체의 재정 자립도 수준이 낮기 때문에 실제 지원 금액이나 정도는 낮은 수준이다(김욱, 2004).

특히 최근 확대되기 시작한 유료노인복지시설의 경우, 여러 가지 법과 제도상의 문제점이 지적되고 있다(유연숙, 2003). 첫째는 시설 설치를 위한 허가신청 시기상의 문제점이다. 현행법에 의하면 시설 설치 예정자가 개인 및 민간기업인 경우에 설치 허가 신청 시점이 건물 골조 공사가 50% 이상 완성된 이후에 할 수 있다. 때문에 민간기업측에서는 시설 건축의 상당 부분이 진행된 상태에서 허가가 나지 않는 경우 투자비용에 대한 손실을 감수해야 하므로 투자 자체를 망설이게 된다는 점이 있다. 더욱이 입소자 모집 시기도 시설 설치 주체는 개인, 민간도 가능하지만, 설치 후에도 운영은 금지되어 있어서 현실적으로 건설업체의 참여가 제한된다. 둘째는 보증보험 가입제도의 문제인데 설치 운영 주체가 반드시 인허가 보증보험에 가입해야 하므로 이는 노인의 입주 부담금을 가중시키는 요인이 된다. 셋째로 노인과 노인가족의 접근성이 양호한 시설 부지 확보가 어렵고 택지 취득 허가를 받기에 어려움이 있다. 넷째로 세무 관련 규정에 있어서 노인복지시설은 비업무용 부동산으로서 법인은 법인세를 중과 부담하는 불이익을 받게 되며, 개발이익환수법에 의하면 개인이나 법인이 임야나 농지를 택지로 변경할 경우 개발부담금을 세금으로 납부해야 하며, 노인복지법에 의한 시설 건립은 조세감면규제법에 의하여 세제 감면 혜택도 받지 못한다.

그러므로 노인복지시설의 건설을 촉진시키기 위하여 각종 세제 혜택이나 감면, 설립과 인가에 따르는 절차의 간소화 및 형평성 제고 등을 고려해야 할 것이다.

2) 노인복지시설의 도농간, 유형간 불균형

노인복지시설이 도농간에 불균형적으로 분포되어 있다. 전체 장기입소시설의 70% 이상이 도시에 입지하고 있으며, 재가시설을 포함하면 전체 시설 수의 90% 이상이 도시에 입지하고 있다(보건복지부, 2004). 한편 복지시설의 유형에 따라 입지 분포에 차이가 있는데, 농촌의 경우 지역 주민들의 수요와 직접 관련이 없는 수용시설들이 주로 입지하여 있는 반면 노인복지관과 같은 이용시설은 매우 취약하다. 결과적으로 서비스가 편재하여 지역민의 복지수요와 시설의 공급이 일치되지 않으며 시설 이용자의 요구와 부합되지 않아 이용률이 낮아 운영에 어려움을 겪고 있다. 그러므로 노인복지시설을 설립할 때, 수요를 예측하여 지역별 격차를 줄이며 시설 유형별, 규모별, 지역별 적정 기준을 정하여 확충해 나가야 한다(박차상 외, 2002).

3) 전문 인력의 부족과 시설의 전문성 문제

대부분의 노인복지시설 운영이 적자 운영인 경우가 많고, 이는 결국 시설과 서비스 측면에서의 질적 저하로 나타나고 있다. 이러한 질적 저하는 전문 인력의 부족과 이로 인한 시설의 전문성 저하를 불러오고 있다. 특히 생활시설의 경우 입소 노인의 욕구는 주로 질병과 생활 관리 욕구가 복합적으로 작용하고 있어 보건의료인력과 사회복지인력의 공동 참여가 불가피하며, 노인들의 심리적·정신적 치료 개입과 상담 프로그램 등을 담당할 전문 인력이 필요하다. 그러나 생활시설의 경우 법정 배치 기준에 준하는 인력을 확보하고 있지 못하여 전문 인력의 부족으로 업무 과중에 따른 전문성 저하와 직업에 대한 만족도 하락 등의 문제를 갖고 있다. 따라서 전문 종사자에 대한 처우 개선과 적정한 전문 인력의 증원, 정기적 인재 교육 등이 이루어져야 한다(김욱, 2004).

4) 노인복지시설서비스의 사회화

사회복지시설의 사회화에 대한 필요성이 증대되면서 노인복지시설은 그 특성상 사회화되어야 할 필요성이 매우 큰 조직으로 인식되고 있다. 시설의 사회화 문제는 입소시설의 반인권적 사건을 통하여 제기되고 있는바 시설의 비민주적이고 폐쇄적 운영, 시설 생활자에 대한 반인권 처우 및 관리, 정부나 지역사회의 감시체계로부터의 사각화 등으로 인하여 사회문제로 등장하게 되었으며, 노인복지시설에서 입소 노인에 대한 이러한 문제들은 실제로 적지 않은 상황이라고 판단되고 있다. 따라서 시설 입소자 및 이용자들의 치료, 교육, 원조 등을 위하여 지역사회에 시설 운영의 제반 영역에서의 개방과 공유를 지향해야 할 필요성이 증대되고 있다.

한편 지역 주민들 역시 개인과 가족, 사회변화가 지속되면서 사회자원으로서 노인복지시설의 필요성을 인식하게 되었으며, 지역사회를 중심으로 지역 주민들과 지역의 다양한 기관, 그리고 시설이 연계하여 다양한 서비스를 제공하고 협력함으로써 지역 주민과 시설, 그리고 입소자들의 욕구를 다 함께 충족시켜야 할 필요에 직면하게 되었다. 시설의 사회화는 다음과 같이 시설간의 연계, 대학 및 지역기관과의 연계, 평가의 효율적 활용과 지역 주민들의 참여 유도 등을 통하여 활성화될 수 있다.

(1) 시설간 연계

노인복지시설의 경우 지역과의 연계가 부족한 것으로 나타났는데, 시설의 활성화와 효과적 서비스 제공을 위해서는 지역사회의 다양한 자원을 활용하는 것이 필요하다. 이러한 연계성 강화는 지역에의 홍보 강화와 지원 요청으로 질적인 서비스 제공을 가능하게 하여 노인복지 향상에 기여할 수 있다. 연계성 강화는 많은 재정이 요구되지 않으며, 큰 어려움이 없이 긍정적 효과를 얻을 수 있다.

시설간 연계를 위해서는 무엇보다도 각 기관의 프로그램 현황과 운영 상태에 대한 정보 교환이 요구된다. 이러한 각 기관의 실태는 현재 다양하게 운영되고 있는 각 기관의 홈페이지가 중요한 연결고리의 역할을 할 수 있다. 따라서 이들 기관의 홈페이지를 연결, 관리하는 시스템이 필요하다.

(2) 대학과 연계

복지 영역에서 활용할 수 있는 지역 인력 자원 중에서 중요한 것이 대학기관이라고 할 수 있다. 양질의 많은 전공 학생과 전공 관련 교수를 적극 활용하여 지역 복지

발전과 시설 전문화에 활용할 수 있다. 복지 전공 학생을 관련 시설 자원봉사자로 적극 활용하여 지역복지 증진과 이론과 현장을 연결한 현장 교육의 기회를 통하여 전문 인력 양성 기회를 갖게 된다. 복지 관련 전공 교수의 경우 실무 전문 사회복지사와의 협력으로 지역사회와 시설에서 필요로 하는 프로그램 개발 및 적용을 통하여 지역사회복지 발전과 전문성 제고에 기여할 수 있다.

(3) 사회복지시설 평가의 긍정적 활용

현재 정기적으로 실시되고 있는 사회복지시설 평가를 적극 활용하여 시설에 대한 객관적 평가를 통하여 전문성 강화를 위한 기회로 활용하는 것이 필요하다. 평가를 통해 시설 개선과 운영 및 인력 관리의 체계를 갖추는 계기로 활용하는 것이다. 운용의 폐쇄성, 비효율성, 비전문성 등을 개선해 가는 유용한 수단으로 삼아 양질의 서비스를 제공할 수 있다.

(4) 지역 주민의 참여 유도

변화하는 사회복지 환경에 효과적으로 대응하기 위해서는 지역 주민의 욕구를 적극적으로 반영하는 다양한 서비스 프로그램을 개발하고 운영하는 것이 중요하다. 특히 시설 이용자의 신체적・정서적 특성에 맞는 서비스 제공을 위하여 필요한 복지서비스에 대한 기회 제공, 시설 운영에의 능동적이고 적극적인 참여와 정책에의 반영을 위해 지역 주민의 참여를 장려하여 지역복지 행정과 지역노인의 삶의 질 향상에 기여할 수 있도록 한다. 이를 위하여 지역 주민을 중심으로 하는 복지시설 협의기구나 위원회를 조직, 운영할 필요가 있다.

(5) 정부의 예산 확충과 의식 전환

노인복지시설의 효과적 운영을 위한 위의 문제점들이 효과적으로 반영되기 위해서는 무엇보다도 지방자치단체와 정부의 적극적이고 긍정적인 사고 전환과 행・재정적 지원이 요구된다. 그러나 아직까지 지방자치단체의 경우 재정 자립도가 낮고, 지역간 불균형한 상황이므로 중앙정부의 적극적 지원과 지원 수준의 현실화가 필요하다. 특히 중앙정부의 경우 사회복지 시행의 주체이므로 사회복지정책에 대한 책임을 가지고 시설복지에 대한 적극적 의지를 보여야 할 것이다.

이에 우리나라 노인복지시설서비스를 활성화하기 위한 개선 방안을 다음과 같이 요약할 수 있다.

첫째, 법과 제도를 보완하고 행정규제를 완화할 필요가 있다.

둘째, 지속보호체계(CCRC)를 도입하여 양로시설과 요양시설을 겸비한 시설로의 전환을 꾀하고, 입소 방식을 다양화하고 입소 대상자를 확대하며, 운영 주체를 전문화할 뿐 아니라 전문인력 확보와 직원교육, 프로그램의 질적 수준 향상과 개발을 통한 시설의 전문화를 지향하는 등의 시설 운영의 개선을 적극적으로 추진해야 한다.

셋째, 정책 결정자의 확고한 의지와 더불어 예산이 확충되어야 하며, 시설에 대한 국민의 의식이 전환되어야 한다.

■ 참고문헌

권중돈(2004). **노인복지론**. 학지사.

김수영 · 성명옥(2001). **노인과 지역사회보호**. 양서원.

김욱(2003). "충남노인복지시설의 전문성 강화 모색". 천안·아산 지역 사회복지사워크숍. 천안대학교 사회복지사업단.

김혜경 · 김욱(2003). "천안·아산 지역 노인 생활 실태 및 복지 욕구 조사". 천안대학교 사회복지사업단.

박경숙(2003). "노인의 사회복지서비스 이용 실태와 이용에 영향을 미치는 요인". 한국사회복지학. 55호.

박세영 외(2003). "사회복지시설의 운영체계 개선방안". 한국보건사회연구원.

박태영(2004). **사회복지시설운영론**. 현학사.

보건복지부(2003). 노인보건복지사업안내.

__________(2003). 노인복지법령집.

__________(2004). 노인복지시설현황.

오영희 외(2002). "노인복지회관 관리운영실태 및 개선방안". 한국보건사회연구원.

유연숙(2003). 우리나라 유료노인복지시설의 개선방안에 관한 연구.

임향숙(2004). "유료노인복지시설 현황과 활성화 방안에 관한 연구". 한양대학교 행정대학원 석사학위논문.

장주국(2003). "노인복지시설의 운영 실태 및 개선방안에 대한 연구". 경기대학교 행정대학원 석사학위논문.

정경희 외(2003). "지역별 노인복지 현황과 정책 과제". 한국보건사회연구원.

정현철(2003). "무료노인의료복지시설의 발전 방향에 관한 연구". 삼육대학교 보건복지대학원 석사학위논문.

조소영 · 이창석 · 김경호(1997). **노인시설관리론**. 학문사.

통계청(2004). 2004 고령자 통계.

한국사회복지사협의회(2000). 한국사회복지사 기초실태조사보고서. 한국사회복지협의회.

함철호(2003). "지역사회복지실천에 있어서 기관 간 연계의 효과성 평가". 한국사회복지학, p. 55.

현외성 · 민말순(2003). "노인복지시설의 유형별 선호입지 분석". 노인복지연구, 22권 겨울호, pp. 243-265.

13

장애노인복지서비스

인간은 출생하면서부터 사망에 이르기까지 전 생애에 걸쳐 연속적으로 기능과 구조가 성장·발달해 간다. 인간의 삶은 시간의 흐름에 따라 진행하면서 지속성과 변화를 보이며, 장애를 갖고 있는 사람도 노년기를 맞이한다. 그러나 일반 노인집단에 비해 신체적, 경제적 의존성과 사회복지서비스에 대한 욕구는 더욱 높아지고 있다. 1995년, 2000년 전국장애인 실태조사에 의하면 연령이 높아질수록 장애인구 비율이 높게 나타나 전체 장애인 중에서 노인이 차지하는 비율은 45%를 넘어서고 있다(변용찬 외, 2001). 사실상 장애를 갖고 있는 노인은 장애의 어려움과 노년기의 고충으로 2중의 어려움을 겪고 있다(이준우, 2005; 김성희 외, 2004; 윤경아 외, 2000). 장애노인은 장애발생 원인에 따라 노인이 되기 전 중도장애로 인해 젊어서 장애가 발생하여 장애인으로 노령에 이른 노령화된 장애노인과 노인이 되어서 장애가 발생한 노인성 장애노인으로 구분할 수 있는데 이들 모두 노인문제와 장애문제가 복합된 형태로 나타나게 된다. 장애노인은 일반 장애인의 문제보다 더 심각하며, 일반 노인문제보다 더 심각한 노인문제이다(김형수, 1996; 이준우, 2005 재인용).

현재 장애노인집단에 대한 실증적인 연구조사가 부족하며 장애노인이 가진 특성에 따라 어떠한 점이 어떻게 다른가에 대한 연구들을 필요로 하고 있다. 장애노인에 대한 실질적이고 현실적인 복지적 대책 수립이 미흡한 실정이다. 그러므로 장애노인의 문제는 더 이상 장애노인 당사자와 그의 가족 책임이라기보다는 국가적 개입을 필요로 하는 정책적인 과제로 복지정책적인 대응전략을 마련하여야 할 것이다.

1. 장애노인의 개념

장애노인이란 노인이란 개념과 장애인의 개념의 복합어이다. 노인이란 '육체적 정신적으로 그 기능 및 능력이 감퇴되어 가고 있는 시기에 접한 사람으로 생활기능을 정상적으로 발휘할 수 없는 사람'이라는 의미(이혜원, 1998)이고, 장애인이란 개념은 ICF[17] 개인적인 장애나 질병과 상황적 맥락(환경적 요소와 개별적 요소)과의 상호작용에 의하여 기능과 장애를 설명한다. 그러므로 장애노인은 노화와 장애를 가지고 있으면서 건강상태에 따라 손상, 활동, 참여 각각에 영향을 미치는 노인을 장애노인으로 정의한다(이준우, 2005).

2. 장애유형

장애의 개념은 앞에서 살펴본 바와 같이 폭넓게 정의되어 있으나 엄격한 의미의 장애범주는 주로 그 나라의 법적인 의미의 정의를 따르게 된다. 즉, 복지급여와 관련해서 법적으로 어느 범위까지 장애인에 포함되는가 보다 실질적인 의미의 장애인을 규정하는 것이라 할 수 있다. 1999년 개정된 법률에 의하면 장애인의 정의를 '외부 신체기능의 장애, 내부기관의 장애와 정신지체, 정신질환에 의한 장애로 인하여 장기간에 걸쳐 일상생활 또는 사회생활에 상당한 불편을 겪는 사람'(제2조)으로 되어 있다. 이에 따라 법률의 개정을 통해 심장, 신장기능장애 등 신체 내부기관의 장애 및 정신질환 장애, 자폐 등이 법적인 장애범주에 포함되었으며, 2003년에는 2단계 확대에 따라 안면장애, 호흡기, 간, 간질, 장루・요루장애가 포함되어 장애범주 확대의 전기를 마련하게 되었다.

17) 손상, 기능장애(Impairment), 활동제한(Activity Limitation), 참여제약(Participation Restriction)

〈표 13-1〉 장애인복지법에 따른 장애분류 및 장애범주 확대 계획

대분류	중분류	소분류	세분류	확대예상
신체적 장애	외부 신체기능의 장애	지체장애	절단장애, 관절장애 지체기능장애, 변형 등의 장애	
		뇌병변장애	중추신경의 손상으로 인한 장애	
		시각장애	시력장애, 시야결손장애	
		청각장애	청력장애, 평형기능장애	
		언어장애	언어장애, 음성장애	
		안면장애	안면부의 추상, 함몰, 비후 등 변형으로 인한 장애	
	내부기관의 장애	신장장애	만성신부전증 및 신장이식자	만성 소화기계, 비뇨기계, 피부질환 등
		심장장애	일상생활에 제약을 받는 심장기능 이상자	
		호흡기장애	일상생활이 현저히 제한되는 만성·중증의 호흡기 기능 이상	
		간장애	일상생활이 현저히 제한되는 만성·중증의 간 기능 이상	
		간질장애	일상생활이 현저히 제한되는 만성·중증의 간질	
		장루·요루장애	일상생활이 현저히 제한되는 장루, 요루	
정신적 장애	지적장애		지능지수가 70이하인 경우	
	정신장애		정신분열병, 분열정동장애 양극성정동장애, 반복성우울장애	만성 약물중독, 치매 기질성 뇌증후군
	발달장애		자폐증	

• 2단계로 확대된 5종의 장애는 2003년 7월부터 적용.

3. 장애노인의 특성

1) 장애노인의 복지적 욕구

2005년도 장애인 실태조사(보건복지부, 2005)에 따르면 재가 장애인과 시설 장애인 포함 총 214만 8천여 명으로 추정되어 전 인구의 4.59%로서 장애 출현율은 인구 1천 명당 45.9명 수준이다. 국제적으로 OECD 국가의 근로가능인구 중 장애인 출현율은 평균 14%로서 한국이 일본과 함께 가장 낮은 수준이다(일본 4.7%, 2001; 독일 10.2%, 2003; 미국 19.3%, 2000, 영국 19.7%, 2004).

인구노령화, 의료기술의 발달, 각종 산업재해・교통사고의 발생, 치료가 어려운 새로운 질병의 등장 등으로 장애의 양상도 점진적으로 변화하고 있다. 변화의 주요 특징으로는 각종 사고와 질병에 의한 후천적 장애인의 증가, 중복장애, 장애노인의 증가 등을 들 수 있다. 15세 미만의 장애아가 차지하는 비중은 14.4%에서 3.6%로 감소하고 있는 반면, 장애노인은 1985년에 28.8%에서 1995년에는 44.0%로 높아지고 있다(권선진, 2006). 장애노인의 연령별 분포를 보면 전체적으로 65~75세 사이의 장애노인이 62.7%로 가장 많았고, 76~86세(30.5%), 86세 이상(6.8%), 순으로 장애노인의 평균수명은 73. 9세였다(김성희 외, 2004).

장애노인복지를 정당화하는 일차적인 근거는 인간의 존엄성이다. 장애노인은 인간으로서 지니는 모든 권리를 가지며, 그 권리의 양과 질은 다른 사람과 동일하다. 장애노인복지가 별도 혹은 추가부담을 정당화하는 근거는 바로 장애노인이 인간으로서 모든 시민과 같은 권리를 보장받아야 한다는 데 있다.

이준우(2005) 연구에 의하면 장애로 인한 특수한 사회적 욕구를 가지면서도 비장애인과 마찬가지로 사회의 한 구성원으로서의 일반적인 사회적 욕구를 동시에 가지고 있다고 하였다. ILO(1976)는 사회적 욕구를 두 가지 요소로 설명하고 있다. 첫째는 가족을 통한 필수적인 최소한의 요건으로서 적절한 음식, 주거, 의복, 실비 및 가구 등이 포함되고, 둘째는 지역사회가 제공하는 필수적 사회서비스로서 안전한 식수, 위생, 대중교통, 보건 및 교육 설비 등이 포함된다.

장애노인은 인간이 갖는 매슬로우의 5대 욕구[18]와 이동성, 공동체 접근성, 지역사회 적응, 독립생활기술, 정상화, 통합화라는 장애인만의 욕구를 동시에 갖고 있다.

정상화(Normalization) 이론은 1960년대 후반 정신지체 장애인에 대한 서비스 이론으로 시설보호에 반대하며, 일상적인 생활형태를 강조하는 개념이다. 정상화는 개인의 성장과 발달에서 정상적인 발달경험, 인생주기에서의 선택의 자유, 이웃과 함께 하는 가정에서의 삶, 지역사회에 통합되어 있는 삶을 강조하면서 시설 집중화에 반대한다. 가치 있는 사회적 역할강화(SRV: Social Role Valorization)는 정상화이론에 입각하여 1983년 미국에서 울펜스버거(Wolfensberger)에 의해 체계화되었다. 이 이론은 인간이 사회적으로 평가절하되는 것은 그 사회가 지향하는 가치에 의해 규정되며, 지향하고 있는 가치의 각 측면에서 가치절하를 받는 인간이 되는 것이다. 어떤 인간의 능력이나 존엄성이 실제보다 평가절하되는 것은 사회의 동등한 구성원으로 살아갈 수 있는 여지를 좁히는 결과를 가져온다. 따라서 가치 절하된 사람이 사회에서 가치 있는 사회구성원으로서 지위를 확보하기 위해서는 첫째, 가치절하를 유발하는 차이를 줄이거나 예방하는 방법과, 둘째 가치절하의 대상이 되지 않도록 사회적 인식이나 가치를 변화시키는 것이다.

사회통합(Social Integration)이란 사회적 가치절하의 위험에 놓인 사람들에게 의미 있는 사회참여의 중요성을 강조하는 개념이다. 통합이란 가치 있는 물리적, 사회적 환경 속에서 정상적이고 가치 있는 시민들과의 활동과 접촉을 의미하며, 이들 관계에 사람들이 개인적으로 참여하는 것을 의미한다. 정상화는 가치절하를 받은 사람이나 집단이 가능한 다양한 영역과 가장 높은 수준에서 사회에서 가치를 인정받는 생활에 통합될 수 있는 기회를 가질 것을 요구한다. 이와 같이 가치 있는 역할강화는 장애인 정책과 제도에서 일부 장애인들의 필요에 따라 일반인과 분리된 형태의 단편적이고 구호적인 대응책이 아니라 장애인의 삶과 생활주기(life cycle)를 고려한 총체적인 재활체계를 형성할 수 있는 틀을 제공하였고, 서비스 질의 개선과 평가를 위한 기준을 제시하였으며, 장애인복지의 실천이 동정적이고 시혜적인 시각이 아닌 장애와 장애인에 대한 긍정적인 시각에서 강조될 수 있다는 점에서 새롭고 혁신적인 패러다임이다(권선진, 2006).

---

18) 생리적인 욕구, 안전에 대한욕구, 소속과 사랑의 욕구, 자기존중의 욕구, 자기실현의 욕구

장애노인이 정상화, 사회통합화하기 위한 복지적 서비스는 장애유형에 따라 다르게 공급되어져야 할 것이다, 사회적 편견, 경제적 어려움, 불편한 공공시설, 치료의 어려움, 외로움의 문제는 모든 노인들의 공통적인 욕구일 것이다. 장애인이 집에서 생활하면서 치료와 교육, 직업훈련서비스 등을 받을 수 있도록 통원 가능한 시설인 장애인지역사회재활시설로 현재 장애인복지관, 장애인체육관, 주간보호시설, 단기보호시설, 공동생활가정 등이 지원을 받고 있으나 장애노인의 재활시설로는 아직은 미흡한 실정이며 욕구에 대처하는 지속적이고 체계적인 서비스뿐만 아니라 미국의 경우처럼 장애노인 각 개인의 장애 특성에 맞는 맞춤식 서비스가 주어질 때 장애노인뿐만 아니라 장애노인의 가족, 그리고 우리 모두가 다같이 잘 사는 사회가 될 것이다. 장애유형별 노인복지서비스기관 설치와 서비스 이용률에 대한 인지율을 보다 높이기 위한 정보제공이 주어져야 할 것으로 본다.

2) 장애노인의 경제적 특성

(1) 국민기초생활보장제도

장애노인을 포함한 모든 국민에게 가장 최후의 소득보장을 제공하는 정책이 국민기초생활보장제도이다. 국민기초생활보장제도는 두 가지 측면에서 장애노인에게 최저생활을 보장하기 어렵다. 첫째, 국민기초생활보장제도는 수급자를 선정하는 기준에서 장애노인의 추가지출을 고려하지 않고 있다. 2005년 장애인 실태조사에 따르면 장애인 가구는 의료비, 교통비, 교육비, 보장구비 등으로 월평균 추가지출이 155,400원에 이르기 때문에 실제소득은 명목상 소득보다 16만 원이 낮은 것으로 보아야 하지만 현재는 그렇게 인정되지 않고 있다. 따라서 장애인은 비록 가구소득이 최저생활비 이상이라고 하더라도 추가지출이 있기 때문에 이를 제외하면 수급자로 선정되어야 하지만 그렇지 못한 실정이다. 둘째, 장애노인이 국민기초생활보장제도의 수급자로 선정되는 경우에 급여액은 장애인 가구의 추가비용을 고려해야 하지만 이에 대한 검토 없이 비장애인과 동일한 급여를 제공하고 있다. 따라서 국민기초생활보장 수급자가 된다 하더라도 장애인가구는 최저생계비 이하의 생활을 할 수밖에 없다.

보건복지가족부는 장애인 생계보조수당 월 12만 원을 지급하고 있다.

(2) 장애수당

장애노인은 장애로 인해 다른 계층에 비해 소득수준이 낮으며, 장애로 인한 의료비, 교육비 등의 추가소요 비용이 드는 경우가 대부분으로 경제적 어려움이 비장애인에 비해 더욱 가중되고 있다. 장애수당은 대부분의 선진국에서는 장애로 인한 추가비용을 보전 차원과 소득능력 상실에 대한 보전의 차원에서 지급하고 있다. 수당제도는 데모그란트(demogrant)로서 인구학적 기준만 충족되면 소득에 상관없이 지급되는 것이 원칙이다. 즉, 인구학적 특징에 따라 발생하는 문제는 그 특징이 있는 모든 사람에게 공통적으로 적용되는 것이므로 소득에 상관없이 국가에서 지원해 주는 것이다. 영국의 장애생계수당, 간호수당, 호주의 이동수당, 장애아동수당 등을 예로 들 수 있다. 이들 국가에서는 장애수당의 대상자를 살펴보면 가구소득을 기준으로 하고, 특히 장애정도(보호의 필요도)와 기타 사회적 급여의 수혜여부 등을 조사하여 차등적으로 지원하는 경향이 있다.

장애수당은 장애로 인한 추가생계비 보조 차원에서 국민기초생활보장 수급 장애인으로서 1급 또는 2급(정신지체 및 발달장애는 다른 장애가 중복되어 있으면 3급도 포함) 장애인에게 월 6만 원(06년 7만 원), 3급 이하의 경우 올해부터 월 2만 원을 지급하고 있다(약 285천 명). 2007년부터 1급 장애수당을 7만 원에서 13만 원으로 늘린다고 하였으나 실질적으론 2만 원밖엔 오르지 않았다. 왜냐하면, 국민기초생활수급자이면서 1급 중증장애인인 경우, 2006년까지는 '정부지원장애수당 7만 원'과 '중증장애수당 4만 원', 도합 11만 원이 지급되어 왔다. 그런데, 2007년 1월 현재 '중증장애수당 4만 원'은 제외하고 '정부지원장애수당 13만 원'만 지급됐다. 실질적으론 2만 원밖에 인상되지 않은 것이다.

따라서 장애수당은 국민기초생활보장제도가 장애인의 최저생활을 보장하지 못하고 있는 부분을 보충하는 의미가 크다고 할 것이다. 그러나 장애인의 추가비용은 모든 장애인가구에 대한 평균 비용임에도 불구하고 기초수급권자만으로 제한하고 있다는 데에 문제를 갖고 있다. 또한 급여액이 장애로 인한 평균 추가비용에 훨씬 미치지 못하고 있다.

(3) 기타 소득보장제도

그 밖의 소득보장제도로서는 첫째, 사회보험제도인 국민연금제도, 공무원연금제도, 사립학교교직원연금제도, 군인연금제도, 산업재해보상보험 등이 있다. 이 제도는 소득보장의 가장 기본적인 정책이라고 할 수 있으나 사회보험제도는 대부분 사업장 근로자를 대상으로 하고 있어서 선천적 장애인이거나 경제활동 이전에 장애를 입어 취업하지 못하는 장애인에게는 전혀 해당되지 않는 시점이고 현재 장애노인에게는 더더욱 지급받기 어려운 구조이다.

둘째, 간접적 소득지원책으로서 장애노인에게 철도・지하철요금, 항공료, 전화요금 등의 이용료, 증여세, 자동차세 등 세금을 감면함으로써 간접적으로 소득을 지원하고 있다. 장애인에 대한 경제적 지원제도는 주로 감면이나 할인방식에 의하고 있어 감면 및 할인을 통한 방식은 일정 소득 이상의 계층에 대해서는 도움이 되지만 지원의 필요성이 높은 일반 저소득 장애노인에 대해서는 별로 도움이 되지 못한다는 문제점도 안고 있다. 이러한 경제적 경감 대책은 정부부담보다는 민간부담을 전제로 하는 경감조치로서 지원내용이 미흡하며, 특히 LPG 지원 등 일부 대책의 경우 소득 역진적이라는 비판을 받고 있는 실정이다.

3) 장애노인의 의료적 특성

의료보장 측면에서 저소득 장애노인과 일부 장애노인의 경우 의료서비스가 이루어지고 있지만 의료비 지원에 대한 욕구는 여전히 크게 나타나고 있는 실정이다. 특히 지속적인 치료를 많이 요구하는 뇌병변장애노인, 안면장애노인, 신장장애노인, 심장장애노인에게 특히 의료비의 부담이 상당히 큰 편이다. 새로 추가된 장애는 장애와 질병이 동시 존재함으로써 지속적인 의료서비스 이용이 불가피하며, 치료를 장기적으로 받아야 하는 경우가 많은데, 건강보험은 상당히 높은 본인부담을 요구하고 있어 경제적 부담이 과중하게 나타나고 있다. 특히 공식적인 기초생활보장 수급권이 없는 차상위계층이 더욱 문제가 되고 있으며, 의료재활서비스를 제공하는 전문기관은 많이 늘었지만 아직도 의료재활서비스에 대한 수요를 따르지 못하여 대부분의 재활 병・의원과 장애인복지관에는 대기자가 많은 형편이다(권선진, 2006).

4) 장애노인의 지역사회재활시설

장애노인들이 노인복지서비스를 이용을 많이 하는 장애인복지관은 재가장애노인에게 상담, 의료, 교육, 직업, 재가복지서비스, 사회심리치료, 스포츠 및 여가활동, 지역사회자원개발, 홍보・계몽 등의 복지서비스를 제공하고 있다. 장애인 주・단기보호시설은 다른 사람의 도움 없이는 일상생활을 영위하기 어려운 장애노인을 주간 또는 단기간 동안 보호하여 장애인가족의 항시 보호부담을 경감시켜 줌으로써 가족구성원이 안심하고 사회・경제활동을 영위할 수 있도록 한 시설이다. 장애인공동생활가정(그룹홈)은 장애인이 지역사회 안에서 가정과 같은 주거환경에 거주하면서 독립적인 생활에 필요한 각종 서비스와 지원을 받으며 사회구성원으로서 존엄한 삶을 영위할 수 있도록 한 시설이다. 이 외에도 장애인심부름센터, 수화통역센터 등도 운영되고 있다.

〈표 13-2〉 장애인지역사회재활시설의 현황(단위: 개소)

연도	장애인 복지관	의료재활 시설	주간 보호	단기 보호	공동생활 가정	장애인 체육관	심부름 센터	수화 통역센터	계
2002	92	14	61	15	63	13	40	38	336
2003	106	14	90	25	100	15	45	45	440
2004	121	14	100	30	152	18	51	50	536
2005	130	14	259	61	331	22	124	108	1,049

• 자료: 보건복지부, 보건복지통계연보, 2005.

장애인지역사회재활시설은 몇 가지 문제를 안고 있다. 첫째, 이용자가 많지 않다는 문제이다. 최근에 장애인복지관이 많이 늘었지만 아직도 지역에 따라 제대로 서비스를 알지 못하거나 이용하지 않는 장애인이 많아, 이용경험이 있는 장애인은 전체의 7% 정도에 불과하다. 둘째, 지역적 불균형 및 접근성 문제이다. 장애인종합복지관은 대부분의 시・도에 소재해 있으나 종별복지관은 서울 등 대도시에 집중되어 있는 등 불균형을 보이고 있으며, 중소도시, 농어촌 지역에는 장애인복지관이 없어서 장애노인이 많은 농어촌지역에는 제대로 서비스를 받지 못하고 있다. 셋째, 전문 인력의 부족과 이로 인한 지역사회 통합을 위한 지원서비스의 부족이다. 이는 장애노인이 생활하는 지역을 기반으로 한 당사자의 통합역량 강화에 부정적인 요소이다.

5) 장애노인의 생활환경 특성

장애노인은 자신을 둘러싸고 있는 제약적인 환경(사회적, 물리적 장벽) 때문에 사회생활에서 불이익을 받고 있다. 따라서 장애노인의 완전한 사회통합을 위해서 사회적, 물리적 장벽이 제거되어야 한다. 국가, 사회는 최소한 장애노인이 어느 제도나 서비스, 시설에 자유롭게 접근할 수 있도록 환경을 개선할 의무가 있다. 미국에서는 ADA를 통해 공공교통, 공공시설, 통신 등의 서비스에서 접근권을 보장하고 있으며, 장애인의 접근을 어렵게 하는 환경적 장벽을 장애인에 대한 차별로 간주하고 있다.

장애인복지의 기본이념인 완전한 사회통합이 이루어지기 위해서는 그 전제로서 사회적, 물리적 장벽이 제거되어야 한다. 장애노인이 사회생활에서 불이익을 받는 것은 장애 자체 때문이 아니라 장애인을 둘러싸고 있는 제약적인 환경(사회적, 물리적 장벽) 때문이다. 2003년 기준 정비대상 시설인 공공시설의 장애인 편의시설 설치율은 97%에 이르고 있으나 설치가 되어 있다 하더라도 대상시설의 제한, 이동상의 연계미비 등으로 실제로는 편의시설이 매우 부족한 실정이다. 이에 따라 1997년 제정된 '장애인·노인·임산부 등의 편의증진 보장에 관한 법률'이 시행되고 있으나 장애노인의 교통수단과 정보접근에 대한 내용이 미비하고 부처간 의견조율이 이루어지지 않아 개선이 요망되고 있다. 2005년 '교통약자의이동편의증진법'이 제정되어 시행되고 있다.

6) 장애노인의 여가활동 특성

장애노인의 여가활동 특성을 살펴보면 시각장애노인의 경우 라디오 청취가 가장 높았고, 음악감상, 독서, 낮잠 순으로 여가활동을 즐기는 것으로 나타났고, 청각장애노인이 경우는 TV시청으로 여가를 즐기는 경우가 많았으나 내용을 알 수 없으면서 TV시청을 즐기는 것이 가장 높게 나타났다. 이는 여가활동의 범위가 넓지 않기 때문이다. 또한 청각장애노인의 경우에는 수화라고 하는 동질의 의사소통방식으로 대화하며 여가활동을 하는 것으로 나타났다. 주 2~3회 이상 산책을 즐기는 것과 화투놀이나 술을 즐기는 비율도 다른 장애노인들에 비해 상대적으로 높게 나타났다. 지체장애노인의 경우는 TV시청과 라디오 청취, 산책, 낮잠, 화투놀이, 술 등으로 윤경아(2000)의 연구결과에서 나타났다. 외국노인들의 여가 종목에 비해 한국의 노인들의 여가 종목은 상당한 차이가 난다. 뇌병변 장애노인과 발달장애노인의 경우는 남의 도움을 필요로 하는 경우가 많아서 노인여가복지시설 이용도는 더욱 낮은 실정이다. 일반 노인여가복지시설(노인복지법 제36조)은 다음과 같다.

① 노인복지회관: 무료 또는 저렴한 요금으로 노인에 대하여 각종 상담에 응하고, 건강의 증진 · 교양 · 오락 기타 노인의 복지증진에 필요한 편의를 제공함을 목적으로 하는 시설.
② 경로당(노인정 포함): 지역노인들이 자율적으로 친목 도모 · 취미활동 · 공동작업운영 및 각종 정보교환과 기타 여가활동을 할 수 있도록 하는 장소를 제공함을 목적으로 하는 시설.
③ 노인교실: 노인들에 대하여 사회활동 참여 욕구를 충족시키기 위하여 건전한 취미생활 · 노후건강유지 · 소득보장, 기타 일상생활과 관련한 학습프로그램을 제공함을 목적으로 하는 시설.
④ 노인휴양소: 노인들에 대하여 심신의 휴양과 관련한 위생시설 · 여가시설 기타 편의시설을 단기간 제공함을 목적으로 하는 시설.

4. 장애노인복지서비스의 발전방향

장애인 가구의 가구 월평균소득액 108만 원 수준인 데 비하여 장애노인의 경우는 89만 원이었고, 전체 장애인 개인 월평균 소득은 79만 원 수준인 데 비하여 장애노인의 경우는 50만 원인 것으로 나타났다. 전체 장애인 가구 및 개인의 소득수준은 비장애인에 비해 매우 낮은 수준이고, 장애노인의 경우는 그보다 더 낮은 가구 및 개인 월 소득액을 가지고 있어 경제적으로 대단히 어려운 상황임을 알 수 있다(김성희 외, 2004: 이준우, 2005 재인용).

〈표 13-3〉 장애인 소득 수준(단위: 만 원)

	전체장애인	장애노인
가구 월평균소득	108	89
개인 월평균소득	79	50

• 자료: 김성희 외, "장애유형별 장애노인의 특성에 관한 연구", 한국노년학 24권 3호, 한국노년학회, 2004, p. 182.

김성희(2004) 연구에 의하면 장애노인의 경제활동 분야는 전체적으로 무직(76.3%)이 가장 많고, 농어업 숙련근로자(13.5%), 주부(7.5%)의 순으로 많은 것으로 나타나 전체적으로 경제활동에 참여하고 있지 않은 비율이 높음을 알 수 있다. 변용찬(2001)에 의하면 현재 수입과 관련된 일을 하고 있는 장애노인은 16.7%에 불과한 실정이다. 장애노인들은 비장애노인들보다 의료비, 이동 시 지출액 등 한 달 생활비는 94만 원인 것으로 나타나 장애노인들이 소득수준에 비해 더 많은 비용을 필요로 함을 알 수 있다.

향후 장애노인의 생계보장대책이 절실히 필요하며 물리치료서비스, 가정봉사원파견사업, 단기보호, 무료식사, 주간보호, 목욕서비스에서 나아가 가정에서도 통증서비스 등 다양한 서비스를 받을 수 있는 통합적제도와 경제적 지원, 보장구 지급, 직업치료, 각종 상담, 장애관련 정보 제공, 각종 할인제도의 확대가 요청된다.

또한 지역적 불균형 및 접근성 문제를 안고 있는 현재 지역사회 통합을 위한 지원서비스로 장애노인이 생활하는 지역을 기반으로 한 통합역량 강화, 복지증진 프로그램의 다양화, 시설의 다양화가 구축되어져야 할 것이다.

장애노인 중심의 특화되고 전문화된 인력 양성과 보조인력 개발이 고령화시대에 알맞게 시급히 확대되어야 할 것이다. 정부의 적극적인 정책의 제도화된 뒷받침과 실천적인 장애노인별 서비스 등의 사회복지적인 대책이 수립되어야 한다.

■ 참고문헌

고양곤(1999). "21세기 노인복지 목표와 서비스 전략". 노인복지연구 여름호. 한국노인복지학회.

권선진(2006). **장애인복지론**. 청목출판사.

김성희 외(2004). "장애유형별 장애노인의 특성에 관한 연구". 한국노년학 24권 3호. 한국노년학회.

김형수(1996). "장애노인의 현황과 특성". 한국노년학회 16권 2호. 한국노년학회.

노인복지 심포지엄 자료집(2004). 청음회관.

박수경(2004). 청각(장애) 어르신 복지실태 및 기초욕구 조사 연구. 청음회관.

변용찬 외(2001). 2000년도 장애인 실태조사. 한국보건사회연구원.

윤경아 외(2000). "장애노인의 사회복지서비스 욕구에 관한 연구". 한국노년학 20권 3호. 한국노년학회.

이경락(2003). "고령사회에서의 노인주거문제 및 대응방안". 밝은 노후 5호. 밝은노후 모임.

이문수(2004). "농촌재가노인복지사업의 활성화 방안". 밝은 노후 8호. 밝은노후 모임.

이용교(2005). **디지털 사회복지론**. 인간과 복지.

이준우 외(2004). **재활복지개론**. 인간과 복지.

이준우(2005). "고령화사회에서의 장애노인 복지전략". 재활복지 제9권 제2호.

______. "고령화사회에서의 청각장애 노인복지 향상을 위한 대응 전략". 청음회관 개관 20주년 기념 청각장애.

이혜원(1998). **노인복지론**. 유풍출판사.

최성재 외(2002). **노인복지학**. 서울대학교출판부.

14

재가노인복지서비스

1. 재가노인복지서비스의 이해

1) 재가노인복지서비스의 개념

재가노인복지서비스는 '재가노인을 위한 의료 · 복지서비스'를 말한다(고양곤, 1997). 재가복지란 시설복지에 반대되는 개념으로 보호를 필요로 하는 노인, 장애인, 아동 등을 대상으로 하여 시설에 수용하지 않고 각자의 집에 거주하면서 지역사회에서 가정봉사원이 파견되거나 대상자가 기관에 통원하여 일상생활에 필요한 서비스를 제공받는 것이다.

대부분의 선진국은 필요한 복지시설과 정책이 마련된 가운데 복지예산의 효율적인 사용과 서비스의 효과적인 제공을 위한 새로운 대안으로서 재가복지가 등장했으나 우리나라는 노인인구의 급속한 증가가 가족의 노인부양기능의 한계 등 시대적 요청에 의해 재가복지가 시작되었다(모선희, 2002).

재가노인복지사업은 정신적 · 신체적인 이유로 혼자서 일상생활을 수행하기에 불편이 있는 노인가정에 대해 필요한 각종 서비스를 제공함으로써, 노인이 지역사회에서 가족 및 친지와 더불어 건전하고 안정된 생활을 영위할 수 있도록 하고, 가족의 수발부담을 덜어 주는 것을 목적으로 하고 있다. 노인복지법상에는 가정봉사원파견사업, 주간보호사업, 단기보호사업 등이 있다.

원래 재가노인이란 개념은 자녀와 떨어져 시설에 수용되어 있는 노인이 많은 서구에서 '탈시설화' 운동과 더불어 지역사회보호를 받는 노인이란 의미로 사용되었다. 그러나 지역사회보호의 근본 목적은 노인이 고령, 허약, 질병 등의 이유로 타인의 보호가 필요하게 되는 경우 곧 시설로 이주하여 보호를 받는 것이 아니라 자기가 현재 살고 있는 곳에서 가급적 오래 살면서 필요한 서비스를 가정과 지역사회로부터 제공받는 것이며, 사회적 보호체계로서의 시설보호에 대응하는 개념으로 사용되어진다.

따라서 재가노인복지서비스는 재가(in-home)노인이나 부양자에게 필요한 서비스를 직접 가정에 제공하거나가정봉사원서비스(home helper service), 가정간호서비스(home nursing), 지역사회 의료・복지시설, 주간보호(day care), 단기보호(respite carer)를 이용하여 노인이 가정에서 계속 머물면서 정상적인 일상생활을 영위할 수 있도록 도와주는 서비스이다.

2) 재가노인복지의 발전과정

한국에서는 1989년 6월 보건사회부 훈령 제568호로 제정된 '사회복지관설치운영규정'을 통해 목욕서비스, 식사서비스, 가정봉사원 파견 등의 재가복지서비스 프로그램이 규정되었다.

재가복지사업은 1992년부터 본격적으로 제도화되기 시작했는데, 1991년 10월 정부에서는 재가복지사업 분야에 64억 원을 배정했다는 내용을 발표하였다. 그리고 1992년에는 재가복지봉사센터 설치・운영지침이 제정되었다. 1995년 6월에 실시된 통합 지방선거를 계기로, 지역적 특성을 고려하고 지역사회에 기반을 둔 지역사회복지의 중요성이 증대되었다. 또한 정부가 보편적인 사회복지서비스의 확대 방안으로 가족 및 고령자 중심의 서비스 사회라는 기본 방향을 설정(국민복기기획단, 1995:30)함으로써 재가복지의 중요성을 강조했다. 이러한 한국의 재가복지서비스는 주로 재가노인복지서비스를 중심으로 전개되어 왔고, 노인복지법과 사회복지사업법에 근거하여 재가노인복지가 발달되어 왔는데, 이들을 구체적으로 살펴보면 다음과 같다(김옥희, 1998:119).

1989년 12월 제1차 노인복지법 개정 시 '가정봉사사업', '재가노인' 이란 용어가 사용되었고, 1993년 12월 제2차 노인복지법 개정 시 '재가노인복지'란 용어가 명시 · 사용되었다. 특히 1991년 정부는 '재가복지봉사센터의 설치 · 운영계획'을 마련하여 노인 · 장애인 등 재가보호대상자에게 일상생활 원조서비스를 제공하였다.

1997년 8월 가정봉사원 교육훈련의무 및 교육훈련기관 명시 '시설평가제'를 도입하여 평균 등급에 따라 지원비를 차등 지원하는 틀을 마련하였다. 2003년 1월에는 중산 · 서민층 노인보호를 위한 '실비주간보호사업'을 실시하게 되었다.

2003년 7월 사회복지사업법 개정은 지역사회 중심의 사회복지사업을 효율적으로 추진하기 위한 기반을 조성하고 사회복지서비스 제공 절차를 구체적으로 정하는 한편, 재가복지서비스를 활성화하기 위한 것이었다. 개정된 내용 중에는 '사회복지서비스'를 필요로 하는 자에게 재가복지서비스를 우선하여 제공하도록' 하였으며, '국가 또는 지방자치단체는 재가복지서비스를 담당하는 가정봉사원을 양성하도록 하였는데 이처럼 사회복지서비스에 있어서 재가복지사업의 중요성이 높아가고 있다.

재가노인복지서비스는 요보호대상자의 인구학적 특성과 욕구 유형에 따라 판단되는데, 주로 가사서비스, 간병서비스, 정서적 서비스, 결연서비스, 의료서비스, 자립지원서비스, 주민교육서비스 등이 있다.

3) 재가노인복지의 운영주체, 전달체계 및 재정

노인복지법 제39조에 의하면 재가노인복지시설은 국가 또는 지방자치단체 외의 자가 시설을 설치하고자 하는 경우는 시장 · 군수 · 구청장에게 신고하여야 한다고 규정하고 있다.

따라서 재가노인복지서비스 실시 주체는 국가 및 지방자치단체이고, 운영주체는 대부분의 경우 시 · 도지사의 허가를 받은 사회복지법인, 기타 비영리법인 등 민간단체, 때로는 실시주체인 복지실시기관이 직접 운영주체가 되기도 한다.

현재 재가노인복지서비스가 전달되는 체계는 다음과 같다.

① 재가복지사업기관 및 노인종합복지관 재가노인복지는 보건복지가족부(노인복지과) → 특별(광역)시 · 도(가정 복지과) → 시 · 군 · 구(가정복지과, 사회복지과) → 재가노인복지사업기관 → 대상 노인.

② 지역사회복지관의 재가복지봉사센터는 보건복지가족부(복지자원과) → 특별(광역)시 · 도(사회과) →시 · 군 · 구(사회복지과) → 대상 노인.

③ 서울 가정도우미는 서울시 보건사회국(가정복지과) → 구(가정복지과) → 동사무소를 통하여 대상 노인.

④ 보건소 방문간호사업은 보건복지부 생활보건과 → 광역시 · 도 보건사회국/의약과/보건소를 통하여 수혜 노인에게 서비스가 전달되고 있어 서비스의 전달체계상 업무의 다원성, 중복성 등으로 행정의 비효율성 및 서비스의 비적정성 문제가 대두되고 있다.

재가노인복지서비스의 대상은 65세 이상 국민기초생활수급자와 이 수급자가 아닌 저소득층으로서 그 부양의무자로부터 적절한 부양을 받지 못하는 자로 시 · 군 · 구청장이 재가노인복지시설 이용을 의뢰한 자를 대상으로 무료로 제공되며, 무료대상자가 아닌 65세 이상 저소득노인에게는 실비로 제공되며, 이와 같은 '무료' 및 '실비' 대상 이외의 60세 이상 일반노인에게는 유료로 제공된다.

재가노인복지서비스의 운영 주체가 해당 노인이나 가정에게 재가노인복지서비스를 제공할 때 소요되는 비용의 충당을 재가노인복지 재정이라 표현할 수 있다.

재가노인복지 재정의 조달방법에는 ① 국가 및 지방자치단체의 비용부담, ② 국가 및 지방자치단체의 비용보조, ③ 서비스이용자의 비용수납의 세 가지가 있다.

2. 재가노인복지서비스의 현황

재가노인복지서비스를 실천하는 시설의 종류로는 가정봉사원파견시설, 주간보호시설(무료, 실비), 단기보호시설, 가정봉사원 교육기관 등의 4가지가 있다. 시설현황은 <표 14-1>과 같다.

1) 가정봉사원파견사업

(1) 가정봉사원파견사업의 개념

가정봉사원파견사업은 신체・심리적 노화로 인해 일상생활을 수행하기에 불편한 노인이 있는 가정에 가정봉사원을 파견하여 가사지원, 개인활동지원, 정서지원 등의 서비스를 제공함으로써 노인의 안정된 일상생활을 지원하고 가족의 수발부담을 경감하고자 하는 사업을 말한다.

가정봉사원파견사업은 고령화사회로 인한 노인인구 증가와 함께 요보호 노인인구의 수도 증가하고 있으나 노인부양에 대한 사회적 지원체계가 부족하고, 대상자가 속해 있는 지역사회 내에서 통합적으로 서비스를 제공받아야 하는 정상화 개념이 대두되면서 그 필요성이 제기되었으며, 가정 내에서의 생활이 요보호노인의 신체적・사회적 독립성을 유지하고 삶의 질을 유지하는 데 용이하다.

〈표 14-1〉 재가노인복지사업 관련 시설 현황

계	가정봉사원파견시설	주간보호시설	단기보호시설
1,408개소	767개소	504개소	137개소

• 자료: 보건복지가족부, 노인보건복지 국고보조사업안내, 2008.

(2) 가정봉사원파견사업의 내용

① 사업내용

가정봉사원파견사업의 내용은 <표 14-2>와 같다.

② 대상자

보건복지가족부 지침(2008)에 따르면 가정봉사원파견사업의 대상은 다음과 같다.

- 일상생활 수행능력(ADL)에 지장이 있는 자
- 노인성 질환 또는 노화로 인해 심신의 장애가 있는 자

▶ 일반질환으로 인해 일시적인 일상생활서비스가 필요한 자

▶ 독거노인으로서 일상생활서비스가 필요한 자

▶ 기타 복지실시기관장이 가정봉사원의 서비스가 필요하다고 인정한 자

〈표 14-2〉 가정봉사원 파견 사업의 내용

구 분	사업내용
신체적 수발에 관한 사항	• 식사하기,화장실 이용하기, 옷 갈아입기, 목욕하기, 머리감기, 노인수발 등
일상생활 지원에 관한 사항	• 가사지원서비스: 취사, 시장보기, 청소, 주변정돈, 생활필수품 구매 등 가사에 관한 서비스 • 개인활동서비스: 외출 시 부축 동행 등 개인 활동에 관한 서비스 • 우애서비스: 전화 및 방문, 말벗, 편지 써 주기, 생활상담 등에 관한 서비스
상담 및 교육에 관한 사항	• 지역사회 내에서 노인의 자립생활에 관한 상담서비스 –장애노인 가족을 위한 상담 및 교육
지역사회 복지지원 발굴 및 네트워크 구축에 관한 사항	• 무의탁 노인 후원을 위한 결연 사업(1인당 월 10,000원 이상을 3월 이상 계속하여 지원하는 결연 사업) • 지역사회 지원봉사자 등 인적자원 발굴 사업

한국재가노인복지협회(2000)에서는 대상자의 범위를 자신의 집에서 일상생활을 수행하는 데 있어서 도움을 필요로 하는 신체적・심리적・사회적 손상을 가진 노인 및 수발 가족으로 다음에 해당하는 자로 규정하고 있다.

▶ 수발 가족 등 원조체계가 거의 없거나 부적절한 노인

▶ 일상생활동작과 도구적 일상생활동작에 도움이 필요한 노인

▶ 정기적인 건강진단을 필요로 하는 신체적 문제를 가진 노인

▶ 일상생활에 대처하는 정서적 능력이 손상된 노인

▶ 기억력 상실 등 인지적 능력이 손상된 노인

▶ 영양학적 개입이 필요한 노인

▸ 사회적 고립을 극복하는 데 도움이 필요한 장애 노인
▸ 휴식이 필요한 수발 가족·수발제공자

③ 비용부담

가정봉사원파견사업의 경우 대부분의 대상자가 국민기초생활보장 수급대상자로서 무료 대상자이며, 무료대상자는 국고지원시설로 수급권자 또는 복지실시기관의 장이 이용 의뢰한 자에 해당된다. 실비대상자의 경우 국고지원시설로 저소득층(도시근로자의 월평균소득 미만) 노인이 이용한 경우, 식비·간식·목욕서비스 등 각종 서비스내용에 따라 실비 징수 할 수 있으며, 국고 또는 지방비 예산지원이 없는 시설을 이용하는 자를 대상자로 구분하고 있다(보건복지부, 2008).

2) 주간보호사업

(1) 주간보호사업의 개념

주간보호사업은 부득이한 사유로 가족의 보호를 받을 수 없는 심신이 허약한 노인과 장애 노인 등을 시설에 입소시켜 필요한 각종 서비스를 제공하고, 노인의 생활안정과 심신기능의 유지, 향상 도모 및 부양가족의 신체적·정신적 부담 경감을 목적으로 하는 사업이다(보건복지부, 2008). 즉 신체적·심리적·사회적 또는 정신적인 기능이 저하하여 자립적인 생활을 영위하는 데 도움이 필요한 노인을 대상으로 하여 낮 동안 지역사회에 있는 시설에서 노인의 상황에 따른 개별적 보호계획에 따라 노인에게 남아 있는 기능을 유지하고 상실한 기능을 회복하는 재활을 위한 전문적 서비스를 제공하여 가족들의 신체적·정서적 부담을 덜어 주는 사업이다(한국재가노인복지협회, 2000).

(2) 주간보호사업의 내용

① 사업내용

보건복지가족부 지침에 따른 주간보호사업의 사업범위는 다음과 같다.

▸ 생활지도 및 일상동작훈련 등 심신기능 회복을 위한 서비스
▸ 급식 및 목욕서비스
▸ 취미, 오락 , 운동 등 여가생활서비스
▸ 지역사회 복지자원 발굴 및 네트워크 구축에 관한 사항
-무의탁 노인 후원을 위한 결연사업(1인당 월10.000원 이상을 3월 이상 계속하여 지원하는 결연 사업)
-지역사회 자원봉사자 등 인적자원 발굴 사업
▸ 이용 노인가족에 대한 상담 및 교육 등

주간보호사업의 내용을 세분하여 살펴보면 <표 14-3>과 같다.

〈표 14-3〉 주간보호사업 내용 분류

사업구분	사 업 내 용
송영서비스	안전한 통근을 위한 교통 및 호송서비스
급식서비스	급식 간식서비스
대인적서비스	식사, 목욕, 머리감기, 이발, 면도, 손톱관리, 세탁, 화장실 이용 등에 필요한 대인서비스
의료 간호서비스	투약, 드레싱, 건강 상담, 기초건강측정(혈압/체온), 정기검진, 병원동행, 한방치료
재활서비스	심신기능 재활을 위한 운동,물리치료,작업치료,언어치료,집단치료,기능훈련, 치료 레크리에이션
건강교육	이용노인들을 위한 섭생 교육, 전문가에 의한 건강 교육
취미 오락활동	실내외에서 제공하는 각종 취미 할당(TV시청, 장기, 바둑 등), 사회적인 친교활동(생일잔치, 명절행사, 외출)
심리사회적 서비스	심리 · 사회적 능력을 개발하기 위한 개별상담, 집단 프로그램 인지 사회기술훈련
부양자 보조서비스	부양자들의 모임, 노인 부양자를 위한 교육, 상담 및 지지서비스

• 자료: 한국재가노인복지협회, 재가노인복지사업 매뉴얼, 2000.

② 대상자

주간보호사업의 대상은 다음과 같다.

- 일상생활 수행능력(ADL)에 지장이 있는 자
- 노인성 질환 또는 노쇠로 인해 심신의 장애가 있는 자
- 일반 질환으로 인해 일시적인 일상생활서비스가 필요한 자
- 독거 노인으로서 낮 동안 주간보호서비스가 필요한 자
- 기타 복지실시기관장이 주간보호시설의 서비스가 필요하다고 인정한 자

한국재가노인복지협회에서는 주간보호사업의 이용노인을 크게 2개의 범주로 구분했다.

① 신체 · 심리 · 사회적 및 정신적인 손상으로 인해 도움과 감독을 필요로 하는 자

- 원조체계가 거의 없거나 부적절한 자
- 일상생활수행능력(ADL) 또는 도구적 일상생활 수행능력(IADL)에 도움이 필요한 자
- 건강 또는 의학적인 모니터링과 정기적인 감독이 필요한 신체적인 문제를 가진 자
- 일상생활에 대처하는 능력을 방해하는 정서적인 문제를 가진 자
- 일상적인 기능을 방해하는 기억력 상실과 인지적인 손상을 가진 자
- 발달장애를 가진 자
- 영양학적인 개입이 필요한 자
- 기능적인 제한 또는 장애와 관련되어 고립을 극복하는 데 도움이 필요한 자
- 가족과 보호제공자들이 휴식이 필요한 자

② 적절한 기능 수준을 유지하거나 회복하기 위해 재활치료가 필요한 자

- 병원 또는 요양원으로부터 최근에 퇴원한 자
- 만성 기능장애로 인한 한계에 적응하고, 적응기술들을 배우도록 치료가 필요한 자

- 신체적인 손상 또는 심리적인 상태로 인하여 프로그램의 개입이 없다면 조기 시설입소 위험에 놓인 자
- 독립적인 생활로부터 집단보호로의 이전 또는 집단보호로부터 독립적인 생활로 이전함에 있어 원조가 필요한 자
- 경증의 치매증상으로 인한 기억 및 인지 상실로 일상생활활동 수행능력의 유지를 위해 원조가 필요한 자

③ 보호기간

주간보호의 보호기간은 원칙적으로 1일로 낮 동안 보호하는 것이 원칙이다. 낮 동안 보호란 평일은 07:30부터 19:30까지 보호하는 것으로 하고, 토요일은 07:30부터 15:30까지 보호하는 것으로 하되, 이용노인과 그 가정의 형편에 따라 신축성 있게 운영할 수 있게 되어 있다.

④ 비용부담

주간보호시설 이용에 대한 비용부담은 이용형태와 대상에 따라 <표 14-4>와 같다.

〈표 14-4〉 이용형태별 대상노인 선정기준 및 본인 부담금

구분	선 정 기 준	본인 부담금	정부 부담
무료이용	국고지원시설로 수급권자 또는 복지실시기관의 장이 이용의뢰한 자	식비 간식 목욕서비스 등 각종서비스 내용에 따라 실비 징수	중앙 지방정부
실비이용	국고지원시설로 저소득층(도시근로자의 월평균소득미만) 노인이 이용한 경우		
유료이용	• 무료 실비이용 대상 노인 이외의 60세 이상 노인 • 국고 또는 지방비 예산지원이 없는 시설을 이용 하는 자	기본: 1일 기준, 4,000원 특별: 1회당 1,500원 추가	없음

3) 단기보호사업

(1) 단기보호사업의 개념

단기보호사업은 평소에 간호가 필요한 고령자가 부득이한 사유로 가족의 간호가 일시적으로 불가능할 때 심신이 허약한 노인과 장애 노인을 시설에 단기간 입소시켜 보호하고 필요한 각종 서비스를 제공하는 것을 목적으로 한다.

우리나라는 핵가족화에 따른 노인 단독세대의 증가와 여성의 사회진출 및 이에 따른 맞벌이 부부의 증가, 만성퇴행성 질환자의 증가에 따른 기능 저하와 재활훈련 대상노인의 증가, 보호가족의 질병과 출장 등 일시적으로 노인을 보호할 수 없는 사유가 발생했을 경우와 장기수용 시설이 아닌 가정과 중간형태인 일시보호시설의 설치가 필요하다는 필요성에 의해 단기보호사업이 이루어졌다(조유향, 2000).

(2) 단기보호사업의 내용

① 사업내용

보건복지가족부 지침(2008)에 따른 단기보호사업의 내용으로는 다음과 같다.

- 생활지도 및 일상동작훈련 등 심신기능 회복을 위한 서비스
- 급식 및 목욕서비스
- 취미, 오락, 운동 등 여가생활서비스
- 지역사회 복지자원 발굴 및 네트워크 구축에 관한 사항
  - –무의탁 노인 후원을 위한 결연사업(1인당 월 10,000원 이상을 4월 이상 계속하여 지원하는 결연사업)
  - –지역사회 자원봉사자 등 인적자원 발굴 사업
- 이용 노인가족에 대한 상담 및 교육 등

단기보호사업의 내용은 기본서비스와 특별서비스로 구분되는데, 기본서비스는 식사제공, 간식제공, 프로그램준비 및 소모품 제공 등이며, 특별서비스는 목욕과 용변서비스를 들 수 있다. 구체적인 단기보호사업의 프로그램은 <표 14-5>와 같다.

〈표 14-5〉 단기보호사업의 기본프로그램

서비스	내 용	구체적인 기본 프로그램	
상담서비스	노인과 노인가족의 각종 심리적인 문제의 해결과 가족 기능의 유지 강화를 위해 사회복지사가 상담 실시	가족상담 노인상담	
생활지도	평상시 노인의 상태에 따른 위생관리를 통해 심신을 청결히 하도록 배려	건강위생	청결, 교환 · 입욕 · 좌욕 · 손발톱 깎기
	노인의 상태와 소화 섭취상태에 따라 식사종류를 선택하여 제공	식사서비스	일반식 · 유동식 · 연식 · 다진음식 · 환자 특별식 · 간식 제공
	노인의 청결한 자기관리	이 · 미용서비스	이 · 미용서비스
사회재활	심신기능의 유지 향상과 사회적 고립감을 해소하여 삶의 보람을 느끼도록 다양한 프로그램 제공	친교활동	와상노인과 휠체어 노인을 위한 각종 게임 및 노래를 통한 친교
	노인과 노인가족의 각종 심리적인 문제의 해결과 가족 기능의 유지 강화를 위해 사회복지사가 상담 실시	취미활동	종이표현, 풍물놀이반, 영화감상, 성가대모임, 한글교실, 응원단 등
	평상시 노인의 상태에 따른 위생관리를 통해 심신을 청결하도록 배려	건강교실	경쾌한 음악에 맞춘 아침체조, 재활 체조, 건강강좌 등
	노인의 상태와 소화섭취 상태에 따라 식사 종류를 선택하여 제공	생활 적응지도	노인이 시설과 가정에서의 조화로운 생활 유지를 위한 적응 지도
의료재활	정기적인 건강 체크와 의사의 진료에 따른 처지와 투약, 간호 관찰에 따른 건강관리 및 건강상담 실시	의료지료	내과 진찰, 건강 체크, 투약
	노인에게 발생하기 쉬운 요통, 관절질환, 각종 근육통, 신경장애, 혈액순환장애에 따른 질환 치료	물리치료	전기치료 · 초음파/적외선치료 · 온열치료 · 바이오메드 등
	질병이나 손상으로 인한 신경 및 근육 혹은 관절개의 비정상적인 기능을 정상 또는 정상에 가까운 상태로 회복	운동치료	근력강화운동 · 동기 · 계단보행운동 연습기 등
	중풍노인의 일상생활기능을 향상시킬 수 있는 상지기능 강화, 근력향상, 관절구축 이완, 손기능 강화 등의 치료 실시	작업치료	Peg Board, Skate Board, 공 옮기기
	치매적 경향 노인의 집중력과 인지기능 향상을 위한프로그램 실시	작업치료	퍼즐 · 구슬끼우기 · 숫자 맞추기 · 종기 접기 · 주머니 만들기 등

• 자료: 조유향, "단기보호사업의매뉴얼", 『재가노인복지사업매뉴얼』 한국재가노인복지협회, 2000.

② 대상자

단기보호사업의 대상자로는 다음과 같다(보건복지부, 2003).

- 일상생활수행능력(ADL: Activities of Daily Living)에 지장이 있는 자
- 노인성 질환 또는 노쇠로 인해 심신의 장애가 있는 자
- 독거노인으로서 단기간 일상생활서비스가 필요한 자
- 기타 복지실시기관장이 단기시설의 서비스가 필요하다고 인정한 자

③ 비용부담

단기보호사업을 유료로 하는 것을 원칙으로 하고 있다. 이용 비용은 기본서비스와 특별서비스로 나누어 특별서비스는 1회당 이용 비용이 기본서비스에 추가된다. 치매와 중풍노인의 경우는 비용의 30% 범위 내에서 상향조정이 가능하다. 이용 비용의 구분은 무료, 실비, 유료로 구분되는데, 무료대상자는 국고지원시설로 수급권자 또는 복지실시기관의 장이 이용 의뢰한 자, 실비대상자는 국고지원시설로 저소득층(도시근로자의 월평균소득 미만) 노인이 이용한 경우, 식비 · 간식 · 목욕서비스 등 각종 서비스 내용에 따라 실비 징수할 수 있다. 유료대상자는 국고 또는 지방비 예산지원이 없는 시설을 이용하는 자로 기본서비스 이용료를 받으며, 특별서비스의 경우는 1회 서비스가 주어질 때마다 비용이 추가된다.

④ 보호기간

단기보호사업의 보호기간은 45일 이내로 한다. 연간 이용 일수는 3개월을 초과할 수 없다.

4) 가정봉사원교육사업

(1) 가정봉사원교육사업의 개념

가정봉사원교육사업은 재가노인복지사업기관에서 가정봉사원으로 활동하고자 하는 자나 노인을 돌보는 가족에게 필요한 지식과 기술을 함양하게 하여 재가노인에게 적정한 서비스를 제공할 수 있게 하고, 가족의 간병수발 부담을 경감할 수 있도록 하는 것을 목적으로 하고 있다.

(2) 가정봉사원교육사업의 내용

① 교육대상

가정봉사원교육사업은 양성교육과 보수교육, 수발자 교육과정, 기타 교육과정으로 나뉘며, 그 교육대상은 <표 14-6>과 같다.

〈표 14-6〉 가정봉사원교육기관 교육 대상

과 정	대 상
양성 교육과정	가정봉사원으로 활동하고자 하는 자 또는 활동중인 자로서 시도지사가 지정하는 교육기관에서 양성교육과정을 수료하지 아니한 자
보수 교육과정	양성교육과정을 이수하고 가정봉사원으로 계속 활동하고 있는 자
수발자 교육과정	노인을 수발하고 있는 가족, 또는 수발자
기타 교육과정	유사 사업으로 관련자 및 종사자 교육을 원하는 자

② 교육시간 및 교육내용

가정봉사원교육기관의 각 과정별 교육시간은 <표 14-7>과 같으며, 과정별 교육인원은 50명 기준이다. 특히 유급봉사원의 경우에는 필기시험을 실시하여 과목당 40점 이상, 평균 60점 이상을 얻은 자에게 수료증을 교부한다.

〈표 14-7〉 가정봉사원 교육시간

과 정 명		훈련주기 교육주기
양성교육과정	유급과정	40시간 최초 1회
	자원봉사과정	20시간 최초 1회
보수교육과정	유급과정	20시간 1년
	자원봉사과정	8시간 2년
노인가족수발교육과정		8시간 비주기

〈표 14-8〉 가정봉사원 양성 교과과정

유급과정(40시간)	자원봉사과정(20시간)
1) 강의: 16시간 –사회복지관계(8시간): 가정봉사원서비스입문, 노인복지론, 대인원조기술, 장애인복지론 –노인 수발 방법 및 기타(8시간): 가사원조입문, 개호개론, 노인의 심리, 재가간호방법론	1) 강의: 8시간 –사회복지관계(4시간), 가정봉사원서비스입문, 노인복지론, 대인원조기술 –노인수발방법 및 기타(4시간): 가사원조입문, 개호개론, 노인의 심리
2) 실기: 16시간 –노인장애인에 대한 가사원조 등 기초 기술 습득 및 개호에 대한 기초 원리와 기술을 습득하고 복지윤리 함양	2) 실시: 8시간 –재가노인가구를 방문하여 원조기술 및 노인식사 등 조리 방법을 습득하고 복지윤리 함양
3) 실습: 8시간 –주간 · 실비주간보호시설, 단기보호시설 및 노인요양시설	3) 실습: 4시간 –주간 · 실비주간보호시설, 단기보호시설 및 노인요양 시설

3. 재가노인복지서비스의 문제점

급속한 고령화와 더불어 가족부양기능의 약화로 가족의 노인 부양능력이 감소하고 있으며, 또한 시설보호의 한계를 인식하고 탈시설화를 통한 재가복지 중심의 정책으로 노인복지정책의 방향이 전환되고 있는 현실에서 재가복지서비스의 확충이 시급한 과제라 할 수 있다(변재관, 2001).

첫째, 재가복지서비스 전달체계의 개선을 통해 전문 인력의 확보가 시급하다. 현행 재가노인복지사업 행정체계는 보건복지가족부(노인복지과 또는 복지지원과) → 시 · 도(가정복지과 또는 사회복지과) → 시 · 군 · 구(가정복지과 또는 사회과) → 재가노인복지시설 · 기관(동사무소) → 노인으로 이어진다. 이와 같이 전달체계가 다원화되어 있어 부서간의 상호 횡적인 연계 및 조정이 제대로 이루어지지 못하고 있다(전재근, 2002). 이에 일원화된 전달체계와 함께 재가노인복지담당 사회복지사로 하여금 지역사회 내 자원동원 및 관리, 보건복지연계의 업무를 명확히 해야 할 것이다.

둘째, 재가복지시설의 양적 질적 확충이 필요하며, 노인인구의 증가와 더불어 기능장애 노인인구가 급증하고 있는 현실에서 2007년 현재 재가노인복지시설은 1,408개소이며, 노인주거 및 노인의료복지시설은 1,584개소에 불과하여 시설보호가 필요한 노인의 10% 정도만을 보호할 수 있는 실정이다.

재가복지서비스의 확충을 위해서는 가정봉사원파견센터뿐만 아니라 재가복지봉사센터(사회복지관 부설), 재가장애인수화재활서비스센터(장애인복지기관 부설)를 효율적으로 연계하여 지역사회에서 재가복지비스의 거점으로서의 역할을 수행하도록 하며, 주간보호서비스도 통합적으로 제공하도록 해야 한다. 또한 단기보호시설은 종합병원, 병・의원 등 의료기관에 부설로 설치하는 등 기존의 시설을 활용하는 방안을 모색하도록 하며, 더불어 가정봉사원의 적극적인 참여 확대를 위해 수당의 인상을 추진하도록 한다.

셋째, 재가노인복지서비스에 대한 재정지원이 확대되어야 한다. 무엇보다 절대적인 예산증액이 필요하며 이외에도 총괄 예산 지원이 아닌 항목별(인건비, 운영비, 사업비 등) 구분을 하여 지원하는 방법, 기관의 특성을 반영하는 지원방법, 보호비용을 의료보험에서 지급하는 방법 등 다양한 방법이 강구되어야 할 것이다(모선희, 2002).

넷째, 재가복지서비스의 질을 평가함에 있어 대상자의 욕구 중심의 서비스 전달이 필요하다. 예를 들어 건강이 나쁜 대상자라 할지라도 의료서비스보다는 가사서비스를 더 많이 받는 것으로 나타나는 등 대상자의 욕구와는 관계없이 가사서비스 중심의 서비스가 제공되고 있다(한혜경, 1999).

일상생활동작능력의 장애가 있는 대상자를 위한 의료서비스 및 도구적 일상생활동작능력의 장애를 가진 대상자를 위한 가사지원서비스의 부족 등 대상자의 욕구와 서비스간의 괴리가 심각하게 나타난다. 또한 주간 및 단기보호서비스의 경우 현 서비스 내용이 상대적으로 의료적 서비스보다는 사회적 서비스에 초점이 두어져 있다. 따라서 의료서비스를 포함한 주간 및 단기보호서비스를 서비스 욕구가 있는 모든 노인에게 제공하도록 한다(정경배, 2002).

다섯째, 재가노인복지서비스와 보건의료서비스와의 연계 및 기관간 서비스 연계, 사례관리에 의한 접근이 필요하다. 재가노인기관간 서비스 연계, 사례관리에 의한 접근이 필요하다. 재가노인은 경제적 · 의료적 · 대인적 서비스들이 다양하고 복합적인 욕구를 지니고 있으며, 이러한 서비스는 지속적으로 제공되어야 한다.

4. 재가노인복지서비스의 과제

1) 향후 과제

한국형 재가노인복지사업의 새로운 정책 대안 설정을 위한 접근방법에는 여러 가지가 있겠으나, 여기서는 서비스 대상, 사업내용, 전달체계, 재정이라는 네 가지 요소를 중심으로 앞으로의 과제를 살펴보고자 한다.

(1) 서비스 대상

첫째, 대상 노인의 선정기준이 개선되어야 한다. 현행 재가복지사업의 대상노인은 신체적 정신적 이유로 혼자서 일상생활을 영위하기 어려운 노인(주간 · 단기보호의 경우, 심신이 허약한 노인과 장애노인)으로서 소득수준에 따라 65세 이상의 국민기초생활보장 수급노인(전체 노인의 10.4%)과 저소득층 노인(전체 노인의 45.9%), 그리고 60세 이상의 중산층 이상 노인(전체 노인의 44.1%)으로 구분하여, 각각 무료, 실비, 유료의 형태로 이용하도록 되어 있다(이혜원, 1998:42).

그러나 현실적으로 실비이용 대상노인의 선정기준인 도시 근로자 월평균소득은 대다수 노인가구의 수입이 분명하지 않은 점과 농 · 어촌지역 거주 노인가구는 제외되는 점으로 인하여 노인가구의 경제 상태를 측정하기에는 부적합한 것으로 분석된다. 그 결과 현행 재가노인복지사업은 호적상의 거택 자활보호대상 노인만을 중심으로 전재하고 있으며, 이들의 보건 · 의료 등 당면문제 해결 욕구에도 충분하게 대응하지 못하고 있다.

특히 현행 노인복지법에 제시된 '신체적 · 정신적 이유'라는 기준이 기능적 장애를 의미하는 것인지 또는 전문적 질환인지가 모호하며, '일상생활을 영위하기 어려운 정도'라는 기준도 명확하지 않다. 따라서 재가노인복지 세부사업별 및 전문인력별로 대상노인을 선정하기에는 현행 기준이 모호한 것으로 평가된다.

이를 위하여 대상노인의 선정기준을 현실적인 노인가구 경제지표(현행 국민건강보험료 등급 등)와 건강상태지표(장애 및 질환 정도, 일상생활수행능력, 수단적 일상생활수행능력 등)에 따라 개선하고, 노인의 건강 상태에 따라 전문 인력의 업무도 분담하여야 한다.

둘째, 대상 노인이 확대되어야 한다. 현재 우리나라에서 재가복지서비스를 실제로 이용하고 있는 노인은 65세 이상 노인의 0.8%에 불과한 것으로 추정된다(이혜원, 1998:43). 서울시의 65세 이상 전체 노인의 11.8%만이 보호대상 노인 및 중증의 장애노인으로서 가정봉사원파견사업의 이용욕구가 높은 것으로 분석되고 있다. 환언하면, 우리나라 전체 재가노인 중 적어도 11.8% 이상이 재가노인복지사업의 적용대상이 될 수 있도록 확대되어야 할 것이다(홍봉선, 1998:16).

따라서 현행의 소득 수준별 선정기준을 단계적으로 상향 조정하여 무료·실비이용 노인의 수를 확대하고, 노인의 건강상태별 선정기준을 개발하여 중증의 장애·질환노인, 경증의 장애노인 순으로 확대되어야 한다.

(2) 사업내용

첫째, 사업내용이 확대되어야 한다. 현행 재가노인복지서비스 프로그램이 가사지원서비스, 개인활동지원서비스, 우애서비스, 상담서비스 등으로 매우 제한되어 있어 서비스의 종류와 수급을 향상시킬 수 있는 방안이 강구되어야 하는데, 무엇보다도 가정봉사원 훈련교육과정의 보완을 통한 가정봉사원 서비스의 내실화가 필요하다. 가정봉사원파견사업의 경우 주 1회 평균 3.3시간의 방문으로(홍봉선, 1998:17), 가사지원서비스(식사 시중, 청소, 외출 시 동행 등)와 우애서비스(말벗) 위주로 제공되고 있으며, 특히 자원봉사자인 무급가정봉사원에 의존하고 있기 때문에 응급서비스 및 장시간의 지속적인 서비스를 제공할 수 없다. 현행 주간보호사업과 단기보호사업에 있어서도 담당 인력의 부족으로 인하여 보호노인들이 제한된 보호기간을 단순하게 보내는 경우가 많은 편이다. 따라서 대상노인의 욕구에 현실적으로 대응하지 못하고 있는 것으로 분석된다.

이에 대하여 향후 가정봉사원파견사업은 요보호노인 등 중증 이상의 장애 질환노인을 위한 보건·의료서비스(방문간호, 욕창간호, 기능훈련, 야간간호)와 응급서비스를 보강하고, 서비스의 양도 주 3회 평균 4시간 이상으로 연장함으로써 집중적이며 지속적인 서비스를 제공할 수 있어야 한다. 이를 위해 25시간 보호체계의 기반을 단계적으로 마련해야 하며, 주간보호 및 단기보호사업은 대상노인의 욕구 수준에 따라 사업 내용을 확충하고, 보호기간도 연장함으로써 가족의 신체적 정신적 케어부담을 현실적으로 경감할 수 있어야 한다.

둘째, 사업 내용이 전문화되어야 한다. 현행 재가노인복지의 사업 내용은 대상노인의 건강상태별로 구분되어 있지 않다. 가정봉사원파견사업의 경우, 대상노인의 건강 상태별 무급 · 유급 · 유료가정봉사원의 업무분담이 되어 있지 않다. 주간보호시설 및 단기보호시설의 경우 치매질환의 유무에 따른 분리보호가 극히 일부의 시설에서만 제공되고 있으며, 치매 전담인력도 거의 없는 실정이다.

따라서 재가노인복지서비스 대상노인의 장애 · 질환 정도, 특히 일상생활수행능력과 수단적 일상생활수행능력과 수단적 일상생활능력에 따라 담당 인력 및 사업 내용이 전문적으로 분화되어야 한다. 주간보호사업과 단기보호사업에 있어서 노인의 건강 상태에 따라 인지 기능, 사회적응 기능, 여가 등을 개발할 수 있는 프로그램과 가족교육 및 상담 프로그램을 다양하게 강화하고 담당 인력을 확보하여야 한다.

셋째, 가정봉사원 교육 내용이 강화되어야 한다. 재가노인복지사업의 전문화를 위해서는 무엇보다도 현행 가정봉사원 양성 · 보수교육과정(서울시 가정도우미 및 유료 가정봉사원 교육과정 포함)의 시간을 연장하고, 교육 내용에 있어서도 중증 이상의 장애 · 질환노인으로 케어할 수 있도록 간호 관련 실무 내용을 강화해야 한다. 또한 무료서비스에서 유료서비스로 확대됨에 따라 서비스의 범위와 질의 향상이 필수적이므로 이들 케어 제공자인 가정봉사원을 확보하기 위한 대책의 일환으로 가정봉사원의 사회적 신분을 사회복지사(3급)나 간호조무사 수준으로 상향조정할 수 있도록 교육제도를 마련하고 '국가자격 제도화'할 수 있는 방안도 검토되어져야 할 것이며, 이를 구체적으로 지원할 수 있는 제도적 장치인 「자원봉사활동지원법」의 제정도 연구 · 검토되어야 할 것이다.

(3) 전달체계

첫째, 행정체계를 통합시켜야 한다. 현행체계는 관할 부처, 관할 부서, 일선 행정기관이 상이하여 서비스간의 연계 및 조정이 이루어지지 못하고 있다. 이러한 문제를 해결하기 위해서는 재가노인복지사업의 행정주체를 지방부서(시 · 도 가정복지과→시 · 군 · 구 사회복지과→시설 기관→재가노인)에 이관하고, 지역사회 주민의 참여를 바탕으로 사회복지법인, 지방사회복지협의회, 민간 비영리 및 영리단체 등을 연계하는 일원화된 전달체계를 마련하여야 한다. 특히 재가노인복지서비스에서 보건과 복지가 통합된 서비스 전달체계가 부족하며, 행정체계의 이원화로 대상을 서비스 내용별로 여러 부서에서 별도로 관리함에 따라 포괄적이고 통합적인 서비스가 제공되지 못하여 비효율성을 초래하고 있다는 점이다.

따라서 추후 적극적인 서비스 활성화 방안 모색 및 의식 고취를 위하여 활동사례 발표, 정기적으로 지역사회와의 연계성 강화를 위한 간담회 등이 필요하며 지역사회복지관, 보건소 등 지역의 각 유관기관과 업무연계를 위한 지역사회 내의 협의기구 설치가 요구되어지고 있는데, 이를 위해 타 기관과의 중복 프로그램의 제공과 노인의 주거이동 관리주체가 변경되는 상황에서 신속히 대처할 수 있도록 전산망 구축 등의 업무연계가 절대적으로 필요하다.

둘째, 사업주체를 특성화시켜야 한다. 현행 재가노인복지사업의 주체는 다양하나 사업주체별 기능은 특성화되어 있지 않다.

따라서 일정 지역사회에 있어서 중증의 장애질환을 가진 국민기초생활보장 수급노인에게 서비스가 중복 제공되는 문제가 발생하고 있다. 특히 가정봉사원파견사업의 중복 및 시설간 경쟁을 지양하고 예방하기 위해서는 사업주체별로 역할을 분담하도록 한다.

셋째, 직원배치기준과 시설기준을 강화시켜야 한다. 특히 가정봉사원의 봉사실적인증제도, 법정자격 기준의 강화, 현실적 활동비 지원 등을 통하여 관리체계를 개선함으로써 중도 탈락을 방지하고, 주간 및 단기보호시설에서의 생활지도원의 인력배치 기준을 주간보호시설은 대상노인 5명당 1명 이상, 대상노인의 비율이 높은 단기보호시설은 3명당 1명 이상(3교대 근무)으로 각각 상향 조정하여야 한다. 이와 같이 치료 기능보다는 보호 기능을 담당하는 준전문 인력(가정봉사원, 생활지도원,

간호조무사)과 전문 인력(사회복지사, 간호사)의 역할분담을 통한 팀워크에 의하여 재가노인복지사업의 효과성과 효율성을 제고할 수 있다.

넷째, 현재 재가노인복지시설 기관이 대도시에 편중되어 있다. 따라서 지역별로 어느 정도 균등한 재가노인복지서비스를 제공하여야 한다. 특히 자녀와의 별거비율이 도시지역보다 상대적으로 높고 소득 수준도 낮은 농어촌지역 노인의 재가복지 욕구에 대응하기 위해서는 기초지방자치단체(시 · 군 · 구)를 중심으로 균등하게 설치되어야 할 것이다. 노인에게 적절한 재가복지서비스를 제공하기 위해 요구되는 재가노인복지시설 수를 추계한 결과에 의하면, 전국적으로 가정봉사원 파견센터는 517개소, 주간보호시설은 1,015개소, 단기보호시설은 625개소가 필요한 것으로 추계되며, 사회보장발전 5개년 계획하에서 달성해야 하는 현실적인 단기목표로 2003년까지 각 시 · 군 · 구에 각 1개의 시설을 설치하는 것을 목표로 설정할 경우 각 250개소가 필요한 것으로 추정된다(정경희, 1998:24).

(4) 재정

첫째, 정부의 지원을 획기적으로 확대해야 한다. 1999년 노인복지예산의 내용을 분석하여 보면 예산의 74.7%는 경로연금으로 지급되었고, 12.42%는 시설보호에, 5.53%는 경로당 운영비에 지급되었다. 재가노인복지를 위한 지원금은 노인복지예산의 1.68%(가정봉사원 파견사업 1.12%, 주간보호사업 0.35%, 단기보호사업 0.21%)에 불과하였다. 허약한 노인들의 시설입소를 예방하고 가정의 노인부양기능을 보강하기 위해서는 재가노인복지사업의 확충을 위한 획기적인 예산증액이 있어야 할 것이다.

향후 재가노인복지서비스가 모든 노인에게 공통적으로 필요한 서비스로 인정되고 서비스의 종류도 다양화될 것이므로 재가노인복지서비스 중 보편적 이용의 정도가 큰 서비스는 점차 정부지원의 서비스로 확대하되 저소득층에 대하여는 무료서비스를 제공하고 저소득층 이상에 대해서는 완전히 시장경제체계에서 이러한 서비스를 공급하는 것도 바람직하다(최성재, 1997:108).

주간보호사업이나 단기보호사업을 위한 재정지원은 노인복지예산 중에서도 가장 미흡한 항목이므로 예산증액이 필요하다. 주간 · 단기보호에 소요되는 비용을 의료보험에서 지급하도록 하여 일반노인들도 주간・단기보호서비스를 자유롭게 활용할 수 있도록 국민건강보험제도의 개선도 강구되어야 할 것이다. 또한 독일이나 일본에서 시도하고 하는 개호보험을 검토하여 우리나라에서도 다가오는 고령화시대에 대비하는 장기요양보험이 개발되어야 할 것이다(고양곤, 1998:53).

둘째, 운영비의 차등지원을 실시하여야 할 것이다. 개정된 노인복지법에 의하면 사회복지사업법 제43조의 규정 등에 의한 시설평가 결과를 토대로 하여 운영비를 차등적으로 지원할 수 있게 되었다(노인복지법 시행령 제27조 제4항). 이러한 운영비의 차등지원을 통하여 운영비 제공상의 형평성 제고뿐만 아니라 시설의 서비스내용을 확충시킬 수 있을 것이다. 이를 위해서는 시설별 보고양식을 좀 더 세분화시켜 시설별 비교가 용이하며, 서비스 제공 실태를 자세히 파악할 수 있도록 사업 내용을 표준화하여 매뉴얼을 개발해야 한다.

2) 한국재가노인복지서비스제도의 개편 방향

(1) 재가노인복지서비스의 목표와 이념의 재설정

현행 재가노인복지서비스 제도는 이념과 목적이 모호한 상태에서 형식적인 서비스 제공에 그치고 있다. 먼저, '선가족부담 후국가지원' 형태로 나타나는 현재의 재가복지서비스 이념이 새롭게 설정되어야 한다(이혜원, 1999). 저소득층 노인 위주의 제한된 사회서비스 제공 정책의 배후에는 노인부양은 궁극적으로 가족의 몫이라는 가족주의 이데올로기가 자리잡고 있다. 국가는 불가피한 경우에 최소한의 지원만 하겠다는 태도에서 비롯된 정책이다. 그러나 이러한 소극적인 정책은 세계에서 가장 빠른 속도로 노령화되고 있는 한국 사회의 미래에 어두운 그림자를 드리우고 있다. 정부는 노인에 대한 소득보장이나 건강보장과 마찬가지로 사회적 서비스 역시 보편적인 보장이 필요하다는 사실을 직시하고 가족주의 이데올로기에서 벗어나야 한다. 이런 의미에서 최근 정부가 실시하고 있는 노인장기요양보험은 사회적 서비스의 보편적 보장으로 나아가기 위한 매우 중요한 결단이라고 할 수 있다.

또한 재가노인복지사업의 목적을 명확히 설정할 필요가 있다. 현행 재가노인복지사업 지침에 제시된 목적은 추상적이고 모호하다. 그러므로 다음과 같은 내용으로 재가노인복지사업의 목적을 재구성하는 것이 좋을 것이다(선우덕, 2002).

첫째, 가정과 지역사회의 자립 기능을 회복・유지・향상시켜 삶의 질을 높인다.

둘째, 이렇게 함으로써 장기요양시설의 조기 또는 부적절한 입소를 예방한다.

셋째, 대상 노인들에게 체계적인 기초적 지지 서비스(basic support services)를 제공한다. 여기에서 기초적인 지지서비스는 보건의료와 복지서비스 이외에 주택 수리와 개선 등의 서비스도 포함하는 개념이다. 이러한 서비스들은 가정과 지역사회에서의 자립 기능을 회복・유지・향상시키는 데 효과적으로 이용될 수 있도록 연계 또는 통합적으로 제공하는 것이 필요하다. 이렇게 되면 노인들은 가능한 자신의 삶의 터전인 자택에서 지속적으로 살 수 있으므로 조기에 장기요양시설에 입소한다든지 노인장기요양보험은 고령자 장기요양정책의 기본 이념으로 고령자의 자립 지원을 설정하였고, 이러한 목적을 달성하기 위한 서비스가 제공될 수 있도록 법에서 규정하고 있다.

(2) 대상자 선정 기준 개선

앞에서 이미 지적한 바와 같이 현행 제도는 재가서비스 대상 노인을 선정하는 기준이 매우 모호하고 자의적이라는 점이다. 현재의 선정 기준은 일상생활동작 수준이나 부양가족의 부양 가능 유무만으로 서비스 대상자를 선정하고 있는데, 앞으로 중산층 노인에게까지 대상자 확대가 이루어질 것이고 또한 노인장기요양보험 제도 아래에서 재가노인복지서비스를 제공한다면 포괄적이고 종합적인 사정 도구가 절대적으로 필요하다(선우덕, 2002). 가장 먼저 필요한 것은 노인의 서비스 욕구 실태를 면밀히 조사하여 이것을 토대로 한 선정기준을 작성하는 일이다. 향후 제도가 성숙되어지는 가운데 욕구를 위한 과학적이고 체계적인 사정도구가 개발되어야 한다.

(3) 서비스 내용의 확대

매우 제한적인 내용의 서비스만을 제공하고 있는 현행 재가노인복지사업은 진정한 의미의 사회적 서비스라고 하기 어렵다. 현재의 재가노인서비스사업은 양적인 확대와 질적인 제고가 절실히 요구된다. 사업별로 다음과 같은 내용의 개선 작업이 이루어져야 한다(선우덕, 2002).

먼저, 가정봉사원사업은 크게 가사지원서비스와 간병서비스로 나눌 수 있는데, 현재는 거의 대부분의 가정봉사원파견시설이 무급 자원봉사자 위주로 운영되고 있어서 고도의 전문적인 간병 기술을 필요로 하는 간병 서비스를 제공하기가 어렵기 때문이다. 따라서 앞으로 확대 실시될 노인장기요양보험 제도 아래에서는 현재의 가정봉사원 운영체제를 유급 가정봉사원 위주의 시설로 전환할 필요가 있다.

주간보호시설의 경우에는 생활지도와 일상생활동작훈련 등 심신의 기능회복을 위한 서비스를 제공하도록 되어 있는, 여기에서 기능 회복의 정도를 어디까지 상정해 놓고 있는지가 불분명하다. 만일 기능회복에 중점을 둔다면, 적당한 재활치료 인력의 확보가 필수적이고, 그렇지 않은 경우에는 소수의 상근 재활치료 인력 또는 시간제 인력만으로도 가능할 것이다. 따라서 기능 회복에 중점을 둔다면 현재와 같은 주간보호시설이 적당하다고 할 수 있다. 이러한 주간재활시설은 노인요양병원이나 보건소에 부설로 설치해야 효과를 극대화할 수 있다.

(4) 서비스 인력의 개발과 교육

양질의 사회적 서비스는 양질의 서비스 인력에서 나온다. 그러나 현행 재가노인서비스 제도는 자원봉사자 위주의 형식적인 서비스에 국한되어 있는 실정이다. 따라서 서비스 인력의 개발과 교육 강화가 절실히 요구된다. 더구나 장기요양보험제도를 운영하고 있는 것을 감안하면, 간병과 수발인력을 포함한 재가서비스 인력의 확충은 무엇보다도 시급한 과제가 아닐 수 없다.

서비스 인력의 확충만이 아니라 이들의 전문성을 제고하기 위한 교육과 훈련의 강화도 함께 이루어져야 한다. 외국의 재가서비스 인력(home helper)에 비해 현재 우리나라의 가정봉사원 인력은 양적으로나 질적으로 현저히 낙후되어 있다. 이런 문제를 개선하기 위해서는 전국적인 차원에서 재가서비스 인력 양성에 필요한 표준교재 개발과 전문가 양성이 무엇보다도 먼저 이루어져야 한다.

(5) 전달 체계의 통합

현재 우리나라 재가노인서비스 제도는 복잡한 행정 체계와 제공 주체의 난립으로 가득이나 열악한 제도를 더욱 비효율적인 것으로 만들고 있다. 이런 상황에서 노인장기요양보험제도의 발전은 기대하기 어려울 것으로 판단된다. 따라서 노인장기요양보험제도의 도입을 고려한 재가노인서비스 전달체계의 근본적인 개편이 속히 이루어져야 한다.

15

지역사회복지서비스

1. 지역사회복지의 개념

1) 지역사회복지의 의미

지역사회복지는 '지역사회'와 '사회복지'의 합성어로서 이는 매우 포괄적이고 광범위한 개념이다. 지역사회를 대상으로 하는 사회복지의 한 분야이며 방법론이라 할 수 있으나 학술적으로 명확한 정의를 내리는 것은 간단하지 않지만 사회복지의 가치가 내재된 개념이다. 즉 인간이 각종 사회적 위험으로부터 안전하고 행복하게 살 수 있는 사회복지적 가치를 지역사회라는 구체적 영역 안에서 구현하는 방법임을 가리킨다.

좁은 의미에서의 지역사회복지는 지역사회 구성원들의 문제와 욕구를 해결하거나 예방하기 위한 사회복지적 전문활동으로 재가복지를 포함한 비수용시설에서 클라이언트에게 각종 사회복지서비스를 제공하는 것이다. 즉 지역사회 단위에서 복지 수혜대상자에게 제공되는 사회복지서비스를 강조하는 것으로 지방자치단체나 사회복지기관의 제도나 정책적 노력 등의 거시적 복지활동을 도외시하는 한계성을 가지고 있다.

넓은 의미에서의 지역사회복지는 대인서비스보다는 지역사회복지 향상을 위한 제도나 정책 차원의 개념으로 지역사회 구성원의 다양한 사회적 욕구를 충족시키는 전달체계를 제도나 정책을 통하여 마련하고 제공하는 것으로 지역사회 수준에서의 모든 노력을 의미한다. 즉 대상의 범위가 개인이나 가족보다는 대상이 넓으며 특정 대상자 중심의 사회복지활동이라기보다는 지역성과 기능성을 포함한 일정한 지역사회가 부각된다.

지역사회복지는 지역사회의 복지를 증진하기 위한 각계의 전문적 활동은 물론 다양한 비전문적 활동, 공식적인 분야 또는 비공식적인 분야를 포함시키는 것이며 지역사회 차원에서 지역사회의 문제를 해결하기 위해 지역사회 내의 사회자원을 동원하여 주민의 자율적인 노력에 의하여 문제를 해결하는 과정이라고 할 수 있다.

2) 지역사회복지의 관련 개념

지역사회복지와 유사한 개념이거나 동의어로 널리 쓰이는 용어는 지역사회조직(사업), 지역사회사업, 지역사회개입, 지역사회개발, 지역사회건설, 지역사회보호 등이 있다. 이 가운데 지역사회실천과 지역사회사업, 지역사회개입은 의미의 차이가 거의 없는 것으로 지역사회복지실천과 동일한 개념으로 사용된다.

3) 지역사회복지의 유형

지역사회복지는 구조적 개념모델과 기능적 개념모델로 구분할 수 있다. 구조적 개념모델은 지역사회복지가 성립하는 조건을 계급・계층적인 자본주의 사회로 인정하여 빈곤한 저소득층에 대해 그 생활수준 향상을 위한 공공정책을 다루는 것으로 정책 제도론적 접근과 운동론적 접근의 두 가지 흐름 속에서 형성되어 왔다.

기능적 개념모델은 사회복지이론에 있어서 기능론과 처우방법론을 기초로 한 연구에 기반을 두고 있으며 지역사회복지를 사회적 욕구충족의 사회적 서비스 또는 사회자원의 공급체계로 다루고 있다. 즉 지역사회복지를 욕구와 자원의 대응관계와 수급체계로서 다루고 있는 것으로 지역사회복지를 일정한 지역사회에 있어서 욕구충족의 기능체계로 간주하는 것으로 지역주민에 대한 표준적인 생활을 보편적으로 보장하려고 하는 공적인 부문과 사적인 부문의 복합적인 연결망이다.

4) 지역사회복지의 목적

브래거와 그의 동료들은 지역사회복지의 목적을 체계적인 목적 이론을 통해 논하고 있는데 지역사회복지의 목적을 전문적 목적과 제도적 목적으로 나누어 설명하고 있다. 전문적 목적은 전문 직업인으로서 사회복지사의 목적을 의미하는 것으로 사회복지사가 훈련받는 과정에서 체득한 직업적 가치와 윤리에 바탕을 두는 것으로 제도적 목적이며 속해 있는 조직과 제도의 공동 목적이라 할 수 있다. 제도적 목적은 사회복지사가 일하는 기관과 그것에 연계된 모든 구성 요소 전체를 제도라 일컫는 것으로 다양한 요소들의 이해관계가 반영된 목적을 말한다.

지역사회복지의 목적은 이념이나 관점과 깊은 관계가 있으며 지역사회복지실천의 다양한 모델을 통해서도 나타난다. 즉 지역사회복지 실천의 궁극적인 이념적 지향이다.

2. 노인복지실천을 위한 지역사회서비스 분석틀

1) 지역사회복지의 구성 요건

지역사회복지의 구성 요건은 서비스 체계의 요건, 재원, 재정의 관리요건, 법제화와 제도의 여건, 고급조직, 인적자원의 정비요건 등으로 나누어 볼 수 있다. 구체적인 구성요건을 살펴보면 다음과 같다.

첫째, 지역사회의 욕구를 파악하는 것이다. 지역사회에 대한 욕구는 개인 및 지역사회의 가치관, 문화 및 경험에 따라 상대적이며 욕구는 역동적으로 변화한다. 그러므로 사회복지 욕구를 지역사회복지사업으로 전환하는 과정에서 인적자원, 적절한 기술의 입수가능성, 재정상태 등을 파악하기 위해서 지역사회의 욕구를 정확히 알아야 한다. 또한 사회복지의 욕구는 지역사회의 인구구성, 핵가족화, 지역사회환경 등 지역적 상황에 따라 다르다.

둘째, 시설서비스와 재가복지서비스를 일원화한 지역사회보호사업과 소득보장, 고용, 교육, 보건의료, 주거환경, 교통통신 등 생활관련 공공정책 및 모든 정책과의 연계서비스를 전담할 수 있는 서비스의 체계화이다. 이는 서비스 전체와 관련하여 조직화・체계화하기 위해서는 주민참가와 주민조직화가 필요하다.

셋째, 지역사회의 조직화와 통합화를 꾀하고 지역사회 형성 과정에서도 복지공동체의 조성을 추진하는 지역사회조직화이다. 이는 지역사회의 존재방식이 지역사회복지의 기본이 되는 것으로 바람직스러운 지역사회형성을 행하는 일정한 과정의 방법인 것이다.

넷째, 지역사회복지를 위한 실천전략으로서 지역사회복지와 관련하여 방법론과 기술론의 조직화, 서비스의 체계화・조직화와 연결하고 조정하기 위한 방법론 및 기술론뿐만 아니라 개인, 가족, 집단에 대한 개별사회사업과 집단사회사업 등의 조직적인 활용을 필요로 한다.

2) 지역사회복지의 전개과정

지역사회복지의 전개과정은 크게 사회복지의 목적인 자립생활을 지역사회에서 보장하기 위해서 지역사회복지가 접근하는 방향은 다음과 같다.

첫째, 지역사회에서 생활할 수 있도록 원조하는 것이 지역주민의 생활에서 개별적인 부분에 대응하는 것이 아니라 지역주민 생활 전체에 필요한 서비스를 총합적으로 제공하는 전체성의 존중이다.

둘째, 지역사회마다 주민의 문화, 생활양식 등이 다양하므로 지역성에 적합한 서비스 제공에 따른 지역성의 존중으로 지역복지서비스의 지역화가 중요한 과제이다.

셋째, 지역사회복지의 주요한 대상자인 고령자나 장애인을 위한 교통수단 확보, 서비스의 용이한 수혜를 위한 다양한 근접성에 대한 존중이다.

넷째, 고령자나 장애인들이 사회적으로 교류하면서 적극적인 사회참여를 할 수 있는 사회성의 존중으로 정상적인 사회생활을 할 수 있도록 해야 한다.

다섯째, 주체성의 존중으로 개개인의 자립생활 원조를 목적으로 주체적인 역량을 발전시키기 위해 지역복지서비스가 제도 그 자체에만 책임지는 것으로 불충분하므로 직접적인 대인서비스의 기능 강화와 전문 인력을 확보해야 한다.

여섯째, 현대 사회복지가 생활의 질 향상이라는 측면에서의 서비스 제공의 필요에 따라 문화성에 대한 존중으로 지역사회 차원에서의 새로운 복지문화 창조와 제공이 필요하다.

일곱째, 참여와 협동성에 대한 존중으로 지역사회복지의 전개가 공적으로 행정책임이 명확한 제도적 재가복지서비스의 제공으로는 불충분하므로 지역주민 등과의 유기적인 협동이 필요하며 주민참가에 의한 자원봉사활동이 중요시된다.

지역사회복지의 구체적인 단계별 전개과정은 다음과 같다.

첫째, 정책과 프로그램 결정의 기초로 지역사회의 욕구 파악이다. 이는 사회적 원조를 필요로 하는 대상자와 가족의 욕구, 지역주민이 관심을 가지는 욕구, 인적, 물적인 지역사회자원, 지역사회의 특성 등을 파악해야 하며 이는 개별적이고 종합적으로 파악해야 하고, 서비스의 내용이나 지역주민의 자립의식, 협력관계, 사회자원에 관한 이해 등이 사회조사에 의해 파악되어야 한다.

둘째, 욕구의 공유화로 파악된 욕구를 지역주민들에게 알리고, 주민들의 문제로 지각하고 인식하며 구체적인 해결방안을 위한 광고 홍보와 교육을 실시해야 한다.

셋째, 조직을 구성하는 것으로 이는 활동의 중심이 되고 기초적인 작업을 하기 위한 조직을 구성하는 단계이다. 즉 지역사회복지를 구체적으로 전개하기 위한 중심적인 조직구성은 활동과제에 대한 결정, 계획, 지역주민의 참여와 역할분담, 자원의 조달, 광고와 홍보, 서비스 전달, 효과성 및 효율성 측정 등의 중요한 문제를 해 나가야 한다.

넷째, 지역사회복지의 계획을 수립하는 과정이다. 이는 지역사회복지의 구체적인 전개를 위해, 파악된 욕구를 바탕으로 어떠한 서비스로 지역사회자원과 조정을 통하여 문제를 해결해 나갈 것인가에 대한 목표를 설정하며 계획하는 것이다.

다섯째, 주민참가와 협동화로 이는 지역사회복지의 기본적인 성격으로 지역주민의 참여와 지역사회자원의 동원을 촉진하는 것이다.

여섯째, 사회자원을 동원하고 개발하며 조정하는 것으로, 광범위한 정보수집과 지역사회자원의 이용을 위해 자발적인 주민의식을 이끌어내어야 하며 다양한 기관에 의한 자원의 조성과 개발이 필요하다. 또한 동원되고 개발된 자원을 문제해결과정에서 직접적으로 연결될 수 있도록 조정하고 관계를 구조적으로 조직화해야 한다.

일곱째, 사회행동의 단계로서 지역사회복지의 전개방법의 명확화를 위해 사회운동을 할 수 있는 조직을 구성하고 문제인식에 대한 공유와 학습 및 구체적인 방법에 대한 설계, 사회적인 지원과 지지를 확산하고 압력을 가하는 구체적인 단계로 이루어진다.

여덟째, 복지서비스를 구체적으로 실시하는 단계로서 전문케어서비스, 재가복지서비스, 예방서비스, 복지증진서비스, 환경 개선활동 등 실시하고자 하는 지역복지계획에 근거한 계획서와 예산을 입안하고 서비스의 공급체계를 구성하는 것이다. 서비스 전달자에 대한 교육과 학습의 실시와 전문가에 의한 조정 작업, 서비스의 구체적인 제공, 서비스의 개선과 또 다른 새로운 욕구를 발견하는 것이다.

아홉째, 서비스 이용자의 자립의사를 향상시키고 문제를 공유하고 도움을 줄 수 있는 가족이 서비스의 목적에 대해 이해하고 원조하는 것과 서비스 실시를 통한 욕구의 개선점과 새로운 자원에 대한 필요성에 대한 지각 등 서비스를 이용하는 이용자와 가족을 조직화하는 것이다.

열번째, 지역사회복지 전개과정의 마지막 단계로 수행되었던 다양한 서비스들의 효과에 대한 측정과 평가이다. 이는 본래의 목적 또는 목표가 어느 정도 달성되었는가에 대한 측정과 활동의 진행 방법이 잘 되고 있는가, 지속적인 활동을 위한 기초는 준비되었는지 등에 대한 것들이다.

3) 노인복지실천을 위한 지역사회복지서비스의 실천전략

노인을 대상으로 한 사회복지서비스는 직접서비스에 초점을 두고 있으며, 노인과 그 가족을 대상으로 상담이나 케이스 관리와 같은 과정을 통해서 노인복지서비스와 프로그램을 이용하도록 하는 것이 대부분이다. 그러나 노인을 위한 가장 중요한 사회복지는 보다 거시적인 차원에서 지역사회 수준의 사회복지서비스가 수행되어야 할 필요가 있다. 노인에 대한 경제적 지원, 주택, 건강관리, 사회활동, 교통수단 등 지역사회복지서비스를 실천하기 위한 다양한 전략이 필요하다. 지역사회복지서비스를 실천하기 위해서는 사회복지사가 전개하는 방법, 기술 및 기능에 관해 다음과 같은 전략이 있다.

첫째, 지역사회의 참여와 통합의 강화
둘째, 노인의 지역사회 문제의 대처 능력의 배양
셋째, 지역사회 조건과 서비스의 향상
넷째, 지역사회 내의 소외계층의 이익 증대

(1) 지역사회 주요 인물과 좋은 관계 만들기

사회복지사는 지역사회를 대표할 수 있는 주민들과 좋은 관계를 만드는 데 주력해야 한다. 이는 사회복지사의 모든 개입에서 강조하는 바와 같이 지역사회주민과 처음 관계를 좋게 만드는 것이 이후 활동에 긍정적인 영향을 가져올 것이기 때문이다. 비록 이 단계가 공식적인 지역사회실천 과정은 아니지만 이 단계에서 개입이 결정된다면 특히 지역사회를 대표할 수 있는 몇몇 주민들과의 처음 관계는 이후 과정에 크게 영향을 미치게 되므로 사회복지사는 이들과 좋은 관계를 위해 신중해야 한다.

(2) 좋은 인상 심어주기

사회복지사는 자신이 만나는 지역사회주민들에게 좋은 인상을 심어주는 전략을 세워 이를 실천하는 것이 바람직하다. 사회복지사가 지역사회주민들에게 좋은 인상을 심어 주는 것은 곧 지역사회주민들이 사회복지사를 성실한 사람으로 믿는 것이고, 사회복사와 함께 일하면 지역사회의 욕구 혹은 문제를 해결할 수 있다는 확신을 갖게 하는 것이다.

(3) 지역사회 특성에 따라 지역사회 범주 정하기

대체로 사회복지사가 지역사회 범주를 정할 때 지리적인 특성을 주요 기준으로 삼는다. 즉 도로를 기준으로 적당한 크기의 지역사회를 클라이언트로 정한다. 이렇게 범주를 정할 때 지역사회의 주요 자원이 누락되지 않도록 신중해야 한다. 단순히 도로에 의해 지역사회 범주를 설정하다 보면 인근에 위치한 주요 지역 사회자원을 포함시키지 않는 착오를 일으킬 수 있다.

따라서 사회복지사는 클라이언트가 지역사회의 핵심 범주에서 벗어나 있더라도 그 지역사회의 욕구 혹은 문제를 해결하는 데 중요한 자원이 된다고 판단이 서면 지역사회 범주를 확대하여 정할 수 있다.

(4) 욕구 혹은 문제와 자원을 동시에 조사

지역사회의 욕구·문제를 파악할 때 지역사회자원을 동시에 조사하는 것이 바람직하다. 지역사회의 욕구·문제와 자원을 별개로 파악하는 것은 인력과 시간을 낭비할 뿐 아니라 꼭 필요한 자원을 조사하는 데 불리할 수 있다. 이는 지역사회가 당면하고 있는 욕구·문제 상황에 합당한 자원을 파악하는 것이 중요한데 이때 조사자가 욕구·문제에 대한 합당한 자원을 선별하는 데 반영할 수 있기 때문이다.

(5) 주민과 좋은 관계를 위한 토대 마련

준비단계에서 비공식으로 지역사회의 주요 인물과 좋은 관계를 발판으로 다양한 주민들과 좋은 관계를 본격적으로 만들고 이를 유지하기 위한 토대를 마련해야 한다.

(6) 객관성 유지

특별히 사회복지사는 지역사회를 사정하는 데 객관성을 유지해야 한다. 지역사회의 욕구·문제는 지역사회주민, 관련 조직과 기관 등이 미묘한 이해관계에 얽혀 있을 수 있다. 이러한 상황에서 자칫 특정 주민 혹은 조직 또는 기관에 치우치면 지역사회에 관한 정확한 파악이 흐려질 위험이 있다. 따라서 사회복지사의 논리적인 인지와 냉철한 판단이 요구된다.

(7) 문제 상황에 따른 접근

해결해야 할 지역사회의 욕구 혹은 문제의 원인과 정도에 따라 접근 방법이 달라져야 한다. 즉 문제의 요인이 지역사회주민에게 있다면 주민 스스로의 변화를 위한 방안을, 아니면 특정 기관에 달려있다면 그 기관에 주민이 대항할 수 있는 방안을 택해야 한다. 한편 지역사회가 봉착하고 있는 문제 정도의 수준에 따라 개입 기간을 정해야 하고, 그 기간에 맞는 접근 방안을 활용할 수 있어야 한다.

(8) 대표자의 역할 강화

지역주민대표 모임이 욕구 혹은 문제해결을 주도해나갈 수 있도록 이들 주민을 격려할 뿐 아니라 이들의 역할도 강화해야 한다. 따라서 이들 대표 모임 성원들에게 책임과 권한을 부여하는 것이 바람직하다. 이때 모임의 각자 성원들에게 역할을 적당하게 분배하는 것도 중요하다.

(9) 조직간 상생(相生, Win-Win)

지역사회실천 개입은 그 문제 성향에 따라 다르겠지만 대체로 여러 조직 혹은 단체나 기관이 관련하므로 자연히 조직간 갈등을 배제할 수 없다. 따라서 사회복지사는 주민대표 모임이 기본적으로 조직간 갈등을 지양하고 상생할 수 있는 전략을 세워나가도록 유도해야 하고, 실제로 이를 위해 도와야 한다.

(10) 관계인 참여 유도

지역사회실천에 참여했던 자들이 기울인 노력의 결과를 보게 하고, 아울러 이 과정을 평가하도록 하는 것은 평가단계에서 중요한 전략이기도 하다. 따라서 이때 가능하면 모든 관계인들이 참여할 수 있도록 해야 한다.

(11) 합당한 평가

합당한 평가를 위한 전략은 지역사회실천 전체 내용을 냉정하게 살펴보기 위한 것이다. 냉정한 평가를 위해 우선 지역사회실천에 참여했던 자들에 의한 평가가 우선적으로 이루어질 수 있도록 해야 한다.

(12) 지역사회복지의 실천과정에 대한 제고

지역사회복지의 실천과정은 지역사회를 기반으로 하는 특성으로 실천과정상의 일부 요소를 제외하고는 사회복지실천과정과 별 차이가 없다. 실천과정은 실천에 있어 반드시 직선적으로 진행되는 것은 아니며 하나의 단계를 몇 번 반복하는 경우, 전 단계로 되돌아가는 경우, 중간단계로부터 시작하는 경우도 있으며, 이 과정에서는 피드백의 기능이 포함된다.

해당 지역사회에 대한 사정이 필요하며 이는 지역사회복지실천에서 지역사회의 특성 파악은 필수적이며 문제를 파악하고 정확한 대응을 위해서 중요하다.

또한 지역사회의 역사와 문화, 환경, 지역주민과 관계된 다양한 정보를 파악하고, 지역사회 주민의 단체의 기능과 활동 내용이나 빈도 등을 파악해야 한다. 지역사회의 정보의 전달이나 공식적 비공식적 의사소통의 방법, 권력의 구조, 사회자원의 구조를 파악하는 등 지역의 특성을 정확하게 파악하기 위한 구체적인 내용과 과정들을 제고해야만 한다.

지역사회의 전반적인 복지욕구를 파악해 내고 그에 따른 과제의 명료화와 실천목표를 설정하여 구체적인 실천방법을 선택하고 실천에 따른 계획을 실시해야 한다.

지역사회 복지 실천에서 각 단계별 과정평가와 구체적인 평가 내용들은 추후 목표 수립 및 계획에 제고되어야 할 것이다.

4) 지역사회자원 개발과 네트워크 구축

현대사회에서 네트워크는 지역복지분야를 포함하여 사회복지분야 전반에 걸쳐 논의가 증가되고 있다. 이는 사회문제 해결에서 사회적 네트워크가 매우 효과적이라는 인식 때문이다. 이에 보다 효과적인 노인복지실천을 위한 지역사회자원의 개발과 네트워크 구축에 대해 살펴볼 필요가 있는 것이다.

(1) 지역사회복지 네트워크의 의미

일반적으로 네트워크란 공유된 목적을 달성하기 위해 개인이나 조직간 상호작용과 자원을 교환하는 사회적 체계이다. 알터와 하지는 네트워크를 조직간 거래의 상호작용, 공동행동, 공동산출의 사회적 형태로 언급하고 있다.

(2) 지역사회복지 네트워크의 의의

지역사회복지 네트워크는 지역사회복지 공급 주체간의 역할 정립이라는 의의를 가지고 있으며 지역사회의 강화, 지역사회의 변화를 주도하는 조직 활동 및 연대활동을 강화시킬 수 있다.

(3) 지역사회복지 네트워크의 기능과 역할

지역사회복지기관간의 서비스 연계와 조정 및 역할을 분담하며, 지역사회복지의 증진을 위한 네트워크를 연계하고 조정하는 역할을 한다. 또한 네트워크 참여기관간의 연계 프로그램을 개발하고 역할분담 등에 관해 협의·조정하여 지역사회복지기관간의 협의를 통해 서비스가 중복 제공되는 경우를 방지할 수 있다.

지역사회복지기관간에 대상자를 의뢰하고, 지역사회 자원을 동원하며 지역조사를 공동으로 실시하여 네트워크 참여조직이 필요로 하는 지역 내의 다른 민간자원을 발굴하고 자원봉사자를 교육하고 배치한다.

지역욕구조사와 지역사회복지계획을 수립하며, 지역 내 보건 및 사회복지서비스 제공 대상자를 파악하기 위한 욕구 조사를 네트워크 참여조직이 공동으로 실시하며, 이를 토대로 지역사회복지계획을 수립하도록 한다.

(4) 지역사회복지 네트워크 구축의 원칙과 방향

지역사회복지 네트워크 구축의 전제 조건으로, 첫째, 네트워크 참여에 대한 동기부여, 둘째, 협력 장애 요인의 극복, 셋째, 네트워크 참여조직의 전략적 적합성 또는 필요성의 증대를 들 수 있다.

실질적인 네트워크가 가능하기 위한 전제임과 동시에 과제인 네트워크상의 협력 장애 요인을 극복해야 하는데, 그동안 기존 연구에서 언급되었던 협력 장애 요인을 세 가지로 분류해 보면 다음과 같다.

첫째, 지방자치단체의 능력과 의지, 재정능력, 관리기술, 공공지원 등 지방자치단체 차원의 행정적 요인,

둘째, 지역사회복지기관 실무자들의 업무 과중과 소극적이며 배타적인 업무태도 등 기관 내적 요인,

셋째, 공식적인 협력채널의 부재, 정보 부족, 복지기관 운영지침상의 문제 등 조직 외적인 제도적 요인이다.

(5) 지역사회복지 네트워크 구축의 원칙

첫째, 자발성의 원칙으로 지역사회복지 네트워크의 참여는 강제성을 배제하고 자발성을 전제로 한다.

둘째, 민주성의 원칙으로 네트워크에 참여한 관련조직은 동등한 자격과 의사소통의 개방성, 수평적 관계를 원칙으로 한다.

셋째, 포괄성의 원칙으로 같은 분야 또는 같은 종류의 기관에 국한되지 않고 지역복지관련 조직을 네트워크의 구성 범주로 포괄해야 할 것이다.

넷째, 책임성의 원칙으로 수평적 네트워크의 중요한 요소인 자율성 못지않게 책임성을 확보해야 한다.

다섯째, 실용성의 원칙으로 지역사회복지 네트워크의 형식성을 탈피하고 내실을 기하기 위해서는 실제 활동을 수행할 수 있는 실무자 중심으로 운영하는 것이 바람직하다.

여섯째, 다양성의 원칙으로 네트워크 구성 단위의 사업내용이나 활동영역의 지리적 특수성을 반영하여 다양성이 이루어져야 한다.

(6) 지역사회복지 네트워크의 구축방향

① 지역사회복지 네트워크의 운영구조

지역사회복지 네트워크의 운영구조는 운영위원회와 실무위원회등과 같이 이원화할 필요가 있다. 운영위원회는 참여조직의 대표자들로 구성되며, 네트워크의 주요한 의사결정을 담당하도록 한다. 그리고 운영위원회 산하의 실무위원회는 각 조직의 중간관리자들로 구성하며, 운영위원회의 결정사항을 구체적으로 수행하는 기능을 담당하도록 한다. 네트워크에 참여하는 기관의 실무자들은 실무위원회를 통해 각 기관에서 제공되는 서비스와 대상자에 관련된 정보를 공유하고, 서비스 제공과 관련된 구체적인 협의와 연계서비스를 제공하게 된다.

② 지역사회복지 네트워크의 대상 및 구성

네트워크의 원칙으로서 포괄성을 언급하였다시피 행정지원조직, 서비스 제공조직, 자원제공 조직 등을 포괄하는 방향으로 구축되어야 한다. 그리고 필요 시 동종

분야의 범위를 넘어서 타 영역으로 확대되어야 한다.

③ 지역사회복지 네트워크의 주체

지역사회복지 네트워크는 기본적으로 다양한 복지관련 조직의 참여구조로 이루어진다. 책임성 확보 차원에서 관련 조직들을 매개할 수 있는 중심조직(또는 행위자)을 선정할 필요가 있다.

④ 지역사회복지 네트워크의 활동내용

지역사회복지 네트워크의 주요 활동은 지역사회의 욕구 파악, 지역사회복지계획의 수립, 지역사회복지의 이슈 분석 등 지역복지의 의제 형성을 통한 사회적 공론화 내지 지역복지정책의 개선과 관련된 활동을 중심으로 지역사회복지의 역량을 강화하는 데 초점을 둔다.

(7) 지역사회복지 네트워크의 실제

① 지역사회복지협의체

지역사회복지의 대표적인 네트워크 조직으로 부상할 지역사회복지협의체의 구성은 '사회복지 또는 보건의료에 관한 학식과 경험이 풍부한 자, 사회복지사업을 행하는 기관과 단체의 대표자, 보건의료사업을 행하는 기관' 단체의 대표자를 공익단체에서 추천한다. 사회복지업무 또는 보건의료 업무를 담당하는 공무원 위원으로 위촉하도록 규정하고 있다.

지역사회복지협의체의 기능은 첫째, 지역사회복지의 제도화 및 체계화 기능이며, 둘째, 지역사회복지서비스의 연계 및 조정에 대한 지원 기능, 셋째, 지역사회 복지자원의 개발과 발굴 기능이다.

지역사회복지협의체의 조직체계는 대표자협의체, 실무협의체, 실무분과로 구성되면서 지역사회의 복지관련 사항을 협의・결정하는 체계이다. 특히, 각 조직단위 간에 상호보완적이며 피드백 기능이 이루어지는 방향으로 운영되어야 할 것이다.

② 지역사회복지협의회

지역사회복지협의회에 관한 정의를 던햄(Dunham)은 '복지와 보건에 관한 지역사회문제의 해결에 필요한 계획을 수립하고 사업을 추진함에 있어서 주민의 관심과 전문가의 기술을 결합시키는 지역주민과 사회기관들 간의 연합체'라고 하였다. 박태영(2003)은 지역사회복지협의회를 '주민과 사회복지기관 및 관련 조직체들에 의해 구성되고 지역사회복지의 과제를 해결하기 위하여 다양한 노력을 기울이는 민간의 대표성을 지닌 조직'이라고 정의하고 있다.

지역사회복지협의회는 주민 욕구 중심과 주민 참여, 전문성의 원칙, 민간비영리성의 원칙, 민-관 협력과 지역특성 존중의 원칙을 가지고 있다.

지역사회복지협의회의 기능은 지역사회복지활동, 연락 및 조정과 협의의 기능, 지원과 유지의 기능을 가지고 있다.

③ 지역사회복지협의회의 발전방향

지역사회복지협의회를 발전시키는 방향은 다음과 같다. 첫째, 주민의 참여를 활성화시켜야 하며 둘째, 지역사회의 문제 파악, 주민욕구 분석, 복지자원의 현황파악 및 지역사회복지 관련 조직간의 연계활동을 강화하여 지역사회복지의 위상을 확립해야 한다. 셋째, 사업의 안정과 활동의 내실을 기하기 위해서는 재정확보가 필수적이다.

■ 참고문헌

강철희 · 정무성 외(2007). **지역사회복지실천론**. 나남출판사.

고승덕 · 서미경 외(2004). **노인보건복지 이론과 실제**. 집문당.

권중돈(2004). **노인복지론**. 학지사.

김종일(2003). **지역사회복지론**. 현학사.

유성호 외(2000). **노인복지론**. 아시아미디어리서치.

이인수(2003). **21세기 노인복지론**. 대왕사.

이인수 · 김미주 · 신은영(2004). 국내외 노인복지와 실버산업. 대왕사.

임춘식(2001). **고령화사회의 도전**. 나남.

장창호 · 고순철 외(2006). **지역사회복지론**. 교문사.

최성재 · 장인협(1987). **노인복지학**. 서울대학교출판부.

최순남(2000). **현대노인복지론**. 한신대학교출판부.

최일섭 · 류진석(2001). **지역사회복지론**. 서울대학교출판부.

한국임상사회사업학회(2004). **노인복지론**. 양서원.

허정무(2000). **현대사회의 노인문제와 노인복지**. 협신사.

현외성 외(2000). **한국노인복지학 강론**. 유풍출판사.

홍숙자(2001). **노년학개론**. 도서출판 하우.

16

실버산업과 노후생활

1. 실버산업의 개념

1960년대 이후 급속한 산업화, 도시화가 진행되면서 최근 우리나라는 평균수명의 증가와 출산율의 감소로 인한 노년층의 인구가 증가하고 있다. 또한 증가하는 노인들의 다양한 욕구로 인해 노인복지산업이 크게 성장하고 있다.

실버산업(silver industry)에서 silver란 노인이라는 단어가 갖는 부정적 이미지를 없애기 위해 노인의 흰머리를 은발에 비유하여 일본의 민간업체에서 고안해 낸 이름이다.

우리나라에서는 1980년대 중반부터 실버산업이라는 용어가 사용되기 시작하였으며 실버마켓, 실버비지니스, 노인산업이라는 말도 함께 사용되고 있다. 우리나라보다 먼저 실버산업이라는 용어를 사용한 일본은 현재 실버산업보다는 '실버비즈니스' 또는 '실버서비스'라는 말을 더 많이 사용하고 있다. 영어권에서는 실버산업과 같은 의미의 용어로 '노인시장(Elderly Market)', '성인시장(Mature Market)'이라는 용어를 주로 사용하고 있다.

일본 후생성은 실버산업은 60세 이상의 노인을 대상으로 민간기업이 시장 원리에 의해 상품이나 서비스의 공급을 행하는 산업' 이라고 정의하고 있다.

우리나라에서 실버산업의 용어는 법적으로나 행정적으로 정의되어 있지 않지만 연구자들이 나름대로 정의를 내리고 있다.

현외성은 은퇴한 노인들을 대상으로 생활의 안정과 보호, 편의를 위해 민간 부문이 자유시장에서 재화 및 서비스를 제공하는 일련의 경제활동(현외성 외, 2003:334-335)이라고 하였다.

이인수는 50세 이상의 장·노년층 사람들이나 다소 젊더라도 특별한 정신·신체적 이유로 노인들의 생활과 유사한 생물학적·사회적 특성을 보이는 사람들을 고객 대상으로 하는 영리목적의 사업을 일반적으로 총칭한 것(이인수, 2000:1)이라고 하였다.

최성재는 실버산업을 '노인을 대상으로 한 상품과 서비스, 또는 노령기에 그 효력을 발생하게 되는 상품과 서비스를 시장경제의 원칙에 입각하여 생산하고 공급하는 활동(최성재, 1995:489)'이라고 그 개념을 규정하고 있다.

실버산업의 대상은 노인이나 혹은 노후를 대비하는 고령자이며, 공급주체는 민간기업이 중심이 되고 있으며, 서비스의 원칙은 시장경제원리를 따르며, 분야는 노인의 욕구나 노년기의 문제를 해결하는 데 필요한 상품이나 서비스라고 할 수 있다.

실버산업이 시장경제원리에 따른 이윤을 추구하는 산업이긴 하지만 그 대상자인 노인은 사회적·경제적으로 취약한 계층이므로 사회복지적 성격도 동시에 갖고 있다. 즉 실버산업은 영리성과 함께 복지성을 동시에 갖고 있기 때문에 영리추구에 따른 노인의 피해를 방지하도록 법률적·행정적인 보호와 함께 서비스의 질적 관리, 공급가격 등에 대하여도 적절한 국가 규제가 요구된다고 할 수 있다.

이러한 실버산업의 특성을 근거로 하여 볼 때 실버산업이란 경제력이 있는 노인을 대상으로 그들이 필요로 하는 상품과 서비스를 제공하여 노인의 욕구를 해결하고 노인의 삶의 질을 향상시키려는 자유시장 경제의 원칙에 입각한 영리사업이라고 할 수 있다.

2. 실버산업의 배경과 발전

실버산업은 크게 두 가지 관점에서 성장 발전해 왔다. 하나는 노년학, 인구학, 보건학, 주거학, 심리학, 경제학, 보험학 등 순수 이론적 학문적 관심에서 노후생활에 관심을 가지면서 실버산업이 등장한 것이고, 다른 하나는 현실적 경제적 관심에서 실버산업이 유망산업으로 또 하나의 필요한 산업으로 인식되면서 특별히 발전해 온 것이다.

이 두 가지 관점을 기본으로 실버산업이 출현할 수밖에 없는 주요 배경을 살펴보면 다음과 같다.

첫째, 실버산업의 가장 큰 발전 요인은 노인인구의 증가에서 찾을 수 있다. 우리나라의 경우 평균수명의 연장과 출산율 감소로 인해 노인인구가 빠른 속도로 증가하고 있다. 노인인구가 증가한다는 것은 노후 생활에 필요한 소비재나 서비스의 필요성을 증가시킨다는 것을 의미한다.

둘째, 장남이 부모를 부양하는 전통적 가족구조에서 '핵가족화'되면서 노인부양 기능이 약화되고 노부부만 생활하는 노인단독가구의 증가는 노인의 주거와 생활을 보장할 수 있는 사회적 서비스의 필요성이 대두되고 이를 해결하기 위한 실버산업의 육성이 불가피하게 되었다.

셋째, 노인인구의 경제력 향상이 주요한 실버산업의 배경요인이다. 노인인구의 증가는 경제적 의존성이 강한 노인뿐만 아니라 경제적으로 여유 있는 노인인구도 동시에 증가하며, 사회보장제도의 구축과 개인적인 노후 소득보장을 위한 준비 등으로 노인들의 경제력은 이전보다 향상되게 되었다. 나아가 우리나라의 국민연금이 성숙되면 노인층의 구매력은 한층 증가할 것으로 조심스럽게 전망되고 있다. 이상과 같이 경제성장과 함께 증가하고 있는 경제적 능력이 있는 노인층을 대상으로 그들의 욕구에 적합한 상품이나 서비스 개발 필요성이 제기된 것이다.

넷째, 1970년대 이후 복지국가를 표방하던 선진국들은 경제침체와 더불어 복지국가의 위기에 봉착하였고 1980년대 이후 복지비용의 축소나 억제 등의 경향으로 전환되면서 최저한의 생활보장 이상의 복지욕구는 경제시장에서 해결하도록 하는 정책기조가 진행되고 있다.

우리나라의 경우 노인복지에 대한 국가예산은 상당히 부족한 편이지만 이러한 국제적 추세 속에 국가재정의 확대는 크게 기대하기 어려우며, 증가하는 노인들의 다양한 욕구들을 민간에 의한 실버산업에 의해 많은 부분 충족시켜 나가야 할 것이다(이해영, 2006:187).

다섯째, 실버산업에 대한 학술적 연구가 실버산업의 등장을 뒷받침하고 있다. 서구 선진국의 경우 민간기업들이 실버산업에 진출하고자 실패를 거듭하면서 노인 소비자의 욕구파악과 정보수집, 그리고 그에 적합한 생산 및 마케팅 전략을 수립하기 위하여 체계적인 연구를 하였으며, 노인복지뿐만 아니라 의학, 간호학, 건축학, 경제학 등의 다양한 학문 분야에서 이루어진 노인 소비자의 욕구와 실버시장의 변화에 대한 연구결과들로 인해 실버산업의 발전이 더욱 촉진되었다.

1) 실버산업의 발전과 특성

(1) 실버산업의 발전

실버산업은 노후생활과 연관된 각 분야에서 변화되는 사회환경과 노인의 수적 증가 등 여러 요인에 의해 생겨났으며, 미국에서 노인 소비계층에 대한 관심이 학문과 산업 양 측면에서 발달되었다.

특히 의학 분야에서 노인의 질병에 관한 치료인 노인의학에 관한 관심을 중심으로 노년학, 사회노년학 등 학문적 연구가 발전하였다. 그러나 이러한 정보들은 학문적 지식으로만 인식되었을 뿐 실용적으로 노인들이 시장경제원리 안에서 어떻게 행동하는지에 대한 맥락에서 분석되지 않았기 때문에 구체적인 실버산업 발전에는 큰 도움이 되지 못했다.

노인 소비계층에 대한 최초의 연구는 1960년대에 마켓 교육자에 의해 시작되었다. 이 당시에는 노인 소비자를 이득이 없는 집단으로 취급하였고, 소비행동에 관한 연구도 행태의 원인보다는 어떻게 행동하는지에 대한 서술적인 기술들이 주종을 이루었다.

인구학자들은 장기적으로 전체 인구의 연령구성의 변화를 추적하여 노령인구가 증가할 것을 예측하였으나 이들이 제시한 통계자료는 노인층의 확대와 실버산업이 노인을 소비자로 하여 이윤추구가 가능하다는 것을 깨달은 시점인 1970년대 후반에서야 노인층의 확대에 대한 인식을 새롭게 하기 시작하였다.

그 후 1980년대에는 각종 대중매체를 통하여 노인계층이 소비자임을 강조하는 인식들이 확산되었고, 또한 몇몇 전문가들에 의하여 노인 소비자를 대상으로 하는 시장개척방법이 제시되었다. 실제로 우리는 노인 계층을 소득이 없는 집단, 비활동적이며 건강하지 못한 집단, 혜택받지 못하는 집단 정도로만 인식하고 있었으나 이들 전문가들에 의하여 드러난 부정적 고정관념은 깨지고 노인계층을 긍정적인 집단, 활동적이고 건강하며 이득이 되는 집단으로 새롭게 인식하게 되었다. 이러한 새로운 이미지의 변화는 1970년대에 인플레이션을 고려하여 사회보장연금이 조정되어 노인들의 경제력이 향상되었기 때문이기도 하다. 또한 노인소비계층에 대한 인식은 증가하는 노인 연령층으로 투표권을 행사하는 노인의 정치적 세력 증대도 무시할 수 없는 요인으로 작용하고 있다.

고령화사회로서의 인구학적 대전환에 사업가들은 조심스럽게 관심을 나타내며 투자를 하기 시작하였고, 새로운 소비계층으로 부각되는 노인들을 위한 다양한 전략개발이 추진되었다.

이와 때를 같이 하여 우리나라에서도 고령화사회를 대비하여 노인 혹은 고령화에 관한 여러 문제들을 중요하게 평가하기 시작하였고 이와 같은 시대적 요구에 부응하기 위한 조치의 일환으로 1993년 말 정기국회에서는 노인복지법을 개정하여 민간기업도 노인을 소비자로 각종 실버산업에 참여할 수 있는 법적 · 제도적 제도를 마련하기에 이르렀다.

현재 서구사회에서 성업을 이루고 있는 실버산업의 업종으로 홈케어서비스산업, 중간보호시설 및 1일 탁노소사업, 유료의 양로 및 요양시설, 노인전용의 의료서비스사업, 케어하우징의 설치운영사업, 노인을 대상으로 하는 관광 · 취미 · 오락 프로그램을 제공하는 사업, 노인식품, 노인의복, 노인용 생활용품의 제조판매 · 사업 등 그 유형은 매우 다양하게 발전되었다.

우리나라 노인복지정책은 근본적으로 '선가정 후사회보호'를 원칙으로 하나 급증하는 노인인구와 노년층의 욕구가 다양해짐에 따라 사회, 민간, 가정의 역할 분담론이 제기되고 있으며, 노인학교, 노인용 생활용품, 효도관광, 노후대책을 위한 통장 등 노인을 대상으로 한 상품들이 일부 개발되기는 하지만 아직 시작단계라 할 수 있다.

(2) 실버산업의 특징

복지국가 위기 이후 선진국에서 사회복지영역에서의 국가 책임의 축소, 민간영역의 확대, 또한 복지공급의 다양한 주체의 참여 등의 정책이 확대됨에 따라 영리를 추구하는 기업도 복지영역에 참여함으로써 실버산업이 복지영역에서 차지하는 비중이 확대되고 있다(이해영, 2006:188).

실버산업의 특징을 살펴보면 다음과 같다.

첫째, 실버산업의 공급주체는 민간부분이고, 상품과 서비스는 시장경제원리에 의해 공급되기에 본질적으로 수익자부담의 영리원칙을 추구하는 영리산업이다.

둘째, 실버산업은 고령사회의 산업적인 측면에서 수익성이 우선되지만, 신체적·사회적·경제적으로 취약한 노년층을 대상으로 한다는 측면에서 그들의 공통적인 욕구와 문제를 해결해 주는 하나의 방법으로 국가가 실버산업체계를 인정하고 지원하며, 동시에 그들의 권익보호와 안전보장을 위해 관여하므로 공익적 성격을 지니는 산업이다.

셋째, 실버산업 전반엔 큰 시장규모가 예측되지만 분야별로 보면 기본적으로 수요 기반 산업이다. 노인의 소득과 재산, 연령, 건강상태에 따라 다양한 욕구에 대응하는 세분화된 소형시장의 집합적 성격이 강하다. 다품종 소량생산의 중소기업에 적합하다고도 할 수 있다. 또한 보건, 의료 복지는 물론 금융과 생활서비스 등을 한꺼번에 제공하는 one-stop 서비스에 대한 수요가 선호된다. 또한 여성노인들의 수적 우세는 여성노인의 소비패턴을 고려한 재화 및 서비스의 개발도 필요하다

2) 실버산업의 분야

실버산업의 분야는 매우 다양하지만 대체로 다음과 같이 다섯 가지 유형으로 나눌 수 있다.

(1) 주거관련 분야

도시나 근교의 노인집합주택, 노인전용단독주택, 노인촌락, 양로시설 등의 노인들의 주거와 관련된 분야이다.

최근 우리나라의 고령화사회 진입과 함께 노후생활의 기반으로 실버타운(silver town)이 관심의 대상이 되고 있다. 그러나 실버타운 역시 실버산업과 함께 아직 법적으로나 행정적으로 규정된 용어는 아니다.

실버타운은 원래 미국이나 호주에서 보편화된 노인주거시설의 집합 지역 유형으로 양로시설, 요양시설, 오락시설 등이 한 지역에 모여 설치되고 노인들이 이주하여 노인들의 독특한 주거지역을 형성한 것이다.

실버타운은 노인들의 의식주 및 기본 의료관리를 주목적으로 체류하는 통합형 목적의 노인주거시설로 그 규모와 형태는 다양하다. 특히, 대규모 실버타운은 아파트, 공동주택 등의 독립주거시설과 연속보호시설, 요양원, 치매센터 등의 보호시설이 집합을 이루어 상호 연계 및 협력관계를 유지하며 Community, Village, County, Town등의 명칭을 사용하고 있다(이인수, 2003).

우리나라는 노인복지법상 유료노인주거시설에는 유료양로시설과 유료노인복지 주택이 있다.

유료양로시설은 '노인을 입소시켜 급식, 기타 일상생활에 필요한 편리를 제공하고 이에 소요되는 일정의 비용을 입소자로부터 수납하여 운영하는 시설'이라고 규정하고 있으며, 유료노인복지주택은'노인에게 유료로 분양 또는 임대 등을 통해 주거의 편의 · 생활지도 · 상담 및 안전관리 등 일상생활에 필요한 편의 제공을 목적으로 하는 시설'이라고 정의하고 있다.

실버타운은 입지유형에 따라 도시형, 도시근교형, 리조트형, 전원형으로 구분되며, 사업방식별로는 입주금을 일시에 지불하고 서비스 비용은 별도로 지불하는 종신형(이용권형), 연금보험의 수혜자가 직접 입주하는 종신형(연금형), 입주보증금 지불 후 임대형태로 계약하는 임대형, 입주자가 주거시설의 소득원을 취득하는 분양형으로 구별할 수 있다.

(2) 케어관련 분야

고령이 되면서 노인은 신체적·정신적으로 쇠잔해지기 때문에 식사나 목욕, 세탁, 외출 등에 있어서 도움을 필요로 하게 된다. 거동이 불편한 노인들을 위한 가정방문간호서비스, 가정봉사원파견서비스, 입욕서비스, 주간보호, 단기보호 등의 재가복지서비스가 필요하다.

민간 주도의 방문간호시설, 주간보호시설, 단기보호시설, 가정봉사원파견시설 등에 체계적인 지원 방안을 강구하여 재가복지서비스의 공급을 확대하고 질적 수준을 제고할 수 있는 민간참여 활성화 정책이 필요하다(이해영:192~193).

또한 케어분야의 건강하고 문화적인 최저 생활수준의 서비스는 정부의 주도하에 시책을 추진해 나가야만 하는 것이 민간서비스 공급의 전제조건이라 할 수 있다.

(3) 금융관련 분야

금융·보험 분야는 노후의 안정적 생활을 유지하는 데 필요한 주거비, 의료비 등 생활자금의 확보와 보유자산을 운용·관리하는 분야로, 개인연금, 신탁, 각종보험, 장기요양보험, 자동차 할인보험, 부동산 관리 및 부동산 담보대출 등의 다양한 상품이 있다.

우리나라는 국민연금이 아직 성숙되지 않았기 때문에 노인의 소득보장이 미비하지만 경제성장에 따른 소득수준 향상으로 최근 들어 실버산업으로서 금융관련 분야가 2000년 이후 두드러지고 있다.

노인전용예금상품(조흥은행 경로우대통장, 외환은행 예스실버신탁 등), 역모기지상품(reverse mortgage), 즉시연금, 고령자용 건강보험(대한생명 굿모닝실버건강보험), 자산관리 및 상속설계 서비스(하나은행 내리사랑신탁, 우리은행 웰스피아) 등이 제공되기 시작하였고, 특히 외국계 금융사의 진출이 본격화되면서 노인용 상품의 종류 및 서비스의 다양화도 가속화되고 있다(이해영, 2006:195).

(4) 여가활동 관련 분야

여가활동분야에서는 교육, 여행, 운동 등이 포함된다. 노인이 평생교육을 통하여 그들이 여가를 보내도록 하는 평생교육원과 노인전용의 헬스클럽 및 케이트볼장 운영을 통하여 심신을 단련케 하고 취미오락실을 설치・운영함으로써 하루의 보람을 느낄 수 있도록 하며, 노인을 대상으로 하는 여행알선업무 등이 있다.

최근 들어 평균수명이 늘어나고 노인들의 경제적인 생활수준 향상으로 인해 길어진 여가시간을 잘 활용하여 보람있는 생활을 영위하고 생활의 즐거움을 찾을 수 있도록 다양한 노인 여가 프로그램이 필요하다.

또한 젊은 세대들이 레포츠 등 여가활동을 즐기는 데 영향을 받아 노인도 여가활동의 중요성을 점차 인식해 가고 있다. 따라서 직장에서는 은퇴하였어도 노인은 자원봉사활동을 포함한 여러 가지 사회참여를 위한 활동을 통해 자기 자신을 표현해 가는 것이 건강하고 보람 있는 노후를 보내는 방법이라는 사실을 복지교육을 통해 널리 확산시켜야 할 것이다. 또한 노인여가 프로그램과 시설개발에 대해 정부의 정책적인 지원방안이 마련되어야 하는데 민간 위주의 노인대상 레저, 관광, 노인호스텔, 노인대학 및 노인문화센터 등 건립 활성화를 위한 세제상・금융상의 민간자본의 투자유인 제도가 수립되어야 할 것이다.

(5) 생활용품 관련 분야

노화에 의해 노인의 심신기능이 저하되면서 복지기기 및 용품이 필요하게 된다. 이 용품들은 노인 본인에게는 일상생활을 원조하여 주고, 수발하는 가족에게는 수발 환경을 개선시켜 주는 효과를 가져온다. 복지용품 및 기기는 보행 보조 장구, 휠체어, 욕창 방지용 매트, 포터블변기, 욕조, 종이기저귀, 긴급통보 시스템 등을 들 수 있는데, 대부분의 경우 일본산 제품이다. 실버스 체인점에서 종이 기저귀, 매트, 안마기, 쑥찜 팩 등의 용품을 판매하고 있는데, 노인인구 증가에 따라 이들 용품의 수요는 크게 증가할 것으로 예상되기 때문에 노인생활용품 전문점도 증가하는 추세에 있다. 이외에도 노인 식품 분야, 자동차 분야, 우유, 화장품, 배달서비스 분야 등의 노인을 위한 상품으로 개발되고 있다.

3) 실버산업의 과제와 전망

실버산업은 21C 고령사회의 진입과 함께 노인층의 소득 수준 향상과 중산층의 급증으로 노인복지에 대한 수요가 증대 할 것이며 이를 시장경제 원리에 입각하여 보다 나은 복지시스템을 공급하기 위한 것으로 21C에는 실버산업이 본격적으로 대두될 것이라고 본다. 따라서 실버산업을 위해서는 다음과 같은 과제가 요구 된다.

첫째, 공공부문에서의 복지재정을 확대하여 국민들의 최저생활을 보장해야 하며 동시에 국가와 민간 부문과의 역할 분담은 명확히 해야 한다. 우리나라의 경우 국가가 국민의 복지를 책임지는 복지국가의 단계를 거치지 않은 채 서구의 복지민영화의 조류에 편승하여 복지에 대한 책임을 개인과 가족, 시장에 전가했다. 그 결과 저소득층에 대한 최저수준의 삶을 보장하는 데 한계를 보이고 있으며, 노인, 장애인 등 사회적 보호를 필요로 하는 사회적 약자들이 필요로 하는 서비스를 적절히 제공하지 못하고 있다. 그래서 복지서비스의 이중 구조가 심화 되어 사회 통합을 저해하게 된 것이다. 따라서 영리를 추구하는 민간기업 중심의 실버산업을 활성화하기 이전에 공공 부문의 재정 확대가 선행되어야 할 것이다.

둘째, 실버산업 활성화를 위한 제도적 기반을 구축하고 참여 기업에 대한 다양한 지원이 이루어져야 한다. 현재 우리나라에는 실버산업 관련 연구개발, 인프라 구축 및 지원 육성을 체계적으로 수행할 수 있는 법적・제도적 기반이 마련되어 있지 않으므로 실버산업진흥법(가칭)과 같은 법의 제정과 아울러 실버산업 참여를 제한하는 각종 행・재정적 제한 조항들을 완화해야 한다. 그리고 실버산업 참여기업에 대해서는 재정융자 특별회계, 국민주택기금, 국민연금기금 등을 활용한 사업자금의 장기 저리 융자를 비롯한 각종 재정 및 세제상의 혜택을 부여하고, 실버상품의 유통을 위한 인프라를 구축해야 한다.

셋째, 실버산업에 대한 적절한 규제 장치를 마련하여야 한다. 실버산업은 영리성과 복지성이라는 두 가지 특성을 동시에 지니고 있다. 실버상품이나 서비스를 생산·공급하는 민간기업체는 영리를 목적으로 하는 조직이므로 상품이나 서비스의 질, 그리고 자격 등을 포함 유통과정에 규제가 없을 경우, 노인 소비자 사기사건이나 악덕상술 등과 같은 피해사례가 속출할 가능성이 많다. 따라서 노인복지용품이나 서비스에 대한 표준규격제도를 도입하고 실버서비스 윤리강령, 실버마크(silver mark) 제도와 같은 실버산업 지도・감독을 위한 장치를 마련해야 할 것이다.

넷째, 실버서비스 소비자의 권리의식의 증진이 요구된다. 실버산업의 성공 여부는 국가와 민간기업뿐만 아니라 소비자의 역할 또한 매우 중요하다. 실버산업의 소비자인 노인과 중・장년, 그리고 가족들은 소비자로서의 권리의식을 확고히 하고 실버산업의 질적 저하를 견제하는 역할을 수행해야 한다. 이를 위해서는 노인복지기관이나 단체, 소비자단체, 시민단체 등이 상호 협력하여 사회운동적 차원에서 실버산업의 개선・보완을 요구하는 활동이 요구 된다.

다섯째, 실버타운 등 실버산업의 운영과 서비스 제공에 사회복지사, 간호사 등 자격과 능력이 있는 노인복지 전문 인력을 배치하여 효율성을 높이고 질 높은 서비스를 제공하여야 한다.

여섯째, 현대사회의 구조적 변화에 영향을 받아 노인 자신과 자녀들의 전통적 노인부양 관념이 변화하면서 나타난 새로운 가족관계, 노인문화의 개념을 국민적 합의로 재규정하여 노인부양에 대한 혼란과 어려움을 최소화시킬 수 있는 정책적 방안이 마련되어야 한다.

이상에서 살펴보았듯이, 우리나라는 고령사회가 급격히 다가오면서 실버산업에 대한 수요도 급격히 증가하고 있다. 2000년 이미 우리나라는 고령화사회로 접어들었으며 오는 2018년은 고령사회에 도달하게 된다. 이처럼 급속한 고령화 추세가 위협 요인이기도 하지만 새로운 수요를 창출하는 기회의 요인이라고도 할 수 있다. 따라서 실버산업을 적극 육성하기 위해서는 정부차원에서 민간기업의 실버산업 참여 촉진을 위한 제도적・법적 지원체계를 정립하고 실버산업에 대한 인허가 업무나 규제 업무에 대해 유기적인 행정적・재정적 지원을 강화할 필요가 있다. 또한 실버서비스를 제공할 수 있는 전문 인력을 육성하고 확보해야 하며, 실버서비스에 대한 요금 보조나 세금공제 혜택을 주고 서민용 실버타운을 분양하는 등 종합적인 사회복지정책을 수립해야 한다(이민표, 2000:19-22).

■ 참고문헌

권중돈(2006). **노인복지론**. 학지사.

박차상 외(2006). **노인복지론**. 학지사.

이민표(2000). 20C 실버산업의 방향과 대책. 노인복지연구. 제7호 한국노인복지학회.

이인수(2004). **미래의 실버산업과 노후생활**. 도서출판 21C.

이해영(2006). **노인복지론**. 창지사.

최성재(1995). 노인주거보장. 노인복지의 현황과 정책과제. 한국보건사회연구원,

현외성 외(2003). **한국노인복지학강론**. 유풍출판사.

17

노인과 자원봉사

우리나라는 지난 2000년 65세 이상 노인인구 비율이 7.2%에 이르러 '고령화사회'에 들어섰다. 2006년 현재 총인구 중 65세 이상 인구가 차지하는 비율은 9.5%로 2004년 8.7%에 비해 0.8%p 증가하였고, 10년 전인 1995년 5.9%에 비해서는 3.6% 증가하였다. 향후 2018년에는 이 비율이 14.3%가 되어 '고령사회'에 진입하고, 2026년에는 20.8%가 되어 '초(超)고령사회'를 앞두고 노인복지에 대한 관심이 더욱 증대되고 있다.

노인자원봉사활동은 노인의 여가를 유용하게 활용함으로써 사회문제를 해결하고, 노인의 사회참여를 통해서 사회통합적인 노후생활을 영위하게 하여 고독과 소외 문제를 해결하는 데 중요한 역할을 하고 있다. 이러한 노인자원봉사활동은 노인문제 해결 차원에서의 '노인을 위한 자원봉사'와 노인복지증진 차원에서의 '노인에 의한 자원봉사'를 들 수 있다. 현대 노인들은 경제, 건강, 역할상실, 고독, 부양 문제 등으로 자원봉사자의 도움을 필요로 하고 있으며, 또한 건전한 여가활동과 보람있는 노후생활을 위해 자원봉사활동이 필요하다.

1. 노인들의 일반적인 특성

일반적으로 노년기에는 노화로 신체적·심리적·사회적으로 다음과 같은 특성이 나타난다.

1) 신체적 특성

노인이 되면 신체를 구성하고 있는 세포 및 기관 등의 기능에 감퇴가 일어나면서 신체적인 변화가 나타난다. 이로 인한 노인의 신체적 특성과 여러 문제를 요약하면 다음과 같다.

가장 큰 외면상의 변화로는 백발의 증가, 두발의 감소, 주름살의 증가, 얼룩반점의 증가, 신장의 감소 등의 신체적인 노화가 나타난다. 또한 신체기관의 기능적 쇠퇴를 들 수 있는데, 노인이 되면 피부 및 지방조직의 감소, 세포의 감소, 골격 및 수의근의 약화, 치아의 감소, 시력감퇴, 심장비대 및 심장박동 약화 등의 현상이 나타난다. 또 이로 인해 관절염, 동맥 경화, 고혈압, 당뇨병, 신장병, 심장병 만성질환의 발병률도 증가한다. 그 밖에도 운동능력과 근력의 저하, 뼈의 퇴행성 변화, 피부의 건조, 혈관 벽의 탄력성 감소와 더불어 체력이 쇠퇴하여 자주 피로감을 느끼게 되며 여러 가지 노환을 수반하게 된다.

2) 심리적 · 인지적 특성

노인의 심리적 특성과 행동양식은 적어도 60여 년 이상 겪는 개인적 경험과 사건, 문화적·사회적 변화의 결과이므로 다양한 개인차를 보일 수 있다. 따라서 노인에 따라 나타나는 신체적 특성이 다르듯이 개개인의 다양한 심리적 변화가 있다는 것을 인정하면서 노화에 따라 일반적으로 나타나는 심리적·인지적 특성은 다음과 같다.

첫째, 감각기관의 변화로 시각, 청각, 미각, 촉각 등의 감각기관의 예민도가 저하된다.

둘째, 지적 능력의 변화로 지능, 기억력, 학습능력, 사고 및 문제해결능력, 창의성이 저하된다.

셋째, 성격특성의 변화로 내향성 및 수동성, 조심성 및 경직성, 우울증, 과거에 대한 회상의 증가, 친숙한 사물에 대한 애착심, 성역할 지각의 변화, 의존성의 증가, 유산을 남기려는 경향, 시간 전망의 변화 등의 특성이 나타난다.

3) 사회적 특성

사회적인 면에서 노인 역시 지위를 가지고 이에 따른 역할을 수행하면서 개인 또는 집단과 상호작용을 하는 사회적 존재라 할 수 있다. 사회적 존재로서 노인의 특성은 직장에서 퇴직함으로 인하여 사회적 역할을 상실하고 지위가 저하된다는 것이다. 즉 사회적 제도인 정년퇴직으로 공식적인 지위도 상실되는 경우가 많다. 직장의 상실은 수입의 감소로 이어지므로 경제적인 능력이 저하되고 사회와 가정에서의 권위도 약화된다. 이로 말미암아 자존감은 낮아지고 경제적 의존성은 증가하면서 소외와 고독을 느끼게 되는 것이다.

위에서 열거한 노년기의 특성들은 각각 분리되어 나타나지 않고 밀접하게 관련되어 상호 영향을 미친다. 이러한 노년기의 변화들은 신체적・심리적 혹은 사회적 역할 상실에 의해 발생하므로 각각의 변화에 잘 적응하고 긴장감으로부터 벗어나는 것이 노년기의 주요 과제라 할 수 있다.

2. 현대사회의 노인문제

노인문제란 대다수의 노인에게 공통적으로 나타나는 문제로, 노인 자신이나 가족의 힘만으로 해결할 수 없는 것을 말한다. 다시 말해서 노인문제는 노인 개인이나 그 가족의 결함과 문제에서만 비롯되는 것이 아니라, 사회의 전반적인 제도와 구조상의 문제와도 밀접한 관련이 있는 사회문제이다.

1) 빈곤문제

전통사회에서 노인은 농업경제 구조의 틀 속에서 대가족이 함께 자급자족적 생활을 영위하여 왔다. 그러나 21세기에 들어와 경제구조는 산업화 · 정보화되었으며 대부분의 국민이 핵가족화되었으며 임금소득이나 사업소득으로 살아가는 사회로 바뀌었다. 이러한 변화 가운데 노인들은 소득원천을 상실하는 경우가 대부분이다. 산업사회에서 젊은 시절을 보낸 노인들도 조기퇴직, 명예퇴직 등으로 소득원을 잃은 경우가 많다.

우리나라의 65세 이상 노인들은 1960~70년대 경제적, 사회적으로 어려운 환경 속에서 헌신적인 노력으로 지금의 경제성장을 이룩하였음에도 불구하고, 수입원의 대부분을 자녀에 의존하는 등 많은 노인이 경제적으로 어려운 생활을 유지하고 있다.

2) 건강문제

일반적으로 노년기로 접어들면 신체적 노화로 인하여 한두 가지 이상의 질병을 지니고 생활한다. 한국보건사회연구원의 조사(2005)에 의하면, 전체 노인의 90.4%가 한 가지 이상의 만성질환을 가지고 있다. 노인의 만성질환을 종류별로 살펴보면, 가장 유병률이 높은 질병은 관절염, 고혈압, 요통 · 좌골통, 신경통, 골다공증, 백내장, 소화성궤양, 빈혈, 당뇨병, 디스크 등의 순으로 나타났다. 또한 장기간 케어를 필요로 하는 치매, 중풍 등의 노인들이 증가하고 있는데, 65세 이상 노인의 14.8%가 보호를 필요로 하는 노인으로 2004년 62만 명이던 요보호노인은 2007년엔 72만 명, 2010녀엔 79만 명, 그리고 2020년에는 114만 명으로 예상되고 있다. 이들을 돌보아야 하는 노인수발문제는 우리사회가 풀어야 할 중요한 과제로 남아있다.

3) 역할상실의 문제

직업생활은 물질적인 것 외에 자아실현, 자아지지, 자아확인을 통한 사회심리적 만족감에 있다. 따라서 노인이 되면서 겪는 퇴직은 소득상실의 문제와 함께 다른 사회적 역할이 개발되어 있지 않은 노인에게는 역할상실의 문제를 겪게 한다. '2006어르신 일자리 박람회'를 방문한 만 60세 이상 노인 구직자 826명을 대상으로 설문조사를 실시한 결과, 응답자의 42.6%가 '고졸'이었으며 '대졸 이상'이 38.7%, 다음으로 '중졸' 13.3%, '초졸' 5.4% 순이었다. 일하고 싶은 직종은 44.3%가 '단순직'(생산, 운전, 경비, 배달 등)이었고, '일반사무직'이 24.2%, '서비스직'(안내, 계산 등)이 17.7%, '전문직'(번역, 강의, 실버모델, 주례 등)이 13.8%로 조사됐다.

'언제까지 일하고 싶은가'에 대한 질문에는 32.7%가 '70세'라고 응답했고, '평생 일하고 싶다'는 답변도 22.7%나 됐다. 이 외에도 '75세' 18.9%, '65세' 15.3%, '80세' 9.4% 등이 있었다.

이처럼 노인들은 아직도 일할 수 있음에도 불구하고 직장에서 물러나게 되고 사회적 역할을 상실하게 된다. 직업에서의 은퇴는 경제권의 상실과 아울러 노인의 지위와 권위를 점점 약화시키게 된다.

4) 소외와 고립문제

노인들이 겪는 고독, 외로움, 소외감은 현대사회의 노인들에게 더욱 큰 고통으로 다가온다. 지금까지의 현대화 과정에서 나타나는 노인의 빈곤, 질병, 역할상실과 함께 현재를 살아가는 대다수의 노인들은 여러 가지 측면에서의 소외문제를 겪고 있다. 특히 세대간 교육 수준의 차이와 이에 따른 가치관의 차이는 부모-자녀간의 대화의 기회를 줄이고 노인을 가족과 집안일의 결정에서 제외시키는 방향으로 작용하고 있다. 또한 핵가족화로 인하여 지리적인 거리도 멀어져 부모와 자녀간의 대화와 만남의 기회는 더욱 줄어들고 있다. 결국 노인은 가족으로부터 소외감과 고립감을 느끼고 갈등을 경험하게 된다.

2005년 한 해 동안 자살한 1만 4,011명 중에 20대는 10.2%, 10대는 2.3%, 60대 이상이 33.6%로 가장 많았다. 60대 이상 자살자 수는 2000년 2,329명에서 지난해 4,706명으로 5년 만에 2배로 증가했다. 노인 자살의 경우 자살시도 대 수행 비율이 4대 1로 일반적인 자살 200대 1에 비해 매우 치명적이며, 노인의 경우 죽고자 하는 욕구가 젊은 사람에 비해 매우 높은 것으로 알려지고 있다.

이러한 고독의 문제를 뒷받침할 수 있는 여가시설이나 프로그램이 부족할 뿐만 아니라, 이들 시설과 프로그램에 대한 재정적 · 기술적 지원을 제공하지 못하고 있는 실정이다.

3. 노인자원봉사활동의 의의 및 필요성

1) 노인자원봉사활동의 의의

위에서 간단히 살펴본 것처럼 노년기는 신체적, 경제적으로 커다란 상실감을 겪는 시기이기도 하다. 그러나 동시에 새로운 것에 대한 창조의 시기이기도 하다. 과거에 노인은 서비스를 주는 자보다는 일방적으로 서비스를 받거나 도움을 받는 자로 인식되어 왔다. 그러나 오늘날 대부분의 노인들은 건강하고 활발하게 활동할 수 있으며, 평생 동안 축적한 지식과 기술을 갖고 있어 서비스를 제공하는 훌륭한 봉사자가 될 수 있다.

최근 들어 시민들의 사회적 책임성이 회복되고, 자원봉사에 대한 사회적 생산성 및 사회적 개방의 효용성이 가치를 인정받으면서 자원봉사활동에 대한 관심이 확산되고 있다. 한국의 경우 1988년 서울올림픽을 계기로 자원봉사활동에 대한 관심이 높아지면서 자원봉사활동을 지원해 주는 법적 토대를 마련하려는 등 사회 곳곳에서 자원봉사의 생활화를 위한 노력이 가속화되고 있다.

은퇴 후 자신의 능력과 신념을 다른 사람을 위한 자원봉사에 활용하는 것은 이 세상에서 가장 고귀한 것이다. 특히 정년퇴직한 사람들에게는 자신감 상실이나 자아의식의 망각으로부터 회생할 수 있는 최선의 길이 남을 위해 무엇인가 일을 하는 것이다. 연장된 노년기의 여가시간을 자원봉사활동을 하면서 보내는 것이 노인 개인뿐만 아니라 사회적으로도 매우 의미 있는 일이다. 그러나 노인 자원봉사활동에 대해서는 아직까지 노인을 비롯한 대다수의 사람들이 노인을 위한 봉사활동으로만 인식하고 있을 정도로 그 활동이 매우 미약한 실정이다.

노인의 자원봉사활동은 일반적으로 '노인을 대상으로 한 자원봉사'와 '노인이 주체가 되는 자원봉사'가 있다. 특히 노인이 주체가 되는 자원봉사활동의 중요성이 대두된 것은 경제적으로 안정된 노인층의 증가, 노인의 여가시간 증대, 노인의 건강 수준 향상 등으로 사회적으로 유익한 활동을 통하여 삶의 보람을 찾으려는 노인의 증가에 기인한다. 노인의 사회참여는 노인 자신에게 노후생활의 풍요로움을 더해 줄 것이며, 지역사회에 공동체의 유지·발전을 위해 책임을 다하는 한 구성원으로서의 모습을 보여 주게 될 것이다.

앞으로 인구고령화 현상의 가속화로 노인문제에 대한 사회적 관심이 확대될 것이며, 이들 인력에 대한 사회적 활용이라는 문제 역시 제기될 것으로 보인다. 미래의 노인층은 지금의 노인층보다 사회적 변화에 민감하며, 이에 따른 사회의식 및 가치관의 변화와 함께 노인의 권리와 책임의식도 커질 것으로 예상되기 때문에 노인층 자원봉사 비율은 점차 증대하리라 기대된다. 그러나 우리나라 노인들의 자원봉사 참여율은 다른 나라에 비해 상당히 낮은 편이며, 지속적으로 활동하지 못하는 경우가 많다.

노인의 사회활동 참여는 상당히 의미 깊은 일로서 특히 노인이 갖는 여가시간의 일부 혹은 전부를 자원봉사활동에 참여하는 것은 노인 자신은 물론 지역사회복지에도 크게 기여할 수 있게 된다.

노년기 자원봉사활동은 퇴직생활에 대한 적응력을 높이고 상실되었던 사회적 지위와 역할을 보충해 주는 중요한 대체역할이 될 수 있다. 즉, 자신들이 유용하다는 느낌을 갖게 함으로써 고독감을 감소시키며, 또한 지역사회와의 연대감을 제고시키고, 세대간 사회통합에 도움이 될 수 있다는 점 그리고 사회적으로 인적 자원을 활용할 수 있다는 점에서 사회적 의의가 크다.

2) 노인자원봉사활동의 필요성

오늘의 노인복지는 단순한 구빈사업이나 의료보호의 개념이 아니고, 노인이 하나의 독립된 인간으로서 기본적인 욕구충족과 문화생활을 유지하며, 가정이나 사회에서 존경을 받고, 사회적인 역할과 활동에 참여하여 삶의 의미와 보람을 갖도록 하는 것이다. 현 세대 노인들은 퇴직 후 긴 노후를 건전한 여가활동과 보람 있는 노후생활을 위해 자원봉사활동이 필요하다. 노인 자원봉사활동의 필요성을 살펴보면 다음과 같다.

첫째, 자기성숙과 자아실현의 계기를 갖는다. 자원봉사활동에의 참여는 자기성장과 자아실현을 돕고 창의성과 책임성을 발휘할 수 있는 기회를 제공해 준다. 노년기는 인생의 마지막 단계이자 새로운 시작의 기간으로 인격적으로 성장하고 자신의 욕구를 더욱 더 크게 충족시킬 수 있는 시기이다. 인간의 기본적인 욕구를 크게 나눠 보면 생리적인 욕구와 사회 · 심리적인 욕구로 구분할 수 있다. 사회 · 심리적인 욕구는 사랑을 받고 싶어하는 애정의 욕구, 단체나 유력한 존재의 일부가 되고 싶어하는 소속의 욕구, 사회적으로 가치 있는 것을 이루고 싶은 성취의 욕구, 남의 간섭을 받지 않고 자주적으로 행동하고 선택하려는 독립의 욕구, 자신의 존재를 인정받고 싶어하는 승인의 욕구 등으로 구성되어 있다.

특히 노인의 경우 자녀의 분가, 배우자 및 친구의 사망, 퇴직으로 인한 역할상실 등으로 인하여 사회 · 심리적 욕구를 충족하는 데 어려움이 있다. 이러한 사회 · 심리적 욕구를 적절하게 충족하지 못하면 삶의 의욕을 상실하게 되어 활기찬 노후생활을 영위하기가 어렵다. 이러한 사회 · 심리적인 욕구를 아주 효과적으로 충족시킬 수 있는 활동이 바로 자원봉사이다. 노인은 자원봉사활동을 통하여 자긍심 회복, 적극적인 자기표현, 성취감의 경험, 적절한 가족관계의 유지, 지능저하의 예방, 노화방지 등의 효과를 얻게 되어 자기성숙과 자아실현이 가능해진다.

둘째, 지역사회에서 공동체 의식의 강화이다. 이상적인 지역사회는 지리적 · 공간적 영역을 가지고, 그 영역 내에 생활환경 기반이 잘 정비되어 있고, 주민들의 상호교류와 그 지역에 대한 주민의 귀속의식이 있어야 한다. 노인도 그 지역사회에 살고 있는 주민이므로 지역사회의 한 구성원으로서의 역할을 수행해야 한다. 노인이 인생의 선배로서, 생활의 지혜와 경험을 갖춘 자로서 공동체의 발전을 위해 나름대로의 역할을 다해 나갈 때, 지역사회의 복지문제, 특히 노인문제의 해결 · 예방에 기여할 수 있다. 또한 지역사회의 유용한 일원으로서의 지위를 가질 수 있으며, 지역사회 구성원들에게 새로운 노인상을 정립할 수 있게 되고 지역사회의 진정한 어른으로서 존경을 받을 수 있게 될 것이다. 노인들의 적극적인 자원봉사활동은 사회가 갖고 있는 노인에 대한 잘못된 편견을 없애고, 나태해지기 쉬운 일상습관에 신선한 자극을 갖게 하며, 남을 돕는다는 자부심으로 보람 있는 일에 열중함으로써 더불어 살아가는 공동체 의식을 갖게 된다. 오랜 세월동안 사회에서 생산적으로 활동하여 온 경험과 그 가운데서 연마한 지식과 기술은 실로 가치 있는 것이 많으며 특히 각자의 경험과 기술을 살릴 수 있는 사회봉사활동은 사회복지에 큰 공헌을 하고 나아가서 사회의 개선과 발전에 큰 기여를 하게 된다.

셋째, 자원봉사에 대한 평등한 가치를 정립할 수 있다. 자원봉사활동은 봉사가 의미하는 '자원봉사를 해 주는 사람과 자원봉사를 받는 사람'의 관계와 같은 일방적이고 일시적인 자혜심이나 감상주의 또는 값싼 영웅주의의 발로가 아니다. 한 인간으로서 스스로 타인과 더불어 생활하며 선한 활동을 함으로써 자기실현을 지향하는 것이다. 일방적으로 '주는 자와 받는 자'와의 관계는 대등한 관계로 이어지기 어렵다. 특히 노인은 자원봉사자로 활동할 수도 있지만 자원봉사의 대상자도 될 수 있다는 점에서 봉사자와 대상자의 관계를 대등하게 전환시킬 수 있는 좋은 기회가 된다. 또한 나이가 많아짐에 따라 모든 신체적 · 정신적 능력과 기능이 약화되어 가지만 갑자기 약화되는 것이 아니어서 노령에도 불구하고 별지장 없이 중년기 때와 다름없이 사회를 위해 일할 수 있다는 것을 사회 일반인들에게 보여 줌으로써 노인에 대한 긍정적 인식을 심어 줄 수 있다. 노인의 자원봉사활동에의 참여는 사회복지에 큰 공헌을 하고 나아가서 사회의 개선과 발전에 큰 기여를 하게 되어 비노인층이 노인을 보는 인상을 긍정적으로 변화시킬 수 있다. 이처럼 노년기의 자원봉사활동은 노인 자신과 서비스 대상자 그리고 사회에 큰 이익을 주게 된다.

4. 노인자원봉사활동의 활동영역

1) 자원봉사활동 현황

현재 우리나라에서 노인의 자원봉사활동 참여 비율은 다른 나라에 비해 상당히 낮은 편이다. 노인들은 자원봉사를 받는 대상자일 뿐 자원봉사를 하는 주체자로 인식하지 않아 노인의 자원봉사활동이 아직 활성화되지 못하고 있다. 노인들이 자원봉사에 참여할 때에는 개별적으로 봉사할 곳을 찾아가 필요한 도움을 주는 경우도 있으나 대부분의 노인 자원봉사는 기존의 노인복지 관련 기관이나 지방자치단체 또는 종교단체, 자원봉사센터 등에 소속하여 활동하고 있다.

우리나라 자원봉사활동 경험실태를 살펴보면 전체노인의 85.3%가 참여 경험이 없다고 응답하였으며, 과거에 참여한 경험이 있는 노인이 10.7%, 현재 자원봉사활동을 하고 있는 노인이 4.0%이다. 향후 자원봉사활동에 참여할 의향이 있는가에 대해서는 13.0%가 참여하겠다고 응답하였으나 87.3%는 참여의사가 없다고 했다. 참여빈도는 1주일에 1~2회가 36.4%로 가장 많으며, 그 다음은 1개월에 1회가 35.5%, 1개월에 2~3회는 14.4%, 1주일에 5회 이상이 7.0%, 1주에 3~4회가 4.6% 등의 순으로 나타났다. 향후 자원봉사활동 영역에 대해서는 지역사회봉사활동이 52.9%로 가장 많으며, 그 다음이 사회복지분야로 24.2%이며, 교통 및 환경분야 9.2%, 교육 및 예술분야 5.8%, 보건의료분야 3.7%, 스포츠 및 레크리에이션 2.9% 등의 순이다. 자원봉사를 원하지 않는 이유로는 건강이 좋지 않아서 45.8%로 가장 많으며, 본인이 하고 싶지 않아서 17.2%, 심리적 부담감 때문에 4.4%, 자원봉사의 필요성을 느끼지 못해서 3.4% 등의 순이며, 그 외에도 봉사하는 곳을 몰라서, 봉사할만한 활동이 없어서 등의 이유도 나타났다(한국보건사회연구원, 2005). 미국의 인구조사국에 따르면, 65~74세 노인 41.4%, 75세 이상 노인의 39%가 자원봉사에 참여하고 있는 것으로 나타나 우리나라 노인인구의 자원봉사 참여율은 상당히 저조함을 알 수 있다.

그동안 우리나라에서 노인 자원봉사활동은 대한노인회가 대표적으로 활동해 왔으며, 1990년대 후반에 들어와 일부 지방자치단체에서 노인층 자원봉사활동을 지원하기 시작하였다. 또한 노인복지회관, 자원봉사센터, 지방자치단체 등에서 노인들을 중심으로 한 자원봉사활동이 이루어지고 있다(고양곤 외, 2003).

대한노인회는 우리나라 최대의 노인단체로 2006년까지 220여 만 명의 회원이 등록되어 있고, 시・도 연합회, 시・군・구 지회의 전국적인 조직을 가지고 있다. 대한노인회에서는 전국에 걸쳐 각 지회 또는 경로당 단위로 지속적으로 자원봉사활동에 참여하고 있다. 이들 조직이 참여하는 자원봉사활동의 내용을 살펴보면, 교통봉사, 방범순찰, 청소년 선도, 자연보호 캠페인, 환경정화, 전통문화선양 등이다.

노인복지회관 또는 노인종합복지관은 지역 노인의 다양한 욕구를 충족시키기 위해 설립된 곳이므로 우리나라의 대표적 노인여가복지시설의 하나이다. 노인 자원봉사활동 내용은 복지관 내에서 안내 및 행사도우미, 식당, 배식, 업무보조, 각종 프로그램의 전문 강사 등으로 다양하다. 또한 복지관 밖에서 교통질서, 청소년선도, 환경보호뿐 아니라 문화공연 봉사, 말벗 서비스, 교육보조 서비스 등의 활동이 이루어지고 있다.

자원봉사센터는 행정자치부 지원으로 1996년부터 설립되기 시작하여 2002년도에는 전국 시・군・구 248개소가 운영되었다. 자원봉사센터의 경우 어르신 자원봉사대는 청소, 교통정리 등 지역사회 봉사 외에도 외국어(일어, 영어 등) 능력이 있는 노인들이 행정부처에서 필요로 하는 서류 및 자료들을 무료 번역, 도움이 필요한 또래 노인을 방문하여 봉사하고 있다. 또한 센터에서는 경로당과 어린이집이 결연사업으로 맺어져 대표자회의, 교육, 결연을 통하여 세대간 교류를 실시하여 자원봉사활동을 펼치고 있다.

일부 지방자치단체에서도 노인 자원봉사활동에 대해 여러 지원을 통해 이를 활성화하려는 노력을 하고 있다. 서울시에서는 1990년대 들어와서 노인층을 대상으로 유료자원봉사 형태의 활동을 지원해 왔었다. 이는 사회 역할로부터 소외되어 가고 있는 노인들에게 지역사회에 봉사할 수 있는 기회를 제공하여 노인들의 풍부한 지식과 경험을 활용하고 유휴노인들에게 소득의 기회를 부여함으로써 노인복지 증진에 기여하고자 하는 목적이었다. 1995년부터는 환경감시 할아버지 봉사대와 자율방범 할아버지 봉사대를 운영하고 있으며 이에 수백 명의 노인이 참여하고 일당을 받아 왔다. 최근에는 이들 사업 중 환경감시활동은 서울시가 대한노인회 서울시 연합회에게 관리를 위탁하였다. 경기도는 자체 내 노인자원봉사학교를 운영하고 있는데, 사회경험과 지식이 풍부한 60~70대의 노인들로 선발될 예정인 교육생들은 노인들의 자원봉사 활성화를 위한 리더그룹으로 양성하고 있다.

노인 관련 단체에서 노인 자원봉사자들이 활동을 하고 있는데 예를 들어 노인의 전화, 노년자원봉사회, 한국노인복지회, 노인대학, 삼락회 등이 있다.

2) 자원봉사 활동영역

노인이 참여할 수 있는 자원봉사영역은 기본적으로는 일반인들이 할 수 있는 분야와 동일하게 범위가 넓지만 노인들이 가지고 있는 지식이나 경험, 기술, 지혜 등을 충분히 활용하고 즐거움과 보람을 느낄 수 있는 영역이 바람직하다.

봉사활동은 다양하게 구분할 수 있다. 먼저 활동하는 장소에 따른 구분으로는 가정에서 할 수 있는 자원봉사, 지역사회에서 할 수 있는 자원봉사, 복지문제를 갖고 있는 지역에서 할 수 있는 자원봉사, 복지·문화·레크리에이션 등의 시설에서 할 수 있는 자원봉사, 계발·조사·모금 등의 자원봉사 등이 있다.

높은 식견과 경륜을 가진 지역사회 노인들의 청소년 선도활동은 여름·겨울 방학을 이용하여 청소년들에게 한문교육과 예절교육을 실시함으로써 충효사상과 도덕성 회복에 많은 기여를 하고 있다. 폐품수집과 재활용품 수거작업을 통한 지역사회 정화사업의 경우, 추진과정에서 일부 노인계층과 자손들의 반발도 있었으나 이제는 지역사회봉사라는 공감대를 이루며 분위기가 정착되어 가고 있다. 그러나 아직까지는 이러한 운동이 수동적으로 정부의 지침을 수용하는 차원에서 이루어지는 경향이 있으며, 각 지회 또는 경로당 회장의 능력이나 열의에 따라 봉사활동에 큰 차이가 있음을 알 수 있다. 봉사 프로그램에 있어서도 각 지회의 지역적 특성과 시대의 변화에 따른 다양하고 독창적인 프로그램의 미흡함이 지적된다.

일반적으로 노인은 체력과 순발력이 다른 연령층에 비해 대체적으로 떨어지므로 과도한 체력이나 집중력을 요하는 활동에는 적합하지 않다. 노인들이 일생을 통해 축적하여 온 경험과 기술을 충분히 발휘할 수 있고, 역할상실을 대체할 수 있으며, 흥미를 느낄 수 있는 봉사활동 프로그램이 개발되어야 할 것이다. 도시와 농촌의 지역적 특색을 감안한다면 지역사회의 독창성을 살린 노인 자원봉사 프로그램의 개발이 가능하리라 본다.

일반적으로 우리나라 노인에게 적합한 자원봉사활동을 살펴보면, 노인의 신체적·심리적 노화현상 등을 감안할 때 비교적 체력과 순발력이 덜 필요한 활동이 적합하다. 그리고 동시에 노인들에게 사회적 대체역할을 해 줄 수 있거나 또는 노인들의 경험과 지식에 적합하고 노인들이 흥미를 느낄 수 있는 자원봉사 프로그램이 개발되어야 할 것이다.

현재의 노인층은 제한된 자원봉사 영역에서 활동하고 있는데, 특히 점차 증가하고 있는 중상층 고학력 노인들의 경우 스스로 자원봉사활동에 대한 의사가 있다 하더라도 그들에게 적합한 영역을 발견하는 것이 쉽지 않아 자원봉사활동을 포기하는 경우도 있다. 따라서 앞으로 다양한 노인층이 자원봉사활동을 보다 원활히 할

〈표 17-1〉 **사회복지영역에서의 노인 자원봉사활동 프로그램**

영역		목표	구분	서비스	프로그램
사회복지영역	아동청소년 프로그램	자립기능 향상 (직접 대인서비스)	전문자원봉사	상담	비행청소년 상담 시설아동 생활상담, 신앙 상담
			일반자원봉사	심리적 자립	결손가정 아동지도 시설아동 조부모 손자손녀 맺기
			전문자원봉사	교육지원	시설아동 및 결손가정아동 학습지도 시설아동 및 결손가정아동 놀이지도 어린이한자교실지도 외국어교육(영어, 일어) 한문교육, 기능교육 및 훈련
				여가선용	보육시설아동 민속놀이지도 풍물놀이지도
			일반자원봉사	보호활동	영·유아보호시설아동 돌보기 탁아시설아동 돌보기
		사회적 지지 (간접서비스)	전문자원봉사	조사활동	청소년유해환경조사·감시
			일반자원봉사	캠페인	미아아동 찾기 운동 전개 청소년을 위한 금연 캠페인
	노인 프로그램	자립기능 향상 (직접 대인서비스)	일반자원봉사	정서적 위문	안부전화걸기 무의탁노인 가정방문 신앙 및 고충 상담, 케어서비스
				사회활동지원	독거노인 모임, 허약노인 외출 동행
			전문자원봉사	생활지원	이·미용서비스, 의료 및 재활서비스
		사회적 지지 (간접서비스)	일반자원봉사	사회환경조성	시설환경조성, 경로당 화단 가꾸기
	장애인 프로그램	자립 기능향상 (직접 대인서비스)	전문자원봉사	정서적 자립	재활전화상담, 점자서비스, 수화서비스
			일반자원봉사	심리적 자립	말벗
				보호활동	장애아동돌보기
				생활지원	가사활동 지원, 반찬 지원
			전문자원봉사	간접생활지원	이·미용서비스
		사회적 지지 (간접서비스)	단순전문 자원봉사	업무보조	관련시설·단체 업무 보조
				기술지원	설비장비보수 및 환경관리

수 있도록 개인의 지식이나 경험 등을 활용할 수 있는 자원봉사 영역의 개발이 시급하다.

이러한 관점에서 노인들이 참여할 수 있는 다양한 자원봉사활동 프로그램 영역을 사회복지영역의 자원봉사활동 프로그램, 지역사회에 있어서의 자원봉사활동 프로그램, 보건의료 자원봉사활동 프로그램, 환경 자원봉사활동 프로그램, 문화·예술 자원봉사활동 프로그램으로 나누어 제시해 보면 다음과 같다(한국사회복지협의회, 1997; 김영호, 1997; 조성남, 1998; 大阪ボランティア協會, 1985).

〈표 17-2〉 지역사회 영역의 노인자원봉사활동 프로그램

영역	목표	체계	구분	서비스	프로그램
지역사회영역	주민 편익	편익 증진	전문 자원봉사	정보공동체 구축	소비자 문제 상담실 생활문제수집 및 가공
			단순 전문자원봉사	시설관리 및 구축	공원 및 놀이터 관리 학교폭력예방센터, 시민안전고발센터
	사회 안전	안전 지도	일반 자원봉사	현장활동 (지도)	놀이터 안전지도, 물놀이장 안전지도 안전한 통학로 만들기
				캠페인활동	시민감시단 운영, 시민 안전 캠페인
		방범 활동	일반 자원봉사	순찰	자율방범대활동, 가정순찰대 지역소방대, 학교주변순찰
			전문 자원봉사	주민 신고망	주민신고조직 구성 및 운영
			일반 자원봉사	교정 활동	우범자 선도, 보호관찰 비행청소년 선도
	공공 지원	공공 기관 지원	일반 자원봉사	현장 활동	재활용 알뜰시장 지원 골목길놀이터 만들기
			단순 전문자원봉사	시민참여	시민참여조직, 의정감시단 일일자원공무원, 지방행정감시 투·개표 참관
		민간 단체 지원	일반 자원봉사	감시활동	청소년유해환경 추방 운동 학교주변 불량 출판물 추방 운동
			전문 자원봉사	조사연구	의정활동평가, 법률상담 및 자문 외국어 통역 및 안내, 각종 자료 번역

〈표 17-3〉 보건의료 영역에서의 노인 자원봉사활동 프로그램

영역	목표	구분	체계	서비스	프로그램
보건의료영역	건강 증진	전문 자원봉사	교육활동	건강교육	바른 자세교육 재활운동보조 주민건강교실 보건 및 의료전문상담 청소년 약물 오·남용 교육
		일반 자원봉사	캠페인	약물 오남용	금연운동, 금주운동 유해화학 오·남용 운동
				시민운동	헌혈운동 건강사회실천운동
	질병 치료	전문 자원봉사	병의원진료	한의과	의료진료
				병의원	의료진료
	의료 지원	일반 자원봉사	업무지원	안내활동	병원안내, 전화서비스 환자방문, 환자동행보조
			업무보조	의료용품 보조	의료기관 업무 보조 의료용품준비 및 세탁 보조
		단순 전문 자원봉사	간호/간병	환자간병	간병서비스 호스피스 간호지원
			조사활동	보건의료 조사	지역·보건·의료 기초조사 질병 조사
				의료기관 조사	의료기관 모니터링

〈표 17-4〉 환경영역에서의 노인 자원봉사활동 프로그램

<table>
<tr><th>영역</th><th>목표</th><th>구분</th><th>체계</th><th>서비스내용</th><th>프로그램</th></tr>
<tr><td rowspan="15">환경영역</td><td rowspan="9">환경 보존</td><td rowspan="9">일반 자원 봉사</td><td rowspan="5">현장 활동</td><td>지역사회</td><td>깨끗한 거리 만들기 캠페인
환경 푸르게 가꾸기</td></tr>
<tr><td>동·식물 보호</td><td>나무에 이름표 달아주기</td></tr>
<tr><td>토양 보존</td><td>쓰레기 매립장 감시</td></tr>
<tr><td>수질 보존</td><td>지하수 보존운동, 해수욕장 정화</td></tr>
<tr><td>식품 건강</td><td>무공해 농산물 애용하기, 유기농 운동</td></tr>
<tr><td>계몽과 지원</td><td>지원</td><td>민간환경단체 지원
폐비닐·폐농약병수거</td></tr>
<tr><td rowspan="3">쓰레기수거와 재활용</td><td>분리 수거</td><td>쓰레기 수거, 재활용품 분리 보관,
폐건전지 분리수거</td></tr>
<tr><td>재활용</td><td>중고제품 재활용운동</td></tr>
<tr><td>폐품 이용</td><td>폐품으로 재활용 만들기</td></tr>
<tr><td rowspan="6">환경 감시</td><td rowspan="5">단순 전문 자원 봉사</td><td rowspan="5">감시 활동</td><td>수질 감시</td><td>산업폐기물 처기 감시,
상수원 보호구역 감시</td></tr>
<tr><td>대기 감시</td><td>무단소각 감시, 자동차 배기가스 감시</td></tr>
<tr><td>식품 건강</td><td>불량식품 감시, 수입식품 유통 감시</td></tr>
<tr><td>쓰레기 감시</td><td>건설공사장 환경 감시,
병원 처리물 처리 감시</td></tr>
<tr><td>수질 조사</td><td>수질오염시료 채취</td></tr>
<tr><td>전문 자원 봉사</td><td>조사활동</td><td>동식물 조사</td><td>야생 동·식물조사</td></tr>
</table>

〈표 17-5〉 **교통 영역에서의 노인 자원봉사활동 프로그램**

영역	목표	구분	체계	서비스 내용	프로그램
교통 영역	교통 편익 증진	일반 자원봉사	교통 안전지도	현장활동	교통표지판 및 도로시설물 감시 교통안전캠페인 초등학교 주변 교통안전지도 횡단보도 주변 교통정리
		전문 자원봉사	교통교육	교육지원	노인층 교통안전 지도, 교통관련 자문 및 상담
		일반 자원봉사	교통 편의제공	소통지원	대중교통이용 캠페인 지하철 안전 및 질서유지 혼잡한 거리질서 바로잡기
	교통 환경 개선	단순전문 자원봉사	감시 모니터	교통행정	교통문화 시민 감시, 민원업무보조
				교통환경	매연차량감시, 주차위반감시 무단방치차량 감시
		전문 자원봉사	조사활동	교통 시스템	도로안전표시판 조사, 학교주변 교통안전 실태조사

〈표 17-6〉 **문화 · 예술영역에서의 자원봉사활동 프로그램**

영역	목표	체계	구분	서비스	프로그램
문화예술영역	문화재 보존	무형문화재 계승	전문 자원봉사	보급활동	무형문화재공연(전시) 및 계승 후계자 양성, 위문공연 노인합창단 및 예술단 구성
		유형문화재 문화시설 보호	일반 자원봉사	관리활동	내고장 문화재 가꾸기 문화재 보호 캠페인 문화재이용 및 관람 안내 문화재지역 환경 정화 위락시설 보수 및 환경정리 성곽유적지 주변 환경 정화 유형문화재 보호 · 감시 · 계도 유형문화재 안전 점검
		문화재 발굴	전문자원봉사	자료조사	박물관 자료정리, 향토문화 조사 · 연구
	문화 생활 향상	생활불편 및 유해환경 개선	전문 자원봉사	조사활동	문화시설 이용에 관한 여론조사 청소년 유해시설 감시 청소년 유해환경 실태조사
	문화 복지 서비스	문화시설 이용 서비스	단순전문 자원봉사	업무보조	문화시설 탁아보호 지역문화시설 안내
		대인서비스	전문 자원봉사	교육지원	판소리 지도, 서예지도, 예절교육

3) 노인자원봉사 조정자의 역할

(1) 노인자원봉사 관리조정자 교육 프로그램의 개발

자원봉사활동은 자원봉사자와 클라이언트의 당면한 욕구충족뿐만 아니라 상호간의 협력관계가 잘 이루어져야 한다. 이러한 형태의 자원봉사활동이 이루어지려면 자원봉사활동 조정자 역할을 담당하는 사회복지사의 적절한 개입이 필요하다.

일반적으로 '조정자(coordinator)'로서 사회복지사는 두 가지 이상의 것을 그 각각이 지닌 개성을 손상하지 않고 적절하게 맞추어서 그 이상의 '효과'를 나타내게 하는 것이다. 노인자원봉사 조정을 담당한 사회복지사(이하 '노인 자원봉사조정자'라 칭한다)는 노인에 대한 이해와 노인의 인생설계, 노인의 특성에 맞는 독특한 자원봉사활동 탐색, 노인 자원봉사조정자로서의 유의사항 등에 대한 지식을 필수적으로 갖추어야 할 것이므로 이러한 내용을 고루 갖춘 교육 프로그램이 개발되어야 한다(박태영 · 최경익, 1993).

① 독특한 자원봉사활동 탐색

노인 자신에게 가장 적합한 자원봉사활동 거리를 찾아내는 것은 노인 자원봉사조정자의 중요한 역할 중의 하나이다. 노인 각자에게 알맞은 독특한 활동을 찾아내기 위해서는 본인의 특성, 희망하는 활동장소, 활동대상, 활동분야, 관심영역, 생활하고 있는 상황 등 다양한 요인들을 고려하여야 한다.

② 노인 자원봉사조정자의 유의사항

살아온 환경은 물론, 성격이나 취미도 각각 다른 노인들이 자원봉사활동을 통하여 무엇인가를 발견해 내려고 자원봉사활동에 참여하게 된다. 노인 자원봉사 조정자는 이러한 노인에게 어떠한 점에 주의해서 대처하면 좋을지, 조정자가 노인 자원봉사활동을 추진해 가는 데 있어서 유의해야 할 사항은 다음과 같다.

㉠ 노인의 성격이나 습관을 파악한다.

㉡ 자원봉사활동을 인생설계의 가운데 둔다.

㉢ 건강 · 안전에 만전을 기한다.

㉣ 요보호자라도 자원봉사활동을 할 수 있다.

ⓜ 부부 · 가족관계도 배려한다.

ⓑ 노인은 자원봉사활동의 대상자이기도 하다.

ⓢ 다양한 메뉴를 준비해서 활동의 계기를 만든다.

ⓞ 활동에 들어가기 전에 강의를 충분히 해야 한다.

(2) 노인 자원봉사자 양성과정 마련

노인 자원봉사자 양성과정은 일반 자원봉사자 교육과 큰 차이는 없지만, 일방적으로 강사가 수강생에게 지식을 전달하는 것으로만 효과를 거둘 수 없다. 수강생이 자주적으로 생각하여 자신에게 맞는 자원봉사를 스스로 찾아가는 형식으로 진행되어야 한다. 그러므로 자원봉사교육에서 '강사'로서의 기능보다는 '조정자'로서의 기능이 더욱 중요한 것이다.

노인 자원봉사자 양성과정의 한 예를 소개하면 다음과 같다(박태영, 1999).

① 모집

노인 자원봉사 프로그램을 실시하려는 자원봉사 조정자가 프로그램을 설계한 이후에 처음으로 해야 할 일은 노인자원봉사자의 모집이다. 자원봉사자 모집이란 잠재적 자원봉사자들을 발굴하여 이들이 실제 자원봉사활동에 참여하도록 유도하는 제반 활동을 말한다. '노인 자원봉사 교육'이라는 강좌명보다는 좀 색다른 접근, 즉 자원봉사 프로그램의 명칭을 사용한 강좌명이 노인 자원봉사자 모집에 효과적이다.

② 사전설명

다른 생각이나 목적으로 수강하려는 사람이 많이 있으므로 사전설명은 매우 중요하다.

③ 신청

신청 후 강좌 개설 이전에 교재나 강의노트를 배부하고 사전에 준비를 하도록 한다.

④ 개인면담 I

강의의 목적이나 프로그램 내용에 대하여 정확하게 이해하도록 하고, 끝까지 교육에 참가하려는 마음을 갖도록 만들어야 한다. 수강자의 강의에 대한 기대, 참여

동기 등을 경청하고, 가능한 범위 내에서 성격이나 습관 등을 파악해 두면 운영상 세심한 대응을 할 수 있다.

⑤ 인간관계 형성

수강자간의 동료 만들기, 그룹 만들기는 강좌를 진행해 나가는 데 있어서 핵심적인 요소이다. 그룹 운영방법을 배우거나 인간관계를 잘 형성하는 법을 배우는 것은 강좌 수료 후 자원봉사활동에 있어서도 매우 필요한 것이다. 우선 레크리에이션을 통하여 부드러운 분위기 속에서 인간관계를 맺어 나가는 것이 효과적이다.

⑥ 강의

강좌에서 기본적으로 개설되어야 할 강의로는 '자원봉사의 개념', '자원봉사활동상의 주의사항', '고령화사회와 노인의 역할', '인간관계', '건강' 등이다.

⑦ 자기발견

지금까지의 자신을 되돌아보는 여유, 자기점검 등을 통하여 자신이 무엇을 추구하고 있는지를 확실하게 찾아낸다.

⑧ 사례소개

활동메뉴만 소개하는 것으로는 자극이 약하므로 실제로 동년배의 자원봉사자로부터 사례를 듣는다면, 실제 활동으로 이어질 가능성이 커질 것이다. 또한 활동그룹이나 시설 등의 담당자를 강좌 장소로 오게 하여 활동을 위한 상담을 실시하는 것도 매우 효과적이다.

⑨ 실습

사례소개보다 더 효과적인 방법이 자신의 관심 영역에서 실제로 자원봉사를 해보는 것이다. 실제로 경험함으로써 자원봉사로 연결되어 활동하는 사례가 많다. 그러나 갑자기 실습현장에 보내져서 수강생이 당황하는 일이 없도록 충분한 사전준비와 시범을 해야 한다.

⑩ 개인면담 II

자원봉사활동으로 발전될 수 있도록 조언한다. 또한 자원봉사 강의나 실습소감이나 의문점 등을 수집하고, 그 가운데서 요구사항이 많은 것은 다음 프로그램에 반영하거나 사후 관리 시 강좌를 개설한다.

⑪ 그룹토의

자원봉사에 대한 공통의 인식을 갖게 하고, 또한 각자의 다른 소감을 발표하는 것은 서로에게 자극이 되며, 나름대로 자원봉사활동의 방향성을 찾는 데도 효과적이다.

⑫ 개인면담 III

활동을 위한 상담을 한다. 활동메뉴가 많으면 그 사람에게 맞는 활동이 나올 가능성이 크다. 다만 일방적으로 모두 제시하는 것이 아니라 그 사람의 관심이나 희망 분야를 듣고 적절한 내용을 제공한다.

⑬ 발표

수강생 한 사람 한 사람이 자신의 문제를 발표할 기회를 가진다. 발표할 기회가 없으면 그룹에서 하거나 전체에서라도 좋으므로 반드시 발표할 기회를 만든다.

⑭ 그룹구성

강좌가 끝난 후 그대로 헤어지게 하지 말고 그룹을 구성하는 것이 중요하다. 수강생 중에 리더로 적합한 사람이 있으면 그룹을 만들기가 쉽지만, 그렇지 못할 경우에는 그룹을 구성할 수 있도록 도와주어야 한다.

⑮ 사후관리

강좌가 끝난 후 자원봉사활동을 하지 않는 사람에게도 사후관리를 해야 한다. 홍보지나 편지 등을 통하여 새로운 정보를 제공하기도 하고 이벤트나 모임을 소개하는 등 다양한 기회를 제공해야 한다.

자원봉사 그룹이 매너리즘에 빠지거나 구성원들이 자원봉사에 대한 의미를 발견하지 못해 그룹유지에 어려움을 겪게 되는 경우가 있다. 즉, 자원봉사그룹 구성원의 형식적 참여, 구성원 자신에게 맞는 활동거리 제공의 어려움, 시간의 흐름에 따라 자원봉사 그룹 구성원의 고령화, 독선적인 지도자의 출현, 단조로운 활동 영역 등의 문제가 발생하게 된다.

따라서 노인 자원봉사조정자는 자원봉사 그룹에 대한 적절한 사후관리를 통하여 당면한 자원봉사 그룹의 문제해결뿐만 아니라 새로운 활동거리를 발견하여 실천으로 이어지게 할 수 있을 것이다. 이는 궁극적으로 그룹 구성원 한 사람 한 사람에게 의미 있는 자원봉사가 되도록 하는 것이다.

노인 자원봉사조정자의 자원봉사 그룹 육성방안은 여러 가지를 들 수 있다. 통상적인 사후관리기법인 정보제공, 평가・점검, 활용방법 제시, 발표기회 제공, 자원봉사 행사안내, 자원봉사 강좌소개, 사례발표회 개최, 자원봉사활동 시 발생하는 문제에 대한 상담 등을 활용할 수 있을 것이다.

5. 노인자원봉사활동의 문제점과 활성화 방안

1) 노인 자원봉사활동의 문제점

서구 선진국들에 비해 아직까지 사회전반에 걸쳐 자원봉사에 대한 인식이 부족한 우리나라의 경우, 자원봉사활동을 하고 싶은 마음을 갖고 있다고 하더라도 홍보 부족이나 다양한 자원봉사활동 프로그램의 미비, 자원봉사에 참여할 수 있는 성숙한 사회적 여건 미비 등의 이유로 인하여 자원봉사활동에 참여를 결단하기가 쉽지 않은 실정이다. 노인자원봉사의 문제점으로 노인의 자원봉사에 대한 인식부족, 자원봉사활동을 위한 프로그램의 개발 미비, 자원봉사활동의 체계적인 관리 및 전문 담당기관의 부재, 법적・제도적 지원체계 및 재원확보의 미흡 등을 들 수 있다(이금룡, 1999).

가장 두드러지는 문제로는 위에서도 언급했듯이, 노인들이 할 수 있는 봉사 프로그램이 다양하지 않다는 것이다. 점진적으로 노인들을 위한 새로운 봉사 프로그램이 개발되고는 있지만 아직까지 현장에서는 종래의 봉사 프로그램들을 그대로 답습하고 있는 실정이다. 현재 일반적으로 실행되고 있는 노인 자원봉사 프로그램들을 살펴보면, 영역별로는 전통문화 전수, 사회복지시설 그리고 지역사회봉사 등으로 나눌 수 있고, 각 영역별로 세부적인 봉사 프로그램들이 속해 있다. 또한 노인 자원봉사 프로그램을 개발하는 과정에서 노인의 욕구를 충분히 반영하는 봉사 프로그램을 개발하려는 노력이 미비하다는 것이다.

주체가 되는 노인에 대한 연구와 함께 봉사 프로그램에 대한 연구가 병행되어야 할 것이다. 노인에게 적합한 봉사 프로그램은 물론 전문직 퇴직자들에 주목하고 이들이 가지고 있는 전문적 경험과 기술을 지역사회에 환원할 수 있도록 봉사 프로그램을 함께 개발하는 것 역시 중요한 과제이다.

지역사회에는 어떠한 노인들이 거주하고 있는지에 대한 정보도 필요하다. 그리고 이들 집단을 특성별로 세분화하여 그들의 능력과 경험, 욕구 등에 관한 자료를 준비해야 할 것이다. 이와 같이 수집된 지역사회 노인들에 대한 인적자원정보는 노인 자원봉사 프로그램 개발의 중요한 자원으로 이용될 수 있다.

2) 노인 자원봉사활동의 활성화 방안

노인 자원봉사활동은 개인적으로는 노인 자신이 지역사회의 복지문제에 직접 참여함으로써 자아실현을 도모할 수 있게 해 주고, 사회적으로는 노인에 대한 부정적인 인식을 바꾸어 주며, 노인 유휴인력을 활용함으로써 사회적으로도 이익이 있다는 점에서 선진국을 중심으로 국가적 차원의 지원을 받으며 활성화되고 있다.

노인의 여가활동이 고독과 무료함을 달래는 소극적 기능을 넘어, 노인의 건강을 유지하고 지식과 기술을 끊임없이 개발하여 사회에 유익한 기능을 하는 발달적 · 사회적 기능을 갖게 하기 위한 자원봉사활동을 활성화하기 위하여 다음과 같은 방안들을 제안할 수 있다.

첫째, 노인 자원봉사조정자의 기능을 강화하기 위해서는, 노인 자원봉사관리조정자 교육 프로그램의 개발이 우선적이라 할 수 있다. 자원봉사활동은 자원봉사자와 클라이언트의 당면한 욕구충족뿐만 아니라 상호간의 협력관계 유지 및 제도변혁이나 창조 활동으로 이어져야 하므로 이러한 형태의 자원봉사활동이 이루어지려면 자원봉사활동의 조정자 역할을 담당하는 사회복지사의 적절한 개입이 필수적이다. 특히 노인 자원봉사조정을 담당하는 사회복지사의 경우 노인에 대한 이해와 노인의 인생설계, 노인의 특성에 맞는 자원봉사활동 탐색, 노인 자원봉사활동 개입 시의 유의사항 등에 대한 지식이 필수적이므로 이를 내용으로 한 교육 프로그램의 개발 및 실시가 우선되어야 할 것이다.

둘째, 노인을 대상으로 한 자원봉사 교육과정을 마련하는 것이다. 노인 자원봉사자의 양성과정은 일반 자원봉사자 교육과 큰 차이는 없지만 일방적으로 강사가 수강생에게 전달하는 것으로 마무리되어서는 효과를 거둘 수 없다. 모집, 사전설명, 개인면담, 인간관계 형성, 강의, 자기발견, 사례소개, 실습, 그룹토의, 발표, 그룹 구성, 사후관리 등 체계적인 노인 자원봉사자 양성과정을 구성하여 실시하되 이러한 교육에서 '강사'로서의 기능보다는 노인이 자주적으로 생각하여 자신에게 맞는 자원봉사를 스스로 찾아갈 수 있도록 '조정자'로서의 기능을 중시해야 할 것이다.

셋째, 노인 자원봉사 그룹 구성・운영지원이다. 특히 무엇을 해야 할지 잘 모르는 노인의 경우 우선적으로 자원봉사 그룹을 만들어 측면적 지원을 끈기 있게 행하며, 적절한 자원봉사 프로그램의 제시, 자원봉사 그룹의 매뉴얼이나 회칙 마련, 차세대와의 공동 활동 등 자원봉사 그룹에 대한 적절한 사후관리를 통하여 그룹 내의 자극과 활기를 가져오는 것이 중요하다.

넷째, 자원봉사의 구체적 프로그램 개발로서 노인의 자원봉사활동 영역을 전문영역, 단순 전문영역 및 일반영역 등에 따라 세부적으로 마련하여 이전의 경험을 활용하면서 자신의 능력을 마음껏 발휘할 수 있는 기회를 마련해 주어야 할 것이다.

다섯째, 노인 자원봉사에 대한 법적・행정적 지원에 대한 방안을 강구해 나가야 할 것이다. 그 방안으로는 ① 자원봉사의 개념과 영역에 대한 구체적 규정과 봉사활동의 지원보장을 위한 제도적 장치의 마련을 위해 체계적인 단일 법규의 제정이 필요하므로 조속한 시일 내에 체계적인 자원봉사활동지원법이 마련, 시행되어야 할 것이다. ② 자원봉사가 생활화되지 않았던 사회적 분위기 속에서 살아온 노인들을 자원봉사활동 영역으로 끌어들이기 위해 노인의 특성에 맞는 적절한 사회적 혜택이 주어질 수 있도록 보험가입제도, 봉사활동 저축제도, 여러 가지 포상제도 등의 사회적 보상제도의 도입이 이루어져야 할 것이다. ③ 노인 자원봉사 관련 전담 행정부서를 보건복지가족부 내에 설치하여 노인 자원봉사활동 관련 기관을 지원토록 해야 할 것이다. 행정부서의 지원은 주로 재정지원 등 간접적인 지원 위주로 하여 노인 자원봉사활동 관련 기관의 자율성을 최대한으로 보장해 주어야 할 것이다. ④ 노인 자원봉사활동을 지원하는 중앙행정부서와 연계하여 노인의 자원봉사활동을 추진할 수 있는 민간조직을 결집하되 새로운 기관의 설립보다는 기존의 노인 관련 기관을 활용함으로써 군소기관의 난립에 의한 혼란과 자원의 낭비를 막아야 할 것이다. ⑤ 노인에 대한 사회의 부정적 인식을 바꾸고 노인들의 의식변화를 위하여 정부의 주도하에 대중매체나 노인 관련 기관 등을 통한 대대적인 홍보와 교육을 펴 나가야 할 것이다. ⑥ 노인 자원봉사활동 전담 중앙행정부서에서는 노인 자원봉사 관련 조직의 지속적이고 안정적인 운영과 관리를 위하여 일반 재정을 통한 자금지원을 해 주어야 할 것이다.

노인 자원봉사활동은 노인 유휴인력을 노인 자신과 사회발전을 위하여 보다 적극적으로 활용함으로써 노인을 복지의 수혜자에서 복지의 제공자로 그 위치를 전환시키고자 하는 적극적인 노력이라 하겠다. 따라서 앞으로 여러 계층의 노인들을 보다 많이 자원봉사활동 영역으로 끌어들이기 위해서 다양한 노인 자원봉사 프로그램의 개발이 필요할 것이다.

■ 참고문헌

고양곤 외(2003). **노인과 자원봉사활동**. 학지사. 2003.

고양곤(1999). 노인 자원봉사활동의 활성화 방안. 서울시 '99 노인복지워크숍 자료집-21세기의 생산적 노인복지정책방향. 서울특별시 · 한국노년학회 · 한국노인복지학회.

권중돈(2004). **노인복지론**. 학지사.

김영호 외(1996). **자원복지활동과 복지교실**. 학문사.

________(2006). **자원봉사의 이론과 실제**. 창지사.

김익균 외(2002). **노인복지론**. 대학출판사.

모선희 외(2006). **현대노인복지론**. 학지사.

박차상 외(2005). **한국노인복지론**. 학지사.

박태룡(2002). **노인복지론**. 대구대출판부.

박태영(1999). 노인 자원봉사활동의 활성화 방안. 사회복지개발연구. 사회복지개발연구원.

박태영 · 최경익(1993). **자원봉사활동조정자**. 도서출판 은익.

양옥남 외(2005). **노인복지론**. 학현사.

이가옥(1996). 한국 노인 자원봉사의 현황과 과제. 성공회대학교 주최 세계노인의 날 개념 세미나 자료집.

이금룡(1999). 노인 자원봉사 활성화에 관한 담론. 노인과 자원봉사활동. 한국 노인의 전화. 밝은 노후를 만들어 가는 사람들의 모임.

이숙렬(2000). '노인자원봉사활동 프로그램개발에 관한 연구'. 단국대학교 행정법무대학원 석사학위논문.

이해영(2006). **노인복지론**. 창지사.

장인협 · 최성재. **노인복지학**(2002). 서울대출판부.

조성남 외(1998). 고령사회와 중상층노인의 사회활동. 집문당.

최성재(1997). 노인의 이해와 노인복지. 가정봉사원의 활동과 실제. 사단법인 한국재가노인복지협회.

통계청(2002). 한국의 사회지표. 통계청.

한국보건사회연구원(2005). 2004년도 전국 노인생활실태 및 복지욕구조사.

한국사회복지협의회(1997). 자원봉사프로그램백과. 제1권~7권.

Sylvia. J. Geddes.(1996). 호주 노인 자원봉사의 현황과 과제. 자원봉사와 노인의 역할. 성공회대학교.

大阪ボランティア協會 編. ボランティア(1985). ミネルヴァ書房.

福祉士養成講座編輯委員會 編(1999). 老人福祉論. 中央法規,

■ 찾아보기

저자소개

♥ 강용규 평택대학교 대학원 사회복지학과(박사)
삼육보건대학 보건사회복지과 교수
사회복지연구소장

♥ 이종복 대구대학교 대학원 사회복지학과(박사)
평택대학교 사회복지학부 교수, 대학원장
한국케어메니지먼트학회 회장

♥ 임옥빈 동덕여자대학교 대학원 아동학과(박사과정)
고려전문학교 사회복지과 교수

♥ 조재숙 상명대학교 대학원 행정학과(박사)
신흥대학 사회복지과 겸임교수
한국사회복지정책연구소장

노인복지론

초판 1쇄 발행 2009년 2월 28일
초판 2쇄 발행 2010년 1월 30일

지 은 이 | 강용규 · 이종복 · 임옥빈 · 조재숙
펴 낸 이 | 김기섭
책임편집 | 최창숙
펴낸곳 | 창지사 www.changjisa.com
121-809 서울시 마포구 대흥동 161
전화 (02) 719-2211~3
팩스 (02) 701-9386
등 록 | 1977년 4월 28일 · 제1-421호

ISBN 978-89-426-2175-0 93330

값 19,000원